"보라
내가 새 일을 행하리니 이제 나타낼 것이라
너희가 그것을 알지 못하겠느냐
정녕히
내가 광야에 길과 사막에 강을 내리니"

– 이사야 43장 19절 –

평강의 주님께서
때마다 일마다
평강을 주시길 기도하며

특별히 _____ 님께
이 소중한 책을 드립니다.

김장환 목사와 함께
경건생활 365일

새 일을 행하리라
I WILL DO A NEW THING

나침반

시작하면서

"보라 내가 새 일을 행하리니" (이사야 43:19)
I WILL DO A NEW THING

우리는 지금 「광야」와 같은 시대를 살아가고 있습니다.
그러나 하나님께서는 메마른 광야에 「길」을 내시고,
「강」을 만드시겠다고 약속하셨습니다.
이는 삭막해 보이는 현실 속에서도
새로운 가능성이 열릴 것이라는 약속,
예상치 못한 곳에서 생명이 움트듯,
우리 삶에도 「새로운 길과 강」이 열릴 것이라는 약속입니다.

하나님은 이미 우리의 삶에 「새로운 길과 강」을 준비하고 계십니다.
포기하지 않고 한 걸음 더 나아갈 때,
우리는 광야 한가운데서
탄탄한 길과 솟아나는 강을 만나게 될 것입니다.
우리에게 필요한 건 그 새로운 길을 걸어갈 용기와
강을 발견할 수 있는 믿음입니다.

우리의 삶에 새 일을 행하실 하나님을 기대하십시오.
하나님께서 새 일을 행하시도록 삶을 하나님께 맡깁시다.
광야를 걷는 모든 이들에게 「새로운 길과 강」이 나타나길 바라며…
매일매일 희망의 발걸음을 내디디시길 기도합니다.

김장환

김장환(목사 / 극동방송 이사장)

"여호와는 나의 목자시니 내가 부족함이 없으리로다
그가 나를 푸른 초장에 누이시며 쉴만한 물 가로 인도하시는도다
내 영혼을 소생시키시고 자기 이름을 위하여 의의 길로 인도하시는도다"
– 시편 23:1-3 –

1월 1일

주님께 온전히 맡기는 새해

읽을 말씀 : 이사야 43:14-21

● 사 43:18,19 너희는 이전 일을 기억하지 말며 옛적 일을 생각하지 말라 보라 내가 새 일을 행하리니 이제 나타낼 것이라 너희가 그것을 알지 못하겠느냐 정녕히 내가 광야에 길과 사막에 강을 내리니

「새해가 시작되면 마음에서 솟아오르는 주님의 말씀이 항상 있습니다. 올해는 "오직 여호와(하나님)를 앙망하는 자는 새 힘을 얻으리니 독수리의 날개치며 올라감 같을 것이요 달음박질하여도 곤비치 아니하겠고 걸어가도 피곤치 아니하리로다"(이사야 40:31)라는 말씀이 용기와 소망을 줍니다.

미국의 시인 엘라 휠러 윌콕스(Ella Wheeler Wilcox)가 새해의 계획을 세우는 대신, 「주님의 인도하심에 온전히 맡기겠다」고 다짐하며 쓴 시를 나누고 싶습니다.

「이제 결심합니다.
올 한 해 내내 주님과 함께 걷기로,
모든 걱정을 주님의 팔에 맡기고,
모든 의심과 두려움을 떨쳐버리기로.
주님은 우리의 지친 발을 인도하시고,
우리의 마음을 기쁨과 평화로 채우실 것입니다.
그리고 우리에게 인내할 힘을 주실 것입니다.
우리의 여정이 끝날 때까지,
그리고 자유와 승리를 얻을 때까지.」

금년에도 주님께서 우리의 걸음을 인도하시고, 모든 길을 형통하게 하시기를 축복하며, 모든 어려움을 이겨내고, 주님의 영광을 드러내는 삶이 되시기를 소망합니다.」 -「김장환 목사의 인생 메모」중에서

주님께서 우리에게 주신 능력과 사랑, 그리고 절제의 성품으로 마음을 강하게 하고 담대하게 나아가십시오. 복되고 형통합니다. 아멘!!!

♡ 주님, 주님께서 주시는 은혜, 평강, 능력이 저의 모든 발걸음과 함께하게 해주소서.
📖 금년에는 더 주님의 영광을 드러내는 삶이 되기를 기도하고, 기대하며 시작합시다.

나의 영적 일기

진정한 행복을 구하는 기도

읽을 말씀 : 마태복음 6:31-34

● 마 6:33 너희는 먼저 그의 나라와 그의 의를 구하라 그리하면 이 모든 것을 너희에게 더하시리라

새해 둘째 날, 함께 나누고 싶은 시 「새해를 위한 시(A Prayer for the New Year-작자 미상)」는 세속적인 것을 구하지 않고, 오직 주 하나님을 기쁘시게 하는 것을 행하게 해달라고 기도하는 시입니다.

"나는 주 하나님께 행복한 새해를 달라고 기도합니다.
재물이나 건강이나 명예를 위해서가 아니라,
세상이 축복이라 여기는 것들을 위해서도 아니라
나는 오직 주님의 뜻과, 주님의 목적과, 주님의 임재로
가득 찬 한 해를 구합니다.
나는 기꺼이
주님을 섬기고자 하는 마음과,
주님께 순종할 준비가 된 영혼과,
주님의 진리를 구하는 생각과,
주님의 은혜 안에서 평안할 심령을 구합니다.
나는 이러한 것들을 가질 수 있다면,
이 한 해가 무엇을 가져오든 상관없이,
진정으로 행복한 한 해가 될 것임을 알았습니다."

행복한 한 해가 되길 바란다면 … 매일 주님의 인도를 따르고 순종할 준비가 되어 있다면 … 새해를 맞이하여 흔히 바라는 세속적인 소망 대신, 주 하나님과의 관계에 초점을 맞추고 진정한 행복을 구하는 기도를 하십시오. 복되고 형통합니다. 아멘!!!

♥ 주님, 먼저 주님의 나라와 의를 구하며 주님과의 관계에 초점을 맞추게 하소서.
🖼 지금 내가 구하는 것이 세속적인 소망인지 주님을 기쁘게 하는 것인지 분별합시다.

나의 영적 일기

1월 3일
같은 그리스도인

읽을 말씀 : 요한일서 1:5-10

● 요일 1:7 저가 빛 가운데 계신것 같이 우리도 빛 가운데 행하면 우리가 서로 사귐이 있고 그 아들 예수의 피가 우리를 모든 죄에서 깨끗하게 하실 것이요

스웨덴과 노르웨이가 한 나라였던 베르나도테 왕조 시절, 제4대 국왕 오스카르 2세(Oscar II)는 즉위 기간에 예수님을 믿었습니다.

하루는 국정을 살피기 위해 해외로 나가는 오스카르 2세를 환송하기 위해 엄청난 인파가 항구에 몰려들었습니다. 나라를 위해 떠나는 왕을 위해 엄청난 규모의 오케스트라도 도착해 있었습니다. 오케스트라의 지휘자는 연주를 마친 뒤 국민을 대표해 오스카르 2세 앞에 무릎을 꿇고 극진한 예우를 갖췄습니다. 오스카르 2세는 지휘자를 일으킨 뒤 물었습니다.

"자네는 우리나라를 사랑하는가?"

『당연한 말씀이십니다, 폐하.』

"그렇다면 자네는 그리스도의 제자인가?"

『맞습니다. 그러나 저는 주님의 제자 중 가장 작은 자입니다.』

이 말을 들은 오스카르 2세는 지휘자를 안으며 말했습니다.

"그렇다면 앞으로는 나를 '폐하'라고 부르지 말게. 주님의 제자인 우리는 그리스도 안에서 하나이며 형제일세."

위엄 넘치는 왕으로 유명했던 오스카르 2세는 주 예수님을 만난 뒤 다른 사람을 먼저 생각하는 배려의 사람으로 변화되어 살다가 유언으로 요한일서 1장 7절 말씀을 남기고 세상을 떠났습니다.

하나님 앞에서는 왕도, 신하도, 선한 사람도 없습니다. 모두가 주님의 공로를 힘입어 구원받아야 할 사람들입니다. 모든 믿는 사람들을 한 형제와 자매로 여기고 낮은 자세로 섬기십시오. 복되고 형통합니다. 아멘!!!

♥ 주님, 모든 믿는 사람들을 주님 안의 형제와 자매로 여기고 겸손하게 섬기게 하소서.
📖 다른 사람을 먼저 생각하는 배려의 사람으로 살고 있는지 돌이켜 봅시다.

나의 영적 일기

하나님의 소리

읽을 말씀 : 이사야 40:1-11

● 사 40:9 아름다운 소식을 시온에 전하는 자여 너는 높은 산에 오르라 아름다운 소식을 예루살렘에 전하는 자여 너는 힘써 소리를 높이라 두려워 말고 소리를 높여 유다의 성읍들에 이르기를 너희 하나님을 보라 하라

　　세계 복음화를 목적으로 설립된 「기독교연합선교회(Christian & Missionary Alliance)」의 설립자 심슨(Albert Benjamin Simpson) 목사님은 크리스천은 세상에서 하나님의 소리를 계속해서 외치는 전도자로 살아가야 한다고 말했습니다.
　「주님의 오실 날이 가까워지고 있습니다.
　정말 주님의 나라는 가까워지고 있습니다.
　그 영광스러운 날이 머지않았기에
　천국의 복음이 온 땅에 전파되어야만 합니다.
　오늘 하루 동안에만도 수십만의 영혼이
　주님을 모르고, 외면하고, 죄책과 어둠 속에서 살아가고 있습니다.
　오! 그리스도의 교회여! 성도들이여!
　그 무서운 심판의 날이 세상에 임하는 날
　구원받지 못한 사람들이 왜 복음을 전하지 않았냐고 따질 때
　당신은 무슨 말을 하겠습니까.」
　　하나님이 오실 날이 언제일지 모르기에, 누가 구원받아 영생을 얻을지 모르기에 우리는 복음을 쉬지 않고 전해야 합니다. 좋은 약도 삼켜야 효과가 있듯이 진리의 복음도 세상에 전해져야 능력을 발휘합니다.
　　지치지 않고 생명의 복음을 세상에 전하는 하나님의 소리가 되십시오. 복되고 형통합니다. 아멘!!!

♡ 주님, 세상에서 주님의 복음을 계속해서 외치는 전도자로 살아가게 하소서.
🖤 생명의 복음을 전하는 일을 우선순위로 삼고 있는지 생각해 봅시다.

나의 영적 일기

말씀과 함께

1월 5일

읽을 말씀 : 신명기 6:1–9

● 신 6:6 오늘날 내가 네게 명하는 이 말씀을 너는 마음에 새기고

    항상 성경을 들고 다니는 남자가 있었습니다.
    이 남자는 주일, 교회에 갈 때뿐만 아니라, 직장에 갈 때도, 친구를 만날 때도, 휴가를 갈 때도 항상 성경을 들고 다녔습니다. 그것도 그냥 들고 다니는 것이 아니라 누구나 성경을 한눈에 볼 수 있게 들고 다녔습니다. 마치 '티'를 내고 다니는 것 같았습니다.
    이 모습을 그리 좋게 보고 있지 않던 오랜 친구가 하루는 용기를 내어 다음과 같이 말했습니다.
    "나도 크리스천이지만, 자네처럼 성경을 티 나게 들고 다니지는 않네. 오늘 같은 날은 나를 만나서 성경 공부를 할 것도 아닌데 왜 그렇게 사람들에게 보여주려는 듯이 성경을 들고 왔는가? 거룩하다는 티를 내고 싶어서 그런가?"
    남자는 가져온 성경을 앞에 꺼내며 대답했습니다.
    『난 오히려 일반 사람들보다도 죄에 더 약한 사람이네. 성경을 들고 다니면서도 죄를 지을 때도 많아. 그런데 이렇게 성경을 들고 다니는 것이 그나마 내가 가장 죄를 덜 짓는 방법이라는 것을 깨달았네.
    성경을 들고 다니면 한 번이라도 더 죄에 대해서 생각하게 되고, 한 번이라도 죄를 더 이겨낼 용기를 얻게 된다네.』
    크리스천은 하나님의 말씀을 통해 세상을 이길 힘을 얻고 살아가는 사람입니다. 세상이라는 물살을 거슬러 하나님의 푯대로 향할 수 있는 하나님의 말씀이라는 키를 늘 붙잡고 살아가십시오. 복되고 형통합니다. 아멘!!!

♡ 주님, 주님이 주신 푯대로 향할 수 있는 주님의 말씀이라는 키를 잡고 살게 하소서.
🖐 주님의 말씀을 통해 세상을 이길 힘을 얻고 그 힘으로 살아갑시다.

나의 영적 일기

하나님만 바라보라

읽을 말씀 : 시편 62:1-8

● 시 62:5 나의 영혼아 잠잠히 하나님만 바라라 대저 나의 소망이 저로 좇아 나는도다

바로크 시대를 대표하는 화가 렘브란트(Rembrandt Harmenszoon van Rijn)는 유럽 미술사에서 가장 위대한 화가로 꼽히기도 합니다.

청년 시절부터 초상화를 그려 엄청난 성공을 거둔 렘브란트는 방탕한 생활로 파산에 이르렀고 죽을 때까지 경제적인 어려움을 겪었습니다. 그러나 오히려 고통 속에서 하나님의 은혜를 체험한 렘브란트는 신앙을 주제로 많은 명화들을 그려냈습니다.

어머니가 성경을 읽는 모습, 성경에 등장하는 여인들, 하나님을 경외하는 사람들의 소소한 일상을 따스하게 그려낸 렘브란트의 작품들은 오늘날 감상해도 따스한 신앙의 교훈을 줍니다.

그런데 아이러니하게도 당시 렘브란트의 성화들을 가장 못마땅하게 생각했던 이들은 크리스천들이었습니다. 청교도 정신이 투철했던 당시 기독교인들은 마치 스테인드글라스처럼 말씀을 시각화하는 작업을 혐오했습니다. 렘브란트가 죽을 때까지 당시 크리스천들은 렘브란트의 작품들을 혐오했지만, 그런 눈총을 받으면서도 렘브란트는 끝까지 믿음의 교훈이 담긴 그림들을 그렸습니다. 그것이 하나님이 주신 자신의 은사이자 사명이라는 확신 때문입니다.

하나님이 우리에게 주신 사명이라면 우리는 끝까지 포기하지 않아야 합니다. 또한 하나님이 주신 다른 사람의 사명도 인정하며, 나의 편협한 잣대로 재단하지 말아야 합니다. 우리에게 사명을 주신 하나님만 바라보며, 그 힘을 감당할 용기와 능력을 달라고 기도하십시오. 복되고 형통합니다. 아멘!!!

♡ 주님, 주님께서 저에게 주신 사명을 끝까지 포기하지 않는 능력과 용기를 주소서.
📖 주님께서 나에게 주신 은사와 사명이 무엇인지 찾아 확신을 갖고 삽시다.

나의 영적 일기

1월 7일

회색 지대의 위험

읽을 말씀 : 요한계시록 3:14-22

● 계 3:15 내가 네 행위를 아노니 네가 차지도 아니하고 더웁지도 아니하도다 네가 차든지 더웁든지 하기를 원하노라

미국에서 남북전쟁이 한창 벌어지던 당시의 일입니다.

남군과 북군이 치열하게 전투를 벌이는 전선에 사는 남자가 있었습니다. 그런데 전쟁 소식이 점점 남자가 사는 마을 근처까지 전해졌습니다. 남군을 지지하는 주민들은 남군이 점령한 지역으로 피란을 떠났고, 북군을 지지하는 주민들은 북군이 점령한 지역으로 피란을 떠났습니다. 어떤 사람들은 안전을 위해 자신이 지지하는 군대의 군복을 입었습니다.

남자도 안전을 위해서는 어디론가 떠나야 했지만 결정을 내리지 못하고 있었습니다. 자신이 생각하기에는 남군도 북군도 맞는 말을 하는 것 같았습니다. 결국 양쪽 군인의 편을 동시에 들기로 한 남자는 자신의 안전을 위해 군복도 반반씩 입기로 결정했습니다. 바지는 남군의 회색 군복을 입고, 상의는 북군의 푸른색 군복을 입었습니다.

며칠 뒤 예상대로 마을 근처에서 전투가 벌어졌습니다. 밭에서 일을 하던 남자는 자신의 예상과는 달리 양쪽 군인에게 무참히 총을 맞아 비참하게 세상을 떠났습니다. 북군은 남자의 바지를 보고 총을 쏘았고, 남군은 남자의 상의를 보고 총을 쏘았기 때문입니다.

세상에서 살아가는 우리의 모습이 혹시 이 남자와 같지는 않습니까?

차갑든지, 뜨겁든지 하라는 성경 말씀처럼, 세상 속에서도 하나님의 자녀로 확실한 정체성을 지키며 살아가십시오. 복되고 형통합니다. 아멘!!!

♥ 주님, 세상 속에서도 주님의 자녀로 확실한 정체성을 지키고 살아가게 하소서.
🖐 주님께서 기뻐하시는 믿음을 세상에 선포하며 삽시다.

나의 영적 일기

삶에 필요한 덕목

읽을 말씀 : 요한복음 13:12-20

● 요 13:15 내가 너희에게 행한것 같이 너희도 행하게 하려하여 본을 보였노라

　미국 건국의 아버지 벤저민 프랭클린(Benjamin Franklin)은 평생 다음의 13가지 덕목을 지키며 살아가려고 노력했습니다.
　'절제, 침묵, 질서, 결단, 절약, 근면, 성실, 정의, 중용, 청결, 평정, 순결, 겸손'
　매일 한 가지 덕목을 정해 목표로 삼았던 프랭클린은 만약 그날의 덕목을 지키지 못했다면 체크를 해놓고 다시 습관을 들이려고 노력했습니다. 그리고 이 13가지 덕목 중 겸손을 가장 중요하게 여겼으며 특히나 '예수님을 본받기 위해' 노력했습니다.
　나이가 들수록 많은 사람에게 존경을 받으며 행복한 삶을 살았던 프랭클린은 일흔아홉 살이 되던 해 다음과 같이 말했습니다.
　"지금까지 항상 행복한 삶을 살 수 있었던 비결은 두 가지입니다.
　하나는 당연히 하나님이 주신 복 덕분이고, 다른 하나는 13가지 덕목을 하루에 한 가지씩 지키며 살고자 했던 습관 때문입니다.
　내 후손들도 이 사실을 꼭 기억했으면 좋겠습니다."
　주님을 만나고, 주님과 함께 살아가는 우리도 날마다 성령님의 열매를 풍성히 맺는 삶을 살아가야 합니다. 주님의 삶을 따라가고자 매일 노력할 때 우리도 모르게 풍성한 열매를 거두는 삶을 살아가게 됩니다. 삶에 필요한 덕목들이 무엇인지 프랭클린처럼 고민해 보고 성경이 주는 지혜를 통해 부족한 삶의 덕목들을 세워나가십시오. 복되고 형통합니다. 아멘!!!

♡ 주님, 성령님의 도우심으로 부족한 덕목을 세우며 삶의 열매를 풍성히 맺게 하소서.
📖 내게 필요한 덕목이 무엇인지 깨닫고 주님의 도우심을 구합시다.

나의 영적 일기

1월 9일

무엇을 선택할 것인가

읽을 말씀 : 여호수아 24:1-15

● 수 24:15 만일 여호와를 섬기는 것이 너희에게 좋지 않게 보이거든 너희 열조가 강 저편에서 섬기던 신이든지 혹 너희의 거하는 땅 아모리 사람의 신이든지 너희 섬길 자를 오늘날 택하라 오직 나와 내 집은 여호와를 섬기겠노라

독일의 시인 릴케(Rainer Maria Rilke)에게 한 남자가 찾아와 질문했습니다.
"저는 선생님의 작품을 모두 읽었습니다. 사실 저도 어린 시절부터 작가가 꿈이었습니다. 어떻게 해야 선생님 같은 작가가 될 수 있을까요?"
릴케는 아주 간단히 대답했습니다.
『오늘부터 글을 쓰십시오. 글을 읽는 사람은 그저 독자지만, 일단 글을 쓰면 누구나 작가입니다. 일단 글을 써야 책을 낼 수 있고, 책을 내야 작가가 될 수 있습니다.』
논어에는 「부이가구야, 수집편지사, 오역위지(富而可求也, 雖執鞭之士, 吾亦爲之)」라는 글이 나옵니다.
「노력을 해서 누구나 부자가 될 수 있다면, 힘들고 천한 일도 마다하지 않는 사람이 없을 것이다」라는 뜻입니다.
원하는 삶을 살기 위해서는 어떤 삶을 원하는지를 먼저 알아야 합니다.
그리고 그 삶을 이루기 위한 일을 지금 시작해야 합니다.
주님을 믿음으로 구원받은 우리가 이 땅을 잠시 거쳤다가 영원한 천국에서 영원한 삶을 살아간다고 정말로 믿는다면 어떻게 살아야 할까요?
무엇을 선택해야 할까요?
주님의 영광과 나라를 위한 삶을 살아가기를 오늘 선택하십시오. 복되고 형통합니다. 아멘!!!

💚 주님, 어떤 삶을 사는 것이 주님의 영광과 나라를 위해 사는 것인지 알게 하소서.
📖 주님의 영광과 나라를 위한 삶을 살아가고 있는지 점검합시다.

나의 영적 일기

사도들의 전도

1월 10일

읽을 말씀 : 마가복음 16:14-20

● 막 16:15 또 가라사대 너희는 온 천하에 다니며 만민에게 복음을 전파하라

신약성경을 살펴보면 사도들은 「5가지 방법」을 통해 복음을 전했습니다.

❶ 구두 전도
   다른 사람들 앞에서 간증과 복음을 전하는 방법입니다.
   구두 전도는 시대를 막론한 최고의 전도 방법입니다.
❷ 순회 전도
   예수님의 갈릴리 순회, 바울의 전도 여행처럼 특정 지역을 찾아가 복음을 전하는 방법입니다.
❸ 개인 전도
   구두 전도의 일환이지만 일대일로 복음을 전하는 방법입니다.
❹ 문서 전도
   사도 바울이 쓴 편지처럼 구두 전도의 시간적, 공간적 제약을 보완하는 방법으로 활용되는 전도입니다.
❺ 사역자 양성
   복음을 받아들인 현지 성도를 중심으로 사역자를 양성해 전도의 터전을 일구는 방법입니다.

시대를 막론하는 최고의 전도 방법은 일단 시작하는 것입니다.
주님을 향한 뜨거운 사랑과 열정으로 전하지 않고는 견딜 수 없었던 초대교회 성도들처럼, 열렬히 복음을 전하십시오. 복되고 형통합니다. 아멘!!!

💗 주님, 주님을 향한 뜨거운 사랑과 열정을 전하지 않고는 견딜 수 없게 하소서.
📖 위 5가지 방법 중 내게 맞는 전도법이 무엇인지 찾아 충성되게 전합시다.

나의 영적 일기

작은 함정의 위험

1월 11일

읽을 말씀 : 고린도전서 10:1-13

● 고전 10:12 그런즉 선 줄로 생각하는 자는 넘어질까 조심하라

미국의 스턴트맨인 바비 리치(Bobby Leach)는 운영하던 서커스단이 경영난에 처하자 명성을 얻으려고 나이아가라 폭포에서 곡예를 했습니다.

'배럴'이라고 불리는 특수 철제 통을 타고 나이아가라 폭포를 건너는 곡예였습니다. 철저한 준비 끝에 횡단을 무사히 마친 리치는 더 큰 유명세를 얻기 위해 목숨을 건 곡예를 준비했습니다. 바로 배럴에 몸을 싣고 나이아가라 폭포에서 떨어지는 위험천만한 곡예였습니다. 리치는 큰 부상을 입었으나 두 번째 곡예도 성공했습니다. 위험을 대비하기 위해 잠수부터 배럴의 디자인까지 철저히 연구한 성과였습니다.

두 번의 곡예로 세계적인 유명 인사가 된 리치는 전 세계를 돌아다니며 공연과 강연을 했습니다. 그런데 뉴질랜드에서 공연 홍보를 위해 돌아다니던 그는 그만 오렌지 껍질을 밟고 넘어져 합병증에 시달리다가 세상을 떠나고 말았습니다.

나이아가라 폭포에서 떨어지고도 살았던 리치는 길가에 떨어진 오렌지 껍질을 발견하지 못해 세상을 떠났습니다.

누구나 아는 큰 죄는 얼마든지 대비하고 예방할 수 있습니다. 그러나 교만과 의심, 시기, 질투같이 일상에서 무의식적으로 짓는 작은 죄들이 우리의 신앙생활을 좀먹을 수 있습니다. 사소하지만 위험한, 길가에 떨어진 오렌지 껍질 같은 죄를 조심하십시오. 복되고 형통합니다. 아멘!!!

♥ 주님, 일상생활 중 교만과 의심, 시기와 질투 같은 죄들도 이기게 하소서.
📷 나를 넘어지게 할 수 있는 것을 찾아 주님의 도우심을 구합시다.

나의 영적 일기

하나님의 말씀, 성경

1월 12일

읽을 말씀 : 히브리서 4:1-13

● 히 4:12 하나님의 말씀은 살았고 운동력이 있어 좌우에 날선 어떤 검보다도 예리하여 혼과 영과 및 관절과 골수를 찔러 쪼개기까지 하며 또 마음의 생각과 뜻을 감찰하나니

    무신론자들은 성경이 하나님의 말씀이라는 사실을 부정하기 위해서 아주 오랜 세월 동안 공격해왔습니다. 그러나 이들의 공격에도 하나님의 말씀인 성경은 끄떡없었고 오히려 흥왕했습니다.
    「세계성서공회연합회(United Bible Societies)」의 세계 성서 번역 현황 발표 자료에 따르면 2024년 말 기준, 전 세계 총 7,398개 언어 중 769개 언어로 성경전서가 번역되었고, 지난 1년간 74개 언어로 새로 성경이 번역됐다고 합니다.
    작가 존 클리포드(John Clifford)는 이런 놀라운 성경의 능력에 감동해 「하나님 말씀의 모루(The Anvil of God's Word)」라는 시를 지었습니다.
    「어제 저녁 한 대장간 안에서 바닥에 놓인
    긴 세월 두드려 닳아진 망치들을 보았네.
    이 망치들을 연단하는 데 얼마나 많은 모루가 필요했냐고 묻자,
    대장장이는 웃으며 대답했네.
    "하나면 충분합니다. 모루가 망치들을 닳아 없애기 때문이지요."
    하나님의 말씀은 참으로 이 모루와 같네.
    회의주의자들이 지금껏 성경이란 모루를 연타했지만,
    요란한 소리를 내며 전부 사라지고 남은 건 모루뿐이네.」
    성경이 하나님의 말씀인 이유는 바로 그 능력에 있습니다.
    성경을 하나님의 말씀으로 믿고, 그 능력을 체험해 보십시오. 복되고 형통합니다. 아멘!!!

♥ 주님, 주님 말씀은 살았고 운동력이 있어 마음의 생각과 뜻을 감찰함을 믿게 하소서.
📖 능력이 있는 주님의 말씀을 믿고 그 능력을 믿음으로 순종해 체험합시다.

나의 영적 일기

1월 13일 — 논쟁의 무의미함

읽을 말씀 : 디모데후서 2:20–26

● 딤후 2:23 어리석고 무식한 변론을 버리라 이에서 다툼이 나는 줄 앎이라

인간관계론의 대가 데일 카네기(Dale Breckenridge Carnegie)는 사람의 마음을 얻기 위해서는 절대 논쟁을 해서는 안 된다고 말했습니다.
"논쟁을 이기는 유일한 방법은 논쟁을 피하는 것입니다."
카네기가 연구한 「논쟁을 피해야 할 7가지 이유」입니다.

❶ 자신의 의지와 반해 설득당한다 해도 사람은 생각을 바꾸지 않는다.
❷ 일단 논쟁이 벌어지면 90%의 사람은 자신이 더욱 옳다고 확신한다.
❸ 논쟁으로 상대방의 주장을 꺾을 수는 있다.
　　하지만 마음을 얻을 수는 없다.
❹ 논쟁은 상대방의 관점에서 생각할 수 있는 여유가 사라지게 만든다.
❺ 논쟁은 시간을 낭비할 뿐이다.
❻ 미움으로는 미움을 끝낼 수 없다. 사랑만이 미움을 끝낼 수 있다.
❼ 논쟁은 아무런 득이 없다. 절대로 논쟁하지 마라.

논쟁으로 얻을 수 있는 유익은 하나도 없습니다. 논쟁을 피할 줄 아는 사람은 시간과 감정을 소모하지 않고 유익한 일에 사용하고자 하는 지혜로운 사람입니다.

복음은 말이 아닌 능력에 있다는 성경 말씀처럼 무익한 논쟁을 피하고, 오직 말씀을 따라 선을 행하며 세상에 하나님의 능력을 보이는 크리스천이 되십시오. 복되고 형통합니다. 아멘!!!!

♡ 주님, 오직 주님의 말씀을 따라 선을 행하며 세상에 주님의 능력을 보이게 하소서.
✍ 내가 사람들과 소통을 잘하고 있는지 점검하고 부족한 부분을 보완합시다.

나의 영적 일기

하나님을 기다리라

읽을 말씀 : 시편 37:1-11

●시 37:7 여호와 앞에 잠잠하고 참아 기다리라 자기 길이 형통하며 악한 꾀를 이루는 자를 인하여 불평하여 말지어다

　클래식 연주곡을 설명해 주는 한 유튜브 채널에서 최근 화제가 된 영상이 있었습니다.
　세계적인 피아니스트가 쇼팽(Frédéric François Chopin)의 곡을 설명하다가 갑자기 이런 말을 하며 연주를 시작했습니다.
　"사실 이 곡은, 연주를 하기 전에… 이미 시작된 겁니다."
　건반을 치기 전에 곡이 시작했다는 난해한 설명이지만, 영상을 보면 무언가에 홀린 듯 정말 빨려 들어가게 되는 흡입력이 느껴집니다.
　세계 최초로 베토벤(Ludwig van Beethoven)의 피아노 소나타와 피아노 협주곡 전곡을 녹음한 피아니스트 아르투르 슈나벨(Artur Schnabel)은 자신의 뛰어난 연주 실력의 비결에 대해서도 이와 비슷한 말을 한 적이 있습니다.
　"사실 제가 치는 음표는 다른 피아니스트들과 큰 차이가 없습니다.
　하지만 음표의 사이와 사이 멈추는 부분에 저의 예술이 존재합니다."
　음악도, 책도, 삶도, 멈추는 구간이 있어야 더 좋은 것을 채울 수 있습니다.
　나의 생각, 나의 의지, 나의 욕심을 비울 때 하나님이 우리의 삶을 더 좋은 것으로 채워주십니다. 지금 나의 생각과 마음이 비어있는지 돌아보십시오. 하나님의 축복을 받을 수 있는 비어있는 통입니까? 깨끗한 통입니까? 하나님은 우리를 위해 가장 좋은 것들을 언제나 넘치게 부어주시는 분입니다.
　성령님을 통해 온갖 좋은 것을 내려주시는 하나님께 내 삶을 드릴 수 있도록 삶의 여백을 준비하십시오. 복되고 형통합니다. 아멘!!!

　♡ 주님, 온갖 좋은 것을 은혜로 내려주시는 주님께 내 삶을 드리며 살게 하소서.
　🖐 나의 생각, 나의 의지, 나의 욕심을 비우며 살고 있는지 살펴봅시다.

나의 영적 일기

1월 15일

기도와 지혜

읽을 말씀 : 열왕기상 4:29-34

● 왕상 4:29 하나님이 솔로몬에게 지혜와 총명을 심히 많이 주시고 또 넓은 마음을 주시되 바닷가의 모래 같이 하시니

이스라엘을 역사상 가장 부유한 나라로 만들었던 솔로몬은 하나님께 최우선으로 지혜를 구했습니다.

솔로몬 왕이 학식이 부족했을 리 없습니다. 편안한 삶을 살아갈 재물도 충분했을 것입니다. 그러나 하나님이 주시는 영적인 지혜가 없이는 자신이 가진 지식과 재물을 올바로 사용할 수 없고, 나라를 부강하게 만들 수 없다는 사실 역시 깨달았을 것입니다. 그래서 솔로몬은 하나님께 더 많은 재물, 더 높은 학식이 아닌, 하나님이 주시는 지혜를 구했습니다.

남북전쟁이 불리한 흐름으로 흘러가던 당시 에이브러햄 링컨(Abraham Lincoln)은 매일같이 침실에서 성경을 펴고 하나님께 기도를 했습니다.

하루는 링컨의 친구가 우연히 방문 근처를 걷다 낮은 목소리를 들었는데, 링컨이 다음과 같은 기도를 하고 있었습니다.

"지혜를 구하는 솔로몬의 기도를 들으셨던 하나님,

제 기도도 들어주시기를 간구하나이다.

하나님의 도움 없이는 저는 이 나라를 이끌어갈 수 없습니다."

진정으로 지혜로운 사람은 자신의 부족함을 아는 사람입니다.

자신의 부족함을 알고 하나님께 기도로 능력을 구하는 사람입니다. 우리의 연약함을 하나님의 전능하신 능력으로 가득 채우는 기도하는 사람이 되십시오. 복되고 형통합니다. 아멘!!!

♡ 주님, 모든 연약함과 부족함을 채워주실 주님이심을 믿고 의지하게 하소서.
🖐 나의 연약함을 알고 주님께 기도로 능력을 구하는 사람이 됩시다.

나의 영적 일기

기적의 주인공

읽을 말씀 : 로마서 1:8-17

● 롬 1:8 첫째는 내가 예수 그리스도로 말미암아 너희 모든 사람을 인하여 내 하나님께 감사함은 너희 믿음이 온 세상에 전파됨이로다

『지금으로부터 23년 전인 1993년 5월 어느 날, 저는 인천항의 한 직원으로부터 조선족 여인이 저를 찾는다는 전화를 받았습니다.

알고 보니 중국에 있는 조선족 여자 성도 6분이 18년 동안 극동방송을 교회 삼아 예배를 몰래 드려오면서 한 푼도 쓰지 않고 모은 헌금 미화 22,100달러를 극동방송에 전달하기 위해 이분을 대표로 보냈다는 것이었습니다. 중국에서는 외화를 다른 나라로 가져가는 것은 불법이고, 발각되면 사형 당할 수도 있었지만, 그분은 허리춤에 몰래 달러를 숨긴 채 목숨을 걸고 왔습니다. 그분들은 헌금이 무사히 전달되면 5월 ○일 ○시에 저의 음성으로 잘 받았다는 내용의 방송을 해 달라고 부탁했습니다. 그래서 저는 약속된 시간에 "잘 도착했습니다. 잘 받았습니다"라고 방송을 통해 감사한 마음을 전했습니다. 목숨을 걸고 헌금을 가져온 성도는 한국에 남아 결혼을 했고, 지금은 열심히 중국 내 소수민족 선교를 하고 있습니다.

현재 마산에서 목회하는 조평화 목사님은 당시에 진해에서 하사관으로 군 복무하면서 극동방송을 애청하셨는데 마침 그날 제가 하는 뜬금없는 멘트를 듣고, 궁금증이 생겨 자세한 내막을 전해들었습니다. 그리고 이 사연에 큰 감동을 받아 목회자의 길을 결심했다고 합니다. 하나님께서 행하시는 일은 우리가 측량할 수 없습니다. 그리고 하나님의 이야기는 계속되고 있습니다.』 - 「김장환 목사의 인생 메모」 중에서

우리의 구원을 위해 생명을 주신 주 예수님의 영광을 위해 주님을 섬기십시오. 복되고 형통합니다. 아멘!!!!

💙 주님, 영원한 생명을 주신 주님을 마음과 성품과 생명을 다해 섬기게 하소서.
🖤 주님께서 보여주시는 기적을 경험하며 주님을 더욱 신뢰하며 담대하게 삽시다.

나의 영적 일기

1월 17일
의식적인 신앙

읽을 말씀 : 잠언 23:1-8

● 잠 23:7 대저 그 마음의 생각이 어떠하면 그 위인도 그러한즉 그가 너더러 먹고 마시라 할지라도 그 마음은 너와 함께하지 아니함이라

심리학자들의 연구에 따르면 사람에게는 1차 의식과 2차 의식이 있다고 합니다. 1차 의식은 무의식적인 행동을 담당하고, 2차 의식은 의식적인 행동을 담당합니다. 우리는 하루를 2차 의식으로만 살아간다고 생각하지만, 연구에 따르면 대부분의 사람은 하루의 70%를 무의식을 따라 살아간다고 합니다.

다음은 「컨셔스(conscious)」라는 책에 나오는 「하루를 의식적으로 살아가기 위한 6가지 법칙」입니다.

❶ 나의 하루를 관찰자 입장에서 바라보기
❷ 관찰을 바탕으로 잘못된 점이 있는지 성찰하기
❸ 내가 원하는 꿈을 이룰 수 있도록 삶의 방향을 설정하기
❹ 목적을 이룰 수 있는 설계도를 계획하기
❺ 무의식적인 삶이 되지 않도록 새로운 의식, 새로운 계획에 집중하기
❻ 새로운 것들을 계속해서 창조하며 자신의 실력으로 만들기

우리의 신앙은 습관적인 신앙입니까, 의식적인 신앙입니까?

의식적으로 말씀을 멀리하고, 의식적으로 죄를 짓고도 그냥 넘어가고 있지 않습니까?

주님의 참된 제자로 살아가기 위해선 삶의 사소한 부분까지도 주님을 위한 선택을 하며 살아가야 합니다.

살아온 대로 흘러가는 신앙이 아니라, 오늘 하루를 주님께 드리며 예배하기를 선택하는 의식적인 크리스천이 되십시오. 복되고 형통합니다. 아멘!!!

🖤 주님, 매 순간을 저와 늘 함께하시는 주님을 생각하며 주님과 동행하게 하소서.
🎴 오늘 하루를 주님께 드리며 예배하기를 선택하는 의식적인 크리스천이 됩시다.

나의 영적 일기

반드시 지켜야 할 것

읽을 말씀 : 누가복음 8:9-15

● 눅 8:15 좋은 땅에 있다는 것은 착하고 좋은 마음으로 말씀을 듣고 지키어 인내로 결실하는 자니라

1851년 미국의 캘리포니아 주지사는 연방 정부에 군대를 보내 줄 것을 요청했습니다. 주에서 광부를 보내 개발하려고 하는 지역을 인디언들이 방해한다는 이유에서였습니다. 그런데 정부에서 파견된 군인들은 분쟁 지역을 방문하고는 오히려 인디언 편을 들었습니다. 이토록 아름다운 자연은 파괴하지 말고 지켜야 한다고 생각한 군인들은 싸우지도 않고 돌아갔습니다.

미국 서부에 놀랍도록 아름다운 자연이 존재한다는 소문은 이 군인들을 통해 미국 전역으로 퍼져나갔습니다. 몇몇 정부의 유력 인사들도 이 지역을 찾아왔고, 그들 중 몇몇은 이 지역이 개발되기보다는 평생 보존해야 한다고 생각했습니다. 결국 환경운동가 존 뮤어(John Muir)의 청원으로 분쟁 지역이었던 이곳은 국립공원이 됐고, 「국립공원」의 개념을 가장 먼저 주장한 선구자였던 존 뮤어는 요세미티를 보호하며 미국의 두 번째 국립공원이 되는데 큰 공을 세웠습니다.

존 뮤어(John Muir)는 이후에도 시간이 날 때마다 요세미티를 방문했는데, 그런 그를 기리기 위해 요세미티 국립공원의 가장 유명한 등산로는 「존 뮤어 트레일(John Muir Trail)」이라고 불리고 있습니다.

요세미티의 아름다움은 자본주의 국가인 미국에서도 돈보다 더 귀하게 지켜야 할 숭고한 가치였습니다.

믿음은 크리스천인 우리 삶에 이런 가치여야 합니다. 독생자를 아끼지 않고 우리에게 내어주신 주님처럼, 역시 열과 성을 다해 어디서나 주님을 자랑하는 굳건한 믿음의 성도가 되십시오. 복되고 형통합니다. 아멘!!!

♡ 주님, 마음과 뜻과 정성과 목숨을 다해 구주이신 주 예수님을 섬기게 하소서.
🖼 돈보다 더 귀하게 지켜야 할 숭고한 가치가 있음을 알고 지켜나갑시다.

나의 영적 일기

1월 19일 성경의 온전함

읽을 말씀 : 요한복음 10:34-42

● 요 10:35 성경은 폐하지 못하나니 하나님의 말씀을 받은 사람들을 신이라 하셨거든

    2009년 영국 국립문서보관소에서 「던랩 인쇄본(Dunlap Broadside)」이라고 불리는 미국 독립선언문을 발견했다고 발표했습니다.
    던랩 인쇄본은 사람들에게 나눠주기 위해서 맨 처음 제작된 약 200장 정도의 사본입니다. 원본은 종류도 많고 진위를 가리기가 쉽지 않아서 의견이 분분하지만, 최종 검토 과정을 거쳐 배포된 던랩 인쇄본부터의 내용이 사실상의 원문 취급을 받고 있습니다.
    2009년 이전에 발견된 마지막 던랩 인쇄본은 경매를 통해 814만 달러(한화 110여억 원 상당)에 팔렸지만, 영국 국립문서보관소에서 찾아낸 던랩 인쇄본은 더 완벽한 형태라고 합니다.
    미국 역사학자들은 250년이 지난 시점에서 완벽한 사본이 발견된 것은 기적에 가깝다며 매우 놀라워했습니다.
    250년이 지난 한쪽의 문서가 이처럼 온전히 보존되기 어렵다면, 수천 년의 역사를 거치며, 숱한 방해와 박해를 받으면서까지, 완벽한 사본에서 사본으로 이어져, 성경이 한 권의 책으로 엮이는 것은 얼마나 불가능한 일이었겠습니까?
    우리 손에 들려 있는 성경은 그 자체로 하나님의 말씀이며, 진리임을 증거하고 있는 것입니다.
    성경이 세상의 유일한 진리이며, 하나님의 말씀임을 인정하며 즐거이 묵상하십시오. 복되고 형통합니다. 아멘!!!

♥ 주님, 성경에 기록된 진리의 말씀을 생명의 말씀으로 여기며 묵상하게 하소서.
📖 주님의 말씀을 마음에 심는 심정으로 성경을 필사합시다.

나의 영적 일기

균형의 중요성

읽을 말씀 : 로마서 14:13-23

● 롬 14:18 이로써 그리스도를 섬기는 자는 하나님께 기뻐하심을 받으며 사람에게도 칭찬을 받느니라

    20세기 초반 미국의 「옐로스톤 국립공원(Yellowstone National Park)」에서 대대적인 늑대 사냥이 일어났습니다.
    최상위 포식자를 없애 다른 동물들을 보호하기 위해서였습니다.
    그런데 몇 년이 지나자 이상한 일이 일어났습니다.
    오히려 풀이 마르고 공원이 점점 삭막해졌습니다. 사라진 종도 많았습니다. 학자들이 연구해 보니 늑대가 사라져 엘크가 과잉 번식해 초목이 남아나질 않은 것이 원인이었습니다. 풀이 사라지니 초식동물도 줄었고, 그 결과 강줄기도 줄어들었고 물고기까지 줄어들었습니다.
    학자들은 다시 31마리의 늑대를 옐로스톤에 풀어놨습니다.
    환경운동가들과 인근 주민들의 원성이 있었지만, 31마리의 늑대 덕분에 옐로스톤의 자연은 다시 회복됐습니다. 나무들과 풀이 다시 자라났고, 물고기가 돌아오며 비버들이 다시 집을 짓기 시작했습니다.
    하나님이 창조하신 자연처럼, 우리의 삶에도 균형이 중요합니다.
    일과 가정, 학교, 믿음 생활, 어느 한쪽도 무너져서는 안 됩니다.
    흔들림 없는 믿음 생활을 기반으로 우리가 가는 어디에서나 하나님의 향기를 풍기며, 복음을 전해야 합니다.
    하나님께도 사랑받고, 세상에서도 인정받는, 지혜롭게 균형을 잡는 크리스천이 되십시오. 복되고 형통합니다. 아멘!!!

♡ 주님, 주님께도 사랑받고, 세상에도 인정받으며 지혜롭게 균형을 잡고 살게 하소서.
🌿 자연의 귀중함을 알고 가까이 있는 자연부터 보존하는 데 힘을 씁시다.

나의 영적 일기

1월 21일

사랑은 포기하지 않는다

읽을 말씀 : 디모데전서 2:1-8

● 딤전 2:4 하나님은 모든 사람이 구원을 받으며 진리를 아는 데 이르기를 원하시느니라

    뉴질랜드의 로토루아(Rotorua)라는 도시에는 거대한 호수가 있는데, 이 호수와 관련된 아름다운 사랑 이야기가 지금까지 전해져 내려오고 있습니다.
    투타네카이라는 여인이 다른 부족의 히네모아라는 청년을 너무나 사랑했습니다. 그러나 그녀의 사랑은 이루어질 수 없었습니다. 두 부족 간의 결혼은 금지되어 있었고, 신분도 달랐습니다.
    그러나 히네모아를 향한 사랑을 포기할 수 없었던 투타네카이는 밤마다 호수를 헤엄쳐 무인도로 건너가 사랑의 노래를 불렀습니다.
    "비바람이 치던 바다 잔잔해져 오면 오늘 그대 오시려나."
    이 노래가 얼마나 절절했던지 결국 두 부족은 두 사람을 결혼시키기 위해 화친했고, 지금까지도 평화롭게 지내고 있다고 합니다.
    해외의 여러 유명 가수가 불렀고, 한국 전쟁에 참전한 뉴질랜드 병사들에 의해 우리나라에도 전해져 불렸던 「포카레카레 아나(Pokarekare Ana)」라는 노래의 이야기입니다.
    이루어질 때까지 포기하지 않고 계속해서 전하는 절절한 사랑의 연가가 바로 독생자를 세상에 보내신 하나님의 마음입니다. 하나님은 지금도 포기하지 않고 계속해서 하나님의 사랑을 우리에게 베풀고 계십니다. 모든 사람이 구원받기까지 포기하지 않으시는 하나님의 사랑을 이제는 받으십시오. 그리고 받았다면 이제는 전하십시오. 복되고 형통합니다. 아멘!!!

  ♡ 주님, 끝까지 포기하지 않으시는 주님의 사랑을 받고 전하게 하소서.
  📖 주님은 포기하지 않고 계속해서 주님의 사랑을 우리에게 베풀고 계심을 기억합시다.

나의 영적 일기

결국엔 끝이 온다

읽을 말씀 : 요한일서 3:13-24

● 요일 3:14 우리가 형제를 사랑함으로 사망에서 옮겨 생명으로 들어간 줄을 알거니와 사랑치 아니하는 자는 사망에 거하느니라

    세계적인 휴양지인 몰디브의 모하메드 나시드(Mohamed Nasheed) 대통령은 2008년 취임하자마자 폭탄선언을 했습니다.
    "우리나라는 100년 안에 물에 잠기고 말 것입니다. 기후 변화를 스스로 막을 수 없기에 우리가 할 수 있는 일이라고는 해외에 거주할 땅을 사는 일뿐입니다. 지금 대비하지 않으면 전 국민이 기후 난민이 되어 떠돌아다니게 될 것입니다."
    지금으로부터 20년도 더 전에 이미 유엔 환경계획단은 해수면이 급격히 상승하고 있어 몰디브를 비롯한 여러 섬나라가 위기에 처할 거라고 예견했습니다. 위기는 그뿐만이 아닙니다. 석유를 비롯한 천연자원들이 100년이 되지 않아 고갈될 것이라는 연구 자료들도 쏟아지고 있습니다. 설령 자원들이 100년, 200년 동안 고갈되지 않는다 하더라도 언젠가는 채굴량이 줄어들 수밖에 없다는 사실은 지구에 사는 우리가 누구보다도 가장 잘 알고 있습니다.
    태평하게 살아가는 것 같은 지금 세상에도, 모든 것이 풍족한 세상을 걱정 없이 살아가고 있는 인생에도 결국은 끝이 찾아옵니다. 우리의 인생도, 우리가 사는 세상도, 결국엔 끝이 찾아오기 때문에 이 유한한 시간과 자원을 무한한 하늘의 영광을 위해 사용해야 합니다. 세상에서 하늘을 위해 살아가는 사람은 미련한 사람이 아니라 그 누구보다 지혜로운 사람입니다.
    하나님이 허락하신 자연을 누리고 지키는 것도 중요하지만, 하나님의 섭리를 깨닫고 결국은 찾아올 심판의 그날을 준비해야 합니다.
    마지막 때가 가까워왔음을 깨닫고 미리 등불을 준비하는 지혜로운 처녀처럼 하루하루를 주님과 동행하십시오. 복되고 형통합니다. 아멘!!!

   ♡ 주님, 주님의 섭리를 깨닫고 결국은 찾아올 심판의 그날을 준비하며 살게 하소서.
   📖 세상을 걱정 없이 살아가고 있는 인생에도 결국은 끝이 찾아옴을 기억합시다.

나의 영적 일기

1월 23일

믿음의 케이블카

읽을 말씀 : 고린도전서 2:1-5

● 고전 2:5 너희 믿음이 사람의 지혜에 있지 아니하고 다만 하나님의 능력에 있게 하려 하였노라

미국에서 언덕이 심한 지대에 세워진 도시가 있었습니다.
길 포장 상태도 좋지 않아 비만 오면 도로가 엉망이었습니다.
비가 내린 다음 날에도 다치는 사람이 종종 있었고, 마차가 미끄러져 지금의 교통사고와 같은 대형 사고도 자주 일어났습니다.
비만 오면 사람들은 불평을 쏟아냈습니다.
그런데 이 모습을 지켜보던 한 남자가 이런 생각을 했습니다.
'사람들이 조금 더 안전하게 다닐 수 있는 방식의 이동 수단은 없을까?'
사람들이 안전하고 편하게 언덕을 오르내리는 방법을 연구하던 남자는 케이블의 장력을 이용한 획기적인 교통수단을 발명했습니다.
케이블카를 발명한 앤드류 할리디(Andrew Hallidie)의 이야기입니다.
세계 최초로 케이블카를 운행한 도시 샌프란시스코에는 지금도 할리디가 만든 케이블카가 그대로 운행되고 있습니다. 심지어 구조적으로도 완벽해서 지금 설치되는 케이블카들도 앤드류가 개발한 그 방식 그대로 사용되고 있습니다.
케이블카는 지형이 험한 곳에 설치될 수 있는 거의 유일한 교통수단입니다. 주님이 내려주시는 믿음의 케이블을 붙잡는 것이 우리의 인생을 최고로 멋지게 살아갈 수 있는 방법입니다. 다른 방법은 없습니다. 더 좋은 방법이 있다면 찾으려고 노력해 보십시오. 결국 주님께로 돌아오게 될 것입니다. 힘든 인생의 언덕을 내 힘으로 올라가려고 하지 말고, 무한한 능력을 주시는 주님의 손을 붙잡으십시오. 복되고 형통합니다. 아멘!!!

♥ 주님, 무한한 능력을 주시는 주님의 손을 붙잡고 인생의 언덕을 올라가게 하소서.
📖 주님이 주시는 믿음을 붙잡고 주님 안에서 승리하며 삽시다.

나의 영적 일기

함께 할 수 없는 것

읽을 말씀 : 야고보서 4:1-10

● 약 4:8 하나님을 가까이 하라 그리하면 너희를 가까이 하시리라 죄인들아 손을 깨끗이 하라 두 마음을 품은 자들아 마음을 성결케 하라

음식도 잘 어울리는 짝이 따로 있습니다.
영양학적으로 살펴보면 더욱 그렇습니다.
예를 들어 라면과 탄산음료는 둘 다 건강에 좋은 음식이 아니지만, 함께 먹으면 배 이상으로 건강에 안 좋습니다. 두 음식 다 몸속의 칼슘을 끌어내기 때문에 함께 즐기다가는 칼슘 부족 현상을 경험하게 됩니다.
몸에 좋은 홍차와 꿀도 마찬가지입니다. 홍차와 꿀은 따로 먹으면 건강에 도움이 되지만 두 음식을 함께 먹을 때는 탄닌산철이라는 물질이 생겨납니다.
이 물질은 흡수가 되지 않기 때문에 복통이 생길 수 있고, 철분 흡수를 방해합니다.
반면에 토마토와 올리브유는 환상의 궁합입니다.
올리브유가 토마토의 리코펜이라는 성분을 더 활성화시켜 토마토만 먹을 때보다 항산화 물질이 더 많이 흡수됩니다.
같은 음식도 무엇과 먹느냐에 따라 180도 다른 효과를 내듯이 우리의 신앙생활도 마찬가지입니다. 하나님의 자녀로 세상에서 살아가며 세상의 쾌락을 즐길 수는 없습니다. 하나님이 주신 소명을 감당하며 죄를 지을 수는 없습니다. 아직도 마음을 정하지 못하고 갈팡질팡하고 있습니까? 그러나 이제는 선택해야 합니다. 세상과 하나님을 동시에 섬길 수는 없습니다.
하나님의 자녀로 살아가며, 하나님이 기뻐하시는 일을 하며 살아가는 겉과 속이 똑같은 그리스도인이 되십시오. 복되고 형통합니다. 아멘!!!

♡ 주님, 세상에서 사는 동안 주님이 주신 소명을 잘 감당하며 살게 하소서.
🧩 주님이 기뻐하시는 일이 무엇일까를 분별하여 그 일을 힘써 합시다.

나의 영적 일기

1월 25일

전도가 정답이다

읽을 말씀 : 사도행전 20:17-24

● 행 20:24 나의 달려갈 길과 주 예수께 받은 사명 곧 하나님의 은혜의 복음 증거하는 일을 마치려 함에는 나의 생명을 조금도 귀한 것으로 여기지 아니하노라

국내 한 대기업의 입사 시험에 나왔던 퀴즈입니다.

「바쁘게 차를 타고 출근하는 도중 집 근처 버스 정류장에 한 할머니가 쓰러져 있었다. 그 옆에는 택시를 잡지 못해 안절부절못하는 의사가 있었다. 급한 일이 있어 병원에 가야 하는 것 같았다. 자세히 보니 곤경에 처한 의사는 이전에 당신을 죽을 위기에서 살려줬던 생명의 은인이었다. 그리고 의사 옆에는 당신이 평생에 꿈에 그리던 이상형이 있었다. 당신의 차에는 탈 수 있는 자리가 하나밖에 없다. 이 상황에서 당신은 어떻게 행동하겠는가?」

참가자들은 정답이 없는 문제라고 생각해 자신의 입장에서 이런저런 답안을 써냈지만 사실 이 문제에는 정답이 딱 하나 있었습니다. 200명의 지원자 중에 정답을 맞춘 사람은 단 한 명이었다고 합니다. 정답은 「의사에게 자동차 키를 건네주고 옆자리에 쓰러진 할머니를 태운다. 나는 이상형을 만나 늦어도 버스를 타거나 걸어간다」였습니다.

왜 이 답변만이 유일한 정답이었을까요? 그것은 생명을 구할 수 있기 때문이라고 생각합니다. 가장 중요한 가치는 사람의 생명입니다. '내가 반드시 차에 타야 한다'는 명제를 포기하면 의사에게 은혜도 갚을 수 있고, 할머니의 생명도 살릴 수 있고, 이상형도 만날 수 있습니다.

그러나 진정으로 생명을 구할 수 있는 길은 전도밖에 없습니다. 생명을 살리는 일보다 더 가치 있는 일은 없습니다. 바로 우리의 생명을 살리기 위해 하나님이 독생자 예수 그리스도를 이 세상에 보내주셨듯이, 우리의 삶을 다른 사람의 생명을 구하기 위해 하나님께 드리십시오. 복되고 형통합니다. 아멘!!!

♥ 주님, 사명 중심의 삶으로 영혼 구원을 위해 더욱 노력하게 하소서.
🔥 생명을 구할 복음을 주변 사람들에게 열심히, 힘을 다해 전합시다.

나의 영적 일기

걱정을 맡기라

읽을 말씀 : 베드로전서 5:1–11

● 벧전 5:7 너희 염려를 다 주께 맡겨 버리라 이는 저가 너희를 권고하심이니라

   작은 일도 태산같이 걱정을 하며 근심을 쌓는 남자가 있었습니다.
   얼마나 많은 근심을 지고 살아가는지 지나가는 사람이 슬쩍 얼굴만 봐도 티가 날 정도였습니다.
   그런데 어느 날부터 이 남자의 얼굴에 평안이 넘쳤습니다.
   오랜만에 만난 친구가 얼굴을 보자마자 깜짝 놀라 물었습니다.
   "아니, 어쩐 일로 얼굴이 이렇게 환한가?
   이제는 걱정을 하지 않게 되었는가?"
   『벌써 한 달 동안이나 아무런 걱정 없이 살아왔다네.』
   "도대체 무슨 일이 있었는지 말해줄 수 있나?"
   남자는 우연히 한 지역 신문 광고란을 보다가「대신 걱정을 해주는 사람」을 구했다고 했습니다. 문제는 매달 백만 원씩 드는 비용이었습니다.
   "자네 형편에 매달 백만 원씩을 어떻게 낸단 말인가?"라는 친구의 질문에 남자가 대답했습니다.
   『글쎄? 그 걱정도 그 사람이 할 일이지.』
   「최고의 날은 아직 오지 않았다」라는 책에 나오는 예화입니다.
   전능하신 창조주 하나님이 우리를 눈동자처럼 지켜주시는데, 세상 무슨 일이 걱정이 되고, 근심이 되겠습니까?
   나의 모든 염려와 걱정을 하나님께 맡기고 믿음으로 필요한 모든 것을 다만 간구하십시오. 복되고 형통합니다. 아멘!!!

♡ 주님, 모든 염려와 걱정을 주님께 맡기고 믿음으로 필요한 모든 것을 구하게 하소서.
🖼 믿음으로 구해야 하는 것이 무엇인지 구체적으로 찾아봅시다.

나의 영적 일기

사람을 변화시키는 것

1월 27일

읽을 말씀 : 잠언 27:13-22

● 잠 27:21 도가니로 은을, 풀무로 금을, 칭찬으로 사람을 시련하느니라

사람의 말에는 힘이 있다고 믿는 언어학자가 있었습니다.
언어학자와는 정반대의 생각을 가진 한 친구가 어느 날 거리에서 다음과 같은 내기를 제안했습니다.
"저기 꽃을 파는 거리의 부랑자가 보이는가?
자네 말대로라면 저 여자도 말의 힘으로 귀부인이 될 수 있겠지?
나와 내기를 해 보지 않겠나?"
언어학자는 평생 거리를 떠돌며 살아온 여인에게 접근해 자신의 신념대로 칭찬을 해주며 교육했습니다. 그리고 반년 만에 거리에서 꽃을 팔던 여인은 상류층의 연회에서도 모두의 이목을 사로잡는 매력적인 귀부인으로 변했습니다.
작품상과 감독상을 비롯한 4개의 아카데미상을 수상한 명화 「마이 페어 레이디(My Fair Lady)」의 내용입니다.
긍정적인 말에는 사람을 변화시키는 힘이 있습니다.
예수님은 부족한 제자들, 부족한 우리들을 끝까지 포기하지 않고 끝까지 사랑하셨습니다.
때론 넘어지고, 때론 실수할지라도, 포기하지 말고 하나님의 자녀라는 신분에 어울리는 삶을 살아가십시오. 또한 그렇게 변화될 때까지 주변의 연약한 새신자들을 품어주고 사랑하십시오. 복되고 형통합니다. 아멘!!!

🖤 주님, 많이 부족하고 넘어지지만 삶을 포기하지 않고 크리스천답게 살게 하소서.
🧩 내가 자주 하는 부정적인 말이 있다면 찾아 긍정적인 말로 고칩시다.

나의 영적 일기

믿음의 받침점

1월 28일

읽을 말씀 : 이사야 40:25-31

● 사 40:29 피곤한 자에게는 능력을 주시며 무능한 자에게는 힘을 더하시나니

　'지레의 원리'를 발견한 그리스의 수학자 아르키메데스(Archimedes)는 "나에게 충분한 지레와 설 땅이 있다면 지구도 들어 올릴 수 있다"라고 말했습니다.
　이 말을 들은 시라쿠사의 히에론 왕(Hieron II)이 직접 시연을 보여달라고 부탁했습니다. 아르키메데스는 백사장에 놓인 작은 배에 병사들을 잔뜩 태우고 지레의 원리를 사용해 배를 바다로 띄웠습니다.
　아르키메데스가 평범한 막대기와 받침대로 이런 놀라운 일을 할 수 있었던 것은 받침대가 어디에 위치해야 하는지를 알고 있었기 때문입니다. 받침대가 물체에 가까울수록 적은 힘으로 들게 된다는 것이 지레의 원리입니다.
　「소명이 이끄는 삶」의 저자 오스 기니스(Os Guinness)는 이 지레의 원리가 그리스도인의 소명과 같다고 말했습니다. 올바른 받침점 위치를 찾는 순간 우리의 힘이 아닌 하나님이 주시는 힘으로 모든 일을 할 수 있기 때문입니다.
　"소명이야말로 인간의 경험 중 가장 포괄적인 방향 전환이요, 가장 심오한 동기 부여, 곧 모든 역사에서 삶의 궁극적인 이유가 됩니다. 소명에 응답하는 것이 인생의 중심 목적을 발견하고 그것을 성취하는 길입니다."
　하나님이 주신 소명을 찾고, 그 소명을 위해 살아갈 때, 하나님의 능력으로 모든 일을 감당하게 됩니다.
　나에게 주신 소명은 무엇입니까? 그 거룩하신 하나님의 뜻을 따라 하루하루 살아가는 그리스도의 제자가 되십시오. 복되고 형통합니다. 아멘!!!

　🖤 주님, 주님의 능력으로 모든 일을 감당할 수 있음을 믿고 소명대로 살게 하소서.
　📖 주님께서 나에게 주신 소명이 무엇인지 분별하고 소명대로 삽시다.

　나의 영적 일기

1월 29일

끝까지 남는 것

읽을 말씀 : 이사야 40:1-11

● 사 40:8 풀은 마르고 꽃은 시드나 우리 하나님의 말씀은 영영히 서리라 하라

중국에서는 대대로 「호사유피, 인사유명(虎死留皮, 人死留名)」이라는 고사성어가 전해져 내려왔습니다. '호랑이는 죽어서 가죽을 남기고, 사람은 죽어서 이름을 남긴다'라는 뜻인데, 이 고사처럼 많은 사람들이 때로는 이름을 남기기 위해 목숨을 아끼지 않았습니다.

우리나라에는 '먹는 게 남는 것'이라는 말이 있습니다.

보릿고개같이 가슴 아픈 역사가 있어서 생긴 말일 수도 있겠지만, 사람은 먹지 않으면 살아갈 수가 없고, 또 먹은 음식이 나의 모습이 되기 때문에 여러모로 살펴봐도 틀린 말은 아닙니다.

또 '남는 건 사진뿐'이라는 말이 있습니다. 서양에도 '추억은 사라져도, 사진은 영원하다(Memories fade but pictures last forever)'라는 비슷한 말이 있습니다.

인간의 삶은 너무도 유한하고 짧기 때문에 사람은 인생에서 무언가를 남기고 싶어합니다. 그러나 이름, 음식, 사진, 그 무엇도 영원할 수는 없습니다. 끝까지 남는 것은 영원한 진리인 하나님의 말씀, 그리고 그 말씀을 믿는 사람들이 누리는 영생입니다.

지금 우리는 무엇을 남기기 위해 살아가고 있습니까? 영원한 하나님 나라의 복음을 위해 살아가고 있습니까? 끝까지 남는 것은 믿음이고, 끝까지 전해야 할 것은 복음입니다. 하나님이 나에게 주신 모든 것을 영원한 하나님의 나라를 위해 사용하십시오. 복되고 형통합니다. 아멘!!!

♡ 주님, 영원한 주님 영광과 나라를 위해 끝까지 복음을 전하며 살게 하소서.
🖼 주님께서 내게 주신 좋은 것들을 사용하여 이웃에게 복음을 전합시다.

나의 영적 일기

성경이 말하는 인생

읽을 말씀 : 요한복음 6:32-40

● 요 6:40 내 아버지의 뜻은 아들을 보고 믿는 자마다 영생을 얻는 이것이니 마지막 날에 내가 이를 다시 살리리라 하시니라

성경을 토대로 「5줄로 요약한 사람의 인생」입니다.
❶ 인생은 짧습니다(약 4:14).
❷ 죽음은 누구도 피할 수 없습니다(롬 5:12).
❸ 죽음 뒤에는 하나님의 심판이 있습니다(고후 5:10).
❹ 영생을 얻을 방법이 있습니다(요 3:15).
❺ 이 땅에서 지혜롭게 준비해야 합니다(마 24:44).

성경에 나오는 「구원과 성화의 과정」은 다시 5줄로 요약할 수 있습니다.
❶ 복음을 듣고, 믿는다(롬 1:17).
❷ 회개한다(행 17:30).
❸ 예수님이 나의 주님이심을 고백한다(롬 10:9).
❹ 세례(침례)를 받음으로 믿음을 선포한다(막 16:16).
❺ 믿음을 지키며 거룩하게 살아간다(롬 12:1).

누구도 벗어날 수 없는 죄의 굴레를 해결할 수 있는 유일한 복음, 기쁜 소식은 예수님이 흘리신 피를 믿는 것 외에 다른 방법은 없으며, 이 방법이 유일한 길임을 지금까지의 역사가 증명하고 있습니다. 또한 주님을 만나기 전 우리의 삶이 증거하고 있습니다.

성경이 말하는 인생의 덧없음을 깨닫고 유일한 구원의 길인 예수 그리스도를 믿고 말씀대로 행하며 살아가는 지혜로운 사람이 되십시오. 복되고 형통합니다. 아멘!!!

💗 주님, 구원과 성화의 과정을 통해 주님을 더욱 알아가게 하소서.
🖼 성화의 과정을 통해 주님을 더욱 닮아가는 삶을 삽시다.

나의 영적 일기

1월 31일

아카시아와 올리브나무

읽을 말씀 : 로마서 15:1-13

● 롬 15:2 우리 각 사람이 이웃을 기쁘게 하되 선을 이루고 덕을 세우도록 할지니라

아카시아나무는 향이 매우 좋고 척박한 터에서도 성장이 빠른 나무입니다. 한번 땅에 자리를 잡고 뿌리를 내린 아카시아나무는 3년 만에 10m 가까이 성장합니다. 이내 아름드리나무가 되어 그늘을 드리우고 주변에 향기를 풍기지만, 아카시아나무가 자란 주변에는 다른 식물들이 자라나지 못하고, 말라죽는 경우도 생깁니다. 성장력이 왕성한 아카시아나무가 뿌리를 내려 주변 나무들이 먹어야 할 양분까지 빨아들이기 때문입니다.

반면 올리브나무는 제대로 성장하기까지 때때로 10년 이상이 걸립니다. 그러나 성장하면서 땅을 비옥하게 만들고 주변 나무들이 더 잘 자라날 수 있게 양분을 나눠줍니다. 아무리 척박한 땅에 심어도 올리브나무는 죽지 않습니다.

그래서 농부들은 올리브나무를 '불사신'이라고 부르며, 척박한 땅에 올리브나무를 심어 기경합니다. 아무리 험한 땅도 올리브나무를 심으면 농사를 지을 수 있는 옥토로 변하기 때문입니다.

그리스도인은 받은 은혜와 큰 복을 항상 올리브나무처럼 주변에 나눠야 합니다. 자기만 알고, 자기만 성공하려는 아카시아나무와 같은 사람은 아무리 높은 곳에 오른다 해도 하나님께 영광을 돌릴 수 없습니다.

하나님이 주신 사랑과 능력으로 태산과 같은 험지에서도 땅을 비옥하게 하고 성령님의 열매를 수확하는 올리브나무와 같은 성도가 되십시오. 복되고 형통합니다. 아멘!!!

♡ 주님, 주님께 받은 은혜와 큰 복을 항상 주변 사람들에게 나누며 살게 하소서.
🖤 아카시아나무와 같은 사람이 아니라 올리브나무같은 사람이 됩시다.

| 나의 영적 일기 |

2월

"주는 나의 피난처시요 원수를 피하는 견고한 망대심이니이다
내가 영원히 주의 장막에 거하며 내가 주의 날개 밑에 피하리이다(셀라)
하나님이여 내 서원을 들으시고
주의 이름을 경외하는 자의 얻을 기업을 내게 주셨나이다"

- 시편 61:3-5 -

2월 1일

신앙의 공급선

읽을 말씀 : 로마서 1:8-17

● 롬 1:17 복음에는 하나님의 의가 나타나서 믿음으로 믿음에 이르게 하나니 기록된 바 오직 의인은 믿음으로 말미암아 살리라 함과 같으니라

『미군 하우스보이였던 저를 미국으로 데려가 공부시켜준 칼 파워스(Carl F. Powers) 상사는 1958년 제가 대학을 졸업하던 날의 감격을 기록으로 남겼습니다.

'능력 있는 소년 빌리(Billy)는 내가 기대했던 것 이상으로 훌륭하게 성장했다. 빌리가 대학 졸업장을 받는 순간, 전쟁 중이던 나라 한국이 떠올랐다. 이 작은 내 친구가 한국에서 미군들을 위해 물을 나르고 지저분한 집기들을 청소해 주던 그 소년인가?… 아니다. 그는 이제 그때의 소년이 아니다. 그는 젊은 지식으로 그리스도를 확신하는 온유한 마음과 예리한 정신을 가진 지혜로운 청년이 되었다….

전쟁에서는 공급선이 필수인데, 빌리의 공급선은 신앙이다. 기도로 다리를 세우고 성경을 무기로 싸우라. 모든 전쟁에서는 훈련받은 용감하고 결연한 병사들이 있어야 하는데, 하나님께서 이러한 자질을 빌리에게 주셨다. 빌리는 십자가를 가지고 전쟁에 나가 하나님의 적을 맞아 싸운다….

작전과 계획, 진격과 기도가 전쟁을 위해 진행 중이다. 그곳에 구원받을 영혼들이 있다. 하나님이 늘 빌리와 함께하시기를!'

하나님이 보내 주신 천사와도 같았던 칼 파워스 상사의 말처럼 저는 어려운 상황 속에서도 오직 하나님만을 신뢰하며 계속해서 복음전도자의 길을 걸어 나갔습니다. 우리의 유일한 공급선은 기도와 말씀을 통해 역사하시는 하나님을 믿는 믿음일 것입니다.』 -「김장환 목사의 인생 메모」중에서

오직 주님만을 의지하며 믿음으로 나아가십시오. 복되고 형통합니다. 아멘!!!

♥ 주님, 제 삶의 원동력이 오직 주님만이 되게 하여 세상을 의지하지 않게 하소서.
📖 어떠한 순간에도 오직 주님만을 의지하며 강하고 담대하게 나아가기로 다짐합시다.

나의 영적 일기

편안이 아닌 평안

읽을 말씀 : 요한복음 14:25-31

● 요 14:27 평안을 너희에게 끼치노니 곧 나의 평안을 너희에게 주노라 내가 너희에게 주는 것은 세상이 주는 것 같지 아니하니라 너희는 마음에 근심도 말고 두려워하지도 말라

현대인들은 역사상 그 어느 시대의 사람들보다 풍족한 삶을 누리며 편안한 삶을 살아가고 있습니다.

최근 심리학자들의 연구에 따르면, 현대인들은 어떤 경우에도 편안함을 추구하는 경향이 있다고 합니다. 그래서 젊은 세대들은 창업을 기피하고, 때로는 독립을 아주 먼 나라 이야기처럼 생각합니다. 청년들이 결혼도 하지 않고 부모님 집에 얹혀살며 육체적, 정신적으로 의존하는 '캥거루족' 현상까지 일어나고 있습니다.

편안하려는 의지는 인간의 당연한 욕구일 수 있지만, 크리스천들은 편안이 아닌 평안한 삶을 추구해야 합니다.

편안과 평안의 차이는 외면과 내면의 차이입니다.

안락한 의자에 앉아 평온한 시간을 보내는 사람은 편안한 사람입니다. 그러나 몸은 편해도 마음의 상태는 불편한 상태일 수 있습니다. 반면에 평안은 육체적 편안과 상관없이 마음에 걱정과 탈이 없습니다.

사도 바울은 복음을 전하다 매를 맞고, 감옥에도 숱하게 갔지만, 그럼에도 '평안하다'고 고백했습니다. 예수님의 십자가 고난이 우리를 향한 놀라운 사랑이었던 것처럼, 형제자매를 위해 고난을 당해도 마음이 평안했습니다.

우리의 마음은 평안합니까? 주님이 주시는 평안이 아니라 세상이 주는 편안만을 추구하고 있지는 않습니까? 참된 평안은 마음에서 온다는 것을 깨닫고, 주님의 일을 위해 수고하고 노력하며 때로는 고난을 당한다 해도 기쁘게 여기십시오. 복되고 형통합니다. 아멘!!!

💚 주님, 세상이 주는 편안이 아니라 주님이 주시는 평안을 누리며 살게 하소서.
🙏 주님의 십자가 사랑을 본받아 형제자매를 위한 고난도 기뻐합시다.

나의 영적 일기

2월 3일 신앙은 전파되어야 한다

읽을 말씀 : 마태복음 28:16-20

● 마 28:19 그러므로 너희는 가서 모든 족속으로 제자를 삼아 아버지와 아들과 성령의 이름으로 세례를 주고

「종교 교육의 아버지」라고 불리는 호레이스 부쉬넬(Horace Bushnell) 목사님은 저서 「기독교적 양육」에서 당시 신앙인들의 가정을 신랄하게 비판했습니다.

비판의 이유는 크게 5가지였습니다.

❶ 신앙이 교육으로 된다고 생각하지 않음
❷ 자신들이 어른이 되어서 주님 만났다고 자녀들도 같을 것이라고 생각함
❸ 자녀들이 저절로 회개하고, 저절로 믿을 것이라고 생각함
❹ 신앙을 어른들의 전유물로 전락시킴
❺ 자녀들에게 크리스천이라는 정체성을 심어주지 못함

아이러니하게도 부쉬넬 목사님이 이런 비판을 했던 당시는 영적 대각성이 일어나 부흥이 불길처럼 일어나던 시기였습니다. 그러나 많은 믿는 사람들이 신앙을 개인의 영역이라 생각해 주님을 믿고서도 다른 사람에게 전하거나, 심지어 자녀들에게도 가르치지 않았던 것입니다.

부쉬넬 목사님은 이런 크리스천들을 '타조'라고 불렀습니다.

구덩이에 알을 낳고 어디론가 사라지는 타조처럼 다른 사람에게 복음을 전하지도 않고, 가르치지도 않는 무책임함을 빗댄 말이었습니다.

주 예수님을 구주로 영접한 우리는 세상 어디에서라도 크리스천의 정체성을 갖고 살아가야 합니다. 가정에서도, 직장에서도, 교회에서도, 가서 제자 삼으라는 주님의 마지막 명령을 성실히 이행하는 참된 주님의 제자가 되십시오. 복되고 형통합니다. 아멘!!!

♡ 주님, 제가 세상 어디에서라도 크리스천의 정체성을 갖고 살게 하소서.
📖 주님이 내게 주신 명령을 가까운 사람들에게도 성실히 이행하는 크리스천이 됩시다.

나의 영적 일기

대왕의 겸손함

읽을 말씀 : 갈라디아서 5:1–15

2월 4일

● 갈 5:13 형제들아 너희가 자유를 위하여 부르심을 입었으나 그러나 그 자유로 육체의 기회를 삼지 말고 오직 사랑으로 서로 종노릇 하라

　고대 영국에서 가장 위대한 대왕으로 칭송받았던 크누트(Cnut the Great)는 뭇 신하와 백성들에게 큰 존경을 받았습니다.
　신하들은 크누트가 하는 모든 행동을 지지했으며, 크누트가 무슨 말을 해도 "세상의 그 누구보다도 위대한 왕이시여"라는 미사여구로 칭송했습니다. 신하들과 백성들이 자신을 신격화하는 것이 불편했던 크누트는 옥좌를 들고 해변으로 나갔습니다. 바다를 두고 쭉 늘어선 신하들에게 크누트가 물었습니다.
　"앞의 거센 파도를 보라. 내가 저 파도를 멈추게 할 수 있을 것 같으냐?"
　『대왕께서 명령하신다면 파도도 멈출 것이라고 저희는 믿습니다.
　세상의 그 누구보다도 위대한 왕이시여.』
　크누트는 큰 목소리로 몇 번이고 "파도야 멈추어라!"라고 소리를 질렀습니다. 그러나 파도는 여전히 몰아쳤습니다.
　이 모습을 보고 당황하는 신하들에게 크누트는 "보아라. 나는 저 한낱 파도도 어찌할 수 없는 연약한 인간이다. 나에게는 아무런 힘도 없다. 이제 내가 아닌 온 세상의 왕이신 유일한 하나님께만 칭송을 바치길 바란다"라고 말했습니다.
　영국 사람들은 많이 아는 유명한 크누트 대왕의 일화입니다.
　가장 높은 왕의 권력도 주 하나님이 허락하지 않으시면 누릴 수 없는 은혜입니다. 만왕의 왕이신 주님이 모든 것을 주관하신다는 사실을 잊지 말고, 겸손한 손과 마음으로 오직 주님만을 찬양의 대상으로 삼으십시오. 복되고 형통합니다. 아멘!!!

🖤 주님, 겸손한 손과 마음으로 오직 주님만을 찬양의 대상으로 삼게 하소서.
　내가 누리고 있는 모든 좋은 것은 주님의 은택임을 기억하고 감사합시다.

나의 영적 일기

2월 5일 — '나'라는 항아리를 깨라

읽을 말씀 : 야고보서 1:12-18

● 약 1:14 오직 각 사람이 시험을 받는 것은 자기 욕심에 끌려 미혹됨이니

진리를 깨닫기 위해서 매일 책을 보며 공부를 하던 목회자가 있었습니다.
그런데 아무리 성경을 보고 책을 봐도 오히려 헷갈리기만 했습니다.
도저히 감을 잡을 수 없었던 목회자는 지혜롭기로 소문난 다른 목회자를 찾아가 배움을 청했습니다.
현명한 목회자는 밤에 자기를 다시 찾아오라고 말했습니다.
밤이 되자 현명한 목회자는 물이 가득 담긴 항아리를 들고 물었습니다.
"이 항아리에 뭐가 들어 있습니까?"
『물에 비친 달이 들어 있습니다.』
대답을 들은 목회자는 항아리를 가차 없이 깨버렸습니다.
"그럼 이제 항아리에는 뭐가 들어 있습니까?"
『항아리가 깨졌는데 뭐가 들어 있겠습니까?』
이 말을 들은 현명한 목회자는 다음과 같은 가르침을 주었습니다.
"항아리가 깨졌다고 그 안에 비추어 보이던 달이 사라진 것은 아닙니다.
고개를 들면 달이 보이는데,
왜 자꾸 항아리에 비추인 달을 보려고 하십니까?
하늘에 계신 주님만 바라보면 성경에 기록된 진리를 알게 될 것입니다."
주님을 만나는 그 순간, 모든 의심과 걱정, 두려움은 즉시 눈처럼 녹아 사라지게 됩니다. 빛을 공부하지 않아도 보는 순간 빛인 걸 깨닫는 것처럼, 오직 하나님만 바라며, 주님만을 사랑하고 섬기십시오. 복되고 형통합니다. 아멘!!!

♥ 주님, 오직 주님만 바라며, 주님만 사랑하고, 주님만 섬기게 하소서.
※ 종종 하늘을 보면서 천지 만물을 창조하신 주님을 묵상합시다.

나의 영적 일기

성실성의 힘

읽을 말씀 : 시편 31:19-24

● 시 31:23 너희 모든 성도들아 여호와를 사랑하라 여호와께서 성실한 자를 보호하시고 교만히 행하는 자에게 엄중히 갚으시느니라

한때 세계에서 제일가는 부자였던 강철왕 카네기(Andrew Carnegie)가 후계자로 누구를 세울지가 초유의 관심사였습니다.

카네기 밑에는 그야말로 쟁쟁한 미국 최고의 인재들이 몰려 있었습니다. 그런데 모두의 예상을 뒤로하고 카네기는 비서인 찰스 슈왑(Charles Schwab)을 후계자로 지명했습니다. 이 소식을 들은 모든 사람은 깜짝 놀랄 수밖에 없었습니다.

슈왑은 카네기 회사의 정원 청소부였고, 초등학교만 졸업한 사람이었습니다. 당사자인 슈왑 역시 자신이 맡을 자리가 아니라고 생각해 카네기를 찾아가 다른 후계자를 지명해 달라고 부탁했습니다.

"저는 강철에 대해서 아는 것이 하나도 없습니다.

게다가 배운 것도 없습니다. 제가 아닌 다른 사람을 후계자로 세워주십시오."

카네기는 다음과 같이 대답했습니다.

『강철에 대해 잘 아는 사람은 이 회사에 차고 넘치도록 많네. 그러나 자네처럼 성실한 사람은 한 명도 없다네. 자네는 정원 청소부일 때 공장 부지 구석구석까지 청소했네. 그리고 내 비서가 된 뒤에는 내 모든 말을 수첩에 적으며 완벽하게 일을 처리했네. 일은 유능한 사람에게 시키면 되네. 그러나 성실성이야말로 내 후계자에게 가장 필요한 자격이자 재능이네.』

겸손하고 성실한 자세로 한결같이 하나님을 섬기는 사람이 바로 하나님이 사용하시는 사람입니다. 자녀인 우리들을 신실하게 사랑하시는 주님처럼, 아버지 하나님을 성실히 사랑하는 자녀가 되십시오. 복되고 형통합니다. 아멘!!!

♥ 주님, 겸손하고 성실한 자세로 한결같이 주님을 섬기는 사람이 되게 하소서.

🖼 무슨 일을 하든지 주님 앞에서 하는 것처럼 성실하게 합시다.

나의 영적 일기

2월 7일

은혜에 집중하라

읽을 말씀 : 로마서 5:12-21

● 롬 5:20 율법이 가입한 것은 범죄를 더하게 하려 함이라 그러나 죄가 더한 곳에 은혜가 넘쳤나니

   태국의 큰 공사판에 초보 인부가 들어왔습니다. 그는 출근하자마자 거대한 건축물의 벽을 쌓는 일을 맡았습니다. 최대한 조심하며 신경을 썼지만, 일이 익숙지 않아 건물의 벽 한복판에 벽돌을 두 개나 잘못 쌓았습니다. 워낙 여러 사람이 한꺼번에 일을 하고 있어서 실수를 되돌리기가 쉽지 않았습니다. 결국 건축물의 가장 큰 벽엔 벽돌 두 장이 튀어나온 채로 완성됐습니다.
   인부는 자신의 실수가 드러나는 것이 두려워서 벽을 허물고 다시 짓자고 요구했지만, 받아들여지지 않았습니다. 인부는 자신의 실수를 가리기 위해 튀어나온 벽돌을 천으로 가려놓았습니다. 그러나 그것이 오히려 실수를 더 도드라지게 만들었습니다. 인부는 매일 튀어나온 벽돌을 바라보며 실수를 자책하고 있었는데 하루는 외국 관광객이 "이렇게 아름다운 벽은 처음 본다"라며 감탄했습니다. 화가 난 인부는 관광객에게 『여기 벽돌이 두 개나 튀어나와 있는데 뭐가 아름다운 벽입니까?』라고 화를 냈습니다.
   이 말을 들은 관광객은 다음과 같이 대답했습니다.
   "두 개의 튀어나온 벽돌은 저도 보입니다.
   그러나 천 개가 넘는 아름다운 벽돌이 당신 눈에는 보이지 않습니까?"
   두 개의 벽돌과 같은 죄와 실수에 마음을 빼앗기면 하나님의 놀라운 은혜를 잊게 됩니다. 지은 죄는 반드시 회개해야 하고, 저지른 실수는 책임을 져야 합니다. 그러나 회개와 책임을 바탕으로 하나님이 주시는 기쁨과 은혜를 더욱 깊이 체험해야 발전하는 믿음 생활로 나아갈 수 있습니다. 두 개의 죄와 실수가 아닌 998개의 은혜와 선행에 더욱 집중하십시오. 복되고 형통합니다. 아멘!!!

♥ 주님, 주님이 주시는 기쁨과 은혜에 더욱 집중하는 믿음 생활이 되게 하소서.
🖼 내가 저지른 실수를 보기보다는 그 일을 용서해 주신 주님을 바라봅시다.

나의 영적 일기

꾸준함이 만든 기적

읽을 말씀 : 히브리서 12:1-13

2월 8일

● 히 12:5 또 아들들에게 권하는 것 같이 너희에게 권면하신 말씀을 잊었도다 일렀으되 내 아들아 주의 징계하심을 경히 여기지 말며 그에게 꾸지람을 받을 때에 낙심하지 말라

　중국 구이저우성의 깊은 산 속에는 천여 명이 살고있는 카오왕바라는 작은 마을이 있습니다. 해발 4천여 미터 높이에 있는 마을은 근처에 수원지가 없어 예로부터 늘 물 때문에 고생이었습니다.
　빗물을 받아 생활해야 했고, 그마저도 떨어지면 걸어서 2시간이 넘게 걸리는 옆 마을에서 물을 길어 와야 했습니다.
　옆 마을 사정이 좋지 않으면 그마저도 방법이 없었습니다. 더 먼 길을 걸어가든가, 가파른 절벽을 기어올라 고여 있는 물을 퍼 와야 했습니다. 40년 전 이 마을의 대표로 선출된 20대의 황다파는 가만히 있어서는 이 문제를 해결할 수 없다고 생각했습니다. 유일한 방법은 수로를 파는 것이었습니다.
　그날부터 황다파는 매일 수로를 파 나갔습니다. 부족한 기술은 공사가 막힐 때마다 전문가를 찾아가 배웠습니다. 그렇게 해서 세 개의 산을 넘고 절벽을 가로지르는 10km의 수로가 40년 만에 완성되었습니다. 환갑이 지나서야 완성된 수로를 보게 됐지만 황다파 이장은 후회하지 않았습니다.
　"기다리기만 했다면 절대로 이룰 수 없었습니다.
　삶을 더 나아지게 하기 위해서는 뛰어들 수밖에 없었습니다."
　세상에 늦은 때란 없습니다. 주님이 허락하신 가장 젊을 때가 바로 오늘이며, 주님이 예비하신 무궁한 가능성이 넘치는 날이 바로 내일입니다. 바로 오늘부터 전도를 위해, 경건생활을 위해, 소명을 위해 필요한 일들을 바로 시작하십시오. 복되고 형통합니다. 아멘!!!

♡ 주님, 전도와 경건 생활과 소명을 위해 필요한 일들을 바로 시작하게 하소서.
📖 주님께서 예비하신 무궁한 가능성이 넘치는 날을 준비하는 오늘이 됩시다.

나의 영적 일기

생명을 나누라

읽을 말씀 : 요한복음 15:11-17

● 요 15:13 사람이 친구를 위하여 자기 목숨을 버리면 이에서 더 큰 사랑이 없나니

틈만 나면 몸이 아픈 사람들을 위해 봉사 활동을 다니던 어머니가 계셨습니다. 홀로 두 아들을 키우기 위해 이것저것 안 해본 일이 없었지만, 그럼에도 시간이 되면 항상 사람들을 도우러 다녔습니다. 그러다 우연히 신부전증으로 고생하는 환자의 이야기를 듣게 됐는데, 얼굴 한 번 본 적도 없는 사람인데도 신장을 기부하고 싶은 마음이 들었습니다.

'내 신장을 통해 한 명을 살릴 수 있다면, 얼마나 기쁜 일일까?'

어머니는 장기 기증을 통해 한 환자의 생명을 살렸고, 이후에는 신장이 좋지 않은 사람들까지 찾아가 봉사활동을 계속했습니다. 그런데 어머니의 이런 모습을 보고 아들도 똑같이 생면부지의 환자에게 신장을 기증했습니다.

어머니의 삶을 통해 생명을 나누는 기쁨이 얼마나 큰 것인지 배웠다는 것이 그 이유였습니다.

경기도 구리에 사는 이 모자는 지금도 틈나는 대로 봉사활동을 같이 다니며 사랑을 실천하며 생명을 살리고 있습니다.

사랑은 베푸는 사람에게 더 큰 기쁨을 줍니다.

예수님을 통해 가장 큰 사랑을 배우고 체험한 우리들은 얼마나 더 열심히 사랑을 전하고 실천해야 하겠습니까?

예수님이 그러셨던 것처럼, 예수님이 가르치신 것처럼, 사랑을 전하며 복음 전파로 생명을 살리십시오. 복되고 형통합니다. 아멘!!!

♡ 주님, 주님이 그러셨던 것처럼 사랑을 전하며 복음 전파로 생명을 살리게 하소서.
🖼 복음을 전하기 위해 주님께서 내게 주신 좋은 것을 이웃과 나누며 삽시다.

나의 영적 일기

마지막 처방, 사랑

읽을 말씀 : 요한일서 3:13-24

● 요일 3:14 우리가 형제를 사랑함으로 사망에서 옮겨 생명으로 들어간 줄을 알거니와 사랑치 아니하는 자는 사망에 거하느니라

예정일보다 무려 3개월이나 빨리 태어난 쌍둥이가 있었습니다.

병원에서는 최선을 다해 아기들의 순산을 도왔습니다. 다행히 먼저 나온 딸은 체구는 좀 작지만 숨도 잘 쉬고 건강했습니다. 그러나 이어서 나온 아들은 건강에 큰 문제가 있었습니다. 첫 호흡을 약하게 몰아쉬더니 이내 숨소리가 들리지 않았습니다.

의료진은 아기를 살리기 위해 인공호흡을 비롯한 모든 방법을 강구했습니다. 그러나 20분이 지나도록 아기의 숨은 돌아오지 않았습니다. 의사는 어쩔 수 없이 사망 선고를 내렸습니다. 현실을 받아들여야만 했던 어머니는 의사에게 "애써 주셔서 감사합니다. 마지막으로 한 가지만 부탁드리겠습니다. 아기와 잠시만 시간을 보낼 수 있을까요?"라고 말했습니다.

엄마는 이미 숨이 멎은 아기를 안고 2시간 동안 사랑한다고 속삭여주고, 젖도 물려주었습니다. 그리고 이별을 준비하며 아기를 품에서 내려놓는 순간 기적이 일어났습니다. 두 시간 동안 잠잠하던 아기가 갑자기 크게 숨을 쉬며 울음을 터트렸습니다. 깜짝 놀란 엄마는 의료진을 호출했습니다. 의료진 역시 살아난 아기를 보고 기적이라며 놀랐습니다.

호주에 사는 케이트 오그(Kate Ogg) 씨의 두 쌍둥이 자녀는 지금은 완전히 건강이 회복되어 다른 아이들과 똑같이 무럭무럭 자라고 있다고 합니다.

끝까지 자녀를 포기하지 않는 부모님의 사랑처럼, 하나님은 세상 끝 날까지 우리를 포기하지 않으십니다. 끝까지 한결같이 나를 사랑해 주시는 주님을, 최선을 다해 뜨겁게 끝까지 사랑하십시오. 복되고 형통합니다. 아멘!!!

♡ 주님, 한결같이 사랑해 주시는 주님을 최선을 다해 끝까지 사랑하게 하소서.
🙏 주님 안에서는 기적 같은 삶이 가능함을 믿고 주님을 의지하며 삽시다.

나의 영적 일기

2월 11일

심판을 기억하라

읽을 말씀 : 야고보서 3:1-12

● 약 3:1 내 형제들아 너희는 선생 된 우리가 더 큰 심판 받을 줄을 알고 많이 선생이 되지 말라

1601년 11월 30일, 영국 의회가 폐회되기 전 엘리자베스 1세 여왕(Elizabeth I)이 연단에 섰습니다. 당시 여왕은 정치적으로 매우 불리한 상황이었습니다. 여러 가지 독점법으로 의원들과 국민의 불만은 극에 달해 있었고, 설상가상으로 외교 관계를 위해 추가 예산을 더 편성해야 했습니다. 여왕은 의원들과 백성들을 설득하기 위해 자리에 나왔습니다.

정확히 1,026단어의 짧은 연설을 들은 의원들은 여왕이 요구하는 모든 법안을 통과시켰고, 대중들은 이 연설을 「황금 연설(the Golden Speech)」이라고 부르며 칭송했습니다. 이 연설의 핵심을 요약하면 다음과 같습니다.

"저는 하나님이 맡겨주신 국민을 만족하게 하는 소명 외에는 바라는 것이 없습니다. 이 의무가 국민과 하나님께 지고 있는 저의 의무입니다. 하나님이 저를 높게 올리셨으나, 저는 권위가 아닌 사랑으로 통치합니다. 저는 전능하신 하나님의 도구가 되어 국민들을 위험, 불명예, 수치, 폭군, 압제로부터 구할 사람임을 믿습니다. 저는 항상 최후의 심판을 염두에 두고 통치해왔습니다."

세상의 가장 높은 권력자도 결국 죽음 뒤 하나님의 심판을 피할 수는 없습니다. 죽음 뒤의 심판과 영원한 천국에서의 삶을 잊지 않고 살아갈 때, 하나님이 우리를 보내신 그 자리에서 빛과 소금의 맛을 잃지 않고 살아가게 됩니다. 죽음을 기억하십시오. 심판을 잊지 마십시오. 사명에 헌신하십시오. 복되고 형통합니다. 아멘!!!

♥ 주님, 주님이 우리를 보내신 그 자리에서 빛과 소금으로 살아가게 하소서.
📖 세상의 빛과 소금으로 크리스천답게 살고 있는지 자신을 돌아봅시다.

나의 영적 일기

잘못 탄 사람

읽을 말씀 : 디모데후서 2:14-26

● 딤후 2:15 네가 진리의 말씀을 옳게 분변하며 부끄러울 것이 없는 일꾼으로 인정된 자로 자신을 하나님 앞에 드리기를 힘쓰라

매우 먼 곳까지 이동하는 기차에서 검표원이 승객의 차표를 확인하고 있었습니다.
맨 앞자리 승객의 차표를 확인한 검표원이 깜짝 놀라 소리쳤습니다.
"손님, 기차를 잘못 타셨습니다. 이 기차는 손님의 목적지와 완전히 반대로 갑니다. 다음 역에서 반대로 갈아타세요."
승객은 화들짝 놀라 내릴 준비를 했습니다.
그런데 다음 승객의 표를 확인한 검표원이 또 똑같은 소리를 했습니다.
"손님도 기차를 잘못 타셨습니다. 다음 역에서 내리세요."
검표원은 다음 승객, 다다음 승객에게도 같은 말을 했습니다.
이 모습을 지켜본 한 현명한 승객이 검표원에게 말했습니다.
『죄송하지만, 우리가 아니라 당신이 기차를 잘못 탄 거 아닙니까?』
현명한 승객의 말대로, 기차를 잘못 탄 사람은 승객들이 아닌 검표원이었습니다.
목적지를 착각한 검표원이 승객들을 더 혼란하게 만들 듯이, 진리를 모르는 사람들이 세상을 더 어지럽게 만듭니다.
성경을 통해 바른 진리를 배우고, 그 진리대로 세상에서 살아가며, 삶으로 살아계신 하나님의 복음을 전하는, 바르게 아는 그리스도인이 되십시오. 복되고 형통합니다. 아멘!!!

♡ 주님, 성경을 통해 바른 진리를 배우고, 삶으로 복음을 바르게 전하게 하소서.
🖼 내가 잘못 알고 있는 기준으로 남을 판단하고 있지는 않은지 살펴봅시다.

나의 영적 일기

작은 돌멩이의 무게

읽을 말씀 : 마태복음 11:28-30

● 마 11:28 수고하고 무거운 짐진 자들아 다 내게로 오라 내가 너희를 쉬게 하리라

걱정이 너무 많아 아무 일도 할 수 없는 청년이 있었습니다.
청년은 근처 마을에 매우 지혜로운 사람이 있다는 소문을 듣고 찾아가 도움을 요청했습니다.
"제 인생에는 해결할 수 없는 일들이 너무 많습니다. 어떻게 해야 할지 모르겠습니다."
한참 동안 청년의 걱정거리를 듣던 지혜로운 사람이 말했습니다.
『자네의 걱정거리를 해결하는 방법이 있네. 여기 이 작은 돌멩이를 내가 내리라고 할 때까지 들고 있게.』
돌멩이는 매우 가벼웠습니다. 그러나 30분이 지나자 청년의 팔이 점점 떨려왔습니다. 결국 더 버티지 못한 청년은 돌멩이를 떨어트렸습니다.
그 모습을 본 지혜로운 사람이 말했습니다.
『자네의 걱정이 그 돌멩이와 같네. 그냥 쉽게 떨어트릴 수 있는데 왜 그렇게 오래 들고 있으면서 힘들어하나?』
걱정하는 시간이 길어질수록 문제가 주는 어려움도 점점 커집니다. 주님께 내어놓기만 하면 될 일을, 아무것도 아닌 일을 너무 무겁게 짊어지고 있지는 않습니까? 만왕의 왕이 우리의 주님이십니다.
만왕의 왕이신 주님을 믿는 우리가 할 일은 단 하나뿐입니다. 할 수 있는 최선을 다해서 할 일을 하고, 할 수 없는 일은 전능하신 주님께 기도로 맡기십시오. 복되고 형통합니다. 아멘!!!

♡ 주님, 최선을 다해 할 일을 하고, 할 수 없는 일은 주님께 기도로 맡기게 하소서.
언제든지 무슨 일이든지 주님과 함께하며 능력을 구하는 사람이 됩시다.

나의 영적 일기

우유 한 잔의 친절

읽을 말씀 : 시편 37:1-6

● 시 37:3 여호와를 의뢰하여 선을 행하라 땅에 거하여 그의 성실로 식물을 삼을지어다

    미국에서 최고의 명의가 아니면 고칠 수 없는 큰 병에 걸린 소녀가 있었습니다. 가난한 소녀는 설령 고칠 수 있다 해도 큰 수술비를 마련할 수 없었지만, 일단 진찰을 받아보기로 했습니다. 그런데 의사는 소녀를 보자마자 아무 질문도 하지 않고 수술을 해주겠다고 먼저 나섰습니다. 의사의 뛰어난 실력으로 수술은 무사히 끝났습니다. 병실에 누워 있는 소녀에게는 다음과 같은 청구서가 날아왔습니다.
    "치료비는 그때의 우유 한 잔으로 지불되었음."
    명의가 학생이던 시절 학비를 벌기 위해 방문 판매를 했는데 너무나 배가 고파 집집마다 돌아다니며 구걸을 했습니다. 그때 아무도 음식을 주지 않았지만 유일하게 한 소녀만이 자신도 넉넉하지 못한 형편임에도 귀중한 우유 한 잔을 건네주었습니다. 심지어 아무런 요구도 하지 않았습니다. 수술받으러 자신을 찾아온 소녀가 바로 그때 그 소녀라는 사실을 명의는 곧바로 알아차렸습니다.
    소녀가 우유 한 잔의 친절을 베풀었던 사람은 세계 최고의 의대인 존스 홉킨스 대학교(The Johns Hopkins University)의 공동 설립자 중 한 명인 하워드 켈리(Howard Atwood Kelly) 박사님이었습니다.
    오늘 베푼 작은 친절이 나중에 어떤 복으로 돌아올지는 누구도 알 수 없습니다. 그러나 돌려받지 못한다 해도 주님이 가르치신 대로 손에 힘이 있는 한 친절을 베풀고 어려운 이를 도우며 하늘에 보화를 쌓으십시오. 복되고 형통합니다. 아멘!!!!

💛 주님, 할 수 있는 한 친절을 베풀고 어려운 이를 도우며 복음을 전하게 하소서.
🖼 주님께서 주시는 은혜로 할 수 있는 대로 이웃을 도우며 살게 하소서.

나의 영적 일기

드라빔을 버리라

2월 15일

읽을 말씀 : 스가랴 10:1-12

● 슥 10:2 대저 드라빔들은 허탄한 것을 말하며 복술자는 진실치 않은 것을 보고 거짓꿈을 말한즉 그 위로함이 헛되므로 백성이 양 같이 유리하며 목자가 없으므로 곤고를 당하나니

창세기 31장에는 야곱이 외삼촌 라반을 피해 몰래 가나안 땅으로 떠나는 장면이 나옵니다. 그런데 이 급박한 상황 속에서 야곱의 아내 라헬은 드라빔(Teraphim)이라는 우상을 훔쳤습니다.

드라빔이 무엇이기에 라헬은 그런 위급한 상황 속에서도 서둘러 훔쳐 나왔을까요? 이라크의 누지(Nuzi) 지역에서 발견된 고문서들에 따르면 드라빔은 다음과 같은 역할을 했다고 합니다.

❶ 재산을 상속받을 자격이 있는 사람에게 주어지는 신상
❷ 가정의 수호신
❸ 점술과 신탁행위에 사용되는 도구
❹ 족장의 권위를 보증하는 표시

성경학자들의 견해는 크게 두 가지로 나뉩니다.

라헬이 훗날 재산을 상속받으려고 드라빔을 훔쳤다는 견해와, 드라빔의 힘을 빌어 안전하게 탈출하기를 기원했다는 견해입니다.

그러나 목적이 무엇이든 라헬이 드라빔을 훔친 것은 잘못이었습니다.

하나님의 명령을 따라 하나님이 약속하신 새로운 땅으로 출발하는 야곱은 오직 하나님만 의지해야 했기 때문입니다.

내가 하나님보다 더 소중히 여기고 있는 드라빔은 무엇입니까?

그것이 무엇이든 나의 삶 속에서 제하여 버리고 오직 전능하신 하나님 아버지만 의지하십시오. 복되고 형통합니다. 아멘!!!

♡ 주님, 제 삶에서 의지하고 있는 것을 제하여 버리고 오직 주님만 의지하게 하소서.
🙏 내가 주님보다 더 귀하게 여기는 것이 무엇인지 살피고 주님만을 중심에 둡시다.

나의 영적 일기

매일 섬김

읽을 말씀 : 에베소서 4:1-12

● 엡 4:12 이는 성도를 온전케 하며 봉사의 일을 하게 하며 그리스도의 몸을 세우려 하심이라

2월 16일

『극동방송의 방송선교를 위해 다양한 곳에서 귀한 분들이 동역하고 있습니다. 그중에서도 직원들의 육신의 건강을 위해 일하는 중요한 곳이 바로 사내 식당입니다. 중앙사는 물론 전국 12개 지사의 식당에서 매일 맛있는 점심을 준비하기 위해 많은 분들이 수고하고 계십니다. 이분들은 정성껏, 마치 자신의 가족을 대하듯 직원들을 위한 식사를 만들어 주십니다.

저는 아침식사도 제대로 하지 못하고 출근하는 직원들이 점심 한 끼라도 잘 먹을 수 있도록 건강식, 영양식으로 준비하라고 늘 이야기합니다. 그리고 저도 맛있는 식당을 알게 되면 담당자들을 보내 그 비결을 배우게 하고, 위생 관리에도 세심히 신경 쓰도록 합니다. 그래서인지 직원들 사이에서 '가장 기다려지는 시간은 점심시간' 이라는 이야기를 자주 듣습니다.

매일 아침 채플을 통해 말씀으로 우리 영혼을 먹이시는 하나님께서, 식당에서 수고하시는 분들을 통해 육신의 양식도 공급해 주고 계십니다. 어떻게 보면 이분들이 직접 마이크 앞에서 복음을 전하는 것은 아니지만, 극동방송의 방송선교가 이루어질 수 있도록 돕는 귀한 '숨은 손길'이라 할 수 있습니다. 이분들을 비롯해 극동방송의 복음전파 사역을 위해 묵묵히 최선을 다하는 모든 분들에게 하나님의 은혜와 평강이 가득하길 기도합니다.』 - 「김장환 목사의 인생 메모」 중에서

지금 내가 서 있는 그곳이 하나님께서 보내신 곳임을 확신하며, 생명의 열매를 맺으십시오. 복되고 형통합니다. 아멘!!!

♡ 주님, 공동체를 위해 주님께서 저를 보내신 곳이 어디인지 알게 하소서.

🙏 맡겨진 일이 보기에 빛나지 않아도 소명으로 온전히 감당합시다.

나의 영적 일기

2월 17일
신앙의 나이테

읽을 말씀 : 갈라디아서 6:11-18

● 갈 6:17 이 후로는 누구든지 나를 괴롭게 말라 내가 내 몸에 예수의 흔적을 가졌노라

　기후를 연구하는 과학자들은 나무의 나이테를 매우 중요한 자료로 여깁니다. 몽골과 중국 북부에서 200년이 넘은 나무들의 나이테가 발견됐다는 소식이 들리자 전 세계 기상학자들이 모두 나이테를 확인하러 찾아갔을 정도였습니다.
　나무가 살아온 환경은 모두 나이테에 기록됩니다.
　날씨가 따뜻하고 비가 많이 내릴수록 나이테의 간격은 넓어집니다. 반면 가물고 이상 기온으로 추위가 찾아왔다면 나이테의 간격은 좁아집니다. 이뿐 아니라 병충해나 서리와 같은 특수한 환경 변화도 나이테를 통해 모두 알 수 있다고 합니다.
　안타깝게도 200년 이상 된 나무들의 나이테를 분석한 결과 최근 20년 사이에 폭염과 가뭄이 급증하고 있다고 합니다. 지구 온난화와 기상이변에 대한 여러 가지 학설이 있지만 적어도 나이테를 통해 알아본 바로는 점점 더 급격하게 지구가 뜨거워지고 가물어가고 있다고 합니다.
　주님을 만난 뒤 오늘날까지의 삶을 돌이켜 보십시오.
　나의 신앙의 나이테는 어떻습니까?
　날마다 주님과의 관계가 더욱 깊어지는 나이테가 형성되고 있습니까,
　아니면 위기가 조금씩 찾아오고 있습니까?
　혹시나 지금이 조치가 필요한 중요한 시점이 아닐까요?
　삶을 살아갈수록 주님과의 관계가 더욱 깊어지는 믿음의 나이테를 영혼에 새기십시오. 복되고 형통합니다. 아멘!!!

　♡ 주님, 날마다 주님과의 관계가 더욱 깊어지는 견고한 삶을 살게 도와주소서.
　📖 주님과 동행한 신앙의 횟수를 떠올리며 그만큼 성숙했는지 살펴봅시다.

나의 영적 일기

무학의 대통령

읽을 말씀 : 마태복음 13:53-58

● 마 13:53,54 예수께서 이 모든 비유를 마치신 후에 거기를 떠나서 고향으로 돌아가사 저희 회당에서 가르치시니 저희가 놀라 가로되 이 사람의 이 지혜와 이런 능력이 어디서 났느뇨

앤드루 존슨(Andrew Johnson) 부통령은 암살당한 링컨의 뒤를 이어 대통령 자리를 승계했습니다. 그러나 초등학교도 나오지 못한 존슨의 부족한 학력은 늘 다른 의원들의 공격 대상이 되었습니다.

"초등학교도 못 나온 사람이 어떻게 미국의 대통령이 될 수 있다는 말입니까? 제대로 된 상식과 지식을 갖추었을지도 의심되지 않습니까?"

존슨은 가난 때문에 초등학교도 나오지 못했습니다. 성년이 되어 구두 수선공의 딸과 결혼하고 나서야 글을 배웠습니다. 공부는 이런저런 일을 하며 취미 삼아 하다가 정계에 진출해 부통령 자리에까지 오르게 된 것입니다.

이런 논란을 잘 알고 있던 존슨은 연설에서 종종 다음과 같이 말했습니다.

"인류를 구원하신 가장 위대하신 분이 예수 그리스도지만, 예수님이 초등학교에 다니셨다는 말을 들어보지 못했습니다."

이 멋진 답변은 지지자들의 마음을 돌렸습니다.

존슨은 매우 완강한 성격이었지만, 자신과 같은 사람이 더는 생겨나지 않도록 미국 전역에 공교육을 확대했고, 알래스카 구입을 비롯해 누구보다도 미국의 미래를 위한 지혜로운 결정들을 내렸습니다.

주님이 사용하시는 사람은, 똑똑하고 현명한 사람이 아니라 전능하신 주 하나님을 전적으로 의지하는 사람입니다. 주님을 의지하며, 주님께 쓰임 받는 진정으로 지혜로운 사람이 되십시오. 복되고 형통합니다. 아멘!!!

♡ 주님, 주님을 의지하며 주님께 쓰임 받는, 진정으로 지혜로운 사람이 되게 하소서.

🖼 내가 가지고 있는 좋은 것들을 주님의 발 앞에 내려놓고 삽시다.

나의 영적 일기

2월 19일
사탄의 간교를 피하라

읽을 말씀 : 고린도후서 11:1–15

● 고후 11:3 뱀이 그 간계로 이와를 미혹케 한것 같이 너희 마음이 그리스도를 향하는 진실함과 깨끗함에서 떠나 부패할까 두려워하노라

미국의 기독교 칼럼니스트인 조셉 마테라(Joseph Mattera)가 「크리스천 포스트(Christian Post)」에 기고한 「사탄이 그리스도인을 속이는 7가지 방법」입니다.

❶ 죄를 비밀로 하라(잠 9:17).
사탄은 어둠 속에서 활동하기에 우리를 빛으로 나아가지 못하게 만듭니다.

❷ 목자에게서 떠나라(요 10:12).
목자에게서 떠나있는 양이라야 이리와 같은 사탄이 노릴 수 있습니다.

❸ 교회의 공동체를 떠나라(시 92:13).
믿음이 바로 서지 못하도록 믿음의 공동체인 교회를 떠나게 만듭니다.

❹ 배우자를 떠나라(마 5:31).
사탄은 하나님이 세우신 가정을 이기적 욕망을 무기로 파괴하려고 합니다.

❺ 사역을 떠나라(행 1:15).
상황이 힘들다고 사역을 내려놓으면 더 긴 영적 침체가 찾아옵니다.

❻ 사람들과 교류하지 말고 외롭게 지내라(히 3:12).
같은 몸에 연결된 지체들에게 격려와 기도를 받을 가능성이 차단됩니다.

❼ 자신을 구제 불능이라고 생각하라(고후 7:10).
죄를 지을 때 회개가 아닌 정죄와 수치심, 회의감에 빠지게 만듭니다.

우리가 구원받지 못하도록 안간힘을 쓰고 있는 사탄의 간계에 빠지지 말고 오직 진리의 빛이신 주님께로 시선을 고정하십시오. 복되고 형통합니다. 아멘!!!

♡ 주님, 오직 진리의 빛이신 주님을 바라보며 사탄의 간교를 이겨내게 하소서.
✍ 위 7가지 중에 사탄이 나에게 속삭이는 것이 있다면 주님을 바라봅시다.

나의 영적 일기

반드시 꽃이 핀다

읽을 말씀 : 에베소서 1:3-14

● 엡 1:5 그 기쁘신 뜻대로 우리를 예정하사 예수 그리스도로 말미암아 자기의 아들들이 되게 하셨으니

2월 20일

나라를 지혜롭게 다스리는 현명한 왕이 있었습니다.
어느 날 왕은 나라의 백성들이 얼마나 정직하고 청렴한지 알고 싶었습니다. 그래서 귀한 꽃씨를 전국에 뿌리며 다음과 같이 명령했습니다.
"1년 뒤 가장 아름다운 꽃을 피우는 사람에게 큰 상을 내리겠노라."
1년이 지나고 사람들은 저마다 형형색색의 아름다운 꽃이 피어있는 화분을 들고 왕궁을 찾았습니다.
그런데 한참 뒤 한 소년이 울면서 빈 화분을 들고 왔습니다.
『아무리 물을 주고 노력해도 꽃이 피지 않아요.
제가 나쁜 아이라서 벌을 받았나 봐요.』
왕은 빈 화분을 들고 온 이 소년이 가장 아름다운 꽃을 피운 사람이라고 밝혔습니다.
"사실 1년 전 내가 나누어준 꽃씨는 다 죽은 것이었다. 상에 눈이 멀어 다들 거짓말을 했지만, 끝까지 정직했던 이 소년이야말로 큰 상을 받을 자격이 있다."
주님은 우리 모두에게 소명이라는 귀한 꽃씨를 주셨습니다.
이 꽃씨는 겸손하고 정직한 마음으로 주님을 믿기만 하면 반드시 피어나는 아름다운 꽃씨입니다. 존재만으로 향기를 내뿜는 아름다운 꽃처럼 소명을 통해 주님이 우리를 사용하실 수 있도록, 크고 깨끗한 화분으로 우리의 삶을 주님께 내어드리십시오. 복되고 형통합니다. 아멘!!!

♥ 주님, 겸손하고 정직한 마음으로 주님을 믿고, 주님만 바라며 살게 하소서.
▨ 언제나 어디에서나 주님의 향기를 내뿜는 크리스천이 됩시다.

나의 영적 일기

2월 21일

꿀벌과 파리

읽을 말씀 : 요한복음 10:22-39

● 요 10:27 내 양은 내 음성을 들으며 나는 저희를 알며 저희는 나를 따르느니라

벌과 파리가 뒤섞여 날고 있는 들판이 있었습니다.
들판을 관리하는 조경사는 파리를 없애고 싶었습니다. 그러나 살충제를 뿌리면 자연에 유익한 벌까지 죽게 될까 봐 망설였습니다.
한참을 고민하던 조경사는 집에 들어가 상자 두 개를 가져왔습니다.
조경사는 한 상자에서 꽃을 꺼냈습니다. 그러자 벌들이 꽃향기를 맡고 달려들었습니다. 꽃을 이용해 벌들을 먼 곳으로 유인한 조경사는 이번엔 다른 상자에서 썩은 쓰레기를 꺼냈습니다.
그러자 이번엔 파리들이 모여들었습니다.
조경사는 썩은 쓰레기로 파리를 공터로 유인한 뒤에 살충제를 뿌려 꿀벌은 지키면서도 파리만 제거할 수 있었습니다.
꿀벌은 향기로운 꽃에만 반응하고 쓰레기에는 반응하지 않습니다.
그러나 파리는 향기로운 꽃이 아닌 쓰레기에만 반응합니다.
세상에서 믿지 않는 사람들과 뒤섞여 살아가는 우리 그리스도인을 구분해 주는 것은 단 한 가지, 바로 진리의 말씀을 실천하며 살아가고 있는가입니다. 지난 하루를 돌아보십시오. 내가 머문 곳은 꽃이었습니까, 쓰레기였습니까? 파리는 쓰레기를 좋아하고 벌은 꽃을 좋아하는 것처럼, 우리는 주님을 따라 살아가야 합니다.
선한 목자이신 주님의 음성을 구분하는 지혜로운 양처럼, 세상에서 주님의 음성에만 반응하며 살아가십시오. 복되고 형통합니다. 아멘!!!!

♡ 주님, 선한 목자이신 주님의 음성을 구분하는 지혜로운 양처럼 살게 하소서.
👣 항상 주님의 말씀을 최우선으로 삼고 귀 기울이며 사는지 살펴봅시다.

나의 영적 일기

진정한 믿음

읽을 말씀 : 히브리서 11:1-6

● 히 11:6 믿음이 없이는 기쁘시게 못하나니 하나님께 나아가는 자는 반드시 그가 계신 것과 또한 그가 자기를 찾는 자들에게 상 주시는 이심을 믿어야 할지니라

구구단이 사실이라고 믿습니까?
 구구단을 배운 사람이라면 누구나 진짜라고 믿을 것입니다. 실제로 물건을 가져다 놓고 적용해보면 구구단이 진실이라는 사실을 금세 증명할 수 있습니다. 그러면 컴퓨터의 작동 원리에 대해서는 얼마나 알고 있습니까? 컴퓨터가 어떻게 작동하고, 우리가 어떻게 인터넷을 이용할 수 있는지 설명할 수 있는 사람은 아마 1%도 되지 않을 것입니다. 그러나 우리는 그 사실을 몰라도 컴퓨터를 다룰 수 있고 인터넷을 활용합니다.
 중세 시대의 신학자 안셀무스(Anselmus)는 이와 같은 원리로 우리의 신앙생활이 작동한다며 "나는 이해하기 위해 믿는다(Credo ut intelligam)"라고 말했습니다.
 안셀무스는 진리를 이해하기 위해 성경을 비롯한 많은 학문을 공부하고 또 공부했습니다. 그러나 아무리 공부해도 인간은 하나님을 온전히 이해할 수 없었습니다. 역으로 하나님을 믿고 나서야 이해할 수 있는 부분이 많았습니다. 안셀무스는 평생을 비판적인 시각으로 진리를 탐구했지만 그럼에도 끝까지 하나님을 믿었습니다.
 믿음이 없이도 교회 생활은 할 수 있습니다. 그러나 주 예수님을 믿고 나서야 참된 신앙생활이 시작됩니다. 진리를 의심하며 믿기를 주저하지 말고, 일단 믿고 난 뒤 한 걸음 한 걸음 주님의 인도하심을 따라 신앙의 의문들을 해결해 나가는 믿음의 순례자가 되십시오. 복되고 형통합니다. 아멘!!!

♡ 주님, 주님을 믿고 신앙의 의문들을 해결해 나가는 믿음의 순례자가 되게 하소서.
🙏 혹시 믿음으로 살려고 하는데 주저되는 것이 있으면 주님께 도와달라고 기도합시다.

나의 영적 일기

2월 23일 피할 수 없는 의무

읽을 말씀 : 누가복음 11:37-44

● 눅 11:42 화 있을진저 너희 바리새인이여 너희가 박하와 운향과 모든 채소의 십일조를 드리되 공의와 하나님께 대한 사랑은 버리는도다 그러나 이것도 행하고 저것도 버리지 아니하여야 할지니라

파티에서 한 신사가 유독 낯이 익은 남자와 마주쳤습니다.
그런데 아무리 생각해도 어디서 만난 사람인지 떠오르지 않았습니다.
곁눈질로 살펴보면서 기억을 되살리던 신사는 결국 직접 남자를 찾아가 물었습니다.
"죄송한데, 저희가 초면은 아니지요? 분명 어디서 뵌 것 같은데 누구신지 기억이 나지 않습니다.
혹시 실례가 안 된다면 저를 보신 적이 있는지 여쭤봐도 될까요?"
『아, 물론 저도 당신을 알고 있습니다.
우리는 꽤 자주 마주친 사이입니다.
그리고 제 생각에는 아마 당신이 저에게 좋은 감정을 품고 있지는 않을 것 같습니다.』
신사가 이유를 묻자 남자가 대답했습니다.
『저희는 사실 같은 교회를 다니고 있습니다. 제가 2년 동안 헌금 바구니를 돌렸는데 헌금을 낼 때마다 당신의 표정이 좋지 않으시더군요.』
주님이 약속하신 큰 복을 받기 위해서는 주님이 말씀하신 성도의 의무 또한 지켜야 합니다. 주님을 전폭적으로 의지하며, 기도를 쉬지 말고, 범사에 감사하며, 계속해서 전도하는, 기쁨으로 의무를 감당하는 주 예수 그리스도의 제자로 살아가십시오. 복되고 형통합니다. 아멘!!!

💚 주님, 주님께서 약속하신 큰 복을 받을 수 있는 믿음의 사람이 되게 해주소서.
🙏 나는 크리스천으로서 마땅히 할 일을 하고 있는지 살피게 하소서.

나의 영적 일기

응답받는 기도의 원칙

읽을 말씀 : 예레미야 33:1-9

● 렘 33:3 너는 내게 부르짖으라 내가 네게 응답하겠고 네가 알지 못하는 크고 비밀한 일을 네게 보이리라

「고아들의 아버지」 조지 뮬러(George Müller)는 평생 다음의 「6가지 원칙」을 지키며 기도 생활을 했습니다.
❶ 주님의 십자가 공로만 의지하라.
❷ 모든 죄악을 고백하고 멀리하라.
❸ 약속의 말씀을 확증으로 믿으라.
❹ 하나님의 뜻에 일치되게 기도하라.
❺ 끈기 있게 간구하며 기다리라.
❻ 예수님처럼 새벽에 기도하라.

위의 원칙을 토대로 기도한 결과 조지 뮬러는 평생 5만 번의 기도 응답을 받았습니다. 어려움이 생길 때마다 뮬러는 단 한 번도 사람에게 도움을 요청하지 않았습니다. 다만 기도실로 들어가 주님께 무릎을 꿇었습니다.

그런데 기도 응답을 5만여 번이나 받았는지 어떻게 알 수 있었을까요?

바로 기도 수첩 때문입니다. 조지 뮬러는 자신이 기도하는 모든 제목을 수첩에 적었고, 응답받았을 때마다 기록했습니다. 조지 뮬러의 기도 수첩은 영국 브리스틀(Bristol)에 있는 조지 뮬러 박물관에 지금도 보관되어 있습니다.

주님의 뜻에 합당한 기도라면 그 어떤 것이든지, 몇 번이든지 주님은 반드시 응답해 주십니다. 나의 정욕이 아닌 주님의 뜻과 나라를 위해 매일 주님께 기도하십시오. 복되고 형통합니다. 아멘!!!

♡ 주님, 저의 정욕이 아닌 주님의 뜻에 합당한 기도를 매일 하는 자녀가 되게 하소서.
📖 기도 수첩을 만들어 응답해 주시는 주님의 응답을 놓치지 말고 기록합시다.

나의 영적 일기

양심의 가치

2월 25일

읽을 말씀 : 로마서 2:1-16

● 롬 2:15 이런 이들은 그 양심이 증거가 되어 그 생각들이 서로 혹은 송사하며 혹은 변명하여 그 마음에 새긴 율법의 행위를 나타내느니라

경북 구미 기차역 사무실에 어느 날 다음과 같은 편지가 도착했습니다.
『44년 전 여고생이었던 저는 형편이 어려워 매일 통학을 걱정하던 처지였습니다. 하루는 표를 사는 중에 역무원이 잠시 자리를 비워서 저도 모르게 550원짜리 차표 한 장을 더 가져갔습니다.

처음엔 무료로 차표 한 장을 얻게 되었다고 좋아했지만, 마음의 빚이 되어 44년 동안 저를 괴롭혔습니다. 이제라도 양심의 가책을 덜기 위해 그때 훔쳤던 차표 값의 천 배를 갚습니다.』

봉투에는 55만 원이 들어 있었습니다. 550원이라는 정말 작은 돈을 훔친 죄가 44년 동안 사라지지 않고 양심의 가책이 된 것입니다. 코레일 대구본부는 우리 사회에 양심이 아직 살아있다는 사실을 알리기 위해 이 편지와 사연을 언론에 제보했고, 그렇게 이름 모를 한 여성의 양심 고백은 세상에 알려져 많은 사람에게 교훈을 주었습니다.

구원받기 위해서는 자신이 죄인이라는 사실을 반드시 깨달아야 합니다.

양심은 하나님이 우리 영혼과 마음에 주신 울타리입니다. 주님이 주신 양심에 비추어 볼 때 우리 스스로가 죄인이라는 사실을 명명백백하게 깨닫게 됩니다.

의로운 사람은 한 명도 없기에 하나님의 은혜가 모든 사람에게 필요합니다.

하나님의 은혜와 자비가 누구보다도 필요한 죄인이 바로 나라는 사실을 인정하고, 우리 죄를 용서하시고 하나님의 자녀가 되게 하시며 천국에 가게 하시는 예수님을 구주와 주님으로 영접하십시오. 복되고 형통합니다. 아멘!!!

♥ 주님, 저의 죄를 용서하시고 자녀가 되게 하신 주님의 사랑을 전파하게 하소서.
🖼 주님의 은혜와 사랑과 자비로 구원받음을 주님께 감사하며 경배합시다.

나의 영적 일기

양서가 만든 대왕

읽을 말씀 : 시편 119:9-24

● 시 119:23 방백들도 앉아 나를 훼방하였사오나 주의 종은 주의 율례를 묵상하였나이다

　세종대왕은 어려서부터 책 읽기에 목숨을 건 사람처럼 틈만 나면 독서를 했습니다. 책을 가리지 않고 매일 읽었던 세종대왕은 특히 양서라고 생각되는 책은 최소 50번에서 많게는 100번까지 반복해서 읽었습니다.
　세종대왕의 책 사랑이 얼마나 깊었는지, 병에 걸려 시름시름 앓으면서도 손에서 책을 놓지 않아 아버지인 태종이 궁 안의 모든 책을 감추게 했을 정도였습니다.
　다독가였던 세종대왕은 특히나 「구소수간(歐蘇手簡)」이라는 책을 천 번이나 읽었다고 합니다. 중국의 대문호인 구양수와 소동파가 서로에게 보낸 편지를 엮은 책인데, 구양수와 소동파는 생전에 중국의 좋은 책이 한국에 전해져서는 안 된다고 주장했던 사람들입니다. 잠재력이 있는 한국인들이 좋은 책을 읽고 깨달아 중국에 위협이 될 것을 경계했기 때문입니다.
　역사가들에 의하면 세종이 왕이 된 후 나라와 백성들을 위해 훌륭한 정책들을 많이 시행할 수 있었던 것은 책의 힘이 컸다고 합니다.
　세종대왕은 좋은 책을 통해 지혜를 얻었고, 그 지혜를 바탕으로 나라를 올바로 다스릴 힘을 길렀습니다.
　책은 짧은 시간을 통해 많은 경험과 지식을 쌓게 도와주는 지혜의 보고입니다. 좋은 책을 읽는 것도 중요하고, 책을 통해 배운 내용을 실천하는 것도 중요합니다. 그러나 세상의 그 어떤 책보다 가장 귀한 하나님의 말씀과 진리와 지혜가 담겨있는 성경을 매일 읽고 또 읽으십시오. 복되고 형통합니다. 아멘!!!

♥ 주님, 가장 귀한 하나님의 말씀과 진리와 지혜가 담겨있는 성경을 매일 읽게 하소서.
🖐 주님의 말씀인 성경을 매일 묵상하며 주님의 음성을 들읍시다.

나의 영적 일기

2월 27일 복이 된 근시

읽을 말씀 : 로마서 8:18-30

● 롬 8:26 이와 같이 성령도 우리 연약함을 도우시나니 우리가 마땅히 빌 바를 알지 못하나 오직 성령이 말할 수 없는 탄식으로 우리를 위하여 친히 간구하시느니라

뛰어난 첼로 실력으로 19세부터 오케스트라 단원으로 활동하던 남자가 있었습니다. 그런데 어느 날부터 시력이 급격하게 나빠지기 시작했습니다. 연주하며 악보를 볼 수 없을 정도였습니다.

세계 최고의 첼로 연주자가 되고 싶었던 남자는 꿈을 포기하지 않으려고 밤새워 모든 악보를 완벽하게 외웠습니다. 덕분에 누구도 남자의 시력에 이상이 생긴 줄 모를 정도였습니다.

그런데 어느 날 중요한 공연을 앞두고 지휘자가 쓰러지는 일이 발생했습니다. 오케스트라는 급하게 다른 지휘자를 구해야 했으나 뾰족한 방법이 없었습니다. 지휘자의 특성상 모든 악보를 완전히 외운 사람을 찾아야 했는데 현실적으로 불가능한 일이었습니다. 그러나 모든 악보를 외운 사람이 딱 한 명 있었습니다. 눈이 나빠 악보를 외워야 했던 첼로 연주자였습니다. 오케스트라 측은 어쩔 수 없이 첼로 연주자를 그날 공연의 지휘자로 세웠는데, 모든 악보를 몇 번이고 되뇌며 외웠던 남자는 첫 지휘를 완벽하게 소화해 냈습니다.

'20세기 최고의 지휘자'로 불리는 토스카니니(Arturo Toscanini)가 데뷔할 수 있었던 것은 갑자기 찾아온 근시라는 병, 그리고 그 병에 굴하지 않고 악보를 외우며 노력했던 끈기 때문이었습니다.

주님이 사용하시는 사람은 자신의 약함을 알고 겸손히 주님만 의지하는 사람입니다. 주님만을 의지하기 때문에 주님이 주시는 힘으로 어떤 일이든 감당할 수 있습니다. 나의 가장 약한 점이라고 생각되는 그 부분을 극복하기 위해 최선을 다하며 주님의 때를 기다리십시오. 복되고 형통합니다. 아멘!!!

♥ 주님, 주님만을 의지하고 주님이 주시는 힘으로 어떤 일이든 감당할 수 있게 하소서.
📖 나의 약함을 알고 겸손히 주님만을 의지하여 큰 열매를 맺도록 노력합시다.

나의 영적 일기

어이없는 실수를 통한 역사

읽을 말씀 : 시편 121:1-8

● 시 121:8 여호와께서 너의 출입을 지금부터 영원까지 지키시리로다

    남아프리카공화국 머더웰(Motherwell)에서 선교하고 있는 미국인 설리번(Josh Sullivan) 선교사님은 원주민 선교 예배 중 무장 괴한에게 납치당했습니다.
    괴한들은 선교사님을 포박해 눈을 가리고 감금한 채 우리 돈으로 3억 원을 주지 않으면 가족까지도 죽일 것이라고 계속 협박했습니다. 이대로는 죽을지도 모른다는 두려움이 오는 순간 선교사님은 주 하나님을 부르며 기도했습니다.
    '주님, 저는 지금 아무것도 할 수 없습니다.
    그러나 저와 함께하신 주님께서 이 상황을 역전 시켜 주옵소서.'
    그때 선교사님의 깊은 내면에서 "내가 너를 지킬 것이다. 두려워하지 말고 염려하지 말아라"라는 주님의 감동적인 음성이 들려왔다고 합니다.
    이때부터 선교사님은 괴한들에게 복음을 전했습니다.
    며칠 뒤 은신처를 옮기려고 괴한들이 선교사님을 끌고 나갔는데 선교사님이 어처구니없는 실수로 계단에서 미끄러져 무릎을 크게 다쳤고, 시간이 1,2분 정도 늦어졌습니다. 그 순간 갑자기 총소리들이 들리더니 괴한들은 사살되고, 무릎을 다쳐 잠시 괴한들에게서 떨어져 있던 선교사님만 살아 구출되었습니다.
    나중에 알고 보니 당시 경찰들이 다른 범죄자를 쫓다가 길을 잃은 상황이었는데, 우연히 납치범들을 발견하고 선교사님을 구한 것이었습니다. 설리번 선교사님은 자신이 원치 않은 상황이 발생했지만 그 가운데에서도 1, 2분 차이로 주님의 구원을 경험했다며 모든 감사를 하나님께 올렸습니다.
    사망의 골짜기보다 더한 상황에서도 우리를 버리지 않고 구원하실 주님이심을 굳게 믿으십시오. 복되고 형통합니다. 아멘!!!

♡ 주님, 제가 원하지 않은 상황이 생겼을 때에도 주님을 바라보며 희망을 품게 하소서.
📖 모든 환난에서 우리의 방패요 요새요 피난처이신 주님께 모든 상황을 맡깁시다.

나의 영적 일기

"너는 마음을 다하여 여호와를 의뢰하고 네 명철을 의지하지 말라
너는 범사에 그를 인정하라 그리하면 네 길을 지도하시리라"
– 잠언 3:5,6 –

3월 1일 어둠을 쫓아내는 진리

읽을 말씀 : 역대하 7:1-22

● 대하 7:14 내 이름으로 일컫는 내 백성이 그 악한 길에서 떠나 스스로 겸비하고 기도하여 내 얼굴을 구하면 내가 하늘에서 듣고 그 죄를 사하고 그 땅을 고칠지라

『삼일절을 기점으로 시작된 만세운동은 두 달 동안 전국에서 1,500번이 넘게 일어났습니다. 민족대표 33인 중에 절반이 기독교인이었고, 당시 기독교인들은 세계적으로 유례를 찾아볼 수 없는 비폭력 만세운동의 핵심이었습니다. 당시 기독교인은 인구의 1.3%밖에 되지 않았지만, 감옥에 갇힌 기독교인 비율은 60%가 넘었습니다. 죽음을 두려워하지 않고 이런 중요한 역할을 감당할 수 있었던 것은 철저히 성경이 가르친 사랑의 정신 때문이었습니다. 당시 만세운동을 펼치던 기독교인들은 다음의 수칙을 지켰다고 합니다.

❶ 일본인을 모욕하지 말 것 ❷ 돌팔매나 주먹질 등의 폭력을 사용하지 말 것 ❸ 매일 기도하며 성경을 읽을 것

특별히 그들은 매일 오후 3시에 어디서든 함께 기도했고, 주일에는 금식했으며, 요일마다 성경을 정해 놓고 묵상하며 합심했다고 합니다.

당시 조선 총독부가 남긴 자료 중에는 "이 민족에게 소망을 줄 수 있는 유일한 기관이 있다면 그것은 조선의 교회다"라는 기록이 있다고 합니다.

글을 아는 사람이 다른 사람에게 글을 가르칠 수 있듯이, 참된 소망을 가진 사람이 다른 사람에게 소망이 될 수 있습니다. 일제강점기를 살아온 저로서는 나라 없는 설움이 어떠한지 잘 알고 있습니다. 다시는 나라를 빼앗기는 일이 없도록 나라 사랑하는 마음을 더욱 드높이는 오늘이 되면 좋겠습니다.』 - 「김장환 목사의 인생 메모」 중에서

주님을 위해, 나라를 위해, 민족을 위해 몸을 아끼지 않았던 믿음의 선조들처럼 나라와 민족을 위해 계속해서 기도하십시오. 복되고 형통합니다. 아멘!!!

♥ 주님, 주님이 주시는 큰 복과 은혜를 계속해서 누리는 조국이 되게 하소서.
📖 사회와 세상에 본이 되고, 희망이 되는 영향력있는 크리스천이 됩시다.

나의 영적 일기

1달러의 정직함

읽을 말씀 : 시편 37:32-40

● 시 37:37 완전한 사람을 살피고 정직한 자를 볼지어다 화평한 자의 결국은 평안이로다

자수성가한 미국의 부호가 일정을 소화하던 중에 지갑을 잃어버렸습니다. 오전에 방문한 샌프란시스코의 슬럼가에서 지갑을 떨어뜨린 것 같았습니다. 부호는 지갑에 명함이 들어 있으니 전화를 기다려 보자고 했지만, 비서는 회의적이었습니다.

"가난한 사람들이 그 지갑을 돌려줄까요? 괜히 시간 낭비하지 마시죠."

그러나 사람을 믿고 싶었던 부호는 전화를 기다렸습니다. 반나절이 지나서 지갑을 주웠다는 연락이 왔습니다. 그런데 지갑을 찾으러 슬럼가인 카라 스트리트(Kara Street)로 와 달라고 했습니다. 이 말을 들은 비서는 또 걱정했습니다.

"강도나 납치를 준비 중일지도 모릅니다. 차라리 다른 사람을 보내시죠?"

그러나 부호는 사람을 의심하고 싶지 않다며 직접 슬럼가를 찾았습니다. 약속한 장소에는 한 학생이 나와 있었습니다. 학생은 부호에게 지갑을 건네줬는데 뭔가 할 말이 있는 것 같았습니다. 비서가 혹시 돈이 필요하냐고 묻자, 학생이 고개를 끄덕였습니다.

『1달러만 주시면 안 될까요? 사실 아까 전화비가 없어서 돈을 빌리느라 연락이 늦었거든요.』

소년의 정직함에 감동한 샌프란시스코의 대부호 케네스 벨링(Kenneth Belling)은 이후 소년과 같은 정직한 학생들이 마음 놓고 공부할 수 있도록 빈민가의 학교들에 큰 금액을 기부했습니다.

정직의 가치는 돈으로 환산할 수 없습니다. 죄의 유혹을 떨쳐 버리고 사람 앞에, 하나님 앞에, 항상 정직하십시오. 복되고 형통합니다. 아멘!!!

♡ 주님, 죄의 유혹을 떨쳐 버리고 하나님 앞에서 항상 정직한 삶을 살게 하소서.
🙏 늘 주님 앞에서 바른 삶을 살아 주님께 영광 돌리는 삶을 삽시다.

나의 영적 일기

3월 3일

바다에 빠진 소

읽을 말씀 : 시편 23:1–6

● 시 23:4 내가 사망의 음침한 골짜기로 다닐지라도 해를 두려워하지 않을 것은 주께서 나와 함께 하심이라 주의 지팡이와 막대기가 나를 안위하시나이다

아일랜드에서는 전통적으로 소를 배에 태워 이동시키는데, 육지가 보이면 바다 한가운데에서 소를 빠트립니다.

이 광경을 처음 보는 사람은 소를 바다에 빠트려 죽이는 줄 알고 깜짝 놀랍니다. 그러나 잠시 뒤 소가 바다를 유유히 헤엄쳐 육지로 올라오는 모습을 보고 더 깜짝 놀랍니다.

우리의 예상과는 달리 소는 수영을 매우 잘합니다. 대부분의 소는 5시간 이상 수영을 할 수 있다고 합니다.

소의 수영 실력이 매우 뛰어나기 때문에 배를 항구에 정박시킨 후에 이동하는 것보다 바다에 빠트려 스스로 육지로 올라오게 하는 것이 더 안전한 방법이라고 합니다. 게다가 바닷물의 염분이 소의 몸에 붙어 있는 진드기를 비롯한 각종 해충을 박멸해 줍니다.

모르는 사람이 보기에는 소를 바다에 빠트리는 것이 잔인해 보일 수 있지만, 소한테는 더 안전하게 건강을 지킬 수 있는 효과적인 방법입니다.

세상 사람이 보기에는 주님의 은혜를 따라 살아가는 우리의 모습이 위험해 보이고 때로는 미련해 보일 수도 있습니다. 그러나 기쁨과 평안이 가득한 새로운 삶을 살기 위해서는 반드시 충만한 주님의 은혜에 빠져 살아야 합니다.

우리를 살리기 위해 주님이 마련하신 자비와 은혜의 바다에 두려워하지 말고 몸을 담그십시오. 복되고 형통합니다. 아멘!!!

♡ 주님, 주님의 은혜로 날마다 주님이 주시는 기쁨과 평안이 가득한 삶을 살게 하소서.
📖 주님이 가르쳐 주신 방법을 따라 살면서 주님의 크신 은혜를 누립시다.

나의 영적 일기

최고를 기대하라

읽을 말씀 : 빌립보서 3:10-16

● 빌 3:14 푯대를 향하여 그리스도 예수 안에서 하나님이 위에서 부르신 부름의 상을 위하여 좇아가노라

장학금을 받으려고 사진 공모전에 참가한 대학생이 있었습니다.
대학생은 처음에는 학비를 마련하기 위한 단순한 목적으로 카메라를 들었으나, 사진을 찍으면 찍을수록 사진의 매력에 점점 빠져들었습니다. 사진에 완전히 매료된 대학생은 전공을 바꾸어 평생 카메라를 들고 다니며 작품 활동을 하는 사진가로 활약했습니다.
조금이라도 사진에 관심이 있는 사람이라면 누구나 알 정도로 성공한 뒤에도 이 사진가는 손에서 카메라를 놓지 않았습니다. 무려 70년 동안 작품 활동을 하며 90세가 넘어서도 사진을 찍던 이 사진가에게 한 기자가 다음과 같이 질문했습니다.
"작품 활동 중에서 최고의 사진이라고 생각하시는 작품은 무엇입니까?"
세계 3대 여류 사진가로 손꼽히는 이모젠 커닝햄(Imogen Cunningham)은 한순간의 망설임도 없이 다음과 같이 대답했습니다.
『내일 찍게 될 작품입니다.』
발전하는 사람은 항상 과거가 아닌 미래를 바라보며 살아갑니다. 나이가 들었다고 해서, 몸이 예전 같지 않다고 해서, 미래가 아닌 과거를 회상하며 살아야 할 이유는 없습니다. 주님이 부르시는 그날까지 주님이 주신 소명을 위해 항상 최고를 기대하며 살아가십시오. 복되고 형통합니다. 아멘!!!

♡ 주님, 항상 발전하는 사람이 되기 위해 과거가 아닌 미래를 바라보며 살게 하소서.
📖 매일 주님께서 나를 위해 하실 크신 일을 기대하며 희망차게 삽시다.

나의 영적 일기

3월 5일 — 누구도 알 수 없는 그때

읽을 말씀 : 마가복음 16:14-20

● 막 16:15,16 또 가라사대 너희는 온 천하에 다니며 만민에게 복음을 전파하라 믿고 세례를 받는 사람은 구원을 얻을 것이요 믿지 않는 사람은 정죄를 받으리라

한 목사님이 평소 전도 대상자였던 마을의 한 남자가 위독하다는 말을 듣고 서둘러 심방을 했습니다. 세상을 떠나기 전 예수님을 믿도록 복음을 전하기 위해 찾아갔는데, 놀랍게도 남자는 이미 예수님을 영접했다고 고백했습니다.

"제가 그동안 복음을 아무리 전해도 믿지 않으시더니 어떻게 예수님을 믿게 되셨나요?"

남자는 구겨진 종이 한 장을 목사님께 내밀었습니다.

『제가 최근 휴가를 내어 오스트리아에 갔습니다.

거기서 어떤 미국인이 저에게 이 찢어진 잡지를 전해주었습니다.

한 목사님의 설교가 적힌 부분이었습니다.

눈앞에서 버리기 미안해서 일단 주머니에 넣어두었는데 집으로 돌아오는 기차 안에서 심심해서 꺼내 읽다가 주님을 영접하게 되었습니다.』

영국에서 실제로 있었던 일이라고 합니다.

주 하나님이 정하신 그때가 언제일지, 어떤 방법일지 우리는 알 수가 없습니다. 알 수가 없기에 언제나 최선을 다해야 합니다.

사람이 구원받을 수 있는 유일한 방법은 복음을 통해 예수님을 구주로 믿는 것뿐입니다. 다른 방법은 없습니다.

모든 사람에게 반드시 찾아올 구원의 그때를 위해 때를 얻든지, 못 얻든지 최선을 다해, 성실하게, 계속해서 여러 방법으로 전도하십시오. 복되고 형통합니다. 아멘!!!

♡ 주님, 저의 작은 손을 사용하셔서 한 생명이 구원받는 위대한 일을 이루어 주소서.
🖼 때론 힘들고 지칠지라도 포기하지 말고 기도하며 전도의 사명을 감당합시다.

나의 영적 일기

일터 전도의 비결

읽을 말씀 : 디모데전서 4:6-16

● 딤전 4:16 네가 네 자신과 가르침을 삼가 이 일을 계속하라 이것을 행함으로 네 자신과 네게 듣는 자를 구원하리라

크리스천을 위한 미디어를 제작하는 「크로스워크(Crosswalk.com)」의 작가인 제이미 조 라이트(Jaime Jo Wright)는 「일터에서 복음을 전하는 방법」에 대해 오랜 시간 고심하며 나름의 방법을 찾았습니다.
제이미 조 라이트가 말한 「일터에서 쉽게 복음을 전하는 3가지 방법」입니다.

❶ 사랑으로 복음을 전하십시오.
  사랑이라는 단어는 너무나 무분별하게 사용되어 가볍게 여겨지고 있지만, 성경이 전하는 핵심 가치입니다. 자기를 희생하는 참된 사랑을 회사 생활을 통해 실천하며 그 사랑을 알게 해주신 예수님을 전하십시오.

❷ 윤리적 방법으로 복음을 전하십시오.
  크리스천인 우리의 행동과 생활, 직업 윤리가 복음의 메시지를 따르지 못할 때, 세상 사람들은 실망합니다. 때로는 직장에서 나의 위치가 위험해진다 하더라도 요셉처럼 하나님 앞에 죄를 짓지 말고 항상 정직하게 행동하십시오.

❸ 말로 복음을 전하십시오.
  말은 복음의 메시지를 가장 직접적으로 전달할 수 있는 방법입니다. 상대방이 저절로 느끼게 되기까지 행동으로만 복음을 전할 이유는 없습니다. 상황과 시간이 주어지면, 당신의 신앙을 토대로 경험한 하나님의 은혜를 전달하십시오.

주님이 보내신 일터에서 우리는 최선을 다해 일하며, 또한 복음을 전해야 합니다. 일터라는 주님이 허락하신 귀한 사역의 장소에서 풍성한 열매를 맺는 지혜로운 크리스천으로 살아가십시오. 복되고 형통합니다. 아멘!!!

♡ 주님, 주님이 보내신 일터에서 최선을 다해 일하며, 또한 복음을 전하게 하소서.
📖 「일터에서 쉽게 복음을 전하는 3가지 방법」을 생활화하여 복음을 전합시다.

나의 영적 일기

3월 7일
답을 찾는 방법

읽을 말씀 : 요한복음 3:1-8

● 요 3:3 예수께서 대답하여 가라사대 진실로 진실로 네게 이르노니 사람이 거듭나지 아니하면 하나님 나라를 볼 수 없느니라

독일의 철학자 칸트(Immanuel Kant)는 모든 철학자는 다음 「3가지 질문」을 평생 고민해야 한다고 말했습니다.
❶ 내가 알 수 있는 것은 무엇인가?
❷ 내가 원해도 되는 것은 무엇인가?
❸ 나는 무엇을 하며 살아야 하는가?
살아가며 이 3가지 활동을 하지 않는 사람은 한 명도 없습니다. 그러나 정답이 무엇인지 알 수 없기에 칸트는 철학자들이 이 질문에 답을 내리기 위해 다 같이 고심해야 한다고 말했습니다.
꽃의 아름다움을 느낄 수 있는 가장 좋은 방법은 100시간 동안 설명하는 것이 아니라 아주 잠깐이라도 직접 꽃을 보는 것입니다. 보기만 해도 바로 알 수 있는 것을 왜 힘들게 설명하고 들으려고 하십니까?
수천 년이 넘는 철학의 역사를 통해서도 위의 3가지 질문의 답을 찾지 못한 이유는 피조물인 인간은 창조주인 하나님을 인정하고, 만나지 않고서는 답을 내릴 수 없기 때문입니다. 그래서 주님을 바로 믿기만 하면 누구든지 그토록 바라던 답을 즉시 찾을 수 있습니다.
창조주 하나님을 인정하며 그분께 나의 삶을 맡긴다면, 철학자들이 평생 고민해도 찾지 못한 그 어떤 질문의 해답도 바로 깨닫게 됩니다.
답을 알 수 없는 질문으로 고민하지 말고 모든 답을 알고 계신 하나님을 찾으십시오. 복되고 형통합니다. 아멘!!!

♡ 주님, 저의 삶을 주님께 맡기게 하시고 인생의 어려운 답들을 찾게 하소서.
📖 요즘 고심하고 있는 문제들이 있다면 무엇이든지 주님께 기도하여 답을 찾읍시다.

나의 영적 일기

극복하고 또 극복하라

읽을 말씀 : 이사야 48:1-11

● 사 48:10 보라 내가 너를 연단하였으나 은처럼 하지 아니하고 너를 고난의 풀무에서 택하였노라

10대 때부터 12시간씩 탄광에서 일하는 소년이 있었습니다.
어려운 환경 탓에 학교는 다닐 수도 없었습니다. 그래도 공부가 하고 싶었던 소년은 12시간 일을 하고 집에 와서 독학을 했습니다. 19살이 되어서야 자기 이름을 쓰게 됐지만, 그래도 계속해서 손에서 책을 놓지 않았습니다. 이렇게 열심히 살았음에도 인생은 녹록지 않았습니다. 램프의 분진폭발로 함께 일하던 아버지가 시력을 잃었고, 이제 가장 노릇까지 해야 했습니다.
인생에 수많은 어려움이 찾아왔지만 그럼에도 소년은 자신의 꿈을 포기하지 않고 오히려 어려움을 발판으로 삼았습니다. 아버지의 사고로 관심이 생겨 안전한 탄광 램프를 개발했고, 자신이 평생 캐왔던 석탄을 연료로 한 새로운 동력원을 개발하며 세계적인 발명가로 이름을 알렸습니다. 이 발명가는 훗날 자신의 어린 시절의 어려움을 결코 후회하지 않으며, 오히려 자신의 성장을 돕는 기회가 되었다고 고백했습니다.
영국 국영 방송 *BBC*가 선정한 「영국의 위대한 위인 100명」 중 한 명인 조지 스티븐슨(George Stephenson)의 이야기입니다.
스티븐슨은 어려운 환경도, 고된 노동도, 아버지의 사고도, 오히려 성장의 발판으로 삼아 세상에 이로운 일을 해나갔습니다. 지금 우리 앞에 놓인 여러 가지 어려움도 우리의 성장을 위해 하나님이 준비하신 계단이라고 생각해야 합니다. 아무리 높다고 해도 결국 올라가지 못할 계단은 없습니다. 하나님이 주신 능력으로 모든 일을 해낼 수 있음을 믿고, 좌절하지 말고 주님과 동행하며 한 계단씩 올라가십시오. 복되고 형통합니다. 아멘!!!

♡ 주님, 주님이 주신 능력으로 모든 일을 해낼 수 있음을 믿고 담대하게 하소서.
📖 나에게 주어진 어려움은 주님 안에서 충분히 감당할 수 있음을 믿읍시다.

나의 영적 일기

3월 9일

뭐라도 합시다

읽을 말씀 : 잠언 15:16-24

● 잠 15:19 게으른 자의 길은 가시울타리 같으나 정직한 자의 길은 대로니라

국내의 유명 작가가 독자들을 대상으로 특강을 열었습니다.
작가는 당시 화제인 여러 이슈들에 대해서 먼저 물었습니다.
"요즘 유행하는 그 영화 보신 분 계신가요?"
그 많은 사람 중 한 명도 손을 들지 않았습니다.
"아, 영화를 싫어하시는군요.
그러면 혹시 베스트셀러인 그 책 읽어보셨나요?"
마찬가지로 한 명도 손을 들지 않았습니다.
"여러분은 책도 안 보시는군요.
그렇다면 요즘 유행하는 그 음식은 드셔보셨나요?"
이번에도 아무도 손을 들지 않았습니다.
강사는 답답한 듯이 크게 외쳤습니다.
"여러분, 지금 여기서 강의를 듣고 계실 때가 아닙니다. 강의를 들어서 뭐에 쓰려고 하세요? 뭐라도 하는 게 있어야 지식이 도움이 될 거 아닙니까?
여기서 이러고 계시지 말고 나가서 제발 뭐라도 좀 하세요!"
힘들고 어려워도 해야 하는 그 일을 오늘 해보십시오. 더 나은 나를 위해, 더 나은 믿음 생활을 위해, 꼭 해야 하는 복음 전파를 위해, 필요한 그 일을 아무 생각하지 말고 일단 하십시오. 복되고 형통합니다. 아멘!!!

♥ 주님, 더 나은 나를 위해, 더 나은 믿음 생활을 위해, 꼭 해야 할 일을 하게 하소서.
📖 주님을 위해 지금 무엇을 하고 있는지 살피고 더 충성스럽게 합시다.

나의 영적 일기

100억을 거절한 이유

읽을 말씀 : 베드로후서 1:1-11

● 벧후 1:4 이로써 그 보배롭고 지극히 큰 약속을 우리에게 주사 이 약속으로 말미암아 너희로 정욕을 인하여 세상에서 썩어질 것을 피하여 신의 성품에 참예하는 자가 되게 하려 하셨으니

　코로나19가 전 세계로 퍼지던 당시 세계의 정부와 보건기구들은 어떻게 대처할지 갈피를 잡지 못했습니다.
　그때 워싱턴의 한 고등학생은 이 전염병의 심각성을 깨닫고 다양한 정보를 전달할 수 있는 웹사이트를 만들어야겠다고 생각했습니다. 학교를 2주나 빠지면서 웹사이트를 만든 고등학생은 전 세계의 데이터를 취합해 코로나19에 의한 감염, 사망, 회복 등의 통계를 제공하고 전파 경로를 안내했습니다.
　자세한 감염 예방 및 증상진단법도 나와 있어 많은 사람이 도움을 받았습니다. 세계보건기구인 WHO도 하지 못한 일이었습니다. 고등학생이 만든 웹사이트의 방문자는 폭발적으로 늘어 하루에 3천만 명 이상이 되었습니다.
　이 유명 사이트에 광고를 넣기 위해서 한 회사에서 무려 100억 원을 제시했지만, 고등학생은 조금도 고민하지 않고 단칼에 거절했습니다.
　"광고를 넣으면 인터넷 속도가 느린 지역에 사는 사람들은 사이트를 보기가 불편하지 않겠어요? 저는 돈을 벌기 위해 이 사이트를 만든 것이 아닙니다. 팬데믹을 이용해 유명해지거나 돈을 벌고 싶지 않아요."
　모든 일은 목적이 중요합니다. 하나님을 위해 하는 일에서 돈을 찾으면 안 되고, 영혼 구원을 위해 시작한 일에서 자기 유익을 찾아서는 안 됩니다.
　세상의 일은 세상의 방식대로, 하나님의 일은 하나님의 방식을 따라 확실하게 구분하십시오. 복되고 형통합니다. 아멘!!!

💗 주님, 모든 일을 주님의 방식에 따라 성실하고 확실하게 구분하게 하소서.
📖 내가 지금하고 있는 일이 주님의 영광을 나타내는 일인지 살펴봅시다.

나의 영적 일기

3월 11일

대가의 관용

읽을 말씀 : 고린도후서 11:16-21

● 고후 11:19 너희는 지혜로운 자로서 어리석은 자들을 기쁘게 용납 하는구나

헝가리의 천재 피아니스트 리스트(Franz Liszt)가 독일의 한 마을을 여행 중이었습니다. 그런데 마을 게시판에 믿을 수 없는 포스터가 붙어 있었습니다.
「세기의 피아니스트 프란츠 리스트의 제자, 오늘 공연!」
그런데 아무리 봐도 모르는 피아니스트였습니다.
찜찜한 마음으로 호텔로 돌아갔는데 그날 밤 포스터에 등장한 피아니스트가 리스트를 찾아왔습니다.
"선생님이 저희 마을에 오셨다는 소식을 듣고 찾아왔습니다.
저는 어머니의 병원비를 마련하기 위해 열심히 연주해야 합니다.
그런데 저 같은 무명 피아니스트의 연주를 아무도 들으러 오지 않을 것 같아서 부득이하게 선생님의 이름을 팔았습니다.
정말 죄송합니다. 지금이라도 연주회를 취소하겠습니다."
리스트는 피아니스트에게 가장 자신 있는 곡을 연주해 보라고 했습니다.
연주를 들은 리스트는 피아니스트에게 연주 방법을 지도해 주었습니다.
『자, 이제 내게 배웠으니 자네도 내 제자일세. 내일 멋진 연주를 부탁하네.』
상식을 뛰어넘는 관용과 배려가 한 사람의 인생을 변화시킵니다. 가장 귀한 복음이라는 선물을 전해야 할 사명을 가진 우리 크리스천들은 더 넓은 관용과 자비의 마음을 품어야 합니다. 주님이 가르치신 것처럼 상대방의 실수와 아픔을 포용하십시오. 복되고 형통합니다. 아멘!!!

♥ 주님, 귀한 복음을 전해야 할 사명을 가진 사람으로서 관용을 베풀게 하소서.
📖 주님이 가르치신 것처럼 온유하고 겸손한 삶을 살고자 노력하는지 살핍시다.

나의 영적 일기

익숙한 것의 소중함

읽을 말씀 : 시편 68:19-27

● 시 68:19 날마다 우리 짐을 지시는 주 곧 우리의 구원이신 하나님을 찬송할지로다

　미국 필라델피아 교향악단이 중국 순회 공연을 하고 있었습니다.
　북경에서의 공연에 앞서 먼저 중국을 대표하는 오케스트라가 교향곡 제5번을 연주했습니다. 그런데 차마 듣기가 힘들 정도로 엉망이었습니다. 공연을 마친 지휘자는 연주를 망친 이유가 마치 단원들의 형편없는 실력 때문이라는 듯, 1악장이 끝나자마자 자리에서 내려와 필라델피아 교향악단의 지휘자에게 지휘봉을 넘겼습니다. 지휘봉을 받은 필라델피아 교향악단의 지휘자는 다시 단상에 올라 중국 필하모니 오케스트라를 지휘했는데 같은 오케스트라라고 믿을 수 없을 정도로 훌륭한 연주가 펼쳐졌습니다.
　청중들은 놀라움에 탄성을 질렀습니다. 그런데 중국 관객보다 더 놀란 것은 미국 관객과 필라델피아 오케스트라 단원들이었습니다. 항상 곁에서 함께 연주했기 때문에 지휘자가 얼마나 실력이 뛰어난지 잊고 있었기 때문입니다.
　평생 필라델피아 교향악단을 지휘했던 유진 오먼디(Eugene Ormandy)는 토스카니니(Arturo Toscanini)나 카라얀(Herbert von Karajan)에게도 뒤지지 않는다는 평가를 받았지만, 자신을 드러내지 않고 차분히 지휘에만 열중하는 스타일 때문에 그의 실력을 폄하하는 사람들이 많았습니다.
　익숙한 것의 소중함을 깨닫고 감사할 때 행복이 가득한 일상을 살아가게 됩니다. 매주 반복되는 예배, 하루, 신앙생활이 하나님이 허락하신 더없는 큰 복이라는 사실을 깨닫고, 일상 가운데 더욱 깊이 주님을 묵상하십시오. 복되고 형통합니다. 아멘!!!

♥ 주님, 일상 가운데 일어나는 일들이 주님이 허락하신 큰 복임을 깨닫게 하소서.
　남을 존중하며 나보다 「낮게」가 아닌 「낫게」 여기는 삶을 삽시다.

나의 영적 일기

3월 13일

원수를 사랑할 힘

읽을 말씀 : 마태복음 5:43-48

● 마 5:44 나는 너희에게 이르노니 너희 원수를 사랑하며 너희를 핍박하는 자를 위하여 기도하라

인도 인구 중 그리스도인은 약 3%라고 합니다.

국민의 80%를 차지하는 힌두교도 중에는 극단적인 종교 성향을 보이는 사람들도 많은데, 이런 사람들은 그리스도인의 목에 현상금을 걸기도 합니다.

인도에서 3대째 목회를 하는 사띠아 란잔 마지(Satya Ranjan Majhi) 목사님의 할아버지 또한 교회를 개척했다는 이유로 힌두교도의 화살에 맞아 숨을 거두었고, 아버지 역시 기도회를 인도하고 집으로 돌아오는 길에 괴한의 습격으로 목숨을 잃었습니다. 그래도 계속해서 복음을 전하며 목회를 하자, 몇몇 힌두교도들은 란잔 마지 목사님도 죽이려고 4개월이나 잠복하며 계획을 꾸몄습니다.

다행히 친구 집에 숨어서 목숨을 보전한 란잔 마지 목사님은 주지사의 도움으로 교회를 지켰고, 정치적으로도 그리스도인을 보호해 주겠다는 약속도 받았습니다. 란잔 마지 목사님의 목숨을 노리던 힌두교도들도 모두 붙잡혔습니다. 그럼에도 란잔 마지 목사님은 이들의 처벌을 원하지 않았고 힌두교 지도자들을 찾아가 "당신들을 사랑합니다"라고 고백했습니다. 『당신을 죽이려고 했는데 왜 우리를 용서하냐?』라는 힌두교도들의 질문에 란잔 마지 목사님은 "예수님이 그렇게 하셨기 때문입니다"라고 대답했습니다. 이 대답에 감동받은 많은 힌두교도들이 잘못을 반성했고, 몇몇 힌두교도들은 크리스천이 되기도 했습니다.

우리의 힘으로는 원수를 사랑할 수 없습니다. 오직 주님이 주시는 사랑으로만 원수를 사랑하고 용서할 수 있습니다. 주님이 보여주신 것처럼, 주님이 나에게 하신 것처럼, 참된 사랑을 힘입어 원수를 사랑하고, 원수를 위해서 기도하십시오. 복되고 형통합니다. 아멘!!!

♡ 주님, 주님의 참된 사랑을 힘입어 원수를 사랑하고, 위해서 기도하게 하소서.
🧩 내가 주님께 용서받았듯이 나도 이웃을 용서하는 사람이 됩시다.

나의 영적 일기

소년의 성공 원칙

읽을 말씀 : 시편 81:8-16

● 시 81:10 나는 너를 애굽땅에서 인도하여 낸 여호와 네 하나님이니 네 입을 넓게 열라 내가 채우리라 하였으나

미국에 살던 한 소년은 가난하고 많이 배우지도 못했지만, 이미 주님을 만났기에 자신이 노력만 한다면 주님의 도우심으로 분명히 성공할 수 있다고 믿었습니다. 소년은 자신의 삶에 두 가지 원칙을 세웠습니다.
 ● 첫째, 신앙을 인생의 우선순위로 삼을 것
 ● 둘째, 십일조를 빼먹지 않을 것
소년은 아무리 수입이 적어도 십일조를 빼먹지 않았습니다. 주변 사람들이 "당장 먹고살 돈도 없으면서 교회에 십일조를 내느냐?"고 비난할 때마다 소년은 『저는 가난하고 힘들게 사는 사람들을 숱하게 봐왔습니다. 그 사람들에게는 교육과 원칙이 부족했습니다. 어떤 상황에서도 십일조를 내는 것은 성공을 위해 내가 세운 원칙입니다』라고 말했습니다.
소년은 서른 살까지 이 원칙을 철저하게 지켰는데, 서른 살 때 사람들에게 음식을 배달하는 일을 하다가 직장인들 대부분이 커피와 도넛을 먹는다는 사실을 깨달았습니다. 그동안 성실히 모은 돈으로 커피와 도넛을 파는 가게를 차린 청년은 큰 성공을 거두었습니다.
「던킨 도너츠」를 창업한 빌 로젠버그(Bill Rosenberg)의 이야기입니다.
학생 때부터 여덟 가족을 부양하며 힘겹게 살아야 했던 로젠버그는 주님이 언제나 자신의 짐을 맡아주셨기 때문에 성공 전의 삶이 전혀 힘들지 않았다고 고백했습니다. 성경에 기록된 모든 말씀은 하나님의 분명한 약속입니다. 그 약속대로 주님을 사랑하고, 주님을 섬기십시오. 복되고 형통합니다. 아멘!!!

♡ 주님, 성경 말씀이 정말로 이루어지는, 저를 향한 주님의 약속임을 믿게 하소서.
▧ 성경에 나온 축복의 말씀을 믿음으로 받아 풍성한 은혜를 누립시다.

나의 영적 일기

3월 15일

학생이 아닌 제자

읽을 말씀 : 사도행전 11:19-30

● 행 11:26 …둘이 교회에 일 년간 모여 있어 큰 무리를 가르쳤고 제자들이 안디옥에서 비로소 그리스도인이라 일컬음을 받게 되었더라

회사에 막 입사한 신입사원이 있었습니다. 상사는 신입사원의 능력에 맞는 적당한 업무를 맡겼습니다. 신입사원은 마감을 지켜서 자료를 제출했습니다. 자료를 받아본 상사는 신입사원을 불러 말했습니다. "학생 시절 마인드는 회사에 들어오면서 버려야 합니다. 이런 방식으로 일하다가는 중요한 일을 맡지 못하게 될 거예요." 신입사원은 자신이 뭘 잘못했는지 몰랐습니다. 그런데 나중에 깨닫게 됐습니다. 자신이 맡은 업무가 최선의 것인지, 정확한 자료인지를 검증하지 않았던 것입니다. 마치 대학생 때의 과제처럼 업무를 처리하는 모습을 일깨워 주기 위한 상사의 보석과도 같은 조언이었습니다.

『내향인 개인주의자 그리고 회사원』이라는 책에 나오는 내용으로, 완전하게 일하려는 자세를 가질 때 학생 마인드를 벗어나 큰일을 맡을 수 있음을 지적한 내용입니다.

그냥 일(work)과 완전한 일(complete work)의 차이는 끝까지 책임지고 완수하려는 마음가짐입니다. 교회에서 맡은 일이 있다면 끝까지 완수해야 합니다. 주님이 맡기신 사명이 있다면 끝까지 충성해야 합니다. 구원의 사명을 외면하지 않고 어떤 상황에서도 끝까지 완수하신 주님을 본받아 주님이 주신 지상명령을 끝까지 책임지고 완수하는 제자가 되십시오. 복되고 형통합니다. 아멘!!!

♡ 주님, 주님이 주신 지상명령을 끝까지 책임지고 완수하는 제자가 되게 하소서.
✍ 내게 맡겨진 일은 끝까지 책임지고 완수하려는 마음가짐으로 삽시다.

나의 영적 일기

믿음의 기도

읽을 말씀 : 마가복음 11:20-25

● 막 11:24 그러므로 내가 너희에게 말하노니 무엇이든지 기도하고 구하는 것은 받은 줄로 믿으라 그리하면 너희에게 그대로 되리라

『어느 날, 한 직원으로부터 다음과 같은 메모를 받았습니다.
"청취자 중에 기초생활 수급자로 혼자 어렵게 살아가시는 92세 김현주 권사님이 폐병으로 투병 중인데, 기도 중에 김장환 목사님께 기도를 받으면 폐병이 깨끗이 나을 것 같은 믿음이 생겨 목사님께 기도 받고 싶다고 하십니다."

저는 그 메모를 받고 권사님을 모시고 오도록 했습니다. 권사님은 저를 보자 너무나 반가워하시며 제 손을 꼭 붙잡고 눈물까지 흘리셨습니다.

방송사 3층 기도실에서 몇몇 목회자들과 함께 권사님의 머리에 손을 얹고 간절하게 하나님의 긍휼과 은혜를 구했습니다. 기도 중 "아멘"을 계속 외치셨던 권사님은 기도가 끝나자마자 "목사님께 기도 받았으니 이제 제 병이 다 나은줄 믿습니다"라고 고백하셨습니다. 그리고 "저는 극동방송이 없으면 살아갈 수 없어요"라며 기초수급 생활비 가운데 십일조를 제외하고, 몇 년간 쓰지 않고 차곡차곡 모은 돈을 방송 선교 헌금으로 드리고 가셨습니다.

기도 후에 권사님은 하루 세 번 복용하던 9알의 폐병약을 모두 끊으셨다고 합니다. 그리고 몇 달 뒤 놀라운 소식을 전해주셨습니다. 병원에 가서 검진받았는데 의사 선생님이 깨끗하게 병이 낫는 기적이 일어났다고 했다는 것입니다.

하나님께서 참으로 기적을 베풀어 주셨습니다.

저는 하나님께서 권사님의 귀한 믿음을 보셨다고 믿고 하나님을 찬양하며 감사했습니다.』 - 「김장환 목사의 인생 메모」 중에서

믿는 사람에게는 능치 못함이 없음을 믿으십시오. 복되고 형통합니다. 아멘!!!

♡ 주님, 기도할 때마다 전지전능하신 주님과 능력을 믿으며 기도하게 하소서.
📖 주님께서 내 기도를 들으시며 가장 좋은 것으로 응답하심을 믿읍시다.

나의 영적 일기

3월 17일 — 주는 용서, 받는 용서

읽을 말씀 : 마태복음 18:21-35

● 마 18:22 예수께서 가라사대 네게 이르노니 일곱번 뿐 아니라 일흔 번씩 일곱번이라도 할지니라

성경 말씀을 묵상하던 한 청년이 예수님의 말씀 중 도저히 이해되지 않는 부분이 있다며 목사님을 찾아왔습니다.

"목사님, 예수님은 왜 제자들에게 70번씩 7번이라도 용서하라고 말씀하셨을까요? 이미 용서한 죄를 다시 짓는 사람은 반성의 기미가 없는 사람 아닐까요? 490번이나 같은 죄를 짓는 사람을 용서하는 것이 무슨 의미가 있는지 모르겠습니다."

『형제님, 70번씩 7번이라도 용서하라는 주님의 말씀은 바로 우리를 위해서 하신 말씀입니다.』

청년이 그게 무슨 뜻이냐고 묻자 목사님이 마저 대답했습니다.

『우리에게 490번이나 다른 사람을 용서하라고 말씀하신 뜻은 곧, 주님이 우리도 그렇게 용서하신다는 뜻입니다. 무한한 자비와 사랑으로 하나님께 죄를 용서받은 사람은 다른 사람도 용서할 수 있습니다. 그러나 하나님께 죄를 용서받고도 다른 사람을 용서하지 않는다면, 주님의 마음은 어떠할까요?』

죄라는 돌부리에 걸려 10번 넘어져도 11번 일어날 기회를 주시는 것이 주님의 놀라운 자비와 은혜입니다. 이 자비와 은혜가 우리에게 있습니다. 그리고 주님은 이 놀라운 자비와 은혜를 우리가 세상에 보여주길 원하십니다. 경험한 그대로 말입니다. 언제나 나를 용서해 주시고, 돌보아주시는 주님의 사랑을 꼭 붙들고 살아가며, 그 사랑에 힘입어 다른 사람들을 용서하고 사랑하십시오. 복되고 형통합니다. 아멘!!!

♡ 주님, 언제나 저를 용서해 주시고, 돌보아주시는 주님의 사랑을 기억하게 하소서.
▨ 내가 누구를 용서해야 할 일이 있다면 횟수와 상관없이 용서하려 노력합시다.

나의 영적 일기

하나님의 답변

읽을 말씀 : 누가복음 1:26-38

● 눅 1:37 대저 하나님의 모든 말씀은 능치 못하심이 없느니라

해외 크리스천들에게 큰 인기를 끌었던 「당신의 말에 대한 하나님의 답변(You Say – God Says)」이라는 글의 일부입니다.

「당신이 "뭘 해야 할지 모르겠다"라고 말할 때
하나님은 『친히 인도하겠다』라고 말씀하십니다(잠 3:5).
당신이 "이제 너무 지쳤어요"라고 말할 때
하나님은 『내가 너를 쉬게 하겠다』라고 말씀하십니다(마 28:30).
당신이 "이건 불가능해요"라고 말할 때
하나님은 『모든 것이 가능하다』라고 말씀하십니다(눅 18:28).
당신이 "아무도 나를 사랑하지 않아요"라고 말할 때
하나님은 『내가 너를 사랑한다』라고 말씀하십니다(요 3:16).
당신이 "저는 용서받을 수 없는 죄인이에요"라고 말할 때
하나님은 『내가 너를 용서하겠다』라고 말씀하십니다(롬 8:1).」

우리의 모든 마음, 우리의 모든 힘든 상황을 주님은 이미 알고 계시고 해결방법을 말씀으로 준비해 놓으셨습니다. 엔진을 만든 사람이 엔진을 가장 잘 아는 사람이듯이, 우리를 창조한 하나님이 우리를 가장 잘 아는 분이십니다. 전지전능하신 바로 그 주님이 우리의 모든 것을 아시고 필요한 모든 것을 베풀어주시겠다고 약속하셨습니다. 내 앞을 가로막고 있는 어떤 큰 문제라도 전능하신 하나님 앞에 내어놓으십시오. 복되고 형통합니다. 아멘!!!

🤍 주님, 어떤 큰 문제라도 전능하신 주님께 모든 것을 맡겨 해결하게 하소서.
📖 주님은 모든 힘든 상황을 이미 알고 계시니 말씀을 믿음으로 승리합시다.

나의 영적 일기

3월 19일 잠언이 가르치는 지혜

읽을 말씀 : 잠언 1:7–19

● 잠 1:7 여호와를 경외하는 것이 지식의 근본이어늘 미련한 자는 지혜와 훈계를 멸시하느니라

일본의 한 선교 단체에서 교육용 자료로 만들어 배포한 「잠언에서 배우는 10가지 지혜」입니다.

❶ 소통의 통로는 경청의 지혜입니다(잠 18:15).
❷ 인생의 양약은 입술의 지혜입니다(잠 12:18).
❸ 성을 빼앗는 능력은 인내의 지혜입니다(잠 14:29).
❹ 더욱 풍족하게 되는 것은 나눔의 지혜입니다(잠 11:25).
❺ 축복의 보증수표는 겸손의 지혜입니다(잠 22:4).
❻ 명철의 시작은 하나님을 경외하는 지혜입니다(잠 9:10).
❼ 하나님의 우선 원칙은 정직의 지혜입니다(잠 16:11).
❽ 리더가 되는 비결은 근면의 지혜입니다(잠 12:24).
❾ 생명의 근원은 마음을 지키는 지혜입니다(잠 4:23).
❿ 사망을 피하는 것은 유혹을 이기는 지혜입니다(잠 20:1).

지혜의 근원은 하나님이시기에 하나님의 말씀을 통해서만 우리는 유일한 진리와 참된 지혜를 배울 수 있습니다. 성경을 묵상하며, 담겨 있는 지혜가 정말 나의 삶에 스며들도록 적용해야 합니다. 성경이 우리에게 가르치는 지혜는 세상에서 얻을 수 있는 최고의 지혜입니다. 세상의 다른 지혜에 마음을 빼앗기지 마십시오. 참된 주님의 지혜에 온 마음을 집중하십시오.

귀한 말씀을 매일 묵상하며, 오늘 나에게 주시는 거룩한 진리와 지혜를 배우고 깨달아 실천하며 살아가십시오. 복되고 형통합니다. 아멘!!!

♡ 주님, 말씀을 매일 묵상하며, 주님께서 주시는 지혜와 겸손을 배우게 하소서.
🖼 주님을 잘 섬길 수 있는 지혜를 달라고 주님께 간구합시다.

나의 영적 일기

수리비가 더 비싼 이유

읽을 말씀 : 사무엘하 22:29-37

● 삼하 22:33 하나님은 나의 견고한 요새시며 나를 온전한 곳으로 인도하시며

3월 20일

미국의 어느 차량 수리업체 광고에 적혀 있는 가격표입니다.
≪조건에 따른 시간당 수리비(Hourly Rates)≫
- 알아서 맡기면(Minimum) 100달러
- 수리하는 걸 지켜보면(If you watch) 150달러
- 당신이 날 도우면(If you help) 175달러
- 당신이 고치던 걸 나에게 맡기면(If you worked on it first) 200달러
- 어떻게 고치라고 옆에서 훈수를 두면(If you tell me how to fix it) 250달러
- 당신이 고치는 걸 내가 지켜보게 하면(If you do it while I watch) 300달러

한 운전자가 차량에 붙어 있는 가격표를 찍어서 인터넷에 올려 크게 화제가 되었던 가격표입니다.

똑같은 수리를 맡겼음에도, 심지어 옆에서 일을 도와도 왜 가격은 계속 오르는 걸까요? 전문가에게 맡기는 방법이 가장 빠른 방법이며, 다른 모든 도움은 오히려 방해가 되기 때문입니다. 우리의 인생을 인도하고 계시는 주님께, 우리가 이와 같은 실수를 범하고 있지는 않습니까? 가장 좋은 길, 가장 빠른 길을 알고 계시는 주님이 우리 인생의 선장이어야 합니다. 주님을 우리 인생의 선장으로 인정하십시오. 최고의 선장에게 우리 인생의 항로를 맡기십시오. 그리고 함께 그 여정을 즐기십시오.

우리의 모든 문제를 해결할 가장 뛰어난 전문가이신 주님께 모든 것을 맡길 줄 아는 믿음의 크리스천이 되십시오. 복되고 형통합니다. 아멘!!!

♡ 주님, 제 인생에 일어나는 모든 문제와 모든 염려를 전능하신 주님께 맡기게 하소서.
🖼 무슨 일이든지 주님께 온전히 맡기어 주님의 해결을 기대합시다.

나의 영적 일기

3월 21일
삶의 진정한 기쁨

읽을 말씀 : 누가복음 16:9-13

● 눅 16:13 집 하인이 두 주인을 섬길 수 없나니 혹 이를 미워하고 저를 사랑하거나 혹 이를 중히 여기고 저를 경히 여길 것임이라 너희가 하나님과 재물을 겸하여 섬길 수 없느니라

성공 가도를 달리던 유명 배우가 있었습니다.
주변 사람들의 인도로 가끔 교회를 나갔지만, 그저 형식적인 것에 불과했습니다. 신앙이 달콤한 성공의 맛을 방해하는 것 같았습니다. 그는 교회보다 매일 밤 열리는 파티가 자신을 더 행복하게 만든다고 생각했습니다.
그러던 어느 날, 또다시 어쩔 수 없이 교회에 끌려갔는데 갑자기 이상한 감정을 느꼈습니다. 지금의 삶이 잘못된 방향이라는 확신이 들었고, 무서운 마음이 들었습니다. 이미 향락에 깊이 빠져있던 배우는 지금의 즐거운 삶을 계속 이어가고 싶었기에 이 느낌을 거부하려 했습니다. 그러나 결국 성령님의 감동하심에 무릎을 꿇고 자신의 삶을 회개하고 주님께로 돌아갔습니다. 이후 그는 자신의 자녀들에게도, 가르치는 후배들에게도 항상 신앙의 본을 보이며 주님에 대해 가르쳤습니다.
이 이야기의 주인공이자 할리우드 역사상 가장 위대한 흑인 배우로 평가받는 덴젤 워싱턴(Denzel Washington)은 사람들에게 항상 이렇게 고백한다고 합니다,
"항상 하나님을 최우선으로 섬기세요(Put God First!)!"
하나님을 최우선으로 섬길 때, 주님은 정말로 우리의 모든 필요를 채우십니다. 주님의 인도를 받으며 살아가는 삶은 즐거움과 기쁨을 빼앗기는 삶이 아닙니다. 누구도 빼앗을 수 없는 기쁨과 즐거움을 누리는 삶이 바로 주님을 따르는 삶입니다. 내 삶의 최우선 순위를 항상 하나님으로 놓고 성령님의 인도하심을 따르십시오. 복되고 형통합니다. 아멘!!!

♡ 주님, 세상의 향락을 즐거워 말고 오직 성령님의 충만함을 누리게 하소서.
🔖 모든 일에 주님을 최우선으로, 정말로 최우선으로 놓으며 삽시다.

나의 영적 일기

성경이 가르치는 기도

읽을 말씀 : 데살로니가전서 5:12-22

● 살전 5:17 쉬지 말고 기도하라

초대교회를 나타내는 표현 중에는 '기도로 목욕하는 교회(bathed in prayer)'라는 말이 있었다고 합니다.

주님이 본을 보여주신 대로, 성경이 가르치는 대로 초대교회는 그야말로 기도에 목숨을 거는 교회였습니다.

다음은 미국의 크리스천 사이트 크로스웨이(Crossway)에 올라온 「성경이 가르치는 7가지 기도」입니다.

❶ 은밀한 곳에서 진실되게 기도하라(마 6:5-8).
❷ 은혜의 보좌로 나아가 담대하게 기도하라(히 4:16).
❸ 쉬지 말고 기도하라(살전 5:16-18).
❹ 염려하지 말고 기도하라(빌 4:6,7).
❺ 하나님의 뜻대로 기도하라(요일 5:14).
❻ 받은 줄로 믿고 기도하라(막 11:24).
❼ 성령님 안에서 깨어서 힘써 기도하라(엡 6:18).

기도의 힘을 믿는다면 우리는 성경이 가르치는 것처럼 온 힘과 마음을 다해 남은 모든 시간을 최선을 다해 주님 앞에 무릎을 꿇어야 합니다.

다시 오실 주님을 믿으며 위에 제시한 7가지 기도 대로 오직 기도에 전념했던 초대교회 성도들처럼 매순간 기도로 목욕하는 성도가 되십시오. 복되고 형통합니다. 아멘!!!

💚 주님. 성경이 가르치는 것처럼 온 힘과 마음을 다해 기도하고 응답받게 하소서.
📖 성경이 가르치는 방법에 따라 진실되게 기도하여 주님의 응답을 받읍시다.

나의 영적 일기

3월 23일 — 내가 할 수 있는 일

읽을 말씀 : 고린도전서 9:11-17

● 고전 9:16 내가 복음을 전할지라도 자랑할 것이 없음은 내가 부득불 할 일임이라 만일 복음을 전하지 아니하면 내게 화가 있을 것임이로라

세상을 위해 매일 기도하던 성도가 하루는 실의에 빠져 목사님을 찾아왔습니다.

"목사님, 이 악한 세상에서 우리가 할 수 있는 일이 도대체 무엇입니까? 제가 기도를 열심히 한다고 뭐가 달라지는지 모르겠습니다. 노력할수록 모든 것을 다 포기하고 싶어집니다."

목사님도 성도의 의견에 동의했습니다.

그러나 중요한 사실을 잊어서는 안 된다고 성도에게 충고했습니다.

『맞습니다. 세상은 난파선입니다. 예수님이 구해주시지 않으면 우리 힘으로 이 배를 어떻게 할 수는 없습니다.

하지만 우리는 구원받은 사람들, 즉 구명정에 올라탄 사람들입니다.

이 작은 구명정에 전도로 한 명씩 계속해서 태울 수는 있습니다.

주님은 우리에게 세상이라는 난파선을 구하라고 명령하지 않으셨습니다.

물에 빠진 한 사람을 구명정에 태우라고 명령하셨습니다.』

우리가 세상을 변화시킬 수 있는 유일한 방법은 전도입니다.

어두운 밤에 가장 필요한 것이 빛이듯이, 지금의 세상을 변화시킬 수 있는 유일한 방법은 진리이자 빛이신 주 예수님을 한 사람에게라도 더 많이 전하는 것입니다. 지금 내가 할 수 있는 아주 작은 그 한 가지 일이 주님을 위해, 세상을 위해 할 수 있는 가장 큰 일임을 잊지 마십시오. 복되고 형통합니다. 아멘!!!

♡ 주님, 어두운 세상에서 빛을 잃지 않게 하시고, 언제라도 주님을 전하게 하소서.
📖 복음을 전할 사람을 기도하며 찾아 그에게 최선의 방법으로 전도합시다.

나의 영적 일기

보내신 분, 주신 분

읽을 말씀 : 마태복음 7:7-12

3월 24일

● 마 7:11 너희가 악한 자라도 좋은 것으로 자식에게 줄 줄 알거든 하물며 하늘에 계신 너희 아버지께서 구하는 자에게 좋은 것으로 주시지 않겠느냐

　부농의 자식으로 태어났지만, 5살 때 아버지가 돌아가셔서 온갖 궂은일을 하면서 성장한 소년이 있었습니다. 소년은 어린 나이부터 물불을 가리지 않고 일하며 농장을 지켰습니다. 농사에 필요한 다양한 업무를 배우며 창고 관리까지 통달한 소년은 청년이 되자 농사, 철물, 창고업을 비롯한 다양한 분야에서 성공을 거두었습니다.
　그런데 20대 중반 하나님을 강렬히 체험하며 선교사의 비전을 품게 됐습니다. 자격도, 공부도, 준비도 되지 않았지만 지금 당장 복음을 전하러 떠나야 한다는 열망에 무작정 하나님이 부르신 곳으로 떠났습니다.
　자격이 되지 않아 정식 교단을 통해 파송되지 못했고, 그래서 지원을 받지도 못했습니다. 그러나 어린 시절부터 고생하며 키웠던 자립심과 사업 수완으로 선교사가 된 청년은 선교지에서 좋은 부지를 매입해 부농이 되어 선교에 필요한 자금을 충당했습니다. 거부가 된 청년은 제대로 된 집이 없는 가난한 성도들에게 집을 구할 돈을 줬지만, 이들은 선교사가 준 돈으로 방방곡곡을 돌아다니며 오히려 교회를 건축했습니다. 하나님이 주신 복을 어떻게 써야 하는지 선교사 옆에서 톡톡히 배웠기 때문입니다.
　한국 최초의 침례교회를 세운 말콤 펜윅(Malcolm C. Fenwick) 선교사님의 이야기입니다.
　우리를 보내신 분이 주님이시며, 우리에게 모든 복을 주신 분도 주님이십니다. 맡은 바의 본분을 잊지 않는 지혜로운 청지기로 이 땅에서 살아가십시오. 복되고 형통합니다. 아멘!!!

　♡ 주님, 주님께서 저에게 맡기신 본분을 늘 기억하고 이루어가며 살게 하소서.
　🧺 선하고 지혜로운 청지기의 삶을 통해 많은 열매를 주님께 드립시다.

나의 영적 일기

사랑이 담긴 커피 한 잔

3월 25일

읽을 말씀 : 마태복음 10:34-42

● 마 10:42 또 누구든지 제자의 이름으로 이 소자 중 하나에게 냉수 한 그릇이라도 주는 자는 내가 진실로 너희에게 이르노니 그 사람이 결단코 상을 잃지 아니하리라 하시니라

한 대학생이 강의를 들으러 가다가 동전을 줍는 노숙자를 봤습니다. 노숙자는 주머니에서 동전을 꺼내 한참을 세어보다가 카페로 들어갔습니다. 평소 같았으면 그냥 지나쳤을 일이지만 동전을 바라보던 노숙자의 표정이 너무 좋지 않아 마음에 걸렸던 대학생은 노숙자를 따라 카페로 들어갔습니다.

모은 동전으로 커피를 살 수 없었던 노숙자는 메뉴를 한참 훑어보다가 다시 밖으로 나가려 했습니다.

이 모습을 지켜보던 대학생이 다가가 커피를 대접하겠다고 말했습니다.

노숙자는 한사코 거절했지만, 대학생의 거듭된 권유에 커피와 베이글을 받았습니다. 대학생은 잠시 노숙자와 대화를 나누었는데, 노숙자의 이름이 크리스(Chris)라는 것과 노숙자가 될 수밖에 없었던 불행한 과거에 대해서 알게 됐습니다. 커피를 마시고 강의를 들으러 떠나는 대학생에게 크리스는 잠시 기다려달라고 말하더니 영수증 뒷면에 다음과 같은 편지를 써주었습니다.

「사실 오늘 자살하려고 했습니다. 그런데 당신 덕분에 다시 살아가기로 결심했어요. 당신이 나를 살렸어요. 정말 고마워요.」

자신의 이름을 캐시(Cassie)라고 밝힌 영국의 대학생이 사연과 함께 영수증 편지를 인터넷에 올려 화제가 된 이야기입니다.

사랑이 담긴 작은 선행이 한 사람의 목숨을 살릴 희망이 될 수도 있습니다. 도움이 필요한 사람들을 외면하지 말고 작은 선행이라도 주님의 사랑을 담아 실천하십시오. 복되고 형통합니다. 아멘!!!

♡ 주님, 주님께서 주신 복으로, 사랑의 손과 마음으로 매일 선행을 실천하게 하소서.
🧩 모르는 사람이라 하더라도 주님이 주신 감동이 있다면 선을 행합시다.

나의 영적 일기

믿으면 변화된다

읽을 말씀 : 로마서 12:1-13

● 롬 12:2 너희는 이 세대를 본받지 말고 오직 마음을 새롭게 함으로 변화를 받아 하나님의 선하시고 기뻐하시고 온전하신 뜻이 무엇인지 분별하도록 하라

    1900년대 초 한국 관리들은 그리스도인이 많은 지역으로 부임하는 것을 매우 꺼렸습니다. 그리스도인은 부정과 부패를 용납하지 않았기 때문에 뒷돈을 받거나 자기 마음대로 일을 하기가 매우 힘들었기 때문입니다. 실제로 황해 감사였던 윤덕영은 흉년에도 과중한 세금을 거두다가 그리스도인들의 항의로 해직되기도 했습니다.

    당시의 그리스도인들은 주님을 믿고 변화된 사람들이 사회에서 어떻게 행동하며 살아야 하는지 깨닫고 실천한, 그야말로 '빛과 소금' 같은 존재였습니다.

    하나님의 말씀을 깨달은 그리스도인들은 또한 절제 운동을 펼쳤습니다. 술과 담배에 꽤 관대했던 초기의 선교사들은 당시 한국인의 흡연과 음주 습관을 보고 매우 놀랐다고 합니다. 하루 종일 담배를 피우고 술을 마시며 '도박, 폭력, 게으름'을 비롯한 너무나 많은 사회적 문제가 일어나고 있었습니다. 술과 담배가 그리스도적인 생활 양식과 맞지 않는다는 것을 깨달은 초기의 그리스도인들이 회개하며 먼저 절제하기 시작했고, 그 뒤로 '금주, 금연'을 하는 성도들이 늘어났습니다. 몇몇 교단은 신자들의 금주를 생활양식으로 공표했습니다.

    청렴하며 절제하기 때문에 그리스도인인 것이 아니라, 그리스도인이기 때문에 청렴할 수밖에 없고 절제할 수밖에 없도록 변화되는 것입니다. 정말로 예수님을 구주로 영접했다면, 말씀과 기도로 하루하루를 살아간다면, 예수님이 말씀하신 세상의 빛과 소금처럼 저절로 살아가게 되는 놀라운 변화가 일어납니다. 다시 세상을 진리의 빛으로 채울 수 있도록 예수님을 제대로 믿는 크리스천이 되십시오. 복되고 형통합니다. 아멘!!!

♡ 주님, 말씀을 보고, 기도하며 세상의 빛과 소금으로 살아가는 제가 되게 도와주소서.
※ 주님께 영광이 되는, 선한 방향으로 계속해서 변화하는 그리스도인이 됩시다.

나의 영적 일기

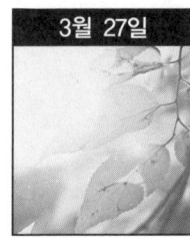

3월 27일 믿음의 흔적

읽을 말씀 : 고린도전서 10:23-33

● 고전 10:31 그런즉 너희가 먹든지 마시든지 무엇을 하든지 다 하나님의 영광을 위하여 하라

「과르네리(Guarneri) 바이올린」은 세계적으로 알려진 명품 바이올린 「스트라디바리우스(Stradivarius)」에 뒤지지 않는 최고의 바이올린입니다.

세계적인 바이올리니스트 중에도 스트라디바리우스보다 과르네리를 선호하는 연주자가 있을 정도입니다.

그런데 이 과르네리 바이올린에는 '예수님'이란 별명이 있습니다.

독실한 그리스도인이었던 주세페 과르네리(Giuseppe Guarneri)가 만든 모든 악기에 '인류의 구원자 예수'라는 뜻의 약어 「I.H.S. (iota-eta-sigma)」와 십자가 문양을 라벨로 새겼기 때문입니다. 지금도 바이올리니스트들은 믿음과 상관없이 과르네리 바이올린을 본명보다는 '예수님'이라는 별칭으로 더 많이 부르고 있습니다.

「음악의 아버지」 바흐(Johann Sebastian Bach)는 모든 악보에 '오직 하나님께 영광을(Soli Deo Gloria)!'이라는 뜻의 약어 'S.D.G.' 세 글자를 적었습니다.

과르네리는 자신이 만든 악기에 신앙의 흔적을 남겼고 바흐는 악보에 신앙의 흔적을 남겼지만, 사도 바울은 자신의 삶에 신앙의 흔적을 남겼습니다. 예수님을 위해 살다가 당한 모든 고초, 받은 모든 은혜가 바로 믿음의 흔적입니다. 신앙이 무르익어갈수록 우리 삶에도 믿음의 흔적이 켜켜이 쌓여가야 합니다. 우리 삶이 예수님을 위한 믿음의 흔적으로만 가득 찰 수 있도록 매일의 삶에 말씀 한 구절씩 새겨 넣으며 살아가십시오. 복되고 형통합니다. 아멘!!!

♥ 주님, 저의 삶이 매일 주님을 위한 믿음의 흔적으로만 가득 차게 도와주소서.
📖 내 모든 삶의 소절에 'S.D.G.' 세 글자를 적을 수 있도록 노력합시다.

나의 영적 일기

포기하지 맙시다

읽을 말씀 : 갈라디아서 6:1-10

● 갈 6:9 우리가 선을 행하되 낙심하지 말지니 피곤하지 아니하면 때가 이르매 거두리라

    미국의 가장 존경받는 부통령이었던 휴버트 험프리(Hubert H. Humphrey)는 암으로 시한부를 선고받고도 입원을 하지 않고 의원직을 수행했습니다. 건강을 해칠 수도 있다는 사람들의 우려에도 불구하고 험프리는 더 열심히 일했고, 더 많은 지인을 만났으며, 더 열심히 신앙생활을 했습니다.
    험프리는 투병 중에 세계적인 잡지 「리더스 다이제스트(Reader's Digest)」에 다음과 같은 칼럼을 실었습니다.
    「사람들은 역경을 만날 때 너무 빨리 포기합니다. 역경은 시간을 통해 극복해야 할 하나의 문제일 뿐이며 때로는 새로운 출발을 위한 자극제가 됩니다.
    저는 지금도 새로운 시작을 꿈꾸고 있습니다.
    그래서 고별사를 준비하지 않았습니다. 예배가 시작하자마자 축도만을 기다리는 사람만큼 불쌍한 사람은 없습니다. 예배가 시작될 때의 설레는 마음을 잃어버렸기 때문입니다.」
    세상을 떠나는 날까지 자신의 할 일을 멋지게 감당했던 험프리를 사람들은 '행복한 전사'라고 불렀습니다.
    우리를 약속의 땅으로 인도해 주실 주님을 의지하며 역경이 몰아쳐도 끝까지 포기하지 맙시다. 더 나은 곳으로 우리를 인도하실 주님을 믿으며 설레는 마음으로 매일 하루를 시작하십시오. 복되고 형통합니다. 아멘!!!

♥ 주님, 약속의 땅으로 인도해 주실 주님을 의지하며 끝까지 포기하지 않게 하소서.
📖 주님이 주신 약속의 말씀을 붙들고 어려움 중에도 포기하지 않게 하소서.

나의 영적 일기

3월 29일

하나님의 대책

읽을 말씀 : 고린도후서 4:6-15

● 고후 4:8 우리가 사방으로 우겨쌈을 당하여도 싸이지 아니하며 답답한 일을 당하여도 낙심하지 아니하며

눈앞이 캄캄하고, 인생이 막막하게만 느껴지는 순간이 누구에게나 찾아옵니다. 성경 속 위대한 인물들에게도 마찬가지였습니다.
- 모세가 홍해 앞에 섰을 때,
  뒤에서는 애굽의 병사들이 쫓아오고 있을 그때,
  인간적인 생각으로는 완전히 끝난 상황인 그때,
  홍해가 갈라지는 하나님의 대책이 생겨났습니다.
- 여호수아가 약속의 땅을 얻으러 가고 있을 때,
  눈앞에 철옹성 같은 여리고가 우뚝 서 있었습니다.
  스스로가 메뚜기처럼 느껴지는 그때,
  손 하나 까딱하지 않고 성벽이 무너지는 하나님의 대책이 생겨났습니다.
- 블레셋군의 거인 골리앗을 막을 방도가 없던 그때,
  목동 다윗이라는 하나님의 대책이 생겨났습니다.
- 인류가 아무리 노력하고 발버둥을 쳐도 죄의 문제를 해결할 수 없던 그때,
  예수님이라는 하나님의 대책이 생겨났습니다.

사람의 방법이 끝나는 곳에서 오히려 하나님의 대책이 나타납니다.
인간의 능력이 끝나는 곳에서 하나님의 대책이 시작됩니다.
우리는 할 수 없으나, 하나님은 능히 하실 수 있습니다.
언제나 하나님의 대책이 존재하는 믿음의 시각으로 모든 일을 바라보십시오. 복되고 형통합니다. 아멘!!!

♡ 주님, 저는 할 수 없으나 전지전능하신 주님께서 능히 도와주심을 믿게 하소서.
☗ 나는 할 수 없으나 주님은 능히 하실 수 있음을 믿고 강하고 담대하게 삽시다.

나의 영적 일기

지금 결단합시다

읽을 말씀 : 마태복음 4:12-22

● 마 4:20 저희가 곧 그물을 버려 두고 예수를 좇으니라

3월 30일

    미국에서 가장 유서 깊은 비즈니스 잡지 「포춘(Fortune)」에서 큰 실패를 경험한 2,500명의 경영인을 찾아 원인을 조사했습니다.
    대략 30가지 정도의 다양한 원인이 나왔습니다. 그러나 이 많은 원인 중에서도 모든 사람이 공통으로 뽑은 결정적 요인이 하나 있었습니다.
    바로 '결단력 부족'입니다.
    도전할 때와 손절할 때를 구분하지 못하고 망설이다 보니 어느새 실패가 눈앞에 와 있었고, 그제야 발버둥을 쳐봤지만, 실패를 피할 수는 없었습니다.
    심리학자들에 따르면 사람은 자신의 부족한 점이 무엇인지 너무나 잘 알고 있다고 합니다. 그리고 바로 약점을 너무 잘 알아서 결심을 실행하지 못한다는 것입니다. 비만인은 문제가 무엇인지 너무도 잘 알기 때문에 살을 빼려고 하고, 알코올 의존증 환자도 문제가 무엇인지 너무도 잘 알기 때문에 술을 끊으려고 합니다.
    그러나 그렇게 된 자신의 약점 또한 너무 잘 알기 때문에 결심이 무뎌지곤 합니다. 하지만 약점 때문에, 혹은 계속해서 실패한다고 해서 다시 결단하지 않으면 결국은 더 큰 병이 되어 돌아옵니다. 특히나 영혼의 생명과 관련된 일들은 더욱 그렇습니다.
    회개하지 않고, 주님을 만나지 않으면, 또 믿음을 결단하지 않으면 심판을 피할 수 없습니다. 주님을 믿기로, 주님을 위한 일을 하기로, 넘어져도 다시 도전하기로 지금 결단하는 의지의 크리스천이 되십시오. 복되고 형통합니다. 아멘!!!!

♡ 주님, 그럼에도 한 번 더 도전하고 결단할 수 있는 강인한 믿음과 용기를 주소서.
※ 주님을 의지하면 어떤 상황에서도 승리할 수 있음을 믿고 더욱 주님을 의지합시다.

나의 영적 일기

3월 31일

풍랑으로 나아가라

읽을 말씀 : 마태복음 14:22-33

● 마 14:31 예수께서 즉시 손을 내밀어 저를 붙잡으시며 가라사대 믿음이 적은 자여 왜 의심하였느냐 하시고

외국의 한 유머 사이트에 올라온 「안전하게 살려면 무조건 피해야 하는 일들」이라는 글입니다.

❶ 절대로 자동차를 타지 말 것
  사망 사고의 20%가 자동차 때문이다.
❷ 비행기나 기차, 배도 타지 말 것
  자동차만큼은 아니지만, 여전히 16%의 확률이 있다.
❸ 거리를 돌아다니지 말 것
  부상, 사망 사고의 15%가 거리에서 일어난다.
❹ 집에도 있지 말 것
  사망 사고 중 17%가 집에서 일어난다.

「삼중고의 천사」 헬렌 켈러(*Helen Adams Keller*)는 "위험을 피하는 일을 하지 말고 위험을 무릅쓸 일을 하라"라고 말했습니다. 아무 일도 일어나지 않는 안전한 공간에서 100년, 200년을 산다고 생각해 보십시오. 항구에 묶여 있는 배처럼 무사태평을 추구하는 것이 삶의 목적은 아닙니다.

풍랑이 일어도 바다에 나가야 배의 진가를 발휘할 수 있는 것처럼 우리도 세상이라는 망망대해로 나아가 주님을 위한 믿음의 항해를 해야 합니다.

부족한 것은 오직 믿음입니다. 주님이 맡기신 사명을 위해 도전할 믿음을 달라고 주님께 기도하십시오. 복되고 형통합니다. 아멘!!!

♡ 주님, 주님이 주시는 능력으로 주님이 이기신 세상에 도전하여 승리하게 하소서.
📖 주님이 맡기신 사명을 감당하기 위해 도전할 믿음을 달라고 주님께 기도합시다.

나의 영적 일기

4월

"내가 주의 성전을 향하여 경배하며
주의 인자하심과 성실하심을 인하여 주의 이름에 감사하오리니
이는 주께서 주의 말씀을
주의 모든 이름 위에 높게 하셨음이라"
– 시편 138:2 –

4월 1일
다시 피어나는 은혜

읽을 말씀 : 이사야 35:1-10

● 사 35:1 광야와 메마른 땅이 기뻐하며 사막이 백합화 같이 피어 즐거워하며

『제 아내 트루디(Trudy)는 1959년, 단 하나의 가방과 한 알의 믿음만을 들고 6.25 전쟁의 흔적이 채 가시지 않은 한국 땅에 와서 저와 함께 한국 사역의 여정을 시작했습니다. 그녀는 한국이 진정한 선진국이 되려면 '가장 연약한 이들을 존중하는 사회가 되어야 한다'는 믿음으로 수원중앙기독유치원과 초·중학교를 설립하였습니다. 그 믿음은 그림으로 소통하던 한 소년, 제자 병찬이를 만나면서 더욱 깊어졌고, 말보다 먼저 그림을 배웠던 병찬이는 자폐의 장애를 딛고 어느덧 전시회를 여는 당당한 작가로 성장했습니다. 그리고 아내 트루디는 제자와 함께 「말 그 이상의 대화」라는 전시회를 열었습니다.

트루디는 말없이도 마음을 전할 수 있다는 진리를 많은 이들에게 전했습니다. 제자 병찬이에게 그림이 날개였다면 트루디에게 그림은 기도였습니다. 아픈 몸을 이끌고 붓을 잡은 아내는 꽃 한 송이에 자신의 고백을 담습니다.

"심겨진 그곳에 꽃을 피우라."

이제는 그녀의 손끝에서 피어난 꽃이 전시실을 채우며 마음을 전합니다. 그 꽃은 가르침이고 섬김이고 주님 앞의 믿음과 사랑의 고백입니다.

우리는 각자의 삶의 자리에서 그렇게 복음을 전할 수 있습니다.

말로 다 전하지 못해도, 삶으로 전할 수 있습니다. 그림이든, 웃음이든, 기도든, 우리의 흔적이 누군가의 미래를 활짝 열 수 있습니다. 제 아내 트루디가 그랬던 것처럼요.』 – 「김장환 목사의 인생 메모」 중에서

'심겨진 자리'에서 피어낼 작은 꽃 한 송이가 하나님께서 주시는 큰 복이 되기를 바라며 삽시다. 복되고 형통합니다. 아멘!!!

♡ 주님, 심겨진 곳에서 기도로, 섬김으로, 작은 꽃을 피워내고 많은 열매 맺게 하소서.
🙏 말보다 먼저 삶으로 주님의 복음을 전해 주님께 모든 영광 올립시다.

나의 영적 일기

감사 제목을 만들라

읽을 말씀 : 시편 118:24-29

4월 2일

● 시 118:28 주는 나의 하나님이시라 내가 주께 감사하리이다 주는 나의 하나님이시라 내가 주를 높이리이다

데살로니가전서 5장에는 "범사에 감사하라"라는 말씀이 나옵니다.

'범사에'라는 말은 '모든 일, 모든 상황'을 말합니다. 그러나 은혜를 너무 자주 잊고 사는 우리는 '범사에'가 아니라 '감사한 일'이 있을 때조차 감사를 잊곤 합니다. 감사를 잊곤 하는 사람들을 위해 미국의 그리스도 연합교회(United Church of Christ)에서 만든 「매일 12가지 감사」 중 10가지를 소개합니다.

❶ 새로운 날을 주심에 아침에 감사
❷ 일용할 양식을 주심에 식사 때마다 감사
❸ 몸을 움직일 때마다 건강을 주심에 감사
❹ 보람을 가지고 일을 할 수 있도록 비전을 주심에 감사
❺ 일을 맡을, 완수할 능력을 주심에 감사
❻ 함께 일하고 동역할 사람들을 주심에 감사
❼ 사랑하는 가족을 주심에 감사
❽ 평온한 저녁 시간을 주심에 감사
❾ 편안한 잠을 허락하여 주심에 감사
❿ 살아 숨 쉴 수 있는 생명을 주심에 감사

받은 은혜를 세어보십시오. 감사할 시간이 모자랄 것입니다.

주님이 부어주신 복이 부족한 것이 아니라 그 복을 잊고 사는 것이 문제입니다. 이미 넘치는 복을 주신 주님께 범사에 감사하는 습관을 들이십시오. 복되고 형통합니다. 아멘!!!

♡ 주님, 모든 은택을 값없이 은혜로 주신 주님을 송축하며 살게 하소서.
✠ 주님께서 부어주신 복을 혹시 잊고 불평하며 사는 것이 아닌지 자신을 살펴봅시다.

나의 영적 일기

4월 3일
아름다운 동역의 자세

읽을 말씀 : 고린도전서 3:1–9

● 고전 3:9 우리는 하나님의 동역자들이요 너희는 하나님의 밭이요 하나님의 집이니라

"전 세계는 나의 교구다"라는 말을 남기며 평생 전 세계를 돌아다니며 전도했던 존 웨슬리(John Wesley) 목사님에게는 또한 각지에 수많은 동역자들이 있었습니다.

존 웨슬리 목사님이 「동역자들에게 부탁한 12가지 지침 중 10가지 지침」은 다음과 같습니다.

❶ 오직 필요한 일에만 부지런히 집중하십시오.
❷ 사소한 농담을 피하고 하나님을 향한 거룩함으로 진지하십시오.
❸ 이성과 단둘이 만나거나 대화하는 것을 피하십시오.
❹ 다른 사람 험담을 하지 말고 끝까지 마음속에 담아두십시오.
❺ 극복하지 못한 큰 문제가 있다면 모두에게 알리십시오.
❻ 설교자는 모든 사람의 종이니 거룩하거나 고상한 척하지 마십시오.
❼ 죄가 아닌 봉사나 허드렛일을 부끄러워하지 마십시오.
❽ 규칙, 특히 시간 약속을 정확히 지키려고 노력하십시오.
❾ 영혼 구원하는 일에 되도록 많은 시간을 투자하십시오.
❿ 내 뜻보다는 복음을 토대로 하나님의 자녀답게 행동하십시오.

부흥은 한두 사람의 뛰어난 능력자가 아니라 하나님의 때를 구하는 수많은 사람의 기도와 동역자들의 노력으로 일어나는 것입니다.

우리 교회의 목사님들과 리더들에게 큰 힘이 되는 동역자가 되십시오. 복되고 형통합니다. 아멘!!

♡ 주님, 주님의 말씀을 따라 변화된 삶으로 영광을 돌리는 그리스도인이 되게 하소서.
📖 언제 어디에서나 합력하여 선을 이룰 수 있는 믿음의 일꾼이 됩시다.

나의 영적 일기

외치는 광야의 소리

읽을 말씀 : 누가복음 3:1-6

4월 4일

● 눅 3:4 선지자 이사야의 책에 쓴 바 광야에 외치는 자의 소리가 있어 가로되 너희는 주의 길을 예비하라 그의 첩경을 평탄케 하라

　미국 디트로이트주의 중심가인 우드워드 애비뉴(Woodward Avenue)에 있는 한 잔디밭에는 자그마한 동상이 있습니다. 성경책을 들고 있는 한 남자의 동상에는 시편 42편 11절 말씀이 적혀 있습니다.
　"내 영혼아 네가 어찌하여 낙망하며 어찌하여 내 속에서 불안하여 하는고 너는 하나님을 바라라 나는 내 얼굴을 도우시는 내 하나님을 오히려 찬송하리로다."
　이 동상의 주인공인 머튼 라이스(Merton S. Rice) 목사님은 매주 주일마다 예배가 끝나면 이 잔디밭에 나와 사람들에게 복음을 전했습니다. 무려 25년 동안 같은 자리에서 같은 복음을 전한 라이스 목사님은 시편 42편 11절 말씀을 자주 인용하며 사람들에게 희망을 전했습니다.
　교회에 다니지 않는 사람들도 때때로 희망과 위로가 필요하면 주일마다 이 잔디밭에 나와 라이스 목사님이 전하는 희망의 메시지를 들었습니다. 라이스 목사님이 세상을 떠나고 세워진 동상도 평소 목사님의 메시지에 힘을 얻었던 한 예술가가 세운 것입니다. 라이스 목사님이 세상을 떠나고도 한동안은 여전히 마음이 힘든 사람들이 라이스 목사님의 동상 앞에 나가 말씀을 묵상함으로 힘을 얻었다고 합니다.
　예수님의 말씀을 진리로 믿는 우리가 바로 세상에 진리의 말씀을 전해야 할 하나님의 스피커입니다. 내게 주어진 사명의 자리에서 최선의 방법으로 주님의 말씀을 전할 지혜를 구하십시오. 복되고 형통합니다. 아멘!!!

♡ 주님, 주님의 말씀으로 사람들에게 위로와 소망과 평강과 도전을 주게 하소서.
※ 어디서나 주변 사람들에게 나누어 줄 수 있는 전도지를 가지고 다닙시다.

나의 영적 일기

4월 5일

믿음의 호흡, 부활

읽을 말씀 : 고린도전서 1:18–31

● 고전 1:18 십자가의 도가 멸망하는 자들에게는 미련한 것이요 구원을 얻는 우리에게는 하나님의 능력이라

    세계적인 극작가 사무엘 베케트(Samuel Beckett)의 작품 「호흡(Breath)」은 세계에서 가장 짧은 희곡입니다.
    쓰레기와 온갖 잡동사니가 가득한 무대에 등장인물 없이 갓난아기의 울음소리가 들립니다. 갓난아기의 울음소리는 이내 숨소리로 변하고 숨소리는 점점 느려져 마치 노인의 마지막 호흡처럼 헐떡이다가 조명과 함께 멎으며 연극은 끝납니다.
    총 공연 시간이 35초밖에 되지 않습니다. 이 연극이 어떤 의미인지는 작가인 베케트가 아무런 말을 하지 않기 때문에 알 수가 없습니다. 우리 인생이 35초만큼 짧다는 뜻 일 수도 있고, 우리의 삶이 그저 잡동사니가 쌓인 방처럼 의미 없다는 뜻 일 수도 있습니다. 그러나 분명한 것은 호흡을 통해 우리가 존재할 수 있다는 사실입니다. 우리는 태어남과 동시에 숨을 쉬고, 세상을 떠나감과 동시에 숨을 멈춥니다. 세상에 태어난 사람은 단 한 명의 예외도 없이 숨을 쉬다 결국엔 호흡을 멈추고 숨을 거둡니다. 죽을 수밖에 없는 인생이기에 의미를 찾을 수 없고, 사람들은 혼돈에 휩싸일 수밖에 없습니다.
    기독교가 유일한 진리인 이유는 바로 예수님의 부활입니다. 부활이 거짓이면 성경도 진리일 수 없고 우리도 믿음으로 구원받을 수 없습니다. 다시 말하면 부활은 크리스천의 유일한 소망이자 호흡입니다. 나를 위해 십자가에서 돌아가신 주님을 믿듯이, 나를 위해 죽음에서 부활하신 살아계신 주님을 또한 믿으십시오. 복되고 형통합니다. 아멘!!!

♡ 주님, 나를 위해 십자가에서 돌아가셨다가 나를 위해 부활하신 주님을 믿게 하소서.
  죽음을 이기신 주님을 믿고 영생을 주신 주님을 의지해 승리를 확신합시다.

나의 영적 일기

세상의 통나무

읽을 말씀 : 디모데전서 6:11-21

● 딤전 6:20 디모데야 네게 부탁한 것을 지키고 거짓되이 일컫는 지식의 망령되고 허한 말과 변론을 피하라

4월 6일

거대한 폭포를 건너다 급류에 휩쓸려 떠내려가는 두 사람이 있었습니다.

때마침 아래쪽에서 구조대원이 기다리고 있었습니다. 구조대원은 두 사람이 폭포로 떨어지기 전에 밧줄을 던졌습니다. 다행히 두 사람 모두 무사히 밧줄을 잡았습니다. 이제 구조대원이 밧줄을 다 감을 때까지 붙잡고 버티기만 하면 목숨을 건질 수 있었습니다.

그런데 한 사람이 갑자기 밧줄을 놓고 반대편에서 떠내려오는 통나무를 붙잡았습니다. 깜짝 놀란 구조대원이 소리쳤습니다.

"이 밧줄을 잡아요! 왜 떠내려가는 통나무를 잡습니까?"

통나무를 붙잡은 남자가 폭포로 떠내려가며 대답했습니다.

『하지만 이게 밧줄보다 크잖아요!』

통나무는 밧줄보다 크지만 생명을 구해줄 수 없습니다. 밧줄은 던진 사람의 도움으로 갯가에 도착할 수 있지만 통나무는 언제 도착할지 알 수 없기 때문입니다.

마찬가지로 우리의 마음을 편하게 해주는 세상의 그 어떤 지식과 학문, 부와 명예도 우리를 구원해 줄 수는 없다는 교훈을 주려고 대설교자였던 찰스 스펄전(Charles H. Spurgeon)이 자주 사용한 예화입니다.

세상의 모든 것은 잡을 수 없는 신기루이며 설사 잡는다 해도 결국 사망이라는 폭포로 떨어지게 됩니다. 하나님이 던져주신 그리스도라는 유일한 생명의 끈을 마지막까지 놓지 마십시오. 복되고 형통합니다. 아멘!!!

♡ 주님, 세상의 어떤 것도 의지하지 않고 오직 견고한 주님께만 소망을 두게 하소서.

🖼 나의 기준과 지식이 아닌 오직 주님의 말씀을 근거로 모든 일을 분별합시다.

나의 영적 일기

4월 7일
제자의 조건

읽을 말씀 : 마태복음 28:16-20

● 마 28:20 내가 너희에게 분부한 모든 것을 가르쳐 지키게 하라 볼지어다 내가 세상 끝날까지 너희와 항상 함께 있으리라 하시니라

존 스토트(John R.W. Stott) 목사님은 그리스도인을 세 가지로 분류했습니다.
❶ 예수님을 믿는 사람(Christian)
❷ 예수님을 선생으로 여기고 배우는 사람(Disciples)
❸ 예수님을 따르고 명령에 순종하는 사람(Radical Disciples)

스토트 목사님은 마지막 저서 「제자도」에서 참된 예수님의 제자에게는 다음의 8가지 특징이 있다고 말했습니다.
❶ 현대의 풍조를 따르지 않고 다르게 산다(Non-conformity).
❷ 그리스도를 닮아간다(Christlikeness).
❸ 지적, 도덕적, 정서적, 영적으로 성숙해간다(Maturity).
❹ 하나님이 창조하신 세계를 돌본다(Creation Care).
❺ 최대한 단순하게 산다(Simplicity).
❻ 균형 잡힌 삶을 산다(Balance).
❼ 하나님을 의지하며 산다(Dependence).
❽ 죽음에서 구원받았음을 믿으며 산다(Death).

예수님을 믿는다면, 예수님의 말씀을 가까이해야 합니다. 예수님의 말씀을 들었다면, 그 말씀에 순종해야 합니다. 주님을 믿고, 말씀을 가까이하고, 그 말씀에 순종한다면 하나님의 역사가 우리 삶 가운데 무조건적으로 일어납니다. 주님을 믿고, 주님의 말씀을 듣고, 주님의 말씀을 따라 살아가는 참된 제자가 되십시오. 복되고 형통합니다. 아멘!!!

♡ 주님, 주님의 말씀을 듣고, 주님을 믿고, 따라가며 사는 참된 제자가 되게 하소서.
🖤 주님을 믿고 배우고 순종하는 주님의 참된 제자로 살면서 주님께 영광을 올립시다.

나의 영적 일기

껍데기만 남은 이야기

읽을 말씀 : 마가복음 8:18-22

● 막 8:18 너희가 눈이 있어도 보지 못하며 귀가 있어도 듣지 못하느냐 또 기억지 못하느냐

    고대 그리스의 철학자 데마데스(Demades)가 아테네 광장에서 사람들에게 중요한 연설을 하고 있었습니다. 하지만 사람들은 귀를 기울이지 않았습니다. 데마데스의 말이 너무 어렵고 딱딱하다고 여겼기 때문입니다.

    데마데스는 자신이 깨달은 바를 전하기 위해 우화로 각색을 해 전했습니다. 데마데스의 우화는 매우 재미있었기 때문에 그제야 사람들은 귀를 기울였습니다. 심지어 이야기꾼 데마데스의 이야기를 들으러 오라고 주변 사람들에게 알리기까지 했습니다. 데마데스가 아테네 광장에 나타나면 우화를 듣기 위해 사람들이 몰려들었습니다.

    그러나 사람들은 데마데스의 철학이 아닌 우화의 재미에만 빠져 중요한 것을 놓치고 있었습니다. '철학자' 데마데스는 어느새 '이야기꾼' 데마데스로 불렸습니다. 아테네 사람들의 귀는 즐거웠지만, 데마데스라는 훌륭한 철학자의 가르침을 영혼에 담지는 못했습니다. 이야기꾼 데마데스의 우화는 오늘날 「이솝 우화」로 전해져 내려오고 있습니다.

    예수님이 비유를 사용하신 것처럼 우리도 다양한 모양과 방법으로 복음을 전하고 만날 수 있습니다. 그러나 그 모양과 방법이 담고 있는 본질이 무엇인지를 놓쳐서는 안 됩니다. 다양한 방법을 통해 우리에게 말씀하시는 주님의 음성에 귀를 기울이고 그 말씀을 따르며, 또한 본질을 놓치지 않는 크리스천이 되십시오. 복되고 형통합니다. 아멘!!!

♥ 주님, 주님의 마음을 이해하고, 주님의 말씀을 잘 이해해 쉽게 전하게 하소서.
🙏 주님의 말씀 속에 담긴 주님의 뜻을 잘 깨닫기 위해 노력합시다.

나의 영적 일기

명장의 노력

4월 9일

읽을 말씀 : 창세기 1:24-31

● 창 1:27 하나님이 자기 형상 곧 하나님의 형상대로 사람을 창조하시되 남자와 여자를 창조하시고

    세계적인 만년필 브랜드 「몽블랑(Mont Blanc)」의 대표 제품은 「마이스터스틱(Meisterstück)」입니다. 이 한 제품을 만들기 위해서는 20년 이상의 경력을 가진 전문가의 200단계가 넘는 수공예 작업을 거쳐야 합니다. 제품이 완성되면 금으로 도금된 펜촉에 손으로 복잡한 각인을 수놓고, 닙의 끝부분을 이리듐 소재의 제품으로 직접 갈아 완성합니다.
    여기서 끝이 아닙니다. 사막과 정글에서도 문제없이 사용할 수 있도록 기후 테스트를 거치고, 하늘과 지하에서도 문제없이 사용할 수 있도록 비행 시뮬레이션 테스트도 거칩니다. 만년필 한 자루를 완성하기까지 6주가 걸립니다.
    몽블랑의 회장은 만년필 한 자루도 명품이 될 수 있다는 걸 보여주기 위해 마이스터스틱을 제작했습니다.
    "몽블랑이 명품 대접을 받는 것은 우연이 아닙니다. 이 세상에 많은 종류의 만년필이 있지만, 그 어떤 것도 몽블랑만의 품격을 따라올 수는 없습니다."
    한 자루의 만년필을 특별하게 만든 것은 장인의 열정과 노력입니다. 사람이 애를 쓴 만년필 한 자루의 가치가 이토록 높다면, 하나님이 태초부터 계획하시고 아들을 내어주시기까지 사랑하신 우리의 가치는 얼마나 높겠습니까? 전지전능하시고 비교할 수 없이 으뜸이신 최고의 하나님의 놀라운 걸작품이 바로 나와 같은 사람이라는 사실을 기억하고, 세상의 잘못된 기준으로 나를 판단하지 마십시오. 복되고 형통합니다. 아멘!!!

♥ 주님, 전지전능하신 분이 저를 창조하시고 죽기까지 사랑하심을 깨닫게 하소서.
🖼 주님이 창조하신 걸작품처럼 말씀을 지키며 품격있게 살아갑시다.

나의 영적 일기

그럼에도 불구하고

읽을 말씀 : 다니엘 3:8-18

● 단 3:18 그리 아니하실지라도 왕이여 우리가 왕의 신들을 섬기지도 아니하고 왕의 세우신 금 신상에게 절하지도 아니할 줄을 아옵소서

문해력 연구에 큰 발자취를 남긴 언어학자 사라 구드친스키(Sarah C. Gudschinsky) 박사님이 별안간 암진단을 받았습니다.
검사를 진행한 의사는 박사님에게 한 가지를 질문했습니다.
"만약 검사 결과 시한부 선고를 받는다면 어떻게 살고 싶으신가요?"
『일하고, 산책하고, 성경을 읽고, 기도를 하고, 어제와 똑같이 살고 싶습니다.』
검사 결과 수술을 받아야 하는 암이었습니다.
수술을 앞두고 구드친스키 박사님은 다음과 같은 글을 썼습니다.
「나는 주님의 능력을 의심하지 않는다.
주님은 지금도 즉시 나의 모든 병을 깨끗하게 낫게 해주실 수 있다.
그러나 만약 내가 죽어 하늘나라로 간다 해도 아무 상관없다.
내 죽음까지도 주님의 손에 맡긴다.
혹여 병이 악화되어 고통 가운데 긴 인생을 살아간다 해도
주님의 영광을 위해 살 것이다.
어떤 길이든 오직 기쁨으로 담대히 감당하기만을 소망한다.」
완전하신 주 하나님을 믿는다면, 실수하지 않으시는 주 하나님을 믿는다면, 우리 삶에 일어나는 모든 일을 기쁨과 감사함으로 받아들여야 합니다. 모든 상황 가운데 주님을 찬양하고 기뻐하십시오. 복되고 형통합니다. 아멘!!!

♡ 주님, 저의 삶에 일어나는 모든 일을 기쁨과 감사함으로 받아들이는 믿음을 주소서.
🖼 나에게 일어나는 어떤 일도 주님의 큰 뜻이 있음을 믿고 기뻐하며 살아갑시다.

나의 영적 일기

4월 11일 | 자격에 합당한 삶

읽을 말씀 : 에베소서 5:8-14

● 엡 5:8 너희가 전에는 어둠이더니 이제는 주 안에서 빛이라 빛의 자녀들처럼 행하라

프로이센의 황제 프리드리히 2세(Friedrich II)는 왕자로 지내는 내내 방탕한 삶을 살았습니다. 도박판에서 재산을 흥청망청 낭비하고 거리의 불량배들과 친하게 지내며 매일 밤을 보냈습니다. 자기 이름과 출신을 기억하지 못할 정도로 술에 취하는 날이 많았습니다.

그러던 어느 날 궁에서 한 사람이 급하게 프리드리히 왕자를 찾아왔습니다.

"황제 폐하가 돌아가셨습니다. 이제는 왕자님이 이 나라의 황제이십니다."

평소처럼 뒷골목의 술집에서 술을 마시고 있던 프리드리히는 이 말을 듣고 갑자기 옷매무새를 고치더니 자리에서 일어났습니다. 갑자기 어디를 가냐는 친구들의 말에 프리드리히는 다음과 같이 말했습니다.

『나는 더 이상 자네들이랑 어울릴 수 없네. 그동안은 나를 위한 삶을 살았기에 멋대로 즐겼지만, 이제는 한 나라를 이끌어야 하는 황제라네. 더는 방탕하게 살 수 없어.』

황제 즉위와 함께 180도로 변한 프리드리히 2세는 이후 지혜롭게 나라를 다스려 '프리드리히 대제(Frederick the Great)'라는 이름으로 불렸습니다.

예수님을 만나고 하나님의 자녀가 된 우리는 어떤 삶을 살아야 할까요? 이전의 삶과는 분명히 다른 모습으로 변화되어야 합니다. 누가 봐도 놀랄 정도로 기쁨과 은혜가 충만한 삶을 살아가야 합니다.

주님을 만나기 전의 삶의 모습을 완전히 벗어버리고 하나님의 자녀의 삶에 합당한 거룩한 새 옷을 입고 살아가십시오. 복되고 형통합니다. 아멘!!!

♡ 주님, 주님의 자녀라는 새로운 자격으로 살면서 주님께 영광 올리게 하소서.
🖼 주님을 믿기 전의 옛사람은 벗어 버리고 주님 안에서 새사람으로 삽시다.

나의 영적 일기

신앙의 목적

4월 12일

읽을 말씀 : 베드로전서 1:3-12

● 벧전 1:9 믿음의 결국 곧 영혼의 구원을 받음이라

중국의 철학자 열자에게 하루는 제자들이 찾아와서 물었습니다.
"스승님, 도를 배워야 하는 이유가 도대체 무엇입니까? 장사하는 법을 배우면 부자가 되고, 공부를 열심히 하면 벼슬을 합니다. 그런데 도를 배워야 하는 이유가 무엇인지는 도통 모르겠습니다."
열자는 가장 가까이에서 배운 제자들이 이런 질문을 하자 매우 화를 내며 대답했습니다.
『많은 돈을 벌어도 도를 모르면 결국 망한다.
사리사욕만 쫓아 정의로운 마음을 잊는다면 사람과 짐승이 다른 점이 무엇이냐? 삶의 의미를 깨닫고 마음을 숭고하게 하기 위해서 도를 배우는 것이다. 도를 배운 사람은 다른 사람에게 덕을 끼쳐 세상도 더욱 평화롭게 만든다.
너희는 지금껏 그것도 모르면서 무엇을 공부하고 있었느냐?』
지혜를 얻으려면 책을 읽어야 하고 건강해지려면 운동해야 합니다.
그렇다면 나의 신앙의 목적은 무엇입니까? 세상의 복을 받고 장수하기 위해서 주님을 믿고 있다면 단단히 착각하고 있는 상태입니다.
참 진리를 알고 믿음으로 구원받고 영생에 이르는 것, 이 놀라운 복음을 아직도 모르는 이에게 전하는 것이 우리 신앙의 목적이 되어야 합니다.
말씀이 전하는, 예수님이 가르치신 참된 진리를 우리 신앙의 목적으로 삼으십시오. 복되고 형통합니다. 아멘!!!

♡ 주님, 놀라운 복음을 아직 모르는 이에게 전하는 것이 우선순위가 되게 하소서.
🖐 영원한 생명을 주는 복음을 누구에게 전할지 기도하며 명단을 만듭시다.

나의 영적 일기

4월 13일 | 성공의 연료, 열정

읽을 말씀 : 누가복음 24:28-35

● 눅 24:32 저희가 서로 말하되 길에서 우리에게 말씀하시고 우리에게 성경을 풀어 주실 때에 우리 속에서 마음이 뜨겁지 아니하더냐 하고

세계적인 화장품 브랜드「바비 브라운(Bobbi Brown)」의 창립자 바비 브라운이 국내의 한 대학에서 특강을 했습니다.

50개국에 천 개가 넘는 매장을 가지고 있는 성공한 기업인에게 학생들은 당연히 성공에 대해서 많은 질문을 했습니다. 그런데 브라운 회장의 답은 대부분이 알고 있는 성공에 대한 상식과는 거리가 멀었습니다.

"돈을 벌기 위해 직업을 선택하면 안 됩니다. 저는 단지 화장이 좋아서 이 일을 시작했고 처음에는 돈을 못 받아도 종종 일을 맡곤 했습니다. 그리고 저는 애초에 성공하고 싶은 생각이나 계획이 없었습니다. 단지 제가 사랑하는 일을 찾았고 거기에 열정을 부었더니 나머지가 따라왔습니다."

공짜로 일을 도와줬는데 어떻게 성공할 수 있냐는 질문에는 다음과 같이 대답했습니다.

"저는 돈이 아닌 제 행복을 위해서 일했습니다. 그리고 공짜로 일을 도와줬던 사람들이 공교롭게도 나중에 저의 일에 큰 도움을 주었습니다. 세상에 공짜는 없다고 생각합니다."

자신이 사랑할 수 있는 일을 찾은 사람, 그 일에 열정을 쏟는 사람이 진정으로 성공한 사람입니다. 그리스도인에게 성공의 목적과 이유는 무엇일까요? 하나님을 만난 사람, 하나님이 주신 사명을 위해 열정을 쏟는 사람이 아닐까요? 나의 열정과 노력을 온전히 하나님이 주신 사명을 위해 쏟아내십시오. 복되고 형통합니다. 아멘!!!

♥ 주님, 주님께서 저에게 주신 사명을 이루기 위해 열정과 노력을 쏟게 하소서.
🕷 세상의 성공을 위해 주님을 믿고 있는 것이 아닌지 점검해 봅시다.

나의 영적 일기

하나님 자녀의 자격

읽을 말씀 : 에베소서 5:8-14

4월 14일

● 엡 5:8 너희가 전에는 어두움이더니 이제는 주 안에서 빛이라 빛의 자녀들처럼 행하라

유대인은 자녀가 13세가 되면 성년식을 준비합니다.
유대인에게 성년식은 매우 중요한 날로, 13세가 되면 스스로 판단력을 발휘할 수 있다고 보기 때문에 다른 나라보다 이른 시기에 성년식을 합니다. 성년식 때 자녀는 부모로부터 세 가지 선물을 받습니다.

- 첫 번째 선물은 성경입니다.
  성인이 되고부터는 부모님을 통해서가 아니라 성경을 통해 직접 하나님을 만나야 한다는 뜻입니다.
- 두 번째 선물은 축의금입니다.
  유대인은 자녀가 20세가 되면 대부분 경제적으로 독립시킵니다. 그래서 어려서부터 받은 용돈이나 일해서 번 돈을 직접 관리하게 합니다. 이때 받은 축의금은 20세가 되어 독립을 준비할 때 종잣돈으로 사용됩니다.
- 세 번째 선물은 시계입니다.
  시간을 낭비하지 말고 지혜롭게 사용하라는 뜻이 있습니다.

유대인은 이 세 가지 선물을 잘 활용해야 '선택받은 하나님의 자녀'로 살아갈 수 있다고 생각하기 때문에 성년식을 매우 중요한 기념일로 챙깁니다.
우리의 말과 행동 하나하나가 세상에서 하나님을 드러냅니다. 하나님의 자녀로 부끄러움이 없는 빛처럼 살아가게 해달라고 주님께 기도하며 노력하십시오. 복되고 형통합니다. 아멘!!!

♡ 주님, 저의 말과 행동 하나하나가 세상에서 주님을 드러내는 도구로 쓰임 받게 하소서.
🧿 주님을 따라 살아가는 사람으로서 부끄러움이 없는 삶을 삽시다.

나의 영적 일기

4월 15일

등번호 42의 비밀

읽을 말씀 : 베드로전서 2:1-10

● 벧전 2:9 오직 너희는 택하신 족속이요 왕 같은 제사장들이요 거룩한 나라요 그의 소유된 백성이니 이는 너희를 어두운데서 불러 내어 그의 기이한 빛에 들어가게 하신 자의 아름다운 덕을 선전하게 하려 하심이라

　미국 프로야구 메이저리그에서는 등번호 42번을 누구도 사용할 수 없습니다. 그러나 매년 4월 15일에는 모든 선수가 42번을 달고 경기를 뜁니다. 메이저리그 최초의 흑인 선수로 인종차별과 맞서 싸웠던 재키 로빈슨(Jackie Roosevelt Robinson)을 기념하기 위해서입니다.
　유색인종 차별이 당연시 되었던 1947년 백인밖에 없던 메이저리그에 데뷔한 로빈슨은 엄청난 수모를 당했습니다. 상대 팀 선수의 비난과 무시는 당연했고 같은 팀 선수에게도 따돌림을 당했습니다. 관중들은 로빈슨이 나올 때마다 야유를 보냈고 무수히 많은 협박편지를 보내곤 했습니다.
　그러나 로빈슨은 이런 차별을 꿋꿋하게 이겨내며 데뷔 첫해에 신인상을 수상했습니다. 이후 10년 동안 계속해서 좋은 성적을 내자 로빈슨에 대한 사람들의 시선이 점점 누그러졌습니다.
　로빈슨이 모진 차별을 감내하며 선수 생활을 이어갔던 이유는 이후 데뷔할 다른 흑인 선수들이 더 나은 환경에서 뛰기를 바라는 마음에서였습니다.
　로빈슨은 말년에 다음과 같은 말을 남겼습니다.
　"다른 사람의 삶에 영향을 주지 않는 삶은 중요하지 않다."
　역경을 이겨낸 한 사람의 삶을 주님은 위대하게 들어 세상을 변화시키는 일에 사용하십니다. 태산과 같은 문제들이 내 앞을 가로막는다 해도, 담대하게 주님이 주시는 능력으로 이겨내며 세상에 좋은 영향력을 끼치게 해달라고 기도하십시오. 복되고 형통합니다. 아멘!!!

♥ 주님, 주님의 능력으로 어려움을 이겨내며 세상에 좋은 영향력을 끼치게 하소서.
🧎 "다른 사람의 삶에 영향을 주지 않는 삶은 중요하지 않다"라는 말을 기억합시다.

나의 영적 일기

천국 소망

읽을 말씀 : 마태복음 4:19-23

●마 4:23 예수께서 온 갈릴리에 두루 다니사 저희 회당에서 가르치시며 천국 복음을 전파하시며 백성 중에 모든 병과 모든 약한 것을 고치시니

『극동방송에서는 전파선교사님들의 귀한 간증이 정기적으로 소개되고 있습니다. 그중 한 집사님 이야기가 오래도록 기억에 남습니다.

남편을 일찍 여의고 홀로 아들을 키우던 그분은 갑작스러운 암 진단을 받고 요양병원에서 항암치료를 받는 중이었습니다. 하나밖에 없는 자녀를 잘 기르고 싶었는데 육신의 연약함을 보며 마음의 상함이 들어왔다고 합니다.

어느 날, 우연히 라디오를 켠 순간 극동방송에서 들려온 '천국에 관한 이야기'가 그분의 마음을 두드렸습니다.

그날 이후, 집사님은 매일 극동방송을 통해 말씀을 들으며 천국을 소망하는 삶을 살아가기 시작했습니다.

지금도 요양원에서 만나는 사람들이 신기한 듯이 묻는다고 합니다.

"이렇게 힘든 상황에서도, 어떻게 그렇게 웃으며 살 수 있나요?"

그러면 집사님은 이렇게 대답하신답니다.

『예수님을 믿고 살아가면 천국에 대한 소망을 갖게 됩니다.』

예수님을 믿는다는 것은 눈에 보이는 환경이 아닌 하나님을 바라보며 사는 삶입니다. 그 믿음이 우리에게 참된 평안과 기쁨을 가져다줍니다.

지금, 이 순간에도 누군가는 극동방송을 통해 천국 복음을 듣고 천국의 소망을 품고 일어나고 있습니다.』 -「김장환 목사의 인생 메모」중에서

극동방송을 듣게 하세요. 기적이 일어납니다. 극동방송은 지금 생명을 전하고 있습니다. 이 귀한 사역에 기도로, 홍보로, 청취로, 봉사로, 물질로… 함께 하십시오. 복되고 형통합니다. 아멘!!!

♡ 주님, 환경을 넘어 천국을 소망하며 복음을 전하며 승리의 삶을 살게 하소서.
📷 삶의 희망을 잃어버린 이들에게 천국 복음을 전하며 극동방송을 알립시다.

나의 영적 일기

4월 17일
약속이 무효인 이유

읽을 말씀 : 사무엘상 12:19-25

● 삼상 12:21 돌이켜 유익하게도 못하며 구원하지도 못하는 헛된 것을 좇지 말라 그들은 헛되니라

    미국 일리노이주(State of Illinois)의 매리언(Marion)시에 사는 러셀 허먼(Russell Herman)은 세상을 떠나기 전, 엄청난 유산을 남겼다며 자신의 유산을 다음과 같이 사용해달라고 유언을 남겼습니다.
    ❶ 내 재산 중 20억 달러는 세인트루이스(City of St. Louis)시에 기증할 것
    ❷ 15억 달러는 일리노이주에 기증할 것
    ❸ 25억 달러는 미국 국립공원 유지를 위해 기증할 것
    ❹ 나머지 6조 달러는 미국의 부채를 갚을 것
    6조 달러는 우리나라 돈으로 8천700여 조(1달러를 1,450원으로 환산)에 해당하는 엄청난 금액입니다.
    그러나 허먼의 유언은 단 하나도 실행되지 못했습니다. 허먼은 사실 백만장자가 아니라 평생 허름한 목공소에서 일했던 가난한 목수였기 때문입니다.
    유언의 내용이 너무나 당당해 혹시나 숨겨둔 돈이 있나 싶어서 유족들은 샅샅이 조사했지만, 유언을 이행할 수 있는 금액은 한 푼도 없었다고 합니다.
    아무리 좋은 약속도 약속을 이행할 사람이 능력이 없으면 효력이 없습니다. 세상의 많은 종교, 진리라는 것들이 저마다의 유익을 약속하지만, 허먼의 유언처럼 허망한 경우가 많습니다. 약속대로 세상에 오시고, 약속대로 우리를 구원하시고, 약속대로 세상에 다시 오실 예수님만이 우리의 구주이심을 믿으십시오. 복되고 형통합니다. 아멘!!!

    ♡ 주님, 저마다 진리라고 주장하고 있는 허망한 것들에 관심갖지 않게 하소서.
    📖 세상에서 기웃거리지 말고 참된 능력을 주실 수 있는 주님만을 의뢰합시다.

나의 영적 일기

정해진 것은 없다

읽을 말씀 : 디모데전서 4:1-5

● 딤전 4:4 하나님의 지으신 모든 것이 선하매 감사함으로 받으면 버릴 것이 없나니

4월 18일

    유전자 분석 기술이 발전하면서 생각지도 못한 많은 것들이 선천적으로 결정된다는 사실이 밝혀졌습니다. 예를 들면 오이와 고수를 못 먹는 사람과 잘 먹는 사람은 유전자 정보가 다르다고 합니다.
    또한 근육도 장거리에 유리한 유전자와 단거리에 유리한 유전자를 사람마다 다르게 타고 난다고 합니다.
    이런 사실이 알려지면서 한때 젊은 세대 중심으로 「유전자 만능론」이 널리 퍼졌습니다. 공부도, 운동도, 성격도 모두 유전자로 결정되기 때문에 그저 주어진 대로만 살면 된다는 생각이었습니다.
    그런데 그 이후 밝혀진 최신 연구에 따르면 타고난 유전자가 다르다고 해도 후천적인 노력으로 얼마든지 바뀔 수 있다고 합니다. 같은 유전자를 타고난 일란성 쌍둥이도 관리를 잘하고 노력하는 사람은 불리한 유전형질을 극복해 체질까지도 변한다는 것입니다. 그리고 2세에게도 더 나아진 유전형질을 물려줄 수도 있다는 것이 현재까지 밝혀진 결과입니다.
    하나님은 모든 사람에게 무궁무진한 가능성을 심어 창조하셨습니다.
    하나님의 창조물인 우리는 모든 것에 감사하며 최선을 다해 받은 달란트를 개발하며 살아가야 합니다.
    주어진 것에 불평하지 말고, 감사하는 마음으로 주님을 위해 하루하루 최선을 다해 살아가십시오. 복되고 형통합니다. 아멘!!!

♡ 주님, 주님이 지으신 모든 것은 선하므로 감사함으로 받으며 성실히 살게 하소서.
🙏 주님께서 내게 주신 은사와 재능을 감사하며 개발합시다.

나의 영적 일기

4월 19일
디자인의 목적

읽을 말씀 : 이사야 43:1-7

● 사 43:7 무릇 내 이름으로 일컫는 자 곧 내가 내 영광을 위하여 창조한 자를 오게 하라 그들을 내가 지었고 만들었느니라

일본의 디자이너 시마다 아쓰시(Atsushi Shimada)는 자신을 비롯한 일본 최고의 디자이너 15인과 함께 디자인 전공생을 위한 책을 썼습니다.
시마다는 이 책에서 「디자인을 잘하기 위한 3가지 질문」이 있다고 말했습니다.
❶ 내가 온 곳은 어디인가?
❷ 나는 지금 어디에 서 있는가?
❸ 나는 이제 어디를 가려 하는가?
그는 "이 세 가지가 바로 모든 디자인의 근본이고, 이 질문에 대답을 못 하는 사람은 디자인을 시작할 수 없다"라고 말했습니다.
사실 디자인뿐 아니라 모든 일에는 목적이 가장 중요합니다. 매일 반복되는 소소한 하루도 삶의 목적을 이루기 위한 작은 징검다리 하나이기 때문입니다. 지금 우리 삶의 목표가 무엇인지 살펴보십시오. 주님을 위한 일이라면 올바른 징검다리를 건너고 있는 것입니다. 그렇지 않다면, 다시 돌아와 새롭게 출발해야 합니다. 나를 창조하신 분을 기억하십시오. 주님이 나를 창조하신 이유를 잊지 마십시오.
나는 지금 무슨 일을 하고 있습니까?
그 일의 목적은 무엇입니까?
사도 바울의 권면처럼 무슨 일을 하든지 주님을 위해 하고 있습니까?
우리의 하루를 구성하는 작은 일 하나도 주님을 위한 목적을 위해 이루어지십시오. 복되고 형통합니다. 아멘!!!

♥ 주님, 지금 제가 무슨 일을 하고 있는지, 그 일의 목적은 무엇인지 알게 하소서.
🎯 주님께서 맡기신 작은 일도 성실하게 하는 충성된 사람이 됩시다.

나의 영적 일기

복음을 심어라

읽을 말씀 : 고린도전서 3:1-9

● 고전 3:8 심는 이와 물주는 이가 일반이나 각각 자기의 일하는 대로 자기의 상을 받으리라

서울 교외에 결핵 환자들을 위한 작은 마을이 있었습니다.
백 명 정도 되는 환자들이 이곳에서 살았는데, 이 환자들을 위해 마을 중심에 교회를 개척한 목사님이 있었습니다. 한 젊은 목사님이 이곳에서 7년간 환자들을 보살폈습니다. 결핵 환자들은 몸도 안 좋고, 형편도 안 좋았지만, 그보다도 격리되어 있다는 소외감이 더 큰 문제였습니다.
목사님은 이들을 찾아가 위로하고, 때로는 간호를 해주고, 좋은 약을 구해주기도 했습니다. 이는 환자가 자신의 가족이라해도 쉽지 않은 일이었습니다. 그런데 7년이 지나고 다른 일이 생겨 목사님이 마을을 떠나야 했습니다.
목사님은 마을 사람들에게 다음과 같은 진심을 털어놓았습니다.
"여러분을 위해 그동안 최선을 다해 노력했다고 생각했는데, 이제 떠나려고 보니 무언가 제대로 이룬 것이 하나도 없는 것 같습니다. 모든 환경이 그대로인 것 같군요."
그러자 그 자리에 있던 한 어르신이 이 말을 듣고 다음과 같이 말했습니다.
『목사님, 괜찮습니다. 목사님은 저희 마음에 하나님과 영원한 소망을 심어주셨습니다.』
주님의 말씀을 따라 이웃을 섬기고 사랑을 실천하면서도 눈으로 보이는 성과가 없다고 실망하지 마십시오. 주님이 거두실 때가 곧 찾아올 줄 믿고 언젠가 열매 맺을 귀중한 복음의 씨앗을 주님의 자녀다운 삶으로 뿌리십시오. 복되고 형통합니다. 아멘!!!

♡ 주님, 사랑을 실천하면서도 눈으로 보이는 성과가 없다고 실망하지 않게 하소서.
📖 주변에 약한 사람들이 누구인지 살피고 도울 방법을 찾아 실천합시다.

나의 영적 일기

사역의 자리

4월 21일

읽을 말씀 : 고린도전서 12:26-31

● 고전 12:27 너희는 그리스도의 몸이요 지체의 각 부분이라

목회자가 되고 싶었지만 돈이 없어서 공부할 수 없는 가난한 흑인 소년이 있었습니다. 당시는 미국 내에서도 인종차별이 심했던 시대였습니다. 소년은 신문을 돌리며 입에 풀칠을 하는 자신의 삶이 너무 비참하다고 생각했습니다.

그런데 하루는 기도 중에 하나님께서 다음과 같은 마음을 주셨습니다.

"너는 신문팔이 소년이 아니다. 신문을 나눠주는 목사다."

소년은 다음 날부터 사명감을 가지고 신문을 돌렸습니다.

사랑을 전한다는 마음으로 반갑게 인사를 하고, 정원을 정리해주고, 때로는 외로운 사람의 말동무가 되어주었습니다.

매일 신문을 돌리며 방문하는 모든 집을 위해 축복기도도 했습니다. 소년의 믿음에 감동을 받은 사람들은 조금씩 소년의 꿈을 위해 도왔고, 결국 소년은 바라던 공부를 하며 목사가 될 수 있었습니다.

「목사가 된 신문팔이 소년(*From newsboy to preacher*)」의 저자이자 미국의 영적 대각성 운동에 큰 역할을 감당한 미국의 첫 흑인 목사 해리 블랙(*Harry Black*) 목사님의 이야기입니다.

참된 사역은 교회가 아닌 세상에서 이루어져야 합니다.

주님이 보내신 그 장소에서 주님이 맡겨주신 그 사람들을 위해 행하는 모든 일이 바로 복음의 전달 통로가 됩니다.

'일'이 아닌 '사명'을 감당하는 사람의 자세로 모든 일을 주님께 하듯이 다른 이를 섬기십시오. 복되고 형통합니다. 아멘!!!

♥ 주님, 주변의 사람들을 위해 행하는 모든 일이 바로 복음 전달 통로가 되게 하소서.
📖 '일'이 아닌 '사명'을 감당하는 사람의 자세로 모든 일을 주님께 하듯이 합시다.

나의 영적 일기

격려가 만든 자동차 왕

읽을 말씀 : 히브리서 10:19-25

● 히 10:24 서로 돌아보아 사랑과 선행을 격려하며

4월 22일

한 남자가 새로운 기계를 발명하려고 온 힘을 쏟고 있었습니다.
그런데 남자가 발명하려는 기계에 관한 이야기를 들은 사람들은 하나같이 불가능한 일이라고 비웃었습니다. 오직 사랑하는 아내만이 남자를 지지할 뿐이었습니다.
그러던 어느 날 발명왕 에디슨이 남자를 찾아왔습니다. 에디슨은 남자가 발명중인 물건을 보더니 환한 미소를 지으며 말했습니다.
"이건 정말로 대단한 발명이네!
내가 보기에 자네는 이 일을 결국 해낼 것 같네."
발명왕 에디슨의 칭찬을 들은 남자는 세상을 다 가진 기분이었습니다.
아내의 지지와 에디슨의 칭찬 한마디로 남자는 이후로도 10년 가까이 발명을 포기하지 않고 매진했습니다. 그리고 마침내 '엔진'을 개발해 자동차를 대량으로 생산할 기반을 만들었습니다.
'자동차 왕' 헨리 포드(Henry Ford)의 청년 시절 이야기입니다.
때로는 한 사람의 지지와 한 마디의 격려가 세상을 변화시킬 기적을 만듭니다. 더욱 중요한 것은 지지와 격려에는 아무런 비용과 시간이 들지 않는다는 사실입니다.
주님이 주신 사명을 성취하기 위해 노력하는 동역자들 그리고 사역자들을 위해 꾸준히 기도해주고 또한 격려와 칭찬과 필요한 것을 지원함으로 힘을 불어넣어 주십시오. 복되고 형통합니다. 아멘!!!

💗 주님, 사명의 길을 걸어가는 이들에게 격려와 칭찬을 아끼지 않게 하소서.
📖 한 마디 격려로 세상을 변화시키는 기적을 일구는 지지자가 됩시다.

나의 영적 일기

4월 23일

안테나만 남은 신앙

읽을 말씀 : 마태복음 23:23-28

● 마 23:27 화 있을진저 외식하는 서기관들과 바리새인들이여 회칠한 무덤 같으니 겉으로는 아름답게 보이나 그 안에는 죽은 사람의 뼈와 모든 더러운 것이 가득하도다

    다른 사람이 가지고 있는 물건은 무조건 가져야만 직성이 풀리는 여인이 있었습니다. 자존감이 낮았던 여인은 예쁜 신발, 보석, 반지 등 주변 사람이 가진 것은 무엇이든지 따라서 사야만 했습니다. 수입을 전부 쓰고도 모자라 나중에는 빚을 졌고, 심지어는 집까지 저당을 잡혔습니다. 여인은 상황 때문에 더 이상 과소비를 할 수 없게 됐습니다.
    그런데 어느 날 옆집 지붕 위에 신기한 장식이 하나 올라왔습니다.
    호기심을 참지 못하고 옆집을 찾아가 물어보니 '텔레비전' 때문에 설치한 안테나라는 것을 알게 됐습니다. 잠깐 살펴본 텔레비전은 너무나 신기했습니다. 작은 화면에서 진짜 사람들이 돌아다니고 소리도 나왔습니다.
    집으로 돌아온 여인은 텔레비전을 사고 싶어서 전전긍긍했습니다.
    이웃집들 지붕에도 하나둘씩 안테나가 설치됐습니다. 하지만 도저히 텔레비전을 살 수 없었던 여인은 결국 지붕 위에 안테나만 설치하고 텔레비전이 있는 척했습니다. 하지만 여인의 집을 방문한 사람들은 여인의 집에 텔레비전 대신 아무 쓸모없는 안테나만 지붕에 달려 있다는 사실을 알 수 있었습니다.
    남미에서 실제로 있었던 이야기입니다.
    매주 그리스도인이라는 껍데기만 입고 살아가는 것이 아닌지, 스스로의 믿음과 진심을 점검해야 합니다. 남들에게 보여주기 위한 껍데기 신앙이 아니라, 정말로 주님을 열망하며 가까이 나아가기를 바라는 순전한 믿음을 품으십시오. 복되고 형통합니다. 아멘!!!

♡ 주님, 주님을 열망하며 가까이 나아가기를 바라는 순전한 믿음을 품고 살게 하소서.
📖 나는 예수님을 진정으로 구주와 주님으로 믿는 그리스도인인지 확인합시다.

나의 영적 일기

사람의 값어치

읽을 말씀 : 고린도전서 7:17-24

● 고전 7:23 너희는 값으로 사신 것이니 사람들의 종이 되지 말라

4월 24일

여행지에서 시장을 방문할 때 간혹 가이드가 이런 이야기를 합니다.
"무조건 반값으로 깎고 시작하세요."
해외를 여행하는 유튜버들의 영상을 보다 보면 때로는 상점에서 제시한 값의 80%까지 깎아서 물건을 살 때도 있습니다. 파는 사람도 손님이 깎을 것을 알고 미리 두 배 이상의 가격으로 판다면 이렇게 팔아도 손해가 아닐 것입니다.
그러나 유대인들은 설령 상인이 값을 속인다고 해도 절대 물건값을 흥정하지 말라고 교육한다고 합니다.
그 이유는 다음과 같습니다.
❶ 아낀 돈보다 낭비한 시간이 더 아깝기 때문
❷ 체면이 떨어지기 때문
❸ 가격의 높고 낮음보다는 가격에 맞는 서비스와 환경이 더 중요하기 때문
유대인들은 이 원리에 따라 제값을 받더라도 충분한 서비스와 환경을 제공하는 상점을 만들었는데 바로 백화점입니다. 오늘날도 믿을 수 있는 물건을 찾는 사람들은 조금 더 비싸고, 멀더라도 백화점을 찾습니다. 백화점 물건은 믿을 수 있다는 신뢰가 밑바탕이 되어 있기 때문입니다.
우리의 가치는 독생자 예수님의 생명으로 산정되어야 합니다. 그 귀한 희생으로 얻은 구원과 복음을 우리는 시장의 물건처럼 여기고 있지는 않습니까?
스스로를 독생자 예수님의 희생에 걸맞은, 세상에서 가장 귀한 보석으로 여기며 구원받은 새 삶을 가치 있게 여기십시오. 복되고 형통합니다. 아멘!!!

♡ 주님, 주님의 귀한 희생으로 얻은 구원을 가장 귀한 보석으로 여기며 살게 하소서.
※ 나는 주님이 만드신 걸작품이라는 사실을 항상 명심하고 삽시다.

나의 영적 일기

4월 25일

주님이 새롭게 하신다

읽을 말씀 : 갈라디아서 3:23-29

● 갈 3:28 너희는 유대인이나 헬라인이나 종이나 자주자나 남자나 여자 없이 다 그리스도 예수 안에서 하나이니라

조선시대 한국을 찾았던 사무엘 무어(Samuel F. Moore) 선교사님은 백정 해방운동을 펼쳤습니다. 양반들이 교회에서 백정들과 같은 자리에 앉을 수 없다고 불만을 표출했기 때문입니다.

무어 선교사님은 "복음에는 차별이 없다"라고 사람들을 설득하며 누구나 같은 자격으로 복음을 들을 수 있는 세상이 찾아오길 바라는 마음으로 운동을 펼쳤습니다. 그리고 무어 선교사님의 바람대로 당시 사람들은 신분이 아니라 복음을 받아들이는 순서대로 새로운 사람이 됐습니다.

다음은 사무엘 무어 선교사의 선교 일지에 적힌 내용 중 하나입니다.

『마을의 부농인 김 씨는 매일 술을 마시며 첩을 여러 명 두었다. 농사 일을 쉴 때는 항상 노름을 했다. 그런 김 씨가 예수님을 믿고는 완전히 새로운 사람이 되었다. 술도 끊고, 노름도 끊고, 첩들도 내보냈다.

김 씨의 변화를 보고 놀란 우리는 같이 복음을 전하러 다니자고 권했는데 그는 흔쾌히 수락했다.』

주님이 새롭게 변화시키지 못할 사람은 단 한 명도 없습니다. 이 사실을 믿지 못하면 복음을 온전히 전할 자세가 갖추어지지 않은 것입니다.

메마른 뼈도 살리실 주님의 은혜와 자비를 믿고 모든 사람이 받아야 할 단 하나의 생명인 복음을 모든 사람이 들을 수 있도록 힘써 전하십시오. 복되고 형통합니다. 아멘!!!

♡ 주님, 복음에는 어떤 차별도 없음을 믿고 되도록 모든 사람에게 전하게 하소서.
📖 주님이 내게 주신 사랑을 생각하며 남을 나보다 낫게 여기며 삽시다.

나의 영적 일기

바람 부는 날의 둥지

읽을 말씀 : 다니엘 12:5-13

4월 26일

● 단 12:10 많은 사람이 연단을 받아 스스로 정결케 하며 희게 할 것이나 악한 사람은 악을 행하리니 악한 자는 아무도 깨닫지 못하되 오직 지혜 있는 자는 깨달으리라

　새들은 본능적으로 바람이 강하게 부는 날 둥지를 짓습니다.
　까치는 도심에서도 높은 곳을 찾아 가장 좋은 재료로 둥지를 짓습니다. 바람에 나뭇가지가 떨어지고, 애써 지은 둥지가 무너져도 그 자리에 다시 재료를 물어다가 몇 번이고 다시 둥지를 짓습니다. 어떻게 보면 미련해 보일 정도입니다. 애써 지은 둥지를 사람이 부수어도 까치는 그 자리에 다시 둥지를 짓습니다.
　바람이 강할 때, 높은 곳에서도 튼튼한 둥지를 지어야만 소중한 새끼를 지킬 수 있기 때문입니다. 장성한 까치에게는 둥지가 필요 없습니다. 이곳저곳 날아다니며 높은 곳에서 하루 잠을 자면 되고, 날이 밝으면 먹이를 찾아 떠나면 됩니다. 그러나 연약한 새끼가 자라기까지는 온전한 보금자리가 필요하므로 까치를 비롯한 모든 새는 저마다 지을 수 있는 가장 튼튼한 둥지를 바람이 불 때 지어 나갑니다.
　강한 바람이 새끼를 지킬 든든한 버팀목이 되듯이, 인생에 찾아오는 원인 모를 고난이 때로는 우리의 심성을 더욱 강하게 하고 주님만을 의지하게 만드는 믿음의 디딤돌이 됩니다. 인생의 어렵고 힘든 순간에도 주님을 더욱 의지해야 합니다. 결코 주님을 떠나서는 안 됩니다.
　삶의 기쁜 순간에도, 슬픈 순간에도, 어려운 순간에도, 주님은 결코 나를 떠나지 않으심을 믿고 주님과 함께 모든 시련을 능히 이겨내십시오. 복되고 형통합니다. 아멘!!!!

💗 주님, 어려울 때도 주님만을 의지할 수 있는 믿음의 디딤돌을 마음에 세워 주소서.
🖼 어떤 순간에도, 주님은 나를 떠나지 않으심을 믿고 주님과 함께 시련을 이겨냅시다.

나의 영적 일기

4월 27일

복음과 커피잔

읽을 말씀 : 마가복음 2:18-22

● 막 2:22 새 포도주를 낡은 가죽 부대에 넣는 자가 없나니 만일 그렇게 하면 새 포도주가 부대를 터뜨려 포도주와 부대를 버리게 되리라 오직 새 포도주는 새 부대에 넣느니라 하시니라

커피는 어느 잔에 담아도 커피이고 물은 어느 잔에 담아도 물입니다.
그런데 전문가들에 따르면 같은 커피와 물도 어느 잔에 담느냐에 따라 맛과 향이 달라진다고 합니다.
예를 들어 잔이 길고 입구가 넓으면 향을 더 잘 느낄 수 있다고 합니다. 반면에 입술에 닿는 부위가 넓고 둘레가 완만하면 한 번에 들어오는 커피의 양이 많아져서 맛을 더 깊게 느낄 수 있다고 합니다.
이런 특성을 이용해 잔의 반쪽은 향을 더 잘 느끼게 하고 다른 반쪽은 맛을 더 잘 느끼게 디자인한 외국의 비싼 커피잔도 있습니다.
같은 커피가 어느 잔에 담기냐에 따라 맛과 향이 달라진다는 것이 마치 주님을 믿고 살아가는 다채로운 그리스도인 같다는 생각이 들었습니다. 향이나 맛이 조금씩 다를 수는 있지만 다 함께 주님을 높이며, 예배하며, 개성있게 복음을 전하며 살아간다면 얼마나 좋을까요?
그러나 한 가지 중요한 사실을 놓쳐서는 안 됩니다.
잔의 모양과 재질은 얼마든지 달라져도 담는 내용물의 본질이 변해서는 안 되듯이, 복음의 본질도 지켜져야 합니다.
또한 어떤 잔이든 더러워서는 안 됩니다. 우리를 빚으신 분은 주님이지만, 그 잔을 깨끗하게 관리할 책임은 우리에게 있습니다. 깨끗한 잔만이 쓰임 받을 수 있습니다.
주님의 복음을 온전히 담아 개성 있게 전달하는 깨끗한 잔으로 나의 삶을 주님께 드리십시오. 복되고 형통합니다. 아멘!!!

♥ 주님, 주님께서 주신 좋은 성품으로 주님을 높이며 예배하며 살아가게 하소서.
✥ 주님을 높이며, 예배하며, 개성있게 복음을 전하는 삶으로 주님께 기쁨을 드립시다.

나의 영적 일기

기억하지 못한 선행

읽을 말씀 : 잠언 19:11-17

● 잠 19:17 가난한 자를 불쌍히 여기는 것은 여호와께 꾸이는 것이니 그 선행을 갚아 주시리라

고대 중국에 가난한 집에서 태어나 부모님까지 일찍 여읜 소년이 있었습니다. 소년은 이 집 저 집을 떠돌아다니며 끼니도 제대로 때우지 못했습니다. 너무 배가 고플 때는 개울가에서 고기를 잡아먹었으나 그마저도 여의치 않아 굶는 날이 많았습니다. 그런데 하루는 개울가에서 배를 곯고 있던 소년을 보고 한 여인이 주먹밥을 만들어 주었습니다. 감격한 소년은 이후 꼭 은혜를 갚겠다고 눈물을 흘리며 말했으나, 여인은 주먹밥 하나로 무슨 은혜를 갚느냐며 웃어넘겼습니다. 이후 출세해 한 나라의 대장군이 된 소년은 고향의 그 여인을 찾아가 인사를 했습니다.

"저 한신입니다. 어렸을 때 아주머니가 개울가에서 주먹밥을 나눠주셔서 제가 지금껏 살았습니다."

그러나 여인은 한신을 기억하지 못했습니다. 불쌍한 이에게 주먹밥을 나눠준 일이 너무나 많았기 때문입니다. 이 말을 들은 한신은 한바탕 웃음을 터트리며 상 하나에 황금을 가득 채워 여인에게 건넸습니다.

「밥 한 그릇을 주고 천금을 얻었다」라는 뜻의 「일반천금(一飯千金)」이라는 고사성어의 내용입니다.

작은 선행이 큰 축복으로 돌아올 때도 있습니다. 그러나 선행이 비록 악행으로 돌아온다 해도 우리는 지치지 말고 계속해서 작은 손, 큰 손으로 남을 도와야 합니다. 선행을 통해 사랑을 실천할 수 있고, 복음을 전할 수 있고, 주님의 명령을 지킬 수 있기 때문입니다. 힘이 닿는 만큼 최선을 다해 선을 행하거나 노력하십시오. 복되고 형통합니다. 아멘!!!

♡ 주님, 선을 행하다가 낙심해도 포기하지 않고 끝까지 최선을 다하게 하소서.
❈ 나의 선행에 대하여 보답을 기대하지 말고 말씀을 따라 선을 행합시다.

나의 영적 일기

4월 29일

하늘나라의 대사

읽을 말씀 : 고린도후서 5:11-21

● 고후 5:20 이러므로 우리가 그리스도를 대신하여 사신이 되어 하나님이 우리로 너희를 권면하시는 것 같이 그리스도를 대신하여 간구하노니 너희는 하나님과 화목하라

쿠빌라이 칸(Qubilai Qa'an)이 몽골 제국의 황제이던 시절, 몽골 제국은 황제의 일을 하는 사절들에게 여권을 배부하면서 어디서든 "나는 칸의 사절입니다. 나의 말을 어기면 당신은 죽습니다"라고 말하라고 했습니다.

중앙아시아 서부에 있던 호라즘 왕국은 실제로 이 경고를 무시하고 몽골의 사절을 죽였다가 나라가 멸망했습니다. 당시 황제였던 칭기즈 칸(Genghis Khan)은 사절이 죽었다는 말을 듣고 다른 나라와 전쟁을 준비하던 중이었음에도 멀리 떨어진 호라즘으로 쳐들어갔습니다.

고대에서 "나는 로마 시민입니다"라는 말은 일반인이 할 수 있는 가장 자랑스러운 말이었다고 합니다.

로마 시민권을 가질 수 있는 사람은 매우 극소수였으며, 로마 시민권을 가진 순간 반역죄를 제외하고는 사형을 면제받았습니다. 로마 여권을 가지고 있으면 로마가 점령한 어느 나라도 자유롭게 여행이 가능했고, 로마법의 보호를 받았습니다. 분명한 범죄를 저질렀다 해도 구금과 고문을 당하지 않고 재판에 참여할 수 있었기에 사도 바울의 "나는 로마 시민이다"라는 말에 천부장과 정부의 행정인들이 두려워 떨었던 것입니다.

왕의 대사는 왕의 권력으로 보호받고 왕의 능력을 누립니다. 그렇기 때문에 창조주 하나님을 믿는 영원한 하늘나라의 대사인 우리도 세상에서 두려워할 이유가 아무것도 없습니다. 전능하신 창조주 하나님이 나를 눈동자처럼 지켜주시고 필요한 모든 것을 채워주심을 믿으십시오. 복되고 형통합니다. 아멘!!!

♡ 주님, 세상에서 예수 그리스도 이름과 권세와 능력으로 승리하며 살게 하소서.
🖐 나는 이 세상에서 그리스도의 대사라는 자부심과 담대함을 가지고 삽시다.

나의 영적 일기

지혜로운 시간 관리

읽을 말씀 : 골로새서 4:1-6

● 골 4:5 외인을 향하여서는 지혜로 행하여 세월을 아끼라

일본의 전문 컨설턴트 와다 히로미(Hiromi Wada)는 '시간 관리의 대가'로 불립니다. 히로미가 컨설팅한 회사들은 업무시간을 유지한 채 평균 20% 업무 효율성이 높아졌기 때문입니다.

다음은 와다 히로미가 말한 「시간을 낭비하지 않는 7가지 방법」입니다.

❶ 양보다 질이다. 중요한 일을 먼저 해라.
❷ 먼저 목표를 설정하라.
❸ 잡담으로 시간을 낭비하지 말아라.
❹ 불필요한 일은 정중하게 거절하라.
❺ 연락이 되지 않을 때는 메시지를 남겨라.
❻ 중요한 일은 미리 이미지 트레이닝으로 준비하라.
❼ 가끔은 돈으로 시간을 사라.

무엇 하나 특별한 방법은 없습니다. 그러나 아는 방법을 조언하고 실행하도록 만들 수 있는 사람은 유명한 컨설턴트로 성공할 수 있고, 또 누구나 업무효율을 20%나 향상시킬 수 있습니다.

주님의 일을 위해서도 지혜로운 시간 관리가 필요합니다. 하루라는 주님이 주신 소중한 선물을 우리는 어떻게 사용하고 있습니까?

내가 매진해야 할 일, 끊어야 할 일이 무엇인지 지혜롭게 분별하고 가장 중요한 주님 나라의 일을 미루지 마십시오. 복되고 형통합니다. 아멘!!!

💗 주님, 제가 매진해야 할 일, 끊어야 할 일이 무엇인지 지혜롭게 분별하게 하소서.
🔖 내가 주님을 위해 해야 할 가장 중요한 일이 무엇인지 결정합시다.

나의 영적 일기

5월

"너를 축복하는 자에게는 내가 복을 내리고
너를 저주하는 자에게는 내가 저주하리니
땅의 모든 족속이 너를 인하여 복을 얻을 것이니라 하신지라"

− 창세기 12:3 −

5월 1일 가족 구원

읽을 말씀 : 사도행전 16:25-34

● 행 16:31 주 예수를 믿으라 그리하면 너와 네 집이 구원을 얻으리라 하고

『저는 집에 터줏가리 3개가 있을 정도로 대대로 토속 신앙에 젖어있던 가정에서 자랐습니다. 물론 교회에 나가본 적도 없었습니다. 그러다가 한국전쟁 때 고마운 미군을 만나 미국으로 유학을 가게 되었고, 한 신학생을 통해 예수그리스도를 구주와 주님으로 영접하게 되었습니다. 정치가가 되려고 했던 제 꿈은 목회자로 바뀌었고, 하나님은 먼저 가족 구원에 대한 마음을 갖게 하셨습니다.

1959년 아내 트루디와 함께 고향 수원으로 돌아왔을 때 저는 아버지 산소에 가서 절을 시키려던 큰 형을 향해 부드러우면서도 진지하게 절할 수 없는 이유에 대해 설명했습니다. 그 일을 계기로 셋째 형이 예수그리스도를 영접하게 되었고, 신앙에 무관심했던 다른 가족들도 조금씩 달라지기 시작했습니다.

그러던 중 아버지의 제삿날이 다가오자 저는 어머니께 기독교식으로 추도예배를 드릴 수 있도록 해달라고 말씀드렸고, 큰형에게도 같은 뜻을 전해 동의를 얻었습니다. 아버지에 대한 추도사를 정성껏 준비해서 추도 예배를 인도하자 가족들로부터 좋은 반응을 얻었고, 이후에 큰형을 비롯해 한두 명씩 예수님을 믿는 역사가 일어나, 우리 김씨 집안이 복음화되고, 많은 목사와 선교사를 배출하는 등 놀라운 역사가 일어났습니다. 물론 여기에는 미국인으로서 시어머니와 시댁 식구들을 잘 모시기 위해 최선을 다한 아내 트루디에게 가족들이 큰 감명을 받은 부분도 빼놓을 수 없습니다. 하나님께서는 말씀대로 저와 제 가족 모두를 구원시켜 주셨습니다.』 -「김장환 목사의 인생 메모」 중에서

나도, 가족도, 이웃도 구원받기 위해 주 예수님을 구주와 주님으로 믿으십시오. 복되고 형통합니다. 아멘!!!

♡ 주님, 안 믿는 가족들에게 어떻게 복음을 전할지 지혜를 주시고 전하게 하소서.
✍ 홀로 신앙생활을 하는 성도들을 돌아보며 서로 기도하며 주님의 뜻을 이루어갑시다.

나의 영적 일기

사람의 본성

읽을 말씀 : 디모데전서 1:12-20

5월 2일

● 딤전 1:15 미쁘다 모든 사람이 받을만한 이 말이여 그리스도 예수께서 죄인을 구원하시려고 세상에 임하셨다 하였도다 죄인 중에 내가 괴수니라

　미국 서던캘리포니아대학교(University of Southern California) 심리학과의 제리 젤리슨(Jerry Jellison) 교수님의 연구에 따르면 대부분의 사람은 하루 평균 200번의 거짓말을 한다고 합니다.
　활동 시간을 기준으로 하면 평균 8분에 한 번씩은 거짓말을 한다는 것입니다. 200번의 거짓말 중 대부분은 상대방의 기분을 상하게 하지 않으려는 의례적인 거짓말이지만, 하루에 3번 정도는 질이 나쁜 치명적인 거짓말을 한다고 합니다.
　하루에 200번이나 거짓말을 하면서 살아가지만, 스스로 거짓말을 많이 한다고 인식하는 사람은 거의 없습니다. 타락한 인간의 본성은 가만두면 죄를 짓는 방향으로 우리의 삶을 움직이기 때문입니다. 구약의 율법은 이런 인간의 죄성을 다스리기 위한 것이었습니다. 구약에는 총 613개의 율법이 나오고 지금도 유대인들은 이 율법을 지키려고 노력합니다.
　그러나 설령 613개의 율법을 다 지킨다고 해도 결국 또 새로운 죄를 지을 수밖에 없습니다. 사소한 거짓말도 이겨내지 못하고 하루에 200번이나 반복해서 죄를 짓는 사람이 어떻게 자기 힘으로 죄를 극복할 수 있겠습니까? 율법이 많아질수록, 인간에 대해서 더 알수록 우리는 죄를 이겨내지 못하고 구주 예수님을 통해서만 구원받을 수 있다는 사실이 분명해지는 것입니다.
　우리가 원죄를 벗어날 수 없는 타락한 상태라는 것, 주님만이 이 문제를 해결해주실 수 있다는 것, 가장 중요한 이 두 가지 구원의 명제를 잊지 말고 겸손히, 오직 주님만을 인생의 구주로 섬기십시오. 복되고 형통합니다. 아멘!!!

　♡ 주님, 죄의 종이었던 저를 구원해 주신 주님의 은혜에 감사하며 살게 하소서.
　🙏 죄의 종노릇 하며 살던 나를 주님의 자녀로 살게 해 주심을 감사합시다.

나의 영적 일기

5월 3일

넘쳐나는 감사

읽을 말씀 : 에베소서 5:1-9

● 엡 5:4 누추함과 어리석은 말이나 희롱의 말이 마땅치 아니하니 돌이켜 감사하는 말을 하라

'세기의 천재' 아인슈타인(Albert Einstein) 박사님은 자서전 「나는 세상을 어떻게 보는가」(The World as I See It)」에서 아래와 같이 100가지의 감사 제목을 찾았다고 말했습니다.

"과거 수많은 사람의 희생과 노력 덕분에 오늘날 우리가 살아있다고 생각합니다. 그런 이유로 날마다 감사한 점을 100가지씩 찾으려고 노력했습니다."

대설교가 찰스 스펄전(Charles H. Spurgeon)은 매일 아래와 같은 태도로 「10가지 제목의 감사 기도」를 드렸는데 그 중 7가지 입니다.

❶ 하나님을 떠올리며 감사하라.
❷ 사소하고 작은 것을 떠올리며 감사하라.
❸ 오늘 주신 일상에 감사하라.
❹ 문제가 생겨도 감사하라.
❺ 문제가 뜻대로 해결되지 않아도 감사하라.
❻ 잠들기 전 감사로 하루를 마무리하라.
❼ 하나님이 모든 것을 주셨으므로 모든 것에 감사하라.

매일 우리에게 주신 하나님의 은혜와 감사의 제목을 세어보십시오. 몇 날 며칠도 부족할 것입니다. 아인슈타인처럼 매일 100가지 감사한 점을 찾지 않아도, 스펄전처럼 매일 10가지 제목의 감사 기도를 드리지 않아도 우리에게 놀라운 감사의 은혜를 매일 허락해 주시는 주님께 감사하십시오. 매일 감사하십시오. 복되고 형통합니다. 아멘!!!

♡ 주님, 매일 매 순간 놀라운 감사의 은혜를 허락해 주신 주님을 찬송하게 하소서.
🖼 감사 기도 노트를 만들어 매 순간 주님께 감사할 제목을 기록합시다.

나의 영적 일기

새로이 열어주시는 문

읽을 말씀 : 히브리서 2:11-18

● 히 2:18 자기가 시험을 받아 고난을 당하셨은즉 시험 받는 자들을 능히 도우시느니라

　　헬렌 켈러(Helen A. Keller)는 장애를 3가지나 가지고 태어났지만, 항상 밝은 모습으로 다른 사람을 위해 살았습니다.
　　하루는 어떤 사람이 헬렌 켈러에게 물었습니다.
　　"남들보다 비교할 수 없이 어려운 조건인데도 어떻게 그렇게 행복하게 매일을 보낼 수 있습니까?"
　　헬렌 켈러는 다음과 같이 대답했습니다.
　『행복의 문 하나가 닫힐 땐 더 많은 문들이 열립니다.
　그런데 사람들은 닫힌 문 하나를 바라보느라
　하나님이 열어주신 더 많은 문들을 놓치고 있는 것 같습니다.』
　　헬렌 켈러는 평소 입버릇처럼 다음의 2가지를 말했습니다.
　　● 세상은 고난으로 가득하지만, 고난을 극복할 수 있는 일로도 가득하다.
　　● 장애는 불편하다. 그러나 불행하지는 않다.
　　심리학에는 나쁜 일 한 가지를 잊기 위해서는 좋은 일을 3번 겪어야 한다는「4의 법칙」이 있습니다. 이미 일어난 좋은 일이 3가지 있음에도 나쁜 일 하나에 집중하느라 감사와 행복을 놓치고 있지는 않습니까?
　　사방이 막혀도 하나님이 하늘을 열어주신다는 사도 바울의 고백처럼, 문이 하나 닫힐 때 더 많은 문을 열어주시는 선한 목자이신 주님을 믿고 따라가십시오. 복되고 형통합니다. 아멘!!!

　♡ 주님, 모든 답은 오직 주님께만 있음을 믿고 선한 목자이신 주님을 따르게 하소서.
　🎨 승리도, 실패도, 모든 것이 합력하여 선을 이룸을 믿고 감사합시다.

나의 영적 일기

5월 5일 어린이날

읽을 말씀 : 신명기 6:1-9

● 신 6:7 네 자녀에게 부지런히 가르치며 집에 앉았을 때에든지 길에 행할 때에든지 누웠을 때에든지 일어날 때에든지 이 말씀을 강론할 것이며

　영국의 심리학자 허츠 박사님(Dr. R. F. Hertz)은 아이들이 바라는 이상적인 부모의 모습이 궁금했습니다.
　허츠 박사님은 24개국의 8~14세의 어린이 10만 명에게 부모님에게 바라는 모습을 조사했는데, 그중 가장 많이 나왔던 10가지 모습입니다.
❶ 자녀 앞에서 싸우지 않는 부모
❷ 자녀들에게 거짓말하지 않는 부모
❸ 자녀의 질문에 올바로 대답하는 부모
❹ 자녀를 편애하지 않는 부모
❺ 자녀 앞에서 행복하게 보이는 부모
❻ 자녀에게 좋은 친구가 되어 주는 부모
❼ 자녀들의 친구까지 사랑하는 부모
❽ 자녀를 타인 앞에서 존중해 주는 부모
❾ 칭찬을 아끼지 않으며 정확하게 책망하는 부모
❿ 일관성 있는 말과 행동을 보여주는 부모
　자녀는 주 하나님이 맡겨주신 소중한 선물입니다. 그토록 귀한 선물이기에 어린 시절부터 주님을 믿게 하고, 말씀을 알게 해야 합니다. 내 생각과 뜻이 아닌 주님이 주신 지혜로, 특별히 기도와 말씀으로 소중한 자녀를 양육하십시오. 복되고 형통합니다. 아멘!!!

♡ 주님, 주님의 도우심으로 우리의 자녀들이 주님 안에서 바르게 성장하게 하소서.
　주님께서 주신 말씀에 따라 자녀들을 양육하며 본이 됩시다.

나의 영적 일기

좋은 관계의 비결

5월 6일

읽을 말씀 : 시편 133:1-3

●시 133:1 형제가 연합하여 동거함이 어찌 그리 선하고 아름다운고

    미국의 「카네기 연구소(Carnegie Institution)」에서 갑자기 사직한 직장인들을 대상으로 원인을 조사했습니다.
    그 결과 업무 문제로 회사를 그만둔 사람은 13%밖에 되지 않았습니다.
    87%는 '인간관계 문제'였습니다. 생각보다 많은 사람이 상사, 동료 혹은 자신의 문제로 사람들과 잘 어울리지 못해서 갑작스럽게 그만두고 있었습니다.
    그러나 조사 결과 대부분 소통이 조금만 더 잘 됐더라면 쉽게 해결할 수 있는 문제들이었습니다.
    다음은 카네기 연구소에서 발표한 「직장에서 원활한 대인관계 유지를 위한 3가지 조언」입니다.
    ❶ 동료들에게 자주 안부를 물으라(Mouth visit).
    ❷ 떨어진 지인들에게는 메일, 문자, SNS 등으로 안부를 물으라(Hand visit).
    ❸ 경조사를 비롯한 만날 수 있는 기회를 활용해 안부를 물으라(Foot visit).
    교회에서의 대인관계 문제도 이와 사뭇 다르지 않을 것입니다.
    조금만 더 자주 소통하고 서로에게 관심을 가지면 대부분의 문제는 저절로 해결됩니다. 오해와 갈등이 커지기 전에 주님이 주시는 선한 마음으로 먼저 다가가야 하고, 먼저 소통해야 합니다.
    주님이 허락하신 형제와 자매를 소중히 여기며 되도록 자주 교제하며 서로를 위해 기도하십시오. 복되고 형통합니다. 아멘!!!

♡ 주님, 형제와 자매를 소중히 여기며 되도록 서로를 위해 기도하게 하소서.
📖 마음에 어려운 관계를 가지고 있는 형제자매가 있다면 기도하며 대화합시다.

나의 영적 일기

5월 7일

행복할 권리

읽을 말씀 : 신명기 33:26-29

● 신 33:29 이스라엘이여 너는 행복자로다 여호와의 구원을 너 같이 얻은 백성이 누구뇨 그는 너를 돕는 방패시요 너의 영광의 칼이시로다 네 대적이 네게 복종하리니 네가 그들의 높은 곳을 밟으리로다

미국 서던캘리포니아대학교(University of Southern California) 경제학과의 이스털린(Richard A. Easterlin) 교수님이 전도유망한 엘리트 학생들에게 질문을 했습니다.
"당신 인생을 행복하게 만들려면 뭐가 필요할까요?"
좋은 직장, 고급 차, 높은 연봉 등 수많은 답이 나왔습니다.
그로부터 16년이 지나고 이스털린 교수님은 다시 이들을 찾아가 "이제 당신 인생을 행복하게 만들려면 뭐가 필요할까요?"라고 물었습니다.
질문을 받은 사람들은 대부분 16년 전 바라던 것들을 이미 이룬 상태였습니다. 좋은 집, 차, 별장까지 가진 사람들이 많았지만, 이들은 여전히 행복을 위해서는 다른 무언가가 필요하다고 응답했습니다. 나이가 들어 오히려 더욱 조바심을 내는 모습도 있었습니다.
「세상이 생각하는 행복의 조건을 이룬 사람들은 오히려 더 많은 것을 원했다」는 이 연구 결과는 「이스털린 역설(Easterlin's paradox)」로 불립니다.
사람은 하나님이 창조하셨기 때문에 존재 그 상태로도 얼마든지 행복할 권리가 있습니다. 창조주 하나님을 만나지 못한 사람은 그 행복이 무엇인지 모릅니다. 그래서 비어있는 행복감을 다른 것으로 채우려고 시간과 노력을 허비하지만, 그 누구도 스스로를 채울 수는 없습니다. 우리가 가진 것, 우리가 이룬 것이 아닌, 우리를 창조하신 분이 누구인지 알고 그분의 자녀로 살아가는 진정한 행복을 누리십시오. 복되고 형통합니다. 아멘!!!

♥ 주님, 비어있는 행복감을 세상의 어떤 것이 아닌 주님으로만 채우며 살게 하소서.
📖 지금 내가 가지고 있는 행복의 조건이 성경적인지 살피고 바로 잡읍시다.

나의 영적 일기

좋은 엄마, 좋은 아빠

읽을 말씀 : 에베소서 6:1-4

5월 8일

● 엡 6:2 네 아버지와 어머니를 공경하라 이것이 약속 있는 첫 계명이니

「나도 좋은 엄마 좋은 아빠가 되고 싶다」라는 책에는 대부분의 부모들이 너무 좋은 부모가 되기 위해서 노력을 하다 실패한다는 내용이 나옵니다.
책 내용에 따르면 대부분의 부모들은 다음의 콤플렉스가 있다고 합니다.

❶ 일류 콤플렉스
유치원부터 대학, 직장까지 가장 좋은 곳만 보내야 한다는 콤플렉스입니다. 자녀를 일류 유치원과 중·고교, 대학, 직장에 보내고 싶은 일류 욕망에 사로잡혀 있습니다.

❷ 체면 콤플렉스
다른 사람에게 내세울만한 자랑거리로 자녀를 키우려는 콤플렉스입니다.

❸ 보상 콤플렉스
자신이 이루지 못한 것을 자녀가 대신 이뤄주길 바라는 콤플렉스입니다.

❹ 완벽 콤플렉스
자녀를 완벽하게 키우려고 혼내는 부모, 완벽한 부모가 되려고 절대 혼내지 않는 부모가 가지고 있는 콤플렉스입니다.

좋은 부모가 되는 것은 너무나 힘든 일이지만 세상의 모든 부모님이 우리를 위해 최선을 다했다는 사실만큼은 절대 잊어선 안 됩니다. 세상에서 가장 좋은 부모님을 내 삶에 허락하신 주님께 감사하며, 성경 말씀을 따라 할 수 있는 최선의 효도를 하십시오. 복되고 형통합니다. 아멘!!!

♡ 주님, 원망과 미움이 아닌 사랑과 감사함으로 부모님을 공경하게 하소서.
🎁 어버이날이 아니더라도 부모님을 자주 좋은 곳으로 모시며 문안 드립시다.

나의 영적 일기

5월 9일
전도 기회가 된 위기

읽을 말씀 : 로마서 10:11-15

● 롬 10:15 보내심을 받지 아니하였으면 어찌 전파하리요 기록된바 아름답도다 좋은 소식을 전하는 자들의 발이여 함과 같으니라

미국을 여행 중이던 에미(Emi)라는 이름의 아르헨티나인이 있었습니다.
미국 캘리포니아에서 귀국을 준비하던 중 갑자기 팬데믹이 일어났습니다. 공항이 폐쇄되어 집으로 돌아갈 수단이 막힌 에미는 이렇게 된 이상 차라리 봉사하며 시간을 보내기로 했습니다.
숙소 근처에 있던 새들백교회에서 식료품 분배 봉사자로 활동을 하는데 한 담당자가 찾아와 다른 도움을 요청했습니다.
"저희가 방문하는 계층의 사람들은 영어를 모르고 스페인어만 가능한 사람들이 많습니다. 그들을 위해 기도해 주실 수 있을까요?"
에미는 봉사자 중 유일하게 스페인어가 가능한 사람이었습니다.
그 순간 하나님이 자신을 왜 여기에 보내셨는지 깨달았습니다.
에미는 매일 식품을 나눠주며 스페인어로 정중하게 기도를 권했고, 봉사대상자들의 마음이 열린 것 같으면 복음을 전했습니다. 그리고 첫날부터 열매가 맺혔습니다.
에미는 비행기편이 준비되는 3개월간 매일 봉사했고, 무려 318명이 에미를 통해 예수님을 구주와 주님으로 영접했습니다.
주님이 하시는 일은 세상이 막을 수 없습니다.
복음이 위기인 것 같은 순간이 오히려 주님의 능력이 더 크게 드러나고, 복음이 더 퍼질 절호의 기회임을 기억하고 도구로 쓰임 받을 준비를 하십시오. 복되고 형통합니다. 아멘!!!

♡ 주님, 복음을 전파하기 위해 제가 해야 할 일과 할 수 있는 일을 알게 하소서.
🖼 주님의 능력을 더 크게 드러나게 하는 주님의 도구로 쓰임 받을 준비를 합시다.

나의 영적 일기

꿈이 없는 이유

읽을 말씀 : 시편 107:23-32

● 시 107:30 저희가 평온함을 인하여 기뻐하는 중에 여호와께서 저희를 소원의 항구로 인도하시는도다

한 설문 조사 기관에서 10대, 20대를 대상으로 꿈에 대해 물었습니다.
대부분은 꿈에 대해 이런저런 이야기를 했지만 196명은 아무런 꿈이 없다고 응답했습니다. 196명을 대상으로 꿈이 없는 이유에 대해 물었는데 이들은 다음과 같이 대답했습니다.

- 내가 뭘 잘하는지, 내 적성이 뭔지 모르겠다(89%).
- 하고 싶은 건 많은데 잘할 자신이 없다(5%).
- 꿈을 왜 가져야 하는지 모르겠다(6%).

생각해 보면 정말로 맞는 말입니다. 우리가 아이였던 시절에는 어떤 꿈을 가지고 있었을까요? 어렸을 때 꿈이 없으면 잘못된 걸까요?
아이들이 조금씩 자라면서 어른들은 기계적으로 꿈에 대해 묻습니다. 나중에는 적성을 묻고 그다음에는 전공을 묻습니다. 그런데 이제 세상을 10년, 기껏해야 15년 정도 산 아이들이 뭘 안다고 꿈을 정하고 진로를 정할 수 있을까요? 어쩌면 꿈이 없다는 말이 솔직한 대답일 수 있습니다. 다양한 경험을 하며 느끼지 못하면 꿈을 품을 수 없습니다. 그러나 더욱 중요한 한 가지 사실은 주님을 만나지 못하면 진정한 꿈을 알 수 없다는 것입니다.
나의 모든 것을 아시고, 나를 위한 계획을 창세 전부터 세우신 주 하나님을 만나지 않은 상태에서의 꿈은 의미가 없습니다. 우리를 창조하신 주님은 우리를 향한 완벽한 계획 또한 가지고 계십니다. 내 인생의 행복을 위한 해답지를 가지고 계신 주님을 만나 꿈보다 더 위대한 사명을 품으십시오. 복되고 형통합니다. 아멘!!!

♡ 주님, 저를 향한 주님의 완벽한 계획이 무엇인지 깨달아 알게 하소서.
🙏 주님이 나에게 주신 비전과 사명이 무엇인지 주님께 기도하며 답을 구합시다.

나의 영적 일기

5월 11일

복음과 전도의 본질

읽을 말씀 : 마태복음 5:13-16

● 마 5:13 너희는 세상의 소금이니 소금이 만일 그 맛을 잃으면 무엇으로 짜게 하리요 후에는 아무 쓸데 없어 다만 밖에 버리워 사람에게 밟힐 뿐이니라

선교지 중 가장 복음화율이 낮은 나라는 일본으로 0.4%라고 합니다. 그런데 이에 못지않게 국내에도 복음화가 심각한 세대가 있습니다. 바로 복음화율 3%인 청년들입니다.

교회를 다니는 사람들은 항상 청년들을 마주하니까 이 3%가 잘 실감 나지 않습니다. 그러나 전반적인 사회를 보면 가장 주님을 만나 뜨겁게 헌신해야 할 청년들의 복음화율이 일본보다 조금 나은 수준인 것이 오늘날의 현실입니다.

청년 전도가 이렇게 힘든 시대에 대전의 한 개척교회는 청년들이 300명 넘게 모여드는 부흥이 일어나고 있습니다. 지역 대학생들을 위해 세워진 성도 10명의 작은 교회인데 성도 10명이 300명을 넘게 전도한 것입니다.

이 교회의 담임 목사님은 「뜨거운 부흥이 일어나는 비결」로 다음의 세 가지를 꼽았습니다.

❶ 기도: 전도하기 전 1시간 이상 기도한다.
❷ 말씀: 한곳에 모여 말씀을 묵상하며 느낀 점을 나눈다.
❸ 전도: 시간을 정해놓고 인근 대학을 돌아다니며 전도한다.

전도에는 왕도가 없습니다. 기도로 준비하며, 말씀으로 무장하고, 힘써 복음을 전하는 것이 초대교회 시절에도 지금에도 앞으로도 부흥을 일으킬 유일한 방법이자 최고의 방법입니다.

본질을 지켜가며 거룩한 복음을 어두운 세상에 전하는 주님의 제자가 되십시오. 복되고 형통합니다. 아멘!!!

♡ 주님, 사역을 위해 기도로 준비하며 말씀으로 무장하고 힘써 복음을 전하게 하소서.
📖 나는 부흥을 위해 기도와 말씀과 전도를 얼마나 하고 있는지 분석하고 채웁시다.

나의 영적 일기

볼펜의 쓰임을 잘 아는 분

읽을 말씀 : 시편 71:1-6

● 시 71:6 내가 모태에서부터 주의 붙드신 바 되었으며 내 어미 배에서 주의 취하여 내신 바 되었사오니 나는 항상 주를 찬송하리이다

지방에서 열심히 목회를 하던 목사님이 있었습니다. 그런데 교회에만 있다 보니 세상 사람들과 소통할 창구가 부족하다고 느꼈습니다. 그래서 학생들을 만나기 위해 특공무술 체육관에 등록했습니다. 아이들은 나이가 많은 목사님을 어렵게 여겼지만, 함께 땀을 흘리며 어느새 속마음을 이야기할 정도로 친해졌습니다. 그러다 하루는 한 학생이 목사님에게 고민을 털어놨습니다.
"저는 솔직히 제가 왜 태어났는지 모르겠어요.
저는 뭘 하면서 살아야 할까요?"
목사님은 조심스럽게 『여기 볼펜의 쓰임을 가장 잘 아는 사람이 누굴까? 볼펜을 만든 사람이 아닐까? 그렇다면 너는 누구를 찾아야 할 것 같아?』라고 말하며 복음을 전했습니다.
학생은 목사님의 말을 듣고 몇 날 며칠을 고민하다가 예수님을 구주와 주님으로 영접했습니다. 이후 사람들을 만나는 접점이 중요하다는 생각에 목사님은 고민 끝에 교회를 헬스장으로 개조했습니다. 주중에는 교회가 지역 주민들에게 무료로 운동을 시켜주는 헬스장이 되고, 주일에는 함께 예배하는 예배당이 되었습니다. 운동을 목적으로 찾아왔다가 주님을 만나는 주민들도 계속해서 생겨나고 있다고 합니다.
세상은 결코 우연히 창조된 것이 아닙니다. 분명한 목적과 이유를 가지고 세상은, 그리고 우리는 창조되었습니다. 아직 이 사실을 모르는 사람들을 찾아가 그 사실을 아는 우리가 전해야 합니다. 세상을 만든 분이 누구인지, 그분을 만나는 것이 얼마나 큰 기쁨인지 매일 전하십시오. 복되고 형통합니다. 아멘!!!

♡ 주님, 삶의 목적과 이유를 모르는 사람에게 창조주가 누구인지 전하게 하소서.
🖼 내가 잘 할 수 있는 재능이나 은사를 복음 전파에 선용합시다.

나의 영적 일기

5월 13일

기도 응답의 근거

읽을 말씀 : 야고보서 4:1–3

● 약 4:3 구하여도 받지 못함은 정욕으로 쓰려고 잘못 구함이니라

미국의 「뉴스위크(Newsweek)」지에서 성인남녀 750명을 대상으로 기도에 대한 중복 설문 조사를 실시해 다음과 같은 결과를 얻었습니다.
- 응답자의 50% 이상은 종교에 상관없이 매일 기도를 한다.
- 75%는 기도를 응답받은 경험이 있다.
- 80%는 불치병에 걸려도 기도로 나을 수 있다고 믿고 있다.
- 17%는 기도가 응답받지 않을 때 신앙생활을 중단한다.

80%의 사람들이 불치병에도 나을 수 있다는 믿음을 가지고 있다니 정말 대단하지 않습니까?

그러나 이 설문 조사에는 한 가지 맹점이 있습니다.

바로 교회를 다니지 않는 사람들도 절반가량 포함되었다는 사실입니다.

주 하나님을 믿지 않고 간구할 근거가 없는데 도대체 누구에게 기도하며, 어떤 응답을 기다리고 있는 것일까요?

기도는 내가 바라는 것이 저절로 이루어지는 도깨비방망이가 아닙니다. 하나님께 마음을 고하고, 주님의 응답을 경험하는 즐거운 교제의 시간입니다. 또한 하나님의 뜻에 나를 맞추는 교정의 시간입니다.

기도가 무엇인지, 누구에게 무엇을 구해야 하는지, 어떻게 응답이 이루어지는지 말씀을 통해 올바로 배우고 깨달아야 합니다.

나의 기도가 하나님이 기쁘게 받으시는 아름다운 기도가 될 수 있도록 말씀을 통해 바른 기도를 배우십시오. 복되고 형통합니다. 아멘!!!

♡ 주님, 저의 기도가 주님이 기쁘게 응답하시는 기도가 되게 하소서.
✤ 내가 주님께 기도해서 응답받은 것을 주변의 지인들에게 간증하며 전도합시다.

나의 영적 일기

목적지가 어디인가

읽을 말씀 : 요한복음 14:1-7

● 요 14:2 내 아버지 집에 거할 곳이 많도다 그렇지 않으면 너희에게 일렀으리라 내가 너희를 위하여 처소를 예비하러 가노니

    1957년 노벨문학상을 받은 알베르 카뮈(Albert Camus)의 「이방인」은 극단적 허무주의 사상을 가지고 살아가는 한 남자의 이야기입니다.
    남자는 아무런 목적 없이 일하고 여행하고 살인을 합니다. 삶에는 아무런 의미와 가치가 없다는 카뮈의 사상을 대변하고 있는 이 소설은 어쩌면 지금까지도 세상을 살아가는 현대인들의 표상과도 같습니다.
    「이방인」은 평론가와 대중의 마음을 사로잡은 잘 쓴 소설이지만, 인생은 허무하다는 사실만을 재확인시켜 주는 안타까운 소설이기도 합니다.
    세상에 아주 멋지고 큰 여객선이 있다고 생각해 보십시오. 그러나 그 여객선이 목적지 없이 무한정 바다를 떠돌기만 한다면 시설이 아무리 훌륭하고 삶에 필요한 모든 것이 갖춰져 있다 해도, 여객선에 타려고 하는 사람은 한 명도 없을 것입니다. 한낱 배가 그렇다면 그보다 중요한 한 사람, 우리의 인생은 어떻습니까? 그래서 덴마크의 철학자 키에르케고르(Søren Kierkegaard)는 허무주의에 빠져 사는 사람은 짐승이나 다름없다고 말했습니다. 허무주의를 따라 살아가는 사람조차도, 허무주의를 따라 살아가는 사람의 인생을 가치 있게 생각하지 않을 것입니다.
    우리의 인생은 어디를 향해 가고 있습니까? 무엇을 위해 살아가고 있습니까? 피조물인 우리는 인생의 의미를 스스로 깨달을 수 없습니다. 창조주이시며 구주가 되시는 주 예수님을 믿음으로써 인생의 참된 의미를 찾으십시오. 복되고 형통합니다. 아멘!!!

♡ 주님, 인생의 참된 의미를 찾지 못하는 사람들에게 구원의 복음을 전하게 하소서.
✿ 나는 어디를 향해 가고 있는지, 무엇을 위해 살아가고 있는지 점검합시다.

나의 영적 일기

5월 15일

믿음만으론 부족합니다

읽을 말씀 : 야고보서 1:19-27

● 약 1:22 너희는 도를 행하는 자가 되고 듣기만 하여 자신을 속이는 자가 되지말라

    제1차 세계대전 당시 격전지에서 구호 활동을 하던 간호사가 있었습니다.
    그런데 이 간호사는 아군과 적군을 가리지 않고 모든 부상병을 치료했습니다. 독실한 그리스도인이었던 간호사는 "구해야 할 생명이 있기에 멈출 수가 없습니다"라며 상부의 압박에도 불구하고 끝까지 의지를 관철하며 수백 명을 치료했습니다.
    결국 간호사는 독일군에게 붙잡혀 의료중립 위반이라는 죄목으로 총살을 당했습니다.
    총살을 당하기 전날 밤, 간호사는 자신이 목숨을 걸고 모든 사람을 치료해주었던 이유에 대해 다음과 같이 말했습니다.
    "애국심만으로는 충분하지 않았습니다."
    주 예수님의 사랑을 알고 있던 간호사는 비록 적군이라 하더라도 죽어가는 병사를 그냥 두고 볼 수 없었습니다. 숭고했던 그녀의 삶은 인도주의의 귀감이 되었고, 캐나다의 재스퍼 국립공원에는 위대한 간호사였던 그녀의 이름을 딴 「에디트 카벨 산(Mt. Edith Cavell)」이 지금도 있습니다.
    주님의 사랑을 경험한 우리는 주님의 말씀대로 원수도 사랑해야 합니다. 너무도 힘들고 어려운 일이지만, 사람이 하기에 불가능한 것처럼 느껴지기도 하지만, 주님이 주시는 사랑으로 해낼 수 있습니다.
    조금 부족하고 조금 어렵더라도 매일 나를 향한 충만한 주님의 사랑을 경험하면서 되도록 많은 사람을 사랑하며 살아가십시오. 복되고 형통합니다. 아멘!!!

♡ 주님, 저를 향한 주님의 사랑을 경험하면서 되도록 많은 사람에게 베풀게 하소서.
📖 주님의 사랑을 경험한 우리는 주님의 말씀대로 원수도 사랑하는 사람이 됩시다.

나의 영적 일기

영혼 구원과 성장

읽을 말씀 : 요한복음 15:1-8

● 요 15:8 너희가 과실을 많이 맺으면 내 아버지께서 영광을 받으실 것이요 너희가 내 제자가 되리라

『극동방송에서는 해마다 잃어버린 한 영혼을 향한 하나님의 마음을 품고 전도방송을 진행하며, 라디오 전도대회를 열고 있습니다.

전도가 점점 어려워지고 있는 요즘이지만 감사한 일은 하나님께서 방송을 통해, 또 전도대회를 통해 여전히 많은 영혼들을 주님께로 인도하고 계시다는 사실입니다.

통계로 보면 해마다 수백 명, 수천 명이 예수님을 영접하고 있습니다.

저는 직원들에게 결신으로 그치지 않고, 교회에 정착할 수 있도록 연결해주는 것까지가 극동방송이 감당해야 할 사명임을 늘 강조하고 있습니다.

저는 이 일의 중요성을 1973년 여의도에서 열린 빌리 그래함 전도대회에서 통역으로 섬기며 깊이 체험했습니다.

그때의 경험이 제 사역의 방향을 결정지었고, 지금도 모든 사역과 만남의 초점을 전도에 두고 있습니다. 그리고 이를 통해 교회연결까지 이루어지도록 하고 있습니다.

최근에는 지역교회들과 연계해서 전도대회를 열고 있는데, 교계로부터 좋은 반응을 얻고 있습니다. 우리도 한 영혼의 결신을 넘어 성장과 정착에까지 관심을 기울였으면 좋겠습니다.』 - 「김장환 목사의 인생 메모」 중에서

사람이 들어갈 수 없는 곳까지 전파는 들어갈 수 있습니다. 극동방송이 지역교회와 함께 영혼 구원과 신앙성장을 위한 사명을 계속해서 감당하도록 기도해 주시기 바랍니다. 복되고 형통합니다. 아멘!!!

♡ 주님, 잃어버린 한 영혼을 살리는 일에 저를 사용해 주시고 열매 맺게 하소서.
🦋 복음의 열매를 맺고 성장하는 제자의 길로 나아갑시다.

나의 영적 일기

5월 17일

더욱 사모하라

읽을 말씀 : 요한복음 4:20-26

● 요 4:24 하나님은 영이시니 예배하는 자가 신령과 진정으로 예배할지니라

한 구호단체에서는 아프리카 아이들에게 장난감을 집어넣은 비누를 나눠줍니다. 손만 씻어도 많은 질병을 예방할 수 있지만, 아무리 설명해도 아이들은 비누를 제대로 사용하지 않았습니다. 그런데 한 직원이 아이들이 좋아하는 장난감을 비누 안에다 집어넣자는 아이디어를 냈습니다. 아이들은 장난감을 가지기 위해서 손을 최대한 자주 씻었습니다.

그 결과 확연히 드러날 정도로 아이들의 건강은 좋아졌고 저절로 비누를 사용하는 습관까지 길러졌습니다. 이는 교육과 강요가 아닌, 아이들이 좋아하는 요소를 이용해 자연스럽게 긍정적인 변화를 이끌어낸 매우 훌륭한 의료사업으로 지금도 평가받고 있습니다.

사람들은 왜 신앙생활보다 세상에서의 즐거움을 더욱 사랑할까요? 때로는 그리스도인들도 세상에서의 즐거움을 더 탐하는 경우가 있습니다. 그것은 장난감이 안 들어 있는 비누처럼, 주님을 예배하는 즐거움을 사모하지 않기 때문입니다. 주님을 사랑한다는 고백처럼 주님을 사모하고 있습니까? 간절한 마음 가운데 예배하고 있습니까? 그 예배가 세상의 그 어떤 즐거움과도 비교할 수 없는 참된 기쁨이 되고 있습니까?

그렇지 않다면 우리의 신앙생활을 다시 돌아봐야 합니다. 예배를 통해 참된 기쁨을 누리며 주님만을 더욱 깊이 사모하길 바라는 신령하고 진실한 마음을 달라고 기도하십시오. 복되고 형통합니다. 아멘!!!

♥ 주님, 주님을 높이며, 기쁨을 누리며, 주님만을 깊이 사모하며 예배하게 하소서.
📖 예배 때 영과 진리로 예배하고 깨달은 말씀을 생활에 적용하며 삽시다.

나의 영적 일기

사기꾼 증후군과 진리

읽을 말씀 : 마태복음 5:13-16

● 마 5:14 너희는 세상의 빛이라 산위에 있는 동네가 숨기우지 못할 것이요

   미국의 긍정 심리학자이자 작가인 린지 고드윈(Lindsey Godwin)은 자신의 책이 미국의 종합인터넷 플랫폼 「아마존(Amazon)」에서 1위를 했다는 소식을 들었습니다. 처음 느낀 감정은 말로 표현할 수 없는 기쁨과 흥분이었습니다.
   그런데 하루 이틀, 시간이 지나자 점점 두려움이 몰려왔습니다.
   '내 책을 본 사람들 중에 싫어하는 사람이 몇 명이나 있을까?
   혹시 잘못된 내용이 있어서 공격당하면 어떡하지?'
   최고의 성공을 이룬 순간에 가장 큰 불안을 겪었던 그녀는 자신이 「사기꾼 증후군(Imposter Syndrome)」에 걸렸다는 사실을 깨달았습니다. 사기꾼 증후군은 새로운 분야에 발을 들여놓았을 때 또는 놀라운 성공을 거두었을 때 곧 실패를 앞두고 있다고 느끼는 현상입니다.
   고드윈은 자신의 경험과 공부를 바탕으로 「사기꾼 증후군에서 벗어날 수 있는 3가지 방법」을 찾았습니다.
  ❶ 성공한 사람의 70%도 이런 감정이 생긴다는 사실 기억하기
  ❷ 주변에 미칠 긍정적인 영향에 더욱 초점 맞추기
  ❸ 의심이 들어도 성공을 위한 행동을 계속하기
   그리스도인으로 살면서도, 그리스도인임을 드러내기 꺼리는 사람들이 있습니다. 그러나 구원받았다는 확신이 있다면 정체성을 숨길 아무런 이유가 없습니다. 당당히 하나님의 자녀로 살아가며 확고 불변한 온전한 진리를 세상에 전하는 진짜 그리스도인이 되십시오. 복되고 형통합니다. 아멘!!!

  ♡ 주님, 두려움 없이 그리스도인임을 세상에 드러내며 당당히 살아가게 하소서.
  📖 내가 그리스도인이라는 사실을 세상에 당당하게 알리며 전도하며 승리합시다.

나의 영적 일기

5월 19일

균형의 미학

읽을 말씀 : 시편 16:1-11

● 시 16:11 주께서 생명의 길로 내게 보이시리니 주의 앞에는 기쁨이 충만하고 주의 우편에는 영원한 즐거움이 있나이다

신경전달물질인 도파민은 사람이 쾌락을 느끼게 해주는 호르몬입니다.
사람은 본능적으로 도파민이 나오는 일을 하려는 경향이 있습니다.
예를 들어 달콤한 초콜릿을 먹을 때는 도파민 수치가 55% 늘어납니다.
아주 쉽게 도파민을 생성할 수 있기 때문에 단 음식에 중독된 사람은 살을 빼기가 쉽지 않습니다.
사람들이 마약 중독에서 빠져나오지 못하는 이유도 마찬가지입니다.
마약 종류에 따라 225%에서 1000%까지 도파민이 과다 생성되는데 일반적인 활동으로는 절대로 경험할 수 없는 수치입니다.
스마트폰 중독이 위험한 이유는 마약만큼 강하지는 않지만 24시간 도파민을 생성하게 만들기 때문입니다.
하지만 도파민이 너무 나오지 않으면 생존의 위협을 받습니다. 도피민 생성이 제한된 쥐는 바로 앞에 음식을 두어도 먹지 않고 굶어 죽습니다. 음식을 먹어도 즐거움을 느끼지 못하기 때문입니다.
도파민 생성이 잘되지 않는 사람은 삶의 의욕을 잃습니다. 게다가 우울증과 파킨슨병의 원인이 되기도 합니다.
주 하나님은 우리가 세상을 살아가며 즐기고 누릴 많은 것들을 합당하게 창조하셨습니다.
창조의 원리를 따라 살아가며 과하지도, 모자라지도 않게 하나님이 주시는 선물들을 즐기십시오. 복되고 형통합니다. 아멘!!!

♥ 주님, 세상이 줄 수 없는 기쁨을 주신 주님께 감사하며 기쁘게 살게 하소서.
🖼 창조의 원리를 따라 살아가며 주님이 주시는 선물들을 즐겁게 사용합시다.

나의 영적 일기

한 명의 제자를 위해

읽을 말씀 : 마태복음 12:9-13

● 마 12:11 예수께서 가라사대 너희 중에 어느 사람이 양 한 마리가 있어 안식일에 구덩이에 빠졌으면 붙잡아 내지 않겠느냐

5월 20일

　중국 산시성의 한 산골 마을에 있는 서찬초등학교에는 학생도 선생님도 없습니다. 사람들이 점점 도시로 떠나 학교가 있어도 다닐 학생이 없었고, 마지막 선생님인 푸 할아버지가 정년 퇴직을 한 뒤로는 그나마 남아있던 학생들도 인근의 대도시로 떠났습니다.
　그런데 푸 할아버지가 은퇴하고 몇 년 뒤 이 마을에 신입생이 들어왔습니다. 8살이 된 슈에타오(Xuetao)는 어려운 가정형편으로 도시의 학교를 다닐 수가 없었습니다. 이 안타까운 소식을 들은 푸 할아버지는 자신이 선생님이 되어주겠다고 연락했습니다. 서찬초등학교에 가기 위해서는 절벽에 가까운 길을 매일 오토바이를 타고 40분이나 올라야 했습니다. 학생은 단 한 명뿐이었고, 푸 할아버지는 일흔에 가까운 나이였습니다. 그러나 푸 할아버지는 매일 40분씩 절벽을 올라 학교로 출근해 단 한 명의 학생을 가르쳤습니다. 이 소식을 듣고 취재를 온 지역방송 기자에게 푸 할아버지는 이토록 고생하면서까지 출근하는 이유를 다음과 같이 말했습니다.
　"학생이 있는 곳에 선생님이 없다는 것은 있을 수 없는 일입니다.
　저는 힘이 닿는 한 최선을 다해 이 학생을 가르칠 것입니다."
　한 명의 학생을 위해 매일 가파른 길을 오르는 선생님이 있듯이, 한 명의 영혼을 위해 매일 기도하며 찾아가는 성도들이 있어야 합니다.
　주님이 찾으시는 잃어버린 한 영혼을 위해 기도하며 복음을 전할 준비를 하십시오. 복되고 형통합니다. 아멘!!!

♡ 주님, 무슨 일을 하든지 한 명의 영혼이라도 주님께 인도하는 사람이 되게 하소서.
📖 힘이 닿는 한 최선을 다해 한 명의 영혼을 위해서라도 매일 기도하며 찾아갑시다.

나의 영적 일기

실패를 관리하라

읽을 말씀 : 시편 43:1-5

● 시 43:5 내 영혼아 네가 어찌하여 낙망하며 어찌하여 내 속에서 불안하여 하는고 너는 하나님을 바라라 나는 내 얼굴을 도우시는 내 하나님을 오히려 찬송하리로다

도쿄대학교 하타무라 요타로(Yotaro Hatamura) 교수님은 실패가 성장에 매우 중요한 요인이라고 말했습니다.

"실패는 기묘한 속성을 가지고 있습니다. 감출수록 커지지만 일단 드러낸다면 성공과 창조의 단초가 됩니다."

인생의 80%는 실패의 경험이라고 합니다.

다음은 하라무타 교수님이 말한 「실패 관리 6계명」입니다.

❶ 실패가 쌓이면 실력이 된다는 사실을 기억하라.
❷ 주변 사람과 실패 경험을 나누라.
❸ 실패를 절대로 감추지 말라.
❹ 실패를 정리해 기록으로 남겨라.
❺ 주기적으로 과거의 실패를 떠올려라.
❻ 외부의 사람들과도 실패를 공유하고, 비교하고, 분석하라.

예수님의 제자들은 누구보다 더 많이 그리고 철저히 믿음 생활을 실패한 사람들이었습니다. 그러나 결국 믿음으로 모든 것을 극복해 내고 훌륭한 주님의 도구로 쓰임 받았습니다.

자주 넘어진다 해도, 주님을 떠나지만 않으면 우리의 신앙생활은 기경한 밭이 풍성한 수확을 거두는 것처럼 아름다운 열매를 맺을 것입니다. 실패에 무너지지 말고, 항상 곁에서 일으켜주시는 주님을 의지해 실패를 성장의 디딤돌로 삼으십시오. 복되고 형통합니다. 아멘!!!

💛 주님, 제 곁에서 일으켜주시는 주님을 의지해 실패를 성장의 디딤돌로 쓰게 하소서.
✣ 믿음으로 모든 것을 극복해 내고 훌륭한 주님의 도구로 쓰임 받읍시다.

나의 영적 일기

겨울이 지나야 피는 꽃

읽을 말씀 : 로마서 5:1-11

● 롬 5:4 인내는 연단을, 연단은 소망을 이루는 줄 앎이로다

5월 22일

　호주로 이민 간 교민이 있었습니다.
　한국 생활 내내 마당에서 기르던 개나리를 계속해서 기르고 싶어 작은 묘목을 가지고 떠났습니다. 새로운 집 마당에 개나리를 심고 1년이 지났습니다. 땅이 좋았는지 가지도 쭉쭉 뻗어나가고 잎도 무성했습니다.
　그런데 아무리 기다려도 꽃이 피지 않았습니다.
　처음 1년은 어쩌다 그런가 보다 하고 넘어갔는데 2년이 지나도 잎만 무성할 뿐 꽃이 피지 않았습니다.
　이상하게 여겨 공부를 좀 해보니 '춘화현상' 때문이었습니다.
　튤립과 진달래, 개나리 같은 몇몇 식물은 추운 겨울을 나지 않으면 생육 현상이 일어나지 않아서 꽃이 피지 않는다고 합니다. 그래서 아무리 땅이 좋고, 햇볕이 잘 들고, 꽃이 피기 좋은 환경이라 해도 잎만 무성할 뿐 꽃이 피지 않습니다. 개나리에게 필요한 것은 양지바른 땅이 아닌, 생육에 불필요해 보이는 혹독한 추위였습니다.
　어려운 고난을 극복하고 성공한 사람이 더 대단해 보이듯이 연단의 과정을 거치며 우리의 믿음도 점점 아름다운 꽃을 피우고 열매를 맺게 됩니다. 오직 감당할 시험만으로 우리를 연단하시는 주님이심을 믿고 혹독한 겨울에도 흔들리지 말고 주님을 의지하며 아름다운 믿음의 꽃이 필 순간을 기다리십시오. 복되고 형통합니다. 아멘!!!

♡ 주님, 감당할 시험으로 연단하시는 주님을 믿고 흔들리지 않고 굳건하게 하소서.
📖 연단의 과정을 거치며 우리의 믿음도 열매를 맺게됨을 믿고 승리합시다.

나의 영적 일기

5월 23일

칼뱅의 기도

읽을 말씀 : 누가복음 10:25-37

● 눅 10:27 대답하여 가로되 네 마음을 다하며 목숨을 다하며 힘을 다하며 뜻을 다하여 주 너의 하나님을 사랑하고 또한 네 이웃을 네 몸과 같이 사랑하라 하였나이다

조용한 신학자였던 칼뱅(Jean Calvin)은 연구에 방해가 된다는 이유로 종교개혁의 물결에 휩쓸리지 않기를 원했습니다.

그러나 루터(Martin Luther)의 복음주의 이론을 접하고 생각이 바뀌었습니다.

여기에 더해 친한 친구인 기욤 파렐(Guillaume Farel)의 강권으로 진리를 바로 세우기 위해 종교개혁의 최전선에 나섰습니다.

칼뱅은 매일 다음과 같은 기도를 드리며 자신의 모든 것을 주님께 드리기를 소망했습니다.

「전능하신 하나님, 말씀의 빛으로 저희를 비추소서.
대낮에 눈이 어두워지지 않고 의도적으로 어둠을 찾지 않고
마음이 잠들게 내버려두지 않도록 도우소서.
날마다 주님의 말씀으로 저희를 깨우시고
주님의 이름을 더욱더 경외하게 하며
저희 자신과 모든 열망을 주님께 제물로 드리게 하소서.」

주님의 제자는 곧 주님을 위해 모든 것을 바칠 각오가 되어 있어야 합니다. 시대가 다르고 상황이 다름에도 주님의 복음을 위해 매일 우리의 모든 것을 드리겠다는 칼뱅의 결단이 우리에게도 있어야 합니다.

날마다 주님의 음성을 청종하며, 주님의 제자로 살아가겠노라고 기도로 다짐하십시오. 복되고 형통합니다. 아멘!!!

♡ 주님, 모든 것을 포기하더라도 주님을 따라가는 제자가 되게 하소서.
🧩 주님을 위해 모든 것을 바칠 각오로 주님을 기쁘게 섬깁시다.

나의 영적 일기

밀알의 참뜻

읽을 말씀 : 요한복음 12:20-26

● 요 12:24 내가 진실로 진실로 너희에게 이르노니 한 알의 밀이 땅에 떨어져 죽지 아니하면 한 알 그대로 있고 죽으면 많은 열매를 맺느니라

    요한복음에는 밀알의 비유가 등장합니다. 주님은 열매를 맺기 위해서는 밀알처럼 땅에서 죽어야 한다고 가르치셨습니다.
    '밀알'이라는 존재 자체를 생각해보면 주님의 이 비유가 어떤 뜻인지 더욱 마음에 와닿습니다.
    밀알은 아름다운 꽃이 아닙니다.
    사람에게 즐거움을 주지 못하고, 벌과 나비를 끌어들이지도 않습니다.
    또 밀알은 잎도 아닙니다.
    나뭇잎처럼 광합성을 하지도 않고, 아무런 시각적 미학도 없습니다.
    또한 밀알은 열매도 아닙니다.
    먹을 수도 없고, 활용할 수도 없습니다.
    밀알이 하는 일은 다만 땅에 심겨져 죽는 것입니다.
    그러나 이 한 알이 때로는 거대한 나무가 되고, 수많은 열매를 맺습니다.
    그렇다면 밀알처럼 사는 삶은 어떤 의미일까요?
    주님이 보여주신 것처럼, 자신의 십자가를 지고, 세상에서 내가 아닌, 주님의 사명을 맡은 제자로 살아가는 것입니다. 우리 삶의 목적은 세상에서의 성공도 아니요, 부귀도 아니요, 영광도 아닙니다. 오직 복음 전파로 영혼을 구원해 주님께 영광을 돌리는 것뿐입니다. 빛이 없는 곳에서 조용히 복음을 전하며 많은 열매를 맺는, 주님께만 영광 돌리는 밀알과 같은 삶을 살아가십시오. 복되고 형통합니다. 아멘!!!

💗 주님, 복음을 전하며 많은 열매를 맺어 주님께만 영광 돌리는 복된 삶을 살게 하소서.
🧠 우리 삶의 목적은 세상에서의 성공도 아니요, 부귀도, 영광도 아님을 선포합시다.

나의 영적 일기

5월 25일 성경을 깊이 읽는 사람

읽을 말씀 : 디모데후서 3:12-17

● 딤후 3:15 또 네가 어려서부터 성경을 알았나니 성경은 능히 너로 하여금 그리스도 예수 안에 있는 믿음으로 말미암아 구원에 이르는 지혜가 있게 하느니라

「게이트웨이 신학교(Gateway Seminary)」에서 신학을 가르치는 짐 윌슨(Jim Wilson) 교수님에게 하루는 한 무리의 학생들이 찾아왔습니다.
"교수님, 저희가 성경을 보다가 이상한 점을 많이 발견했습니다.
이에 대해서 토론할 시간을 주실 수 있습니까?"
윌슨 교수님이 물었습니다.
『좋습니다. 그런데 지금까지 성경을 몇 번이나 읽었습니까?』
일독을 한 학생이 단 한 명도 없었습니다.
『그러면 토론을 하자고 한 구약은 몇 번이나 읽었습니까?』
학생들은 또 대답하지 못했습니다.
『나도 40년간 매일 성경을 깊이 읽었지만 지금도 전부를 이해하지 못했습니다. 토론은 언제나 환영이지만, 일단 성경을 좀 더 읽은 뒤 저를 찾아오는 것이 어떻겠습니까?』
최근 유명한 유튜버가 교회를 공격하기 위해서 성경을 읽다가 오히려 크리스천이 된 사건이 있었습니다. 교회를 공격하던 콘텐츠가 매주 올라오다가 갑자기 크리스천이 됐다고 고백해 많은 사람을 놀라게 했습니다.
유일한 진리의 말씀인 성경을 깊이 읽는다면 변화되지 않을 사람은 단 한 명도 없을 것입니다. 놀라운 진리의 정수인 성경을 가까이 두고 자주 묵상하십시오. 복되고 형통합니다. 아멘!!!

♡ 주님, 성경에 기록된 주님의 말씀은 일점일획도 모순이 없음을 믿게 하소서.
🖼 성경을 읽으며 주님의 뜻을 발견하고 주님의 발자취를 기쁘게 따라갑시다.

나의 영적 일기

아들의 믿음, 종의 믿음

읽을 말씀 : 히브리서 3:1-6

● 히 3:6 그리스도는 그의 집 맡은 아들로 충성하였으니 우리가 소망의 담대함과 자랑을 끝까지 견고히 잡으면 그의 집이라

「감리교 창시자」 존 웨슬리(John Wesley)는 예수님을 어려서부터 믿었지만, 진정한 회심은 목회자가 되고 나서 경험했습니다.

웨슬리는 자신의 회심과 사역에 대해 종종 다음과 같은 비유를 들어 설교 시간에 말하곤 했습니다.

"저는 회심을 하기 전에도 선교사였고 크리스천이었습니다.
그리고 회심을 한 뒤에도 선교사이고 크리스천입니다.
그렇다면 이 두 가지 삶에 어떤 차이가 있을까요?
회심을 하기 전에도 저는 열심히 복음을 전했습니다.
그러나 종의 믿음으로 억지로 감당했습니다.
회심을 한 뒤에도 저는 열심히 복음을 전하고 있습니다.
그러나 이제는 아들의 믿음으로 기꺼이 감당하고 있습니다.
같은 일을 한다 해도 아들의 믿음으로 하는 사람이
축복이자 은혜를 받은 사람입니다."

교회에서의 사역, 세상에서의 사명을 어떤 마음으로 감당하고 있습니까? 혹시 구원의 감격을 잊고서 종처럼 의무감으로 감당하고 있지는 않습니까? 우리는 하나님의 종이 아닌 아들이며, 아버지를 섬기는 아들처럼 기꺼이 기쁨으로 책무를 즐겨야 합니다.

종처럼 억지로 하는 것이 아니라, 아버지를 누구보다 사랑하는 아들처럼 기꺼이 헌신하십시오. 복되고 형통합니다. 아멘!!!

💗 주님, 주님의 사역을 할 때 억지로나 의무감이 아니라 사랑과 감사로 하게 하소서.
📖 주 예수님을 구주와 주님으로 바르게 믿고 있는 그리스도인인지 확인합시다.

나의 영적 일기

5월 27일 — 어떻게 사용하고 있는가

읽을 말씀 : 에베소서 5:15-21

● 엡 5:15,16 그런즉 너희가 어떻게 행할 것을 자세히 주의하여 지혜 없는 자 같이 말고 오직 지혜 있는 자 같이 하여 세월을 아끼라 때가 악하니라

영국 빅토리아 시대 때 부유한 귀족들은 남는 시간을 활용할 방법을 찾으려고 강아지 품종을 개량했습니다.

영국 귀족들은 다른 사람과 차별화된 특별한 강아지를 가지고 싶었고 그래서 많은 돈을 들여서 자기들의 목적에 맞는 강아지 품종을 개발했습니다. 털이 곱슬곱슬한 개, 수건처럼 주름이 쭈글쭈글한 개, 얌전히 무릎에 앉아있을 만한 아주 작은 개, 소를 죽이는 시합에 참전시킬 사나운 개 등 현존하는 강아지 품종의 90%는 빅토리아 시대의 영국에서 생겨난 것입니다.

그렇게 다양한 품종이 개발되자 이제 귀족들의 관심은 사람으로 건너갔습니다. 마치 강아지 품종을 개량해서 다양한 품종을 만들었듯이 이제 귀족들은 자기들의 여흥거리에 필요한 사람들을 만들어 냈습니다. 키가 아주 작은 사람, 키가 아주 큰 사람, 등이 굽은 사람 등을 만들어 때로는 전시도 하고 서커스에 출연시키기도 했습니다. 오죽하면 당시 대문호였던 빅토르 위고(Victor M. Hugo)는 귀족들의 이런 행태를 고발하기 위한 소설을 집필했을 정도였습니다.

당시의 귀족들이 하나님이 주신 재산과 여유, 지위를 만약 복음을 위해서 사용했다면 수많은 영혼이 구원받았을 것입니다. 그러나 이들은 주님이 주신 복을 자신들의 여흥을 위해서, 그것도 많은 동물과 사람을 괴롭히면서 오히려 악한 일을 위해 사용했습니다.

주님이 주신 오늘 하루라는 소중한 시간과 재물, 그 밖의 모든 것을 주님의 선한 일을 위해 사용하고자 노력하십시오. 복되고 형통합니다. 아멘!!!

♥ 주님, 주님이 주신 시간과 재물, 모든 것을 주님의 선한 일을 위해 사용하게 하소서.
📖 나는 주님이 주신 좋은 것들을 가지고 복음을 전하고 있는지 점검합시다.

나의 영적 일기

제자의 조건

5월 28일

읽을 말씀 : 시편 69:30-36

● 시 69:30,31 내가 노래로 하나님의 이름을 찬송하며 감사함으로 하나님을 광대하시다 하리니 이것이 소 곧 뿔과 굽이 있는 황소를 드림보다 여호와를 더욱 기쁘시게 함이 될것이라

　마가복음 10장에는 예수님을 찾아와 영생을 얻는 방법을 묻는 청년의 이야기가 나옵니다.
　예수님은 그 청년에게 "모든 것을 버리고 나를 따르라"라고 말씀하셨습니다. 가진 것이 많았던 청년은 걱정하며 결국 주님 곁을 떠났습니다.
　만약 오늘날 누군가 예수님을 찾아와 제자가 되겠다고 한다면, 예수님은 무엇을 요구하실까요?
　저명한 작가이자 복음 전도자였던 윌리엄 영 풀러턴(William Young Fullerton)은 이 질문에 이렇게 대답했습니다.
　"예수님은 단 한 가지 사랑을 요구하실 것입니다. 이 사랑은 그냥 사랑이 아닙니다. 최고의 사랑입니다. 다른 어떤 사람, 어떤 물건, 어떤 가치와도 비교할 수 없는 유일한 사랑입니다. 이런 사랑으로 주님을 사랑하지 않고서는 제자가 될 수 없습니다. "미워한다"라는 말은 상대적인 것입니다. 예수님보다 가족을 미워한다고 해서 가족을 사랑하지 말라는 것이 아닙니다. 하지만 최고의 사랑, 최초의 사랑, 소중한 사랑을 주님께 드려야 하는 것, 이것이 제자의 조건일 것입니다."
　성경에 있는 모든 율법과 헌금, 의례 등은 '예수님을 향한 사랑' 한 문장으로 요약할 수 있습니다. 예수님을 사랑할 때 우리는 선한 일을 행하며 낙심하지 않을 수 있습니다. 예수님을 사랑할 때 재물에 마음을 빼앗기지 않고, 구제하며 하늘의 보화를 쌓을 수 있습니다. 세상보다, 그 누구보다, 그 무엇보다, 주님을 사랑하십시오. 복되고 형통합니다. 아멘!!!

♡ 주님, 마음과 뜻과 정성과 목숨을 다해 주님을 사랑하게 하소서.
　일상생활 속에서도 지금 내가 하늘의 보화를 쌓고 있는지 늘 생각하며 삽시다.

나의 영적 일기

5월 29일 빨리 준비하십시오

읽을 말씀 : 고린도전서 9:19-27

● 고전 9:25 이기기를 다투는 자마다 모든 일에 절제하나니 저희는 썩을 면류관을 얻고자 하되 우리는 썩지 아니할 것을 얻고자 하노라

한 아이가 주일학교를 다녀와서는 엄마에게 자랑스럽게 주일학교에서 배운 내용을 말했습니다.
"엄마, 우리가 죽으면 나중에 하늘나라에 간대요.
예수님이 이미 우리 집이랑 모든 것을 다 준비해놓으셨대요.
하늘나라에서는 영원히 행복하게 살 수 있다고 하던데요?"
엄마가 딸을 대견하게 여기며 대답했습니다.
『그래, 맞아. 하늘나라는 정말 좋은 곳이란다.』
"그런데 엄마, 하나 궁금한 게 있어요."
『그게 뭐니?』
딸은 이해가 안 된다는 표정으로 물었습니다.
"우리가 어디 여행을 갈 때는 며칠 전부터 철저하게 준비하잖아요. 그런데 하늘나라로 이사 갈 준비는 도대체 왜 안 하는 거예요?"
여행을 잘 떠나려면 며칠 전부터 준비해야 합니다.
이민은 몇 년 전부터 준비하는 사람도 있습니다.
그렇다면 영원히 거할 하늘나라는 얼마나 오래, 제대로 준비해야 하겠습니까?
영원한 하늘나라를 위한 준비를 말씀의 가르침을 따라 어서 시작하십시오.
복되고 형통합니다. 아멘!!!

♥ 주님, 주님의 은혜로 천국에 갈 수 있음에 감사하며 이사 준비를 잘하게 하소서.
🙏 영원한 하늘나라를 위한 준비를 말씀의 가르침을 따라 시작합시다.

나의 영적 일기

사람의 모순

읽을 말씀 : 마가복음 12:18-27

● 막 12:24 예수께서 가라사대 너희가 성경도 하나님의 능력도 알지 못하므로 오해함이 아니냐

국내의 한 대학에서 사랑을 연구해 「사랑의 10가지 모순」이라는 논문을 발표했는데 그중 5가지의 제목입니다.
❶ 사랑은 주는 것이다?/쟁취하는 것이다?
❷ 사랑은 남을 돕는 것이다?/자신을 소중히 여기는 것이다?
❸ 사랑은 새로운 상대에게 끌리는 것이다?/옛 추억을 회상하는 것이다?
❹ 사랑은 무조건 옳은 것이다?/잘못된 사랑도 있는 것이다?
❺ 사랑은 이기적인 것이다?/배려인 것이다?
모순은 명제끼리 서로 맞지 않을 때, 혹은 명제와 행동이 맞지 않을 때 일어나는 어긋남입니다. 사랑이 무엇인지 모르고, 어떻게 사랑해야 하는지 모르기 때문에 사람들은 저마다 사랑에 대해 잘못된 생각을 하고 있고, 잘못된 사랑을 하고 있습니다.
한편 신앙생활에도 이와 같은 유명한 3가지 모순이 있습니다.
❶ 예수님을 믿는다고 고백하며, 주님의 말씀인 성경은 멀리하는 것
❷ 예수님을 사랑한다고 고백하며, 전도는 일절 하지 않는 것
❸ 성경도 안 보고 전도도 안 하면서, 예수님을 사랑한다고 고백하는 것
나의 신앙생활은 고백대로 드려지는 예배입니까?
아니라면 행동과 고백이 다른 모순적인 삶입니다.
말하는 대로 살아가고, 살아가고자 하는 대로 고백하는, 겉과 속이 같은 크리스천이 되십시오. 복되고 형통합니다. 아멘!!!

♡ 주님, 사랑에 대해 바르게 생각하고 바르게 사랑하여 주님께 기쁨을 드리게 하소서.
🖼 사랑이 무엇인지, 어떻게 사랑해야 하는지를 바르게 알아 이웃을 섬기며 삽시다.

나의 영적 일기

5월 31일
교회의 생명력

읽을 말씀 : 마태복음 16:13-20

● 마 16:18 또 내가 네게 이르노니 너는 베드로라 내가 이 반석 위에 내 교회를 세우리니 음부의 권세가 이기지 못하리라

영국의 「메트로폴리탄 터버너클(Metropolitan Tabernacle) 교회」는 19세기 한때 세계에서 가장 큰 교회였습니다.

성도만 4천 명이 넘었습니다. 당시 이 교회의 담임 목회자였던 스펄전(Charles H. Spurgeon)이 하루는 이런 메시지를 전했습니다.

"주님을 향한 뜨거운 열정을 가슴에 품은 12명만 있다면, 이 런던 전체 주민을 전도할 수 있습니다.

그러나 여기에 4천 명이 있다 할지라도 마음이 미지근하면 아무것도 할 수 없어 예배당이 텅텅 비고 말 것입니다."

이후 2번의 폭격과 화재로 터버너클 교회에는 큰 위기가 찾아왔습니다.

건물은 재건이 됐지만, 유럽 기독교에 위기가 찾아오면서 성도들은 20~30명 남짓밖에 남지 않았습니다. 그마저도 노인과 관광객이 전부였습니다.

다행인 것은 다시 가슴이 뜨거운 성도들이 이 교회를 찾으면서 유서 깊은 터버너클 교회가 무너지지 않고 회복되고 있다는 사실입니다. 점점 진리가 설 자리를 잃어가는 세상이라 하더라도 전심으로 주님을 예배하며 하늘을 향해 부르짖는 기도의 용사들이 있다면 언제든 부흥의 불꽃은 다시 일어납니다.

교회의 생명력은 교회의 크기나 좋은 프로그램이 아니라 전심으로 기도하는 열정 있는 성도의 숫자에 달려 있습니다.

주님의 일을 기꺼이 감당할 수 있는 일당백의 믿음의 용사가 되십시오. 복되고 형통합니다. 아멘!!!

♥ 주님, 주님의 일을 기꺼이 감당할 수 있는 뜨거운 믿음을 주소서.
📖 전심으로 기도하는 열정 있는 성도가 되어 교회 부흥에 쓰임 받읍시다.

나의 영적 일기

6월

"야베스가 이스라엘 하나님께 아뢰어 가로되
원컨대 주께서 내게 복에 복을 더 하사
나의 지경을 넓히시고 주의 손으로 나를 도우사
나로 환난을 벗어나 근심이 없게 하옵소서 하였더니
하나님이 그 구하는 것을 허락하셨더라"
- 역대상 4:10 -

6월 1일 — 방송 사역을 위한 귀한 섬김

읽을 말씀 : 디모데전서 6:17-19

● 딤전 6:18 선한 일을 행하고 선한 사업에 부하고 나눠주기를 좋아하며 동정하는 자가 되게 하라

『극동방송에서는 해마다 6월 6일 현충일을 기려 전국운영위원회 수련회를 열고 있습니다. 원주의 오크밸리에서 열렸던 작년 수련회에는 역대 가장 많은 인원인 1,400여 명이 참석해 영적으로 재충전한 바 있습니다. 현재 극동방송 13개 지사에 운영위원회가 조직되어 있습니다.

제가 1973년에 아세아방송을 설립하고, 팀(TEAM) 선교회의 극동방송까지 인수해 공동으로 운영하던 때가 1977년이었습니다. 그러나 인수 당시 많은 부채가 있었고, 사옥은 비가 새고, 장비는 노후화된 상태였습니다.

하루는 직원들 월급이 부족해 기도실에서 기도하고 나왔는데 당시 해병대 소장이었던 임경섭 장로님이 주한 미군 철수 문제로 마음이 답답해 저를 만나기 위해 방송사에 와 계셨습니다. 상황을 들은 장로님은 그 자리에서 기독 실업인 한 분에게 연락해 이 문제를 해결해 주었습니다. 그리고 방송사를 위해 후원회를 만들면 어떻겠냐는 임 장로님의 제안에 저는 운영위원회를 조직해 줄 것을 부탁했습니다. 임 장로님은 극동방송의 설립 취지에 뜻을 같이하는 32명을 모았고, 1980년 9월 18일 역사적인 운영위원회가 출범하기에 이르렀습니다.

그때부터 저는 운영위원들과 상반기 3개월, 하반기 3개월 매주 목요일 새벽마다 성경 공부를 인도하고 있으며, 지금은 전국의 운영위원들이 중계를 통해 동시에 목요 아침 예배를 드리고 있습니다. 저는 매일 새벽 기도할 때마다 방송사를 위해 물질과 기도로 섬기고 계신 운영위원들의 기업과 가정을 하나님께서 지켜주시도록 간구하고 있습니다.』 - 「김장환 목사의 인생 메모」 중에서

서로 짐을 지며 협력해 복음을 전하십시오. 복되고 형통합니다. 아멘!!!

♡ 주님, 주님의 나라와 의를 위해 주님께서 맡기신 물질을 쓰는 청지기가 되게 하소서.
📖 주님이 맡기신 것을 주님의 나라를 위해 활용하는 성경적 청지기가 됩시다.

나의 영적 일기

하나님을 사랑하기 때문에

읽을 말씀 : 야고보서 1:12-18

● 약 1:12 시험을 참는 자는 복이 있도다 이것에 옳다 인정하심을 받은 후에 주께서 자기를 사랑하는 자들에게 약속하신 생명의 면류관을 얻을 것임이니라

중국 내륙 선교의 개척자 허드슨 테일러(James Hudson Taylor) 선교사님에게 동역하고 싶다며 한 선교사 지망생이 찾아왔습니다.
테일러 선교사님이 "왜 먼 중국까지 선교하러 오고 싶은지요?"라고 묻자 지망생이 『주님이 저에게 명령하셨기 때문입니다. 세계에 나가서 복음을 전하는 것이 저의 사명입니다』라고 대답했습니다.
테일러 선교사님이 대답했습니다.
"너무나 좋은 동기입니다. 그러나 선교 현장에서는 시험과 시련, 때로는 목숨의 위협까지도 견뎌내야 합니다.
당신의 동기는 이런 위협을 버티지 못할 것입니다."
『그러면 선교사님은 어떤 동기로 그 일을 감당하고 계십니까?』
이 질문에 허드슨 테일러 선교사님이 대답했습니다.
"주님을 향한 사랑입니다.
주님을 사랑하기 때문에 저는 두렵고 떨려도 중국으로 왔고, 열매가 맺히지 않아도 계속해서 복음을 전했고, 어떤 위협에도 쓰러지지 않고 사명을 감당할 수 있었습니다."
주님을 사랑하는 사람은 저절로 선을 행하고, 전도를 하고, 선교를 하며 포기하지 않고 끝까지 감당하게 됩니다. 오직 주님만을 더욱 사랑하십시오. 복되고 형통합니다. 아멘!!!

♥ 주님, 주님의 사랑으로 두려움을 이겨내고 주어진 사명을 잘 감당하게 하소서.
📖 주님을 사랑하고 선을 행하며, 전도하고 선교하는 그리스도인이 됩시다.

나의 영적 일기

6월 3일
후회 없는 삶

읽을 말씀 : 고린도후서 7:1-10

● 고후 7:10 하나님의 뜻대로 하는 근심은 후회할 것이 없는 구원에 이르게 하는 회개를 이루는 것이요 세상 근심은 사망을 이루는 것이니라

미국의 신학자이며 사회학자인 토니 캄폴로(Tony Campolo) 박사님이 95세가 넘은 어르신들에게 다음과 같이 물었습니다.
"인생을 다시 한번 산다면 어떻게 살고 싶으십니까?"
● 첫 번째로 많은 대답은 '날마다 반성하는 삶'이었습니다.
　실패하지 않는 사람은 없습니다. 그러나 실패를 경험하고 반성하지 않은 시간이 가장 큰 후회로 다가왔던 것입니다.
● 두 번째로 많은 대답은 '조금 더 용기를 내는 삶'이었습니다.
　분위기에 눌려 불의와 타협하고, 사랑을 고백하지 못하고, 사랑하는 가족에게 먼저 손을 내밀지 못한, 진실을 외면하며 살아온 날들이 두 번째로 큰 후회였습니다.
● 세 번째로 많은 대답은 '죽은 후에도 무언가 남기는 삶'이었습니다.
　삶이란 언젠가는 끝나는 것이며 사는 동안 세운 업적만이 세상에 남는다는 것을 95세의 어르신들은 뼈저리게 깨달았던 것입니다.
　그러나 사람이 인생을 두 번이고 세 번이고 산다 해도 후회하지 않는 완벽한 삶을 살 수는 없습니다. 인생은 결국 죽음으로 끝나고, 구주 예수님을 만나기 전에는 죽음의 문제를 해결할 수 없기 때문입니다. 인간이 해결할 수 없는 바로 그 문제를 해결하러 오신 구주 예수님을 영접함으로 진정 후회 없는 삶을 살아갈 준비를 하십시오. 복되고 형통합니다. 아멘!!!

♡ 주님, 선한 목자이신 주님의 인도를 따라서 진정 후회 없는 삶을 살게 하소서.
✎ 후회하지 않는 인생을 위해 어떻게 살아야 할지 생각해 봅시다.

나의 영적 일기

영원한 나라의 호적

읽을 말씀 : 요한계시록 21:22-27

● 계 21:27 무엇이든지 속된 것이나 가증한 일 또는 거짓말 하는 자는 결코 그리로 들어오지 못하되 오직 어린 양의 생명책에 기록된 자들뿐이라

    지금은 가족관계등록제도로 이름이 바뀐「호적」은 가족 구성원의 신분을 보증하기 위해 생긴 제도입니다.
    새로운 자녀가 가족으로 태어나면 출생등록을, 결혼하면 혼인신고를 해야 합니다. 사망 기록 역시 이 호적에 모두 남습니다. 부모가 호적에 등록하지 않은 사람은 세상에 없는 사람 취급을 받습니다. 제대로 일자리를 구하지도 못하고, 어떤 혜택도 받지 못합니다. 신분을 증명할 방법이 없기 때문입니다. 우리는 이런 사람들을 '무호적자'라고 부릅니다.
    그런데 영원한 하나님의 나라에도 호적이 있다는 사실을 알고 계십니까?
    바로「생명책」입니다.
    이 생명책에 이름이 적힌 사람만이 오직 천국에 들어갈 수 있습니다.
    요한계시록에는 하나님이 주신 우리의 새 이름이 약속의 징표인 흰 돌에 기록되어 있다고 나와 있습니다.
    우리의 신앙생활이 하늘나라의 호적에 등록되기에 합당한지 아시는 분은 오직 주님뿐이십니다. 주 예수님을 나의 구주로 영접하면 주님의 약속을 따라 누구든지 구원받습니다.
    신앙생활이 아닌 잘못된 종교생활로 하늘나라의 무호적자가 되지 않도록 주님을 믿는 믿음으로 주의하고, 낮이나 밤이나 늘 행동과 마음을 조심하며 바른 믿음을 지켜나가십시오. 복되고 형통합니다. 아멘!!!

♡ 주님, 제가 주님의 약속의 말씀에 의해 주님을 믿어 구원받았음을 확증하게 하소서.
🖼 하늘나라에 갈 수 있다는 확신의 근거로 약속의 말씀이 있는지 확인합시다.

나의 영적 일기

6월 5일

잡담의 감동

읽을 말씀 : 마태복음 5:43-48

● 마 5:47 또 너희가 너희 형제에게만 문안하면 남보다 더 하는 것이 무엇이냐 이방인들도 이같이 아니하느냐

영국의 유명한 경제학자인 데이비드 프리맨틀(David Freemantle)은 집 근처의 체육관으로 매일 운동을 하러 다녔습니다. 그런데 조금 더 가까운 곳에 시설이 훨씬 좋은 체육관이 있었습니다. 프리맨틀은 그 더 나은 시설의 체육관으로 옮겼지만, 어쩐 일인지 사람이 너무 없었습니다.

'시설도 좋고, 가격도 비슷한데 왜 예전 체육관이 장사가 더 잘 되지?'

경제학자로서 더욱 이유가 궁금했던 프리맨틀은 다시 이전의 체육관으로 옮겨서 원인을 연구했습니다. 그리고 몇 주 뒤 낡은 체육관이 더 인기 있는 이유가 안내 직원의 「잡담」이라는 사실을 발견했습니다.

안내 직원은 체육관을 찾아오는 모든 회원들에게 미소로 대화를 건넸습니다. 날씨와 같은 시시콜콜한 이야기부터 오랜 회원에게는 가족의 안부까지도 묻곤 했습니다. 경제학자인 프리맨틀은 사소하지만 따스한 대화가 사람의 마음을 얼마나 움직이는지를 체육관의 여직원을 통해 배웠습니다.

프리맨틀은 이때의 경험을 더욱 깊이 파고들어 훗날 "무슨 말이든지 건네야 고객과의 관계가 시작된다"라는 내용의 경영 인문서를 쓰기도 했습니다.

우리는 이웃과의 소중한 교제 시간을 허투루 보내고 있지는 않습니까?

주 예수님의 사랑을 전하기 위해서는 먼저 감동을 주고, 마음을 열어야 합니다. 얼굴은 알지만 교제하지 못한 새신자들, 다른 교인들, 전도 대상자들을 되도록 자주 찾아가 대화를 시작하십시오. 복되고 형통합니다. 아멘!!!

♥ 주님, 성도나 이웃과의 소중한 교제 시간을 허투루 보내지 않게 지혜를 주소서.
📖 소망의 이유를 묻는 사람들에게 답할 말들을 항상 준비합시다.

나의 영적 일기

내 안에 무엇이 있는가

읽을 말씀 : 갈라디아서 5:16-26

● 갈 5:16 내가 이르노니 너희는 성령을 좇아 행하라 그리하면 육체의 욕심을 이루지 아니하리라

하와이 해변에서 아름다운 노을을 바라보며 하나님의 위대하심을 느끼는 여인이 있었습니다.
'주님, 오늘 노을도 너무 아름답습니다.
어쩜 저렇게 형형색색의 오묘한 노을이 존재할 수 있는지요?
함께 어우러진 구름조차도 완벽합니다.
주님은 최고의 예술가이십니다. 황홀한 순간을 주셔서 감사합니다.'
그런데 그 순간 한 남녀가 손을 잡고 해변가를 걷는 모습이 보였습니다.
노처녀인 여인은 자기도 모르게 주님께 불평을 했습니다.
'주님, 하와이까지 와서 이 멋진 노을을 혼자서
청승맞게 바라보게 하시나요?'
그런데 그 순간 동시에 자신의 마음을 깨닫게 되었습니다.
'내 안에 외로움이 있구나. 그리고 주님도 계시는구나.
주님이 아닌 것에 집중할 때 감사가 아닌 불평이 나오는구나!'
로렌 커닝햄(Loren D. Cunningham)과 함께 「예수전도단(YWAM. Youth with a mission)」의 근간을 마련한 조이 도우슨(Joy Dawson)이 간증한 내용입니다.
우리 안에 계시는 주님께만 집중하며 살아갈 때 성령님으로 충만한 삶을 살아갈 수 있습니다. 내 안에 무엇이 있습니까? 주님이 확실히 계십니까? 나에게 가장 좋은 것만을 주시는 주님께만 집중하십시오. 복되고 형통합니다. 아멘!!!

♡ 주님, 성령님으로 충만한 삶을 살아가도록 제 삶을 주님께만 집중하게 하소서.
🖼 성령님의 열매에 대해 공부하고, 그 열매로 변화된 내 삶에 대해 간증합시다.

나의 영적 일기

6월 7일

답안지가 있습니다

읽을 말씀 : 베드로전서 1:18-25

● 벧전 1:25 오직 주의 말씀은 세세토록 있도다 하였으니 너희에게 전한 복음이 곧 이 말씀이니라

대학교의 시험 종류 중에 '오픈북 시험'이라는 것이 있습니다.

말 그대로 책을 펴놓고 시험을 보는 것입니다. 강의에 사용된 교과서는 물론, 필요하다면 참고할 수 있는 서적과 계산기까지 사용할 수 있는 제도입니다. 만약 오픈북 시험을 보는데도 책을 들고 오지 않는 학생이 있다면 다른 사람들이 어떻게 생각할까요? 책을 다 암기한 천재로 생각하든지, 쉽게 시험을 치를 수 있는데도 굳이 어려운 길을 선택하는 바보로 여길 것입니다.

그런데 우리 인생도 오픈북 시험을 치를 수 있다는 사실을 알고 계십니까? 오픈북보다 더 쉬운, 아예 답안지가 제공되는 시험이 우리에게 준비되어 있습니다.

바로 '성경'입니다.

성경에는 구원의 문제를 해결할 진리뿐 아니라, 현대 생활에서 우리의 삶에 필요한 모든 문제의 해답이 적혀 있습니다. 말을 잘하는 지혜, 인간관계의 지혜, 회사에서 인정받을 수 있는 지혜 등 우리가 찾는 모든 것의 해답이 성경 안에 있습니다.

문제는 우리가 성경을 우리 삶에서 동떨어진 예전의 거룩한 말씀으로 치부한다는 것입니다. 하지만 진리를 담은 성경은 우리가 받기에 차고 넘칠 정도로 놀라운 지혜의 보고입니다. 어떤 문제가 생겨도 필요한 해답을 찾을 수 있습니다. 성경이라는 인생의 답안지가 항상 함께 있음을 기억하십시오. 복되고 형통합니다. 아멘!!!

♥ 주님, 성경에 구원 문제뿐 아니라, 생활에 필요한 모든 것이 있음을 깨닫게 하소서.

📖 생활에서 발생하는 문제들의 답을 성경에서 찾아 승리하는 삶을 삽시다.

나의 영적 일기

거장이 키우는 거장

읽을 말씀 : 요한일서 2:1-6

● 요일 2:5 누구든지 그의 말씀을 지키는 자는 하나님의 사랑이 참으로 그 속에서 온전케 되었나니 이로써 우리가 저 안에 있는 줄을 아노라

　미국의 교육철학자 로버트 허친스(Robert M. Hutchins) 박사님이 3류 대학교의 총장으로 취임했습니다. 허친스 박사님은 총장으로 부임하자마자 학생들에게 다음과 같이 공지했습니다.
　「100권의 고전을 읽으십시오.
　독후감을 제출하지 못한 학생은 졸업할 수 없습니다.」
　가뜩이나 공부하기도 바쁜 시기에 고전을 100권이나 읽으라는 말은 이해하기 어려웠습니다.
　학교 측에서도 오히려 공부를 시키는 것이 더 낫지 않겠느냐고 조언했지만, 허친스 박사님은 다음과 같이 자신의 생각을 밝혔습니다.
　"세상의 훌륭한 사람이 누구인지도 모르고 자신이 닮고 싶은 사람이 누구인지도 모르는데 무엇을 위해 공부한단 말입니까?"
　그리고 놀랍게도 허친스 박사님이 총장이 된 뒤 머지않아 학교는 명문대의 반열에 올랐습니다.
　세계 최고의 명문 하버드 대학교보다 노벨상 수상자가 많은「시카고 대학교(University of Chicago)」의 1929년도 이야기입니다.
　지도가 없으면 지름길을 찾을 수 없듯이, 롤 모델이 없이는 삶의 방향을 정하기 어렵습니다. 가장 완벽한 본이 되신 주님의 삶을 배우고 주님의 말씀을 실천하며 살아가는 그리스도인이라는 이름에 합당한 사람이 되십시오. 복되고 형통합니다. 아멘!!!

　💗 주님, 주님을 저의 삶의 롤 모델로 삼아 잘 배우고 잘 따라 잘 살아가게 하소서.
　📖 내 삶을 승리하게 하는 분은 주님이심을 믿고 늘 약속의 말씀을 붙잡읍시다.

나의 영적 일기

6월 9일
서비스의 7가지 비결

읽을 말씀 : 골로새서 4:2-6

● 골 4:6 너희 말을 항상 은혜 가운데서 소금으로 고르게 함같이 하라 그리하면 각 사람에게 마땅히 대답할 것을 알리라

    서울 이문동의 한 주택가에는 '전설의 리어카'로 불리는 과일 장수가 있었습니다. 그는 리어카를 가득 채운 과일을 매일 팔아 두 자녀를 대학에 보내고 강남에 아파트까지 마련했습니다. 과일 장수의 판매 비결은 서비스였는데, 얼마나 유명했는지 백화점에서도 배우러 찾아왔을 정도였습니다.
    당시 한 신문과의 인터뷰에서 과일 장수가 밝힌 「서비스의 7가지 비결」은 다음과 같습니다.

❶ 철저한 시간 관리: 노점이기에 더욱 철저히 언제 어디를 가는지 알려야 한다.
❷ 단골집은 찾아간다: 단골 가족이 좋아하는 과일까지 기억한다.
❸ "과일이요~" 대신 손님이 좋아할 만한 과일 이름으로 호객한다.
❹ 품질과 재고가 생명이므로, 가장 좋은 과일을 떨이를 해서라도 당일에 팔아야 한다.
❺ 단골에겐 단골 대접을 해주며 외상도 받아준다.
❻ 손님이 왕이므로 손님이 맛이 없다고 하면 맛없는 것으로 인정한다.
❼ 한 지역에서 꾸준히 장사하며 충성고객을 늘린다.

    과일보다 소중한 복음을 전하는 우리도 배워야 할 자세입니다. 주님이 주신 사랑을 통해 우리는 최고의 사랑, 최고의 서비스를 배워 아직 주님을 모르는 이웃을 찾아 VIP라는 이름에 어울리는 최고의 서비스와 사랑으로 복음을 전하십시오. 복되고 형통합니다. 아멘!!!

♥ 주님, 주님을 모르는 이웃들에게 보다 정성을 다해 지혜롭게 복음을 전하게 하소서.
📖 전도로 더 많은 열매를 얻기 위해 배워야 할 것이 무엇인지 살펴봅시다.

나의 영적 일기

믿지 못한다면

읽을 말씀 : 시편 120:1-7

● 시 120:2 여호와여 거짓된 입술과 궤사한 혀에서 내 생명을 건지소서

    미국 LA공항에서 한국으로 향하는 비행기가 출발 준비 중이었습니다. 갑자기 한 남자가 승무원을 다급하게 찾았습니다.
    "정말 죄송하지만 비행기에서 내려야 할 것 같습니다. 미국에 있는 아내가 위급하다는 연락을 받았습니다."
    활주로에서 이륙을 준비 중이었지만, 남자의 딱한 사정을 들은 기장은 비행기를 돌리기로 결정했습니다. 그런데 비행기에서 내리던 남자가 거짓말을 했다며 승무원에게 사과했습니다.
    "사실은 부부싸움을 하고 홧김에 혼자 한국으로 가려다가 마음을 바꿨습니다. 사실대로 말하면 비행기를 돌리지 않을 것 같아서 거짓말을 했습니다."
    그렇게 다시 활주로에서 이륙을 준비 중이었는데 이번엔 또 다른 손님이 내리겠다며 난동을 피웠습니다.
    『아까 혼자서 빠져나간 승객은 왜 다시 타지 않았죠? 테러리스트 아닌가요?』
    승무원들이 사정을 설명했지만, 손님은 믿지 않고 다른 승객들의 짐과 기내를 다시 한번 조사해야 한다고 우겼습니다. 그 손님 때문에 결국 300명의 승객들은 다시 공항으로 돌아가 짐 검사를 받아야 했습니다.
    불신은 치료약이 없습니다. 아무리 안전한 비행기라도 믿지 못하면 탈 수 없듯이 만고불변의 진리라도 믿지 않으면 구원을 받을 수 없습니다.
    진리를 믿는다면 곧 믿는 사람처럼 행동해야 합니다. 믿음으로 주님을 기쁘게 하는 성도가 되십시오. 복되고 형통합니다. 아멘!!!

💟 주님, 의심하지 않는 믿음으로 복음의 말씀을 따라 살게 하소서.
🖼 주님의 말씀이 진리라고 믿는다면 믿음으로 주님을 기쁘시게 하는 사람이 됩시다.

나의 영적 일기

6월 11일 구원의 유일한 방법

읽을 말씀 : 로마서 15:1-13

● 롬 15:12 또 이사야가 가로되 이새의 뿌리 곧 열방을 다스리기 위하여 일어나시는 이가 있으리니 열방이 그에게 소망을 두리라 하였느니라

홍수가 난 마을에 지붕 위에서 구조를 기다리는 남자가 있었습니다.
온 마을이 물로 가득 찼고, 수위가 계속 높아져 남자도 머지 않아 물살에 휩쓸릴 위기였습니다. 그때 기적적으로 저 멀리서 헬리콥터가 보였습니다. 남자를 발견한 구조대원은 바로 지붕 쪽으로 긴 사다리를 내렸습니다. 그런데 사다리를 눈앞에 두고도 남자는 머뭇거렸습니다. 답답한 구조대원이 크게 소리쳤습니다.
"조금만 더 있으면 물이 지붕까지 찹니다. 어서 사다리를 붙잡으세요."
그러자 남자도 소리쳤습니다.
『하지만 이 사다리가 너무 낡은 거 같은데요. 그리고 너무 길지 않나요? 붙잡고 가다가 떨어지기라도 하면 큰일인데요.
저는 고소공포증도 있거든요.』
이 말을 들은 구조대원이 더 다급하게 외쳤습니다.
"이유야 어쨌든 사다리를 붙잡지 않으면 당신은 100% 죽습니다!
어서 사다리를 잡으세요."
눈앞의 사다리가 유일한 생명줄인 것처럼, 예수님의 십자가가 유일한 구원의 방법입니다. 다른 복음, 다른 방법은 없습니다. 성경이 진리가 아니라면 우리는 결코 구원받을 수 없습니다. 살길은 하나뿐입니다.
조금 의문이 생겨도, 마음에 두려움이 생겨도, 예수님께서 우리 죄를 용서하기 위해 지신 십자가를 유일한 구원의 방법으로 생각하고 어서 붙잡으십시오. 복되고 형통합니다. 아멘!!!

♡ 주님, 주님을 믿으면 모든 죄가 용서되고 멸망하지 않고 영생함을 전하게 하소서.
🖐 예수님 외에는 길이요, 진리요, 생명이 없음을 담대하게 전하는 믿음을 가집시다.

나의 영적 일기

분노와 지혜

읽을 말씀 : 잠언 14:29-35

● 잠 14:29 노하기를 더디 하는 자는 크게 명철하여도 마음이 조급한 자는 어리석음을 나타내느니라

알렉산더 대왕(Alexander the Great)은 당대의 제국인 페르시아와의 전투에서 완승을 거두어 페르시아를 멸망시켰습니다. 자신의 군대보다 2,3배나 병력이 많았고, 장비도 좋았던 페르시아군을 상대로 대승을 거둔 알렉산더 대왕은 매우 뿌듯해하며 여러 날 동안 연회를 열었습니다.

자신의 업적에 도취한 알렉산더 대왕은 어느 날 신하들 앞에서 "나의 업적을 모두 보았는가? 우리 아버지도 이루지 못한 놀라운 업적을 내가 세웠다네!"라고 스스로를 칭찬했습니다.

알렉산더의 가장 친한 친구이자 충신인 클레이토스(Kleitos)가 이 말을 듣고 "아버지인 필리포스 2세(Philip II)와 그의 용맹한 용사들이 이룬 업적과 희생을 잊어서는 안 됩니다"라고 황급히 나섰습니다.

이 말을 들은 알렉산더 대왕은 크게 화를 내며 호위병의 창을 뺏어 클레이토스에게 던졌습니다. 창을 맞고 죽은 클레이토스를 보고 알렉산더 대왕은 이내 울음을 터트리며 후회했습니다.

"내가 잠시의 화를 못 참고 나의 가장 소중한 친구를 죽였구나."

아무리 지혜로운 사람도, 아무리 능력 있는 사람도, 분을 다스리지 못하면 반드시 큰 실수를 하게 됩니다. 분노는 지렛대와 같아서 능력이 좋을수록, 힘이 강할수록 더 큰 실수로 돌아옵니다. 주님의 사명을 감당하며 일어나는 여러 가지 일 가운데 특히 분을 내지 않도록 말씀이 가르치는 지혜를 통해 마음을 연단하십시오. 복되고 형통합니다. 아멘!!!

♡ 주님, 순간의 실수로 일을 그르치지 않도록 분을 다스릴 능력을 주소서.
🖼 분노가 아무리 치밀어 올라도 먼저 주님께 기도함으로 안정을 구합시다.

나의 영적 일기

6월 13일

가능성에 집중하라

읽을 말씀 : 시편 27:1-6

● 시 27:1 여호와는 나의 빛이요 나의 구원이시니 내가 누구를 두려워하리요 여호와는 내 생명의 능력이시니 내가 누구를 무서워하리요

독일의 대문호 괴테(Johann Wolfgang von Goethe)는 어떤 사람을 만나든 항상 교양 있게 대했다고 합니다. "왜 저런 사람에게까지 예의를 갖추냐?"는 친구의 말에 괴테는 다음과 같이 대답했습니다.

『저 사람의 보이는 모습대로 그를 대하면 자네는 그를 더 나쁘게 만드는 것이네. 그러나 저 사람의 잠재력을 믿어주면 당신은 그 믿음대로 그 사람을 만드는 것이네.』

현대 심리학은 괴테의 이 통찰을 '피그말리온 효과'라는 이름으로 증명했습니다. 선생님이 학생에게 가지는 기대만큼 성적이 오른다는 증거는 차고 넘칠 정도로 많아 이제 심리학에서는 정설이 되었습니다.

그러나 이 진리를 누구보다도 깊게 깨닫고 실천하신 분은 바로 예수님입니다. 예수님을 따르는 열두 제자를 보고 당시 사람들은 예수님의 안목이 형편없다고 생각했을 것입니다. 그러나 예수님을 부인한 베드로를 비롯해 도망친 제자들에게 세계 만방에 복음을 전할 가능성이 있다는 것을 주님은 아셨고, 성경이 이를 증명하고 있습니다.

예수님을 만난 우리 안에는 세상이 감당할 수 없는 놀라운 가능성이 있습니다. 주님이 주신 나의 가능성에 집중하십시오. 또한 누구에게나 예수님이 심어주신 놀라운 가능성이 있다는 사실을 알리고 그 가능성이 꽃피우도록 격려와 지지를 아끼지 마십시오. 복되고 형통합니다. 아멘!!!

♡ 주님, 감당할 수 없는 놀라운 가능성을 주신 주님을 믿고 비전을 이루게 하소서.
📖 주님께서 내게 주신 능력은 세상이 감당할 수 없음을 믿고 주님을 의지합시다.

나의 영적 일기

지구를 한 바퀴 도는 법

읽을 말씀 : 고린도후서 4:1-7

● 고후 4:1 이러하므로 우리가 이 직분을 받아 긍휼하심을 입은대로 낙심하지 아니하고

사람의 걸음으로 지구를 한 바퀴 돌려면 무려 4만 *km*를 걸어야 합니다.
만약 누군가에게 "지구를 한 바퀴 걸을 수 있으십니까?"라고 묻는다면 가능하다고 말하는 사람은 한 명도 없을 것입니다.
그러나 "하루에 3시간을 걸을 수 있습니까?"라고 묻는다면 많은 사람이 가능하다고 대답할 것입니다.
사실, 하루에 3시간을 걸으면 10년이 되기 전에 4만 *km* 이상을 걷게 됩니다. 실제로 한 번에 지구를 걷는 것과 매일 3시간씩 걷는 것은 다른 일이지만, 대부분의 위대한 일들은 꾸준함을 기반으로 이루어집니다.
평생 왕성한 문학 활동을 했던 영국의 작가 새뮤얼 존슨(Samuel Johnson)도 이 사실을 알았기에 "하루 세 시간 힘차게 걷는 사람은 7년이 지나면 지구를 한 바퀴 도는 것과 같은 거리를 걷게 된다"는 말을 남겼습니다. 그런데 이런 원리는 신앙생활에도 적용할 수 있습니다. 한 번의 기도 응답, 매일 실천하는 말씀 묵상이 쌓이고 쌓이면, 어느새 우리가 상상할 수 없었던 거대한 믿음의 탑을 쌓을 수 있습니다.
전도도 마찬가지입니다. 한 번에 10명을 전도하는 일은 불가능해 보입니다. 그러나 일 년에 1명을 전도하는 일, 한 달에 1명에게 복음을 전하는 일은 누구나 할 수 있는 일입니다. 중요한 것은 멈추지 않고 계속해서 제자로 살아가는 것입니다. 주님이 주시는 전도와 비전의 사명을 위해 우리는 계속해서 행동해야 합니다. 당장 눈앞에 주님이 허락하신 소중한 영혼들을 떠올리며, 그들에게 복음을 전할 수 있는 아주 작은 일부터 시작하십시오. 복되고 형통합니다. 아멘!!!

♡ 주님, 당장 눈앞에 주님이 허락하신 소중한 영혼에게 복음을 전할 수 있게 하소서.
🙏 기도 중에 복음을 전하고 싶은 사람이 있다면 주님을 의지해 복음을 전합시다.

나의 영적 일기

6월 15일 — 성경 문맹률

읽을 말씀 : 마태복음 13:18-23

● 마 13:23 좋은 땅에 뿌리웠다는 것은 말씀을 듣고 깨닫는 자니 결실하여 혹 백배, 혹 육십배, 혹 삼십배가 되느니라 하시더라

    매년 조금씩 달라지기는 하지만, 미국인들은 평균 70%가 자신이 그리스도인이라고 생각합니다. 그런데 이 중 10%만이 성경적인 세계관을 가지고 있습니다. 참으로 이상한 일입니다. 그리스도인은 성경을 진리로 믿고, 예수님을 따라 사는 사람들인데, 어떻게 성경적인 세계관을 가지지 않고 그리스도인으로 살아갈 수 있으며, 그리스도인이라고 고백할 수 있을까요?
    원인은 아주 간단합니다. 성경을 모르기 때문입니다.
    청년들이 한국 교회를 떠나는 이유의 75%가 기독교가 자신들의 의문을 해소하지 못해서라고 합니다. 성경을 읽지 않기 때문에 의문이 생기고, 말씀을 모르기 때문에 해답을 얻지 못하는 것입니다.
    성경을 읽고 성경을 믿고 성경의 말씀대로 살아가지 않으면서, 진리가 아닌 자기 생각을 기준으로 기독교와 아닌 것, 그리스도인과 아닌 사람을 나눌 때 이런 괴리가 나타납니다.
    성경의 모든 말씀은 하나님이 주인공입니다. 성경의 위인들이 대단해서 사명을 이룬 것이 아니라 하나님을 만났고, 하나님을 믿는 믿음으로 사명을 이루는 도구로 쓰임 받은 것입니다.
    지금 나는 주 예수님을 구주와 주님으로 영접한 그리스도인입니까?
    나는 성경이 진리라고 고백할 수 있습니까? 나는 성경적 세계관을 가지고 살아가고 있습니까? 보고 들으면서도 깨닫지 못하는 어리석은 사람이 되지 말고, 진리의 말씀인 성경을 깊이 묵상하며 참뜻을 깨닫는 지혜를 구하십시오. 복되고 형통합니다. 아멘!!!

💛 주님, 성경을 읽고 성경을 믿고 성경 말씀대로 살아가는 참된 성도가 되게 하소서.
🦋 내가 그리스도인임을 주변 사람들에게 말만이 아닌 생활로도 알립시다.

나의 영적 일기

생명의 전파

읽을 말씀 : 로마서 10:10-18

● 롬 10:14 그런즉 저희가 믿지 아니하는 이를 어찌 부르리요 듣지도 못한 이를 어찌 믿으리요 전파하는 자가 없이 어찌 들으리요

『제가 최근에 만난 탈북민 가운데 북방연구회 김 대표님은 북한의 김일성 부자의 건강과 장수를 연구하는 연구소에서 근무하다가 탈북해 대한민국의 품에 안긴 분입니다. 무엇보다도 북한에 있을 때 극동방송을 몰래 들었고, 탈북까지 했다고 하기에 극동방송 직원 채플 시간에 강사로 모셨습니다.

김 대표님의 친구가 중국에서 가져온 밀수품 중에 라디오가 있었다고 합니다. 늦은 밤에 이불 속에서 이어폰을 끼고 몰래 라디오를 듣다가 극동방송을 듣게 됐는데 너무 또렷이 잘 들렸다고 합니다. 이상하게 계속 듣고 싶은 마음이 들었는데, 자신의 삶에 어떤 기적이 생길 수도 있지 않을까라는 생각이 들어 한국으로 가야겠다는 마음을 먹고 마침내 탈북하게 됐다고 합니다.

김 대표님은 자신이 극동방송을 들을 수 있었던 것은 수많은 전파선교사들의 후원과 기도 덕분이었다는 사실을 알게 되었고, 북한 동포들이 복음을 들을 수 있도록 지금 자신도 전파선교사로 섬기고 있노라고 간증했습니다.

저는 김 대표님의 말에 큰 감동을 받았습니다. 극동방송이 제주도의 6개 안테나를 통한 전기료 월 3천여만 원을 비롯해 대부도의 2개 안테나, 서해 최북단 백령도 중계소, 동해 최동단 울릉도 중계소 등을 통해 북방으로 전파를 보내는데 매월 수천만 원의 전기료를 내고 있지만, 이 일을 계속할 수밖에 없는 이유를 또 한 번 찾게 되는 시간이었습니다.』 - 「김장환 목사의 인생 메모」 중에서

지금도 북한을 비롯해 공산권 지역 곳곳에서는 목숨을 걸고 숨어서 극동방송을 들으며 주님을 섬기고 있습니다. 주 예수님의 공로로 생명을 구원하는 일에 진정한 가치를 두십시오. 복되고 형통합니다. 아멘!!!

♡ 주님, 북한에서도 자유롭게 신앙생활을 할 수 있는 날이 속히 올 수 있게 해 주소서.
📷 극동방송을 들으며 예배하는 북한의 지하교회 성도들을 기억하고 기도합시다.

나의 영적 일기

6월 17일 — 가난하게 되는 비결

읽을 말씀 : 요한복음 4:34-42

● 요 4:35 너희가 넉달이 지나야 추수할 때가 이르겠다 하지 아니하느냐 내가 너희에게 이르노니 눈을 들어 밭을 보라 희어져 추수하게 되었도다

주나라의 무왕이 개국공신 강태공에게 다음과 같이 물었습니다.
"다 똑같은 사람이 세상을 살아가는데 어째서 부자와 가난한 사람이 이렇게 나뉜단 말이오?"
강태공은 가난한 사람은 다음의 「8가지 도둑을 무찌르지 못하기 때문」이라고 대답했습니다.

❶ 익은 곡식을 제때 수확하지 않는 것
❷ 수확한 곡식을 창고에 제대로 쌓지 않는 것
❸ 쓸데없이 등불을 켜놓고 자는 것
❹ 게을러서 경작하지 않는 것
❺ 힘써 정성을 다하지 않는 것
❻ 교활하고 해로운 일을 행하는 것
❼ 낮에 잠을 자고 아침에야 일어나는 것
❽ 술을 탐하고 색욕을 즐기는 것

성경은 전도를 농사에 비유하고 있습니다. 농사를 망치면 한 해의 양식을 망칩니다. 그러나 전도의 농사를 망치면 한 영혼의 평생을 망칩니다. 주님을 믿는 우리 모두가 복음의 씨앗을 뿌리는 농부입니다.
우리의 영혼 구원 농사는 절대 망쳐서는 안되는 소중한 사명입니다.
가장 귀한 곡식인 영혼 구원을 손 놓지 않도록, 영적으로 게으르게 만드는 나쁜 도둑들을 쫓아내십시오. 복되고 형통합니다. 아멘!!!

♥ 주님, 주님의 은혜와 성령님의 도우심으로 제 영혼이 풍성한 열매를 맺게 하소서.
✍ 지난 1년 동안 내가 거둔 영적 열매가 풍성한지 스스로 생각해 봅시다.

나의 영적 일기

전달자의 중요성

읽을 말씀 : 이사야 52:1-10

● 사 52:7 좋은 소식을 가져오며 평화를 공포하며 복된 좋은 소식을 가져오며 구원을 공포하며 시온을 향하여 이르기를 네 하나님이 통치하신다 하는 자의 산을 넘는 발이 어찌 그리 아름다운고

미국 독립전쟁의 영웅 윌리엄 해리슨(William Henry Harrison)은 많은 사람의 존경을 받으며 미국의 9대 대통령에 취임했습니다.

그러나 그는 폐렴에 걸려 취임 한 달 만에 서거하고 말았습니다. 급히 선거를 준비해야 했지만, 무려 반년 가까이 선거는 미루어졌습니다. 미국 동부에서 서부 끝까지 해리슨 대통령이 서거했다는 소식이 전해지는 데만 4개월이 걸렸기 때문입니다.

이 문제를 해결하기 위해 미국 정부는 고속 우편 배달(pony express) 시스템을 개발했습니다. 미국 동부에서 서부 끝까지 40명의 숙련된 기수가 거점을 지키고 있다가 교대로 쉬지 않고 우편물을 전달하는 방식이었습니다. 당시 기수들은 우편을 조금이라도 빨리 전하기 위해 최대한 짐을 가볍게 했습니다. 강도에 대비한 권총 한 자루조차 챙기지 않았습니다. 그러나 가장 중요한 편지와 함께 반드시 품에 넣고 다녔던 물품이 있었는데, 바로 성경입니다.

성경이 모든 위험과 환난에서 벗어나게 해줄 힘이 있다고 믿었기 때문입니다.

복음을 전하는 발이 없으면 귀가 많아도 복음을 들을 수 없습니다. 하나님의 말씀을 가슴에 품고, 세상에서 가장 중요한 복음 전달이라는 사명을 위해 쉬지 않고 달리는 복음의 전달자가 되십시오. 복되고 형통합니다. 아멘!!!

💗 주님, 복음을 전해야 하는 사람에게 미루지 않고 빨리 복음을 전하게 해 주소서.

📖 성경에 기록된 약속의 말씀이 모든 위험과 환난에서 벗어나게 해 줌을 믿읍시다.

나의 영적 일기

6월 19일

희망의 찬송을 부르십시오

읽을 말씀 : 시편 22:22-31

● 시 22:26 겸손한 자는 먹고 배부를 것이며 여호와를 찾는 자는 그를 찬송할 것이라 너희 마음은 영원히 살지어다

1866년 오스트리아는 프로이센과의 전쟁에서 패배해 암울한 분위기가 전국에 드리워져 있었습니다.

오스트리아 사람인 '왈츠의 왕' 요한 슈트라우스 2세(Johann Baptist Strauss II) 역시 침울한 나날을 보내고 있었습니다. 그는 자신의 안위보다도 전쟁 패배 소식에 온 국민이 힘을 잃고 침통해 한다는 사실이 더욱 분했습니다.

이런 상황에서 자신이 무슨 일을 할 수 있을지 고민하던 슈트라우스 2세는 결국 자신이 가장 자신 있는 음악으로 사회에 공헌하기로 결심했습니다.

'내가 가장 잘하는 음악, 왈츠로 사람들에게 힘을 주자.'

심혈을 기울여 작곡한 슈트라우스 2세의 이 노래는 사람들에게 정말로 꿈과 희망을 주었습니다. 국민들의 희망을 위해 슈트라우스 2세가 작곡한 「아름답고 푸른 도나우강」은 지금도 오스트리아에서 신년마다 울려 퍼지며 제2의 국가로 큰 사랑을 받고 있습니다. 국민들에게 위안을 주려고 심혈을 기울인 슈트라우스 2세의 노래는 시대를 넘어 오늘날의 우리들에게도 위안을 주고 있습니다.

진실한 마음으로 고백하는 찬양에는 상한 영혼을 회복시키고 메마른 영혼을 소생케 하는 놀라운 힘이 있습니다. 마음이 힘들고 어려울 때 낙심하지 말고 찬양을 들으십시오. 그리고 찬양을 부르십시오. 찬양을 부르는 가운데 상한 심령이 조금씩 회복되고, 모든 얽힌 감정들이 차근차근 풀려날 것입니다. 주 하나님을 높여드리는 찬양을 통해 우리 또한 치유를 경험하게 됩니다. 찬양 가운데 임하시는 주님의 능력을 통해 새 힘을 얻으십시오. 복되고 형통합니다. 아멘!!!

♡ 주님, 상한 영혼이 회복되고 메마른 영혼이 소생되는 찬양의 힘을 느끼게 하소서.
📖 언제나 어디서나 극동방송을 청취하며 복음과 말씀과 찬양으로 힘을 얻읍시다.

나의 영적 일기

진정한 성공의 기준

읽을 말씀 : 고린도후서 12:1-10

● 고후 12:9 내게 이르시기를 내 은혜가 네게 족하도다 이는 내 능력이 약한데서 온전하여짐이라 하신지라 이러므로 도리어 크게 기뻐함으로 나의 여러 약한 것들에 대하여 자랑하리니 이는 그리스도의 능력으로 내게 머물게 하려 함이라

「지성에서 영성으로」의 저자이자 한국의 석학으로 많은 사람들에게 존경을 받았던 이어령 전 장관은 마지막 유작에서 자신의 삶을 실패한 삶이라고 자평했습니다.

「나는 사람들의 존경은 받았으나 사랑은 못 받았다.
그래서 외로웠다. 세속적인 문필가로, 교수로, 장관으로 활동했으니
성공했다고 할 수 있을 것이다.
그러나 나는 실패한 삶을 살았다. 겸손이 아니다. 나는 실패했다.
그것을 항상 절실하게 느끼고 있다.
내게는 친구가 없다. 그래서 내 삶은 실패했다.
혼자서 나의 그림자만 보고 달려왔던 삶이다.
더러는 동행자가 있다고 생각했지만,
나중에 보니 경쟁자였다.」 - 이어령 교수의 「마지막 수업」 중

한때 세계 최고의 부자였던 「월마트」의 창업자 샘 월튼(Samuel Moore Walton) 역시 임종 직전 자신의 삶을 실패로 치부했습니다. 병실에는 가족 외에 찾아온 사람이 한 명도 없었기 때문입니다.

성공한 인생을 살아가기 위해서는 먼저 올바른 정의를 내려야 합니다. 주님을 만나고, 주님이 주신 소중한 일상 가운데 소중한 가정과 친구가 있으며, 주님이 주신 사명을 감당하고 있다면, 바로 그 삶이 세상의 그 어떤 부자보다도 성공한 삶입니다. 진정한 행복을 허락하신 주님을 찬양하며, 이 소중한 행복을 만끽하며 살아가십시오. 복되고 형통합니다. 아멘!!!

♥ 주님, 주님이 주신 소중한 일상 가운데 소중한 것들을 찾아 감사가 넘치게 하소서.
📖 성공을 세상의 기준으로 평가하지 말고 성경의 기준으로 주님 안에서 합시다.

나의 영적 일기

6월 21일

주님께 속한 사람

읽을 말씀 : 로마서 6:1-7

● 롬 6:5 만일 우리가 그의 죽으심을 본받아 연합한 자가 되었으면 또한 그의 부활을 본받아 연합한 자가 되리라

한국에서 세계 기독교 리더들이 한자리에 모인 적이 있었습니다.

기독교라는 이름을 달고 활동하는 사역자들이 세계적인 현안을 놓고 토론하는 자리였습니다. 개회 예배를 마치고 사회자가 돌아가면서 참석자들에게 자신을 소개해 달라고 부탁했습니다.

사람들은 저마다 속한 교단과 나라 등을 이야기했습니다.

"저는 미국에서 왔고 ㅇㅇ교단에 속해 있습니다."

"저는 유럽에서 왔고 △△회에 속해 있습니다."

그런데 한 한국인 참석자가 다음과 같이 자신을 소개했습니다.

"저는 한국인입니다. 그리고 예수님께 속해 있습니다(I belong to Jesus)."

참석자들은 머리를 한 대 얻어맞은 것 같았습니다.

하나가 되기 위해 한자리에 모였는데 자신도 모르게 나라와 교단 등으로 서로를 나누고 있다는 사실을 깨달았던 것입니다.

한 한국인 사역자의 진정 어린 고백이 끝나고 다음 인사 차례를 맞은 사람들은 "나도 예수님께 속해 있습니다"라고 하나같이 고백했다고 합니다.

외모가 달라도, 인종이 달라도, 나이가 달라도, 생각이 달라도 우리는 예수님께 속한 한 형제자매입니다.

주님이 나를 용납하신 것처럼 같은 형제자매도 용납하셨다는 사실을 믿고 사랑하는 마음으로 서로를 품으십시오. 복되고 형통합니다. 아멘!!!

♡ 주님, 주님을 구주로 믿는 주님 안의 형제자매들을 귀히 여기고 하나 되게 하소서.

📖 주님 안의 형제자매들을 차별하지 말고 주님의 기준으로 존귀하게 여깁시다.

나의 영적 일기

거룩한 말씀을 나누라

읽을 말씀 : 사도행전 17:10–15

● 행 17:11 베뢰아 사람은 데살로니가에 있는 사람보다 더 신사적이어서 간절한 마음으로 말씀을 받고 이것이 그러한가 하여 날마다 성경을 상고하므로

유대인 교육의 핵심은 '하브루타'입니다.

하브루타는 최소 2명 이상이 짝을 지어 어떤 주제를 놓고 토론하는 수업 방식입니다. 유대인은 어떤 공부든지 하브루타를 통해 서로의 생각을 들으며 자신의 의견도 밝히는 시간을 갖습니다. 배운 내용을 설명할 때 자신이 무엇을 아는지, 모르는지 구분할 수 있기 때문입니다. 그래서 하브루타에서 가장 많이 사용하는 문장은 "네 생각은 어때(마따오 쉐프)?"입니다.

유대인의 하브루타 교육은 요즘 교육의 핵심인 메타인지(Metacognition) 발달에 큰 도움을 준다고 알려져 한국의 교육청에서도 소개하는 자료를 만들었을 정도입니다.

그런데 유대인의 하브루타가 가장 먼저 시작되는 곳은 가정이며, 아이들이 처음으로 접하는 주제는 「탈무드」와 「성경」입니다. 유대인은 자녀가 어릴 때부터 성경을 주제로 최대한 자주 하브루타를 합니다. 나라가 없었을 때에도 유대인이라는 정체성을 잃지 않고 계속해서 뛰어난 인재들을 배출할 수 있었던 비결로 하브루타를 꼽는 학자들이 많습니다.

믿음의 첫 번째 공동체는 가정이 되어야 합니다. 조금 어색하고 쑥스러울 수도 있겠지만, 가정 안에서 서로의 신앙을 공유하고 진솔한 대화를 나누는 시간이 반드시 필요합니다.

우리 가정이 거룩한 믿음의 공동체로 바로 서기 위해서 주님의 말씀을 주제로 함께 모이는 시간을 계획하십시오. 복되고 형통합니다. 아멘!!!

💚 주님, 가정에서 서로의 신앙을 공유하고 진솔한 대화를 나누는 시간을 갖게 하소서.
🙏 주님의 말씀으로 우리 가정이 거룩한 믿음의 공동체로 바로 서게 합시다.

나의 영적 일기

6월 23일

구원의 시간, 지금

읽을 말씀 : 고린도후서 6:1-13

● 고후 6:2 가라사대 내가 은혜 베풀 때에 너를 듣고 구원의 날에 너를 도왔다 하셨으니 보라 지금은 은혜 받을만한 때요 보라 지금은 구원의 날이로다

아마도 전국의 목사님들이 가장 많이 받은 질문 중 하나는 "죽기 직전에 예수님 믿어도 천국 가나요?"일 것입니다.

기독교가 금욕적이고 즐겁지 않다는 오해가 있던 시절에 구원은 받고 싶지만, 세상의 즐거움을 포기하지 못해 고민하던 사람이 많았습니다. 그러다보니 자연스럽게 이와 같은 질문을 하게 됐고, 그것이 지금까지 이어지고 있는 것입니다. 그러나 우리가 알아야 할 것은 철학자 에머슨(Ralph Waldo Emerson)의 말처럼 "인간은 누구나 현재만을 살아간다"라는 사실입니다.

과거는 지나간 현재이고 미래는 다가올 현재입니다.

지금 우리가 주님을 믿지 못한다면, 미래에도 주님을 믿기가 어렵습니다. 가장 확실한 보증은 오늘 주님을 믿고 구원을 얻어 영생에 이르는 것입니다. 중국의 철학자 노자는 시간에 대해 다음과 같이 말했습니다.

「우울한 사람은 과거에 살고 불안한 사람은 미래에 살고 평안한 사람은 현재에 산다.」

구원받았습니까?

구원의 확신이 있습니까?

오늘 이 세상을 떠나도 천국에 간다는 확신이 있습니까? 진부한 질문일지 모르지만, 인생에서 가장 중요한 질문이기도 합니다. 구원받을 수 있는 바로 지금, 주 예수님을 믿기로 결단하십시오. 복음을 전할 수 있는 바로 지금, 구원을 믿도록 복음을 전하십시오. 복되고 형통합니다. 아멘!!!

♡ 주님, 오늘 이 세상을 떠나도 천국에 간다는 확신을 가지고 있는지 살피게 하소서.

📖 구원은 미룰 수 없는 긴박하고 중요한 문제임을 알고 복음 전파를 미루지 맙시다.

나의 영적 일기

문서 선교의 유익

읽을 말씀 : 디모데후서 4:1-8

● 딤후 4:2 너는 말씀을 전파하라 때를 얻든지 못 얻든지 항상 힘쓰라 범사에 오래 참음과 가르침으로 경책하며 경계하며 권하라

6월 24일

　세계적인 선교운동가이자 「OM선교회」 창립자인 조지 버워(George Verwer) 대표는 "전도 문서는 인쇄된 선교사다"라는 말을 했습니다.
　시대가 변하고 전도의 방법도 다양해졌지만, 문서 선교는 여전히 가장 강력한 복음 전파의 수단입니다.
　다음은 「문서 선교가 여전히 유익한 4가지 이유」입니다.
❶ 교회에 다니지 않는 사람들이 성경 대신 읽을 수 있는 간단하고 명확한 복음입니다.
❷ 전도지는 어디든지 쉽게 들고 다닐 수 있고, 전도지에 적힌 연락처를 통해 전문가, 전문 기관에 새신자를 연결해 줄 수 있습니다.
❸ 말로 전하는 복음을 거절하는 사람들에게도 반복해서 전도지로 복음을 전할 수 있습니다.
다음은 「문서 전도를 올바로 활용하는 4가지 방법」입니다.
❶ 기도하는 마음으로 전도를 준비한다.
❷ 전도지가 정말로 필요한 상황에 처한 사람이 있는지 민감하게 살핀다.
❸ 미소와 친절, 상냥함으로 전한다.
❹ 절대로 논쟁하지 않고, 전도지가 버려질지라도 포기하지 않는다.
　문서 선교는 가장 쉽게 시작할 수 있는 전도의 첫걸음입니다. 얇은 전도지를 통해서라도 복음이 온전히 전해질 수 있도록 항상 기도하며 전도지와 복음을 준비해서 다니는 문서 선교사가 되십시오. 복되고 형통합니다. 아멘!!!

★ 이메일 nabook24@naver.com으로 「**전도지**」라고 써서 보내주시면 … A4용지에 인쇄해 사용할 수 있는 「**전도지 파일 ❺**」를 이메일로 보내겠습니다.

♡ 주님, 전도지를 통해서라도 복음을 전하는 문서 선교사의 삶을 살게 하소서.
🖼 전도지를 회사, 아파트 우편함, 앉은 자리에, 만나는 사람에게 전합시다.

나의 영적 일기

6월 25일 — 정직이 생명이다

읽을 말씀 : 이사야 26:1-7

● 사 26:7 의인의 길은 정직함이여 정직하신 주께서 의인의 첩경을 평탄케 하시도다

집단으로 괴롭힘당하는 친구를 도우려고 함께 싸우던 아이가 있었습니다.
싸우는 소리를 듣고 선생님이 오자 아이들은 모두 달아났습니다.
그런데 친구를 도와 열심히 싸우던 아이는 도망가지 않고 그 자리에 서서 선생님을 기다렸습니다.
학교에서 싸웠다는 이유로 화를 내는 선생님에게 남아있던 아이는 다음과 같이 말했습니다.
"학교에서 싸우는 건 잘못한 게 맞아요. 하지만 제 친구가 여러 명에게 괴롭힘을 당하고 있어서 저는 그냥 둘 수가 없었습니다. 싸운 건 잘못이지만 왜 그럴 수밖에 없었는지 솔직히 말씀드리고 싶어서 도망치지 않았어요."
선생님은 아이의 정직함에 큰 감동을 받아 오히려 용기를 칭찬하며 격려해 주었습니다.
이 아이는 훗날 미국의 초대 대통령이 된 조지 워싱턴(George Washington)입니다. 정직함을 목숨처럼 여긴 워싱턴 대통령은 다음과 같은 말을 남겼습니다.
「내가 가장 지키고 싶은 칭호는 대통령도, 장군도 아닌 정직한 사람입니다.」
모든 것을 감찰하시는 주님 앞에 정직한 사람은 사람 앞에서도 정직해야 합니다. 그러나 정직에는 큰 용기와 담대함이 필요합니다.
실수와 잘못을 떳떳하게 인정하고, 회개함으로 더 큰 믿음을 갖고, 더 큰 능력을 경험하는 정직한 크리스천이 되게 해 달라고 매일 기도하십시오. 복되고 형통합니다. 아멘!!!

♥ 주님, 모든 것을 감찰하시는 주님 앞에서 정직한 사람으로 살아가게 하소서.
🙏 주님이 주시는 용기와 담대함으로 실수와 잘못을 떳떳하게 인정합시다.

나의 영적 일기

5가지 행복 비타민

읽을 말씀 : 이사야 51:1-11

● 사 51:11 여호와께 구속된 자들이 돌아와서 노래하며 시온으로 들어와서 그 머리 위에 영영한 기쁨을 쓰고 즐거움과 기쁨을 얻으리니 슬픔과 탄식이 달아나리이다

  미국 심리학협회의 회장인 마틴 셀리그만(Martin Elias Peter Seligman) 박사님은 평생 행복을 연구했습니다.
  '사람은 어떻게 해야 행복해지는가?'를 주제로 평생 연구한 셀리그만 박사님은 5가지 조건을 찾아냈고, 이 조건들에 행복 비타민(Vitamine Happiness)이라는 이름을 붙였습니다.
  다음은 셀리그만 박사님이 말한 「5가지 행복 비타민」입니다.
 ❶ 긍정적인 감정과 기쁨
 ❷ 성취감
 ❸ 건강한 인간관계
 ❹ 참여 의식
 ❺ 의미 있는 삶
  셀리그만 박사님은 이 중에서 가장 중요한 것이 4번, 5번의 비타민이라고 말했습니다. 삶의 의미를 줄 수 있는 가치를 찾고, 그 일에 적극 매진하는 것이 인생의 행복에서 가장 중요한 요소였습니다.
  영원한 주님의 나라와 사명을 위해 헌신하는 것보다 더 행복한 삶은 없습니다. 믿지 못하겠다면 자신이 생각하는 행복을 위해 필요한 일을 얼마든지 해보십시오. 결코 만족하지 못할 것입니다.
  참된 행복의 비결은 오직 주님을 만나며, 주님과 함께하는 삶뿐이라는 사실을 서둘러 깨달으십시오. 복되고 형통합니다. 아멘!!!

 💗 주님, 영원한 주님의 나라와 사명을 위해 살아감으로써 더 행복한 삶을 살게 하소서.
 📖 참 행복의 근원이신 주님만을 믿으며 푯대를 향해 살아갑시다.

> 나의 영적 일기

6월 27일

바리새인의 함정

읽을 말씀 : 고린도전서 10:1-12

● 고전 10:12 그런즉 선 줄로 생각하는 자는 넘어질까 조심하라

성경에 나오는 바리새인들의 삶을 연구해보면 오늘날 믿음 좋은 크리스천들도 흉내 내기 힘들 정도로 매우 경건한 삶을 살았다는 것을 알게 됩니다.

예수님이 바리새인들을 책망하셨던 것은 그들의 경건한 모습이 아닌 불순한 의도 때문입니다. 그럼에도 우리는 너무나 쉽게 도덕주의에 빠져서 바리새인들을 무시합니다.

영국의 크리스천 칼럼니스트 패트릭 마빌로그(Patrick Mabilog)는 "역설적으로 우리가 '나는 바리새인이 아니야'라고 생각할 때 바로 그 함정에 빠지게 된다"고 말합니다.

다음은 「바리새인처럼 교만해질 때 나오는 7가지 증상」입니다.

❶ 하나님이 아닌 사람의 칭찬을 받으려고 노력한다.
❷ 복음을 전하는 일은 등한시하고 남에게 조언하기를 좋아한다.
❸ 자기 방식대로 따라오라고 사람들에게 강요한다.
❹ 관계성보다 결과를 더 중요하게 여긴다.
❺ 사람들과 있을 때와 혼자 있을 때의 행동이 다르다.
❻ 자신의 잘못은 덮고 다른 사람의 잘못은 빠르게 지적한다.
❼ 사람보다 전통을 더 중요하게 생각한다.

우리는 매일 죄를 자백하고 겸손하게 자신을 낮추는 경건의 연단을 쉬지 말아야 합니다. 스스로 서 있다고 생각할 때 넘어지지 않도록 교만을 물리치고 겸손하십시오. 복되고 형통합니다. 아멘!!!

♡ 주님, 교만은 패망의 선봉임을 알고 더욱 겸손하게 살게 하소서.
📖 주님 앞에서 겸손하게 자신을 낮추고 주님을 높이며 삽시다.

나의 영적 일기

가장 중요한 요소

읽을 말씀 : 로마서 8:18-30

● 롬 8:26 이와 같이 성령도 우리 연약함을 도우시나니 우리가 마땅히 빌 바를 알지 못하나 오직 성령이 말할 수 없는 탄식으로 우리를 위하여 친히 간구하시느니라

독일의 화학자 유스투스 폰 리비히(Justus von Liebig)가 식물의 성장에 필요한 성분을 연구하고 있었습니다.

리비히는 식물의 성장에 가장 중요한 요소인 질소, 인산, 칼륨과 같은 성분을 충분히 비료로 주었습니다. 그런데 같은 성분을 똑같이 주어도 어떤 식물은 성장이 느렸습니다.

필수 비료를 더 많이 부어줘도 성장은 똑같았습니다.

알고 보니 식물의 성장이 더딘 것은 상대적으로 덜 중요한 성분이 부족해서였습니다. 필수 성분이 아무리 차고 넘쳐도 다른 성분이 최소량을 충족하지 못하면 식물의 성장은 정체되었습니다.

리비히가 발견한 이「최소량의 법칙」은 심리학에서「나무통의 법칙」으로 불립니다. 나무통에 붙어 있는 나무판자가 하나만 짧아도, 그 짧은 판자에 맞춰서 물을 담을 수밖에 없다는 이론입니다. 단점이 없는 사람은 없습니다. 그러나 어떤 단점은 치명적인 약점으로 작용합니다. 발전이 멈추어 있다면 해결하지 못한 어떤 약점이 있는지 샅샅이 돌아봐야 합니다.

때로는 우리 삶의 큰 약점 하나가 나머지 모든 강점을 무너트릴 수 있습니다. 예수님의 제자들도 하나같이 큰 약점을 가지고 있던 사람들이었습니다. 그러나 예수님을 만남으로써 그 약점을 극복했고, 강점을 토대로 크게 쓰임 받았습니다. 나의 모든 약점과 쓴 뿌리를 주님 앞에 내어놓고, 주님의 능력으로 새롭게 태어나십시오. 복되고 형통합니다. 아멘!!!

🩶 주님, 큰 약점을 가지고 있음에도 주님께서 강하게 해 주심을 감사하게 하소서.
📖 나의 약점이 주님 안에서 강점이 될 수 있음을 믿고 주님께 간구합시다.

나의 영적 일기

6월 29일

저절로 퍼져가는 감동

읽을 말씀 : 에베소서 6:5-9

● 엡 6:7 단 마음으로 섬기기를 주께 하듯하고 사람들에게 하듯하지 말라

1900년대 초, 미국의 사업가들 사이에서는 "출장을 갈 때는 리츠칼튼(Ritz-Carlton) 호텔을 이용하라"라는 말이 유행처럼 번졌습니다.

한 사업가가 샌프란시스코의 리츠칼튼 호텔에서 숙박했는데 베개가 맞지 않아 좀 더 딱딱한 베개로 바꿔 달라고 요청했습니다.

호텔 직원은 사업가의 마음에 딱 맞는 베개를 구해왔습니다.

그리고 업무를 마친 뒤 뉴욕으로 이동해 리츠칼튼 호텔에서 숙박했는데 남자의 방에는 샌프란시스코에서 요청한 것과 똑같은 베개가 놓여 있었습니다.

이 서비스에 감동한 사업가는 만나는 사람마다 입이 닳도록 이야기했고, 이 사연이 널리 퍼져나간 것이었습니다.

실제로 리츠칼튼 호텔은 한 번 숙박한 고객의 이름을 절대로 다시 묻지 않는다고 합니다. 손님에 대한 모든 것을 알고 최선을 다해 모신다는 '미스틱 서비스(Mystic Service) 정신'을 가지고 있기 때문입니다.

복음을 전할 수 있는 가장 좋은 방법은 전도 대상자인 VIP들에게 감동을 줄 수 있는 선행과 진심입니다. 복음을 전하면서 상대방이 감복할 정도로 정성과 노력을 쏟은 적이 있습니까? 복음에는 그만한 가치가 있습니다. 한 생명을 위해 그만한 수고를 쏟을 필요가 있습니다. 바로 주님이 우리를 위해 그렇게 하셨기 때문입니다.

단 한 사람의 마음에 감동을 줄 수 있다면 복음은 저절로 퍼져나갈 것입니다. 주님이 낮은 자들을 섬겼듯이 우리의 손과 마음도 낮은 곳으로 향하게 하십시오. 복되고 형통합니다. 아멘!!!

♡ 주님, 전도 대상자인 VIP들에게 감동을 줄 수 있는 진심어린 행동을 하게 하소서.
📖 한 생명이 천하보다 귀하다고 하신 주님의 말씀을 마음에 간직합시다.

나의 영적 일기

닭장을 벗어나라

읽을 말씀 : 여호수아 14:6-15

● 수 14:9 그 날에 모세가 맹세하여 가로되 네가 나의 하나님 여호와를 온전히 좇았은즉 네 발로 밟는 땅은 영영히 너와 네 자손의 기업이 되리라 하였나이다

노르웨이의 동물학자 토르리프 셸데루프 에베(Thorlief Schjelderup-Ebbe)는 닭 무리를 관찰하며 다음과 같은 결론을 내렸습니다.

"닭은 위계질서가 매우 강한 동물이다. 한 번 서열이 정해지면 바뀌지 않는다. 서열이 높은 닭은 낮은 닭을 괴롭힌다. 서열이 가장 낮은 닭은 모든 닭에게 괴롭힘을 당한다."

에베의 연구로 닭에게는 '서열의 사다리'가 있다고 여겨졌습니다.

그런데 독일의 동물학자인 비투스 B. 드뢰셔(Vitus B. Drosher)는 닭을 연구한 뒤 정반대의 결론을 내렸습니다.

"닭은 희생정신이 매우 강하다. 강한 닭이 약한 닭의 잠자리를 지켜주고 먹이를 구해준다."

왜 같은 닭을 두고 서로 다른 연구 결과가 나왔을까요?

차이는 바로 장소에 있었습니다. '닭장'에서 정해진 먹이를 먹어야 하는 닭들은 위계질서를 세우며 서로에게 사납게 대했지만, 외부의 적이 있고 먹이가 풍부한 '숲'에서는 오히려 서로가 서로를 도왔습니다.

진정한 크리스천은 세상에서 빛을 발합니다. 교회 내에서 일어나는 많은 문제는 어쩌면 우리가 교회 안에만 머물러 있기 때문에 일어나는 일일 수 있습니다. 교회에서 우리는 서로 뭉치고 연합해야 합니다. 세상을 목표로, 복음을 목표로, 연합하여 다시 복음을 전하십시오. 복되고 형통합니다. 아멘!!!

💗 주님, 여호수아와 갈렙처럼 세상이 우리 밥(민 14:9 참고)임을 알고 담대하게 하소서.
📖 세상을 이기신 주님의 능력을 의지하여 세상을 향해 담대하게 복음을 외칩시다.

나의 영적 일기

7월

"겸손과 여호와를 경외함의 보응은
재물과 영광과 생명이니라"
− 잠언 22:4 −

7월 1일 — 피난처 되시는 하나님

읽을 말씀 : 시편 46:1-11

● 시 46:1 하나님은 우리의 피난처시요 힘이시니 환난 중에 만날 큰 도움이시라

『2025년 3월, 경상북도 의성에서 시작된 대형 산불은 강풍과 건조한 날씨로 인해 영남 전역으로 확산되며 역대 최악의 피해를 남겼습니다. 특히 영덕 지역은 짧은 시간에 큰 피해를 입었으며, 115년 역사를 가진 매정교회를 비롯해 많은 교회와 사택이 전소되고, 주민들은 급히 대피해야만 했습니다. 저는 안타까운 마음으로 특별 인터뷰 시간을 가졌습니다.

"다른 것은 모르지만 당장 다음 주일에 예배 드릴 곳이 없다고 합니다. 마음이 아픕니다. 방송 가족 여러분, 기도해 주시고, 마음을 모아 주십시오."

그런데 5분여 정도의 짧은 방송을 듣고, 많은 방송 가족들의 동참이 이어져 총 8억여 원이 답지했습니다. 극동방송은 산하 NGO인 「선한 청지기」와 함께 긴급하게 물을 비롯한 생필품을 마련해 영덕 지역의 이재민들에게 전달했고, 이 소식을 들은 생수 사업을 하시는 원주의 함영우 운영위원은 생수 1만 병을 무상으로 지원해 주시는 등 예수그리스도의 사랑이 곳곳에서 답지했습니다.

이어 피해지역을 답사해 실태를 조사하고, 컨테이너 하우스와 승합차량 제공 등 현장의 필요에 맞게 긴급 지원을 했습니다. 그리고 영덕 지역뿐만 아니라 다른 피해 지역 교회들까지 지원을 확장했습니다.

이를 통해 피해 지역 목사님과 성도님들은 다시금 희망을 갖고 신앙생활을 이어갈 수 있었습니다. 하나님의 역사와 은혜가 아니었다면 아마 불가능했을 것입니다.』 - 「김장환 목사의 인생 메모」 중에서

주님은 행함과 진실함을 원하십니다. 말과 혀로만 이웃 사랑을 외치지 말고 행함과 진실함으로 합시다. 복되고 형통합니다. 아멘!!!

♥ 주님, 우리 주변에 환난 중에 있는 이웃들을 성실히 돌아보게 하소서.
📖 하나님께서는 우리의 방패시며, 요새시며, 피난처가 되심을 믿읍시다.

나의 영적 일기

이어져 있는 믿음

읽을 말씀 : 데살로니가후서 2:13-17

●살후 2:15 이러므로 형제들아 굳게 서서 말로나 우리 편지로 가르침을 받은 유전을 지키라

7월 2일

쿠바에서 복음을 전하다 감옥에 갇힌 현지 크리스천이 있었습니다.

간수는 분명 다른 크리스천도 있을 것이라고 생각해 현지인을 협박했습니다.

"함께 예수를 믿는 사람들이 누구인지 여기 적기만 하면 너는 풀어주겠다. 그러나 계속 입을 다물면 죽어서도 감옥을 나갈 수 없을 것이다."

쿠바의 크리스천은 자신이 막중한 사슬로 묶여 있기 때문에 서명할 수 없다고 대답했습니다.

"너는 감옥에 있지만, 사슬은 채워져 있지 않다. 도대체 무슨 말을 하는 것이냐?"

이 말에 크리스천은 다음과 같이 대답했습니다.

『나에게 채워진 것은 복음의 사슬입니다. 나에게 복음을 전하기 위해 수많은 증인이 사슬에 묶였습니다. 그 믿음의 사슬이 이제 내게로 왔습니다. 나도 이제 복음 사슬의 한 고리가 되었습니다. 여기서 이 고리를 끊을 수는 없습니다.』

이 이야기는 지하 교회를 이끌었던 리처드 범브란트(Richard Wurmbrand) 목사님이 자신의 책에 쓴 실제 한 성도의 사연입니다.

잘 알려지지 않았지만, 전 세계에서는 지금도 대대적인 종교 탄압이 일어나고 있습니다. 그리고 탄압에도 굴하지 않고 목숨과 자유를 빼앗기면서까지 믿음을 지키는 크리스천들도 있습니다. 우리가 너무도 쉽게 접하고 믿는 이 복음이 수많은 사람의 피와 눈물, 희생으로 이어진 것임을 잊지 말고 그 책임을 다하십시오. 복되고 형통합니다. 아멘!!!

♡ 주님, 복음 때문에 핍박과 죽음의 위협을 받는 성도들과 함께하여 승리케 하소서.

📖 지금도 신앙 탄압에도 굴하지 않고 굳건히 믿음을 지키는 이들을 위해 기도합시다.

나의 영적 일기

미소의 가치

7월 3일

읽을 말씀 : 베드로전서 4:1-11

● 벧전 4:9 서로 대접하기를 원망 없이 하고

1999년 홍콩의 5성급 항공사인 캐세이퍼시픽(Cathay Pacific)의 매출이 급격히 떨어졌습니다. 경영진이 다급하게 원인을 찾아보니 문제는 단 한 가지, 바로 '미소'였습니다.

캐세이퍼시픽 승무원들은 회사에 지속적으로 자신들의 처우 개선을 요구했지만, 회사가 협상 의지조차 보이지 않자 '노 스마일 파업'을 실시한 것입니다. 승무원들은 일정대로 출근하고 맡은 일을 성실히 했습니다.

그러나 어떤 상황에서도 웃지 않았습니다.

승무원들의 '미소'가 사라지자 불쾌감을 느낀 승객들이 다른 항공사를 이용하기 시작한 것입니다. 회사는 파업에 참가한 승무원들을 대상으로 법적 책임을 물으려 했지만, 승무원들에게는 잘못이 없다는 판결이 나왔습니다. 승무원들은 회사가 시키는 대로 성실히 일했고, 억지로 미소 짓도록 강요할 수는 없다는 것이 이유였습니다.

결국 승무원들이 다시 미소를 짓게 만들기 위해서 회사는 승무원들의 처우 개선 요구를 들어줄 수밖에 없었습니다.

진실한 미소에는 천금과도 같은 가치가 있습니다. 일을 위해 짓는 미소의 가치가 저렇게 크다면, 주님을 만난 참된 행복으로 기쁨이 가득한 우리 크리스천이 짓는 미소에는 얼마나 큰 가치가 있겠습니까? 주님의 사랑을 경험하고 주님과 함께 살아가는 사람은 저절로 미소를 짓게 됩니다. 참된 행복이 우리 안에 있음을 온 세상 사람이 알 수 있도록 세상에서 가장 행복한 미소를 지으며 살아가십시오. 복되고 형통합니다. 아멘!!!

♥ 주님, 주님의 은혜로 누리는 평강을 통해 복음의 향기를 머금은 미소가 지어지게 하소서.
🖼 이 세상이 주지 못하는 주님의 평안을 누리며 삶으로써 주님께 영광 돌립시다.

나의 영적 일기

도우심에 감사하라

읽을 말씀 : 요한복음 14:25-31

● 요 14:26 보혜사 곧 아버지께서 내 이름으로 보내실 성령 그가 너희에게 모든 것을 가르치시고 내가 너희에게 말한 모든 것을 생각나게 하시리라

요한복음에는 '보혜사'라는 단어가 등장합니다.
보혜사는 '도와주시는 은혜로운 스승님'이라는 뜻으로, 헬라어 원어인 '파라클레토스(Paracletos)'를 그대로 음역한 단어입니다. 그런데 이 파라클레토스에는 매우 많은 뜻이 있습니다.
'곁에 부름 받은 자', '변호사', '조력자', '위로자', '상담자', '친구'
이처럼 하나의 뜻으로만 표현할 수 없는 복합적인 의미를 담고 있어 세계 여러 나라의 언어로 성경을 번역할 때 가장 애를 먹는 단어라고 합니다.
- 필리핀 남부의 모로 부족 성경에는 보혜사가 '계속 옆에서 같이 가시는 분'이라고 번역되어 있습니다.
- 멕시코의 오토미 인디언의 성경에는 '우리 영혼에 따스함을 주시는 분'으로 번역되어 있습니다.
- 서아프리카의 코트디부아르에서는 '우리의 생각을 꽉 동여매시는 이'라고 번역됩니다.

주님이 우리를 위해 보내주신 성령님은 이처럼 우리를 모든 방면에서 보호해주시고, 책임져주시고, 위로해주시는 분입니다.
우리의 삶에 임하신 성령님은 어떤 분이십니까?
성령님의 보호하심과 인도하심에 감사하십시오. 그 놀라운 능력과 자비의 성령님이 또한 우리의 한 해를 책임져주실 것을 믿으십시오. 우리를 절대로 떠나지 않으시는 주님이 세상 끝날까지 우리의 삶을 책임져주실 것을 정말로 믿으십시오. 복되고 형통합니다. 아멘!!!

♡ 주님, 우리의 영과 육과 생각까지도 지켜주시는 주님이심을 믿게 하소서.
늘 함께하시는 성령님께 감사하고 늘 도우실 성령님을 기대합시다.

나의 영적 일기

7월 5일
희망을 안고 나아가라

읽을 말씀 : 히브리서 6:13-20

● 히 6:19 우리가 이 소망이 있는 것은 영혼의 닻 같아서 튼튼하고 견고하여 휘장 안에 들어 가나니

오스트리아 빈에서 세계적인 암 전문의 100명이 모이는 학회가 열렸을 때였습니다. 100명의 전문의를 앞에 두고 한 암 환자가 연단에 서서 다음과 같이 말했습니다.

"투병 중인 암 환자에게 가장 필요한 건 용기와 격려, 그리고 희망입니다. 여러분이 불어넣어 주어야 합니다. 저는 암을 두 번이나 진단받았습니다. 그 중 한 번은 의사가 14일밖에 살지 못할 거라고 말했습니다.

저는 살아 있는 동안 다른 환자들에게 희망을 불어넣어 주고 싶어서 마라톤을 하고 산을 오르기 시작했습니다. 시한부 선고를 받은 뒤 저는 14년을 더 살았고, 세계 7대 최고봉을 모두 정복했습니다."

시한부 인생을 선고받고서 오히려 산을 오르기 시작한 션 스와너(Sean Swarner)의 이야기입니다.

스와너는 가장 큰 절망감을 느꼈던 순간, 다른 사람에게 희망이 되는 삶을 살아가기로 선택했습니다. 항암 치료를 받으면서도 등반 훈련을 했고, 언제 죽을지 모르는 상황 속에서 세계 최고봉을 하나씩 정복했습니다. 14일밖에 살지 못한다던 의사의 말과는 달리 스와너는 14년을 넘게 살아가며 희망의 가능성이 얼마나 대단한지를 세상에 보여주었습니다.

희망은 모든 역경을 극복할 큰 힘이 있습니다. 그리스도인에게는 천국이라는 가장 큰 소망이 있습니다.

누구도 빼앗을 수 없는 이 놀라운 희망을 가지고 어떤 역경이 찾아와도 힘을 내어 능히 이겨내십시오. 복되고 형통합니다. 아멘!!!

♡ 주님, 어떤 역경이 찾아와도 능히 이겨내 다른 사람에게 희망이 되게 하소서.
📖 감당할 시험만 허락하시는 주님을 의지하고, 주님이 예비하신 피할 길을 찾읍시다.

나의 영적 일기

진정한 고향으로

읽을 말씀 : 히브리서 11:6-16

● 히 11:16 저희가 이제는 더 나은 본향을 사모하니 곧 하늘에 있는 것이라 그러므로 하나님이 저희 하나님이라 일컬음 받으심을 부끄러워 아니하시고 저희를 위하여 한 성을 예비하셨느니라

7월 6일

모든 생명체에는 회귀 본능이 있습니다.
연어는 강에서 태어나 바다로 나갑니다.
치어일 때 이미 바다로 나가지만, 4분의 1이 천적에게 잡아먹힙니다.
그렇게 도착한 바다에서 다시 강으로 돌아가는데, 치어 때 지나간 길임에도 본능적으로 정확히 고향을 찾아 돌아갑니다.
돌아가는 길에도 수많은 천적이 자리하고 있습니다. 100마리 중 다시 고향으로 돌아가는 연어는 2마리 정도밖에 되지 않지만, 연어는 강에서 바다로, 그리고 다시 강으로 돌아갑니다.
연어가 강에서 태어나 바다로 나가는 이유는 단 하나, 더 성장하기 위해서입니다. 바다에서 장성한 연어가 강으로 돌아가는 이유도 단 하나, 새끼를 낳기 위해서입니다. 연어는 회귀 본능이 가장 강한 생물이지만, 모든 동물에게는 이와 비슷한 본능이 있다고 합니다. 사람에게도 마찬가지입니다.
작가 C.S. 루이스(C.S. Lewis)는 "모든 사람이 영원을 꿈꾸는 것은 영원한 천국을 고향으로 여기는 마음을 하나님이 주셨기 때문일 것"이라고 말했습니다.
왜 우리가 이 세상에서 태어나 다시 천국으로 들어가는지 우리의 한계와 능력으로는 도저히 깨달을 수 없습니다. 그러나 이 땅에서만이 우리가 할 수 있는 일이 있으며, 주님의 말씀을 따라 하루하루 살아갈 때, 저 천국에서 모든 것을 이해하게 될 날이 분명히 찾아옵니다.
참된 본향으로 돌아갈 그날을 기다리며, 지금은 주님의 일을 맡은 충성된 일꾼으로 살아가십시오. 복되고 형통합니다. 아멘!!!

♡ 주님, 돌아갈 아름다운 본향을 허락하신 주님께 감사 찬송하게 하소서.
📖 참된 본향으로 돌아갈 그날을 기다리며, 하루하루를 주님과 동행합시다.

나의 영적 일기

거룩할 결심

7월 7일

읽을 말씀 : 마태복음 23:15-23

● 마 23:23 화 있을진저 외식하는 서기관들과 바리새인들이여 너희가 박하와 회향과 근채의 십일조를 드리되 율법의 더 중한바 의와 인과 신은 버렸도다 그러나 이것도 행하고 저것도 버리지 말아야 할지니라

영화 「바스터즈: 거친 녀석들(Inglourious Basterds)」에는 한 독일군 장교가 유대인의 신분을 밝혀내기 위해 음식을 주문하는 장면이 나옵니다.
부하의 여자친구로 소개받았지만, 유대인으로 의심했던 독일군 장교는 '스트루델'이라는 디저트를 시켜서 권합니다.
스트루델은 고기와 유제품을 함께 조리한 음식으로 유대인 율법에 따르면 먹어서는 안 됩니다.
앞에 스트루델을 둔 여자는 한참을 망설이다가 눈물을 흘리며 음식을 먹기 시작합니다. 목숨을 건 상황에서도 망설일 정도로 유대인 율법을 철저히 지켰기 때문에 영화적으로도 납득이 되었던 장면입니다.
비록 영화지만 율법을 지키려는 행동 여부를 통해 유대인임을 알 수 있었던 것처럼 우리도 그리스도인의 특징을 지녀야 합니다.
바로 경건한 삶입니다.
세상과 구별된 그리스도인의 삶은 무엇입니까?
이웃을 사랑하는 삶입니다. 어려운 사람을 외면하지 않고 자비를 베푸는 삶입니다. 정욕을 멀리하고 경건하고 선한 가치를 추구하는 삶입니다.
우리의 삶을 통해 누구나 그리스도인임을 알 수 있습니까?
그렇지 않다면 무언가 잘못된 것입니다.
단 하루의 삶으로도 그리스도인인 것을 누구나 알 수 있도록 경건한 삶을 살아가십시오. 복되고 형통합니다. 아멘!!!

♥ 주님, 경건의 모양이 아닌, 경건의 능력으로 주님을 섬기게 하소서.
📖 그리스도인답게 어려운 사람을 외면하지 말고 사랑을 베푸는 삶을 삽시다.

나의 영적 일기

영성지수의 중요성

읽을 말씀 : 고린도전서 1:18-25

● 고전 1:18 십자가의 도가 멸망하는 자들에게는 미련한 것이요 구원을 얻는 우리에게는 하나님의 능력이라

7월 8일

사람의 능력은 다양한 지수로 측정됩니다. 가장 먼저 각광받았던 것은 지능을 측정하는 '지능지수(Intelligence Quotient)'였습니다. 지능이 높은 사람이 더 뛰어난 인재로 여겨졌고, 그래서 다양한 지능 측정 검사 방식이 탄생했습니다.

그다음으로 주목받았던 것은 '감정지수(Emotional Quotient)'입니다. 지능보다도 사람의 감정을 이해하고 통제할 줄 아는 사람이 더 뛰어난 사람으로 여겨졌습니다. 그리고 유행했던 것은 '공존지수(Network Quotient)'입니다. 결국 모든 일은 관계로 이루어지기 때문에 관계를 잘 맺고 형성하는 사람이 더 뛰어난 사람으로 여겨졌습니다.

그리고 최근에 대두되고 있는 것이 '엔터테인먼트 지수(Entertainment Quotient)'입니다. 과도한 경쟁 사회에서 가장 필요한 사람은 언제든 분위기를 재미있게 이끌 사람이기 때문입니다.

그런데 '영성지수(Spiritual Quotient)'도 있다는 사실을 알고 계십니까?

학계에서 정설로 받아들여지고 있지는 않지만, 많은 학자가 인간에게 가장 중요한 것은 영성지수라고 주장하고 있습니다. 의미와 가치의 문제를 해결할 수 있고 창조적 해결 방식으로 탁월한 리더십을 발휘할 수 있는 완전히 다른 지능이기 때문입니다.

멀쩡한 나침반을 가지고 있는 배는 표류하지 않듯이 세상의 창조주이신 하나님을 만나고 믿는 것이 인생을 바르게 사는 유일한 방법입니다. 영성이 바로 서지 않으면 세상의 그 어떤 능력도, 물질도 의미가 없습니다. 나를 지으시고 구원하신 하나님 아버지께 모든 것을 맡기십시오. 복되고 형통합니다. 아멘!!!

💛 주님, 바른 영성으로 저를 지으시고 구원하신 주님께 모든 것을 맡기며 살게 하소서.
🖼 영성이 바로 서지 않으면 세상의 그 어떤 능력도, 물질도 의미가 없음을 인정합시다.

나의 영적 일기

7월 9일

새롭게 찾아온 시대

읽을 말씀 : 히브리서 10:19-25

● 히 10:25 모이기를 폐하는 어떤 사람들의 습관과 같이 하지 말고 오직 권하여 그날이 가까움을 볼수록 더욱 그리하자

팬데믹 시대가 지나고 '몰라큘 라이프(Molecule Life)'라는 신조어가 생겨났습니다. 화학 용어에서 이름을 따온 이 단어는 '필요한 최소한의 조직을 지향한다'는 뜻입니다.

팬데믹 초기 때 사람들은 비대면에 열광했습니다.

재택근무가 더 편하고 능률도 높다는 연구 결과도 많이 나왔고, 교인들도 온라인 예배의 편의성에 마음을 빼앗겼습니다. 그런데 그런 상태로 3~4년이 지나니 오히려 오프라인 모임의 중요성이 대두되었습니다. 하나님은 사람을 사회적으로 창조하셨기 때문에 관계가 없이는 삶이 불행해질 수밖에 없습니다.

그래서 요즘 사람들이 선택한 삶의 방식이 몰라큘 라이프입니다.

1인 가구가 많아지고 온라인으로 모든 것을 할 수 있어도 여전히 최소한의 인원만큼은 사람을 만나고 마음을 나누어야 하기 때문입니다.

목회데이터연구소의 자료에 따르면, 이런 시대에 맞춰 소그룹 모임을 지속한 교회의 성도들이 신앙생활의 지표가 높고 이탈자들도 훨씬 더 적었다고 합니다.

시대의 흐름에 맞추어 다음 세대에게 효과적으로 복음을 전할 수 있는 방법을 계속해서 찾아야 합니다. 새롭게 찾아온 몰라큘 라이프 시대에 우리는 함께 모여야 하고 동시에 작은 그룹으로도 모여야 합니다.

각 가정에서 이루어진 초대교회의 교제처럼 교회 내의 작은 그룹들을 통해서 서로의 은혜를 나누고 미신자나 새신자를 초청할 장을 여십시오. 복되고 형통합니다. 아멘!!!

🤍 주님, 다음 세대에게 효과적으로 복음을 전하는 방법을 찾게 하소서.
📖 초대교회의 교제처럼 교회 내의 작은 그룹들을 통해 서로의 은혜를 나눕시다.

나의 영적 일기

생명의 가치

읽을 말씀 : 다니엘 12:1-7

7월 10일

● 단 12:3 지혜 있는 자는 궁창의 빛과 같이 빛날 것이요 많은 사람을 옳은데로 돌아오게 한 자는 별과 같이 영원토록 비취리라

미국의 한 고속도로에서 트럭과 자동차가 충돌하는 사고가 일어났습니다. 트럭이 승용차를 깔아뭉갠 상태에서 불까지 나는 대형사고였습니다.

불이 이어 붙어 폭발이 일어날 수 있었지만, 사고 현장에 출동한 소방관은 일말의 망설임도 없이 승용차에 달려들어 운전자를 구해냈습니다.

용기를 낸 소방관 덕분에 운전자는 비록 발가락은 몇 개 잃었지만, 생명에는 지장이 없었습니다.

운전자는 자신의 생명을 구해준 소방관을 찾아가 감사 인사를 전했습니다.

그런데 소방관의 이름을 들은 운전자가 갑자기 떨리는 목소리로 물었습니다.

"당신 혹시 미숙아로 태어나지 않았나요?"

『네. 맞습니다. 어머님 말씀에 의하면 저는 태어나자마자 죽을 뻔했다고 합니다. 훌륭한 의사 선생님을 만나 겨우 살았다고 항상 말씀하셨습니다.

그런데 어떻게 아시죠?』

미숙아인 소방관을 살려준 의사 선생님이 놀랍게도 그 운전자였습니다. 2011년 3월 29일 미국 캘리포니아주에서 일어난 실화입니다.

생명을 구해준 은인에게 보답할 수 있는 가장 좋은 방법은 똑같이 다른 생명을 구하는 일입니다.

나의 생명을 구원해 준 주님께 우리가 드릴 수 있는 가장 좋은 보답도 바로 전도입니다. 생명을 살릴 수 있는 유일한 일인 전도를 위해 온 힘을 쏟으십시오. 복되고 형통합니다. 아멘!!!

♡ 주님, 저의 생명을 구원해 주신 주님께 드릴 수 있는 가장 좋은 감사를 찾게 하소서.
📖 생명을 구해주신 주님의 은혜를 생각하며 다른 생명을 구하는 일에 힘씁시다.

나의 영적 일기

7월 11일 — 저마다의 빛

읽을 말씀 : 에베소서 4:1-16

● 엡 4:16 그에게서 온 몸이 각 마디를 통하여 도움을 입음으로 연락하고 상합하여 각 지체의 분량대로 역사하여 그 몸을 자라게 하며 사랑 안에서 스스로 세우느니라

도시가 아닌 시골에서는 저녁마다 아름다운 반딧불이를 볼 수 있습니다. 우리나라의 시골을 비롯해 동남아의 유명 관광지에는 반딧불이를 보기 위해 하루를 보내는 투어가 있을 정도입니다.

그런데 어려서부터 반딧불이를 보고 자란 사람들은 반딧불이도 종류가 다양하다는 것을 압니다. 어떤 반딧불이는 아주 작고 어떤 반딧불이는 아주 큽니다. 또 계속해서 깜빡거리는 반딧불이도 있습니다.

반딧불이는 태어나서 죽을 때까지 빛을 냅니다. 알일 때도, 애벌레일 때도, 번데기일 때도 미약하지만 작은 빛을 냅니다. 성체가 되면 빛이 강해집니다. 그런데 암컷 성체는 빛이 좀 약하고 수컷 성체의 빛은 훨씬 강합니다. 짝짓기를 위해 서로를 유혹할 때는 빛을 깜빡이면서 관심을 유도합니다.

숲을 가득 수놓은 아름다운 반딧불이를 바라보면 한 가지 중요한 사실을 깨닫게 됩니다. 큰 빛도 있고 작은 빛도 있지만, 저마다 빛을 내고 있기 때문에 황홀한 광경이 만들어진다는 사실입니다.

예수님은 우리에게 세상의 빛이 되라고 말씀하셨습니다. 믿음이 연약할 수도 있고 나를 붙잡고 있는 약점이 있을 수도 있습니다. 그러나 그리스도인이 된 순간부터 우리는 계속해서 세상에 빛을 밝혀야 합니다.

발하는 빛의 크기보다 빛을 내고 있다는 그 사실이 중요한 것처럼, 내가 할 수 있는 최선을 다해, 설령 잠시 꺼진다 하더라도 포기하지 말고 세상에서 빛으로 살아가도록 노력하십시오. 복되고 형통합니다. 아멘!!!

♡ 주님, 제가 할 수 있는 최선을 다해 계속해서 세상에 빛을 밝히는 삶을 살게 하소서.
📖 믿음이 연약하여 약한 빛일지라도 계속해서 세상에서 빛으로 살아갑시다.

나의 영적 일기

위로를 주는 음식

읽을 말씀 : 고린도후서 7:2-7

7월 12일

- 고후 7:4 내가 너희를 향하여 하는 말이 담대한 것도 많고 너희를 위하여 자랑하는 것도 많으니 내가 우리의 모든 환난 가운데서도 위로가 가득하고 기쁨이 넘치는도다

어느 날, 미국의 유명 여배우인 라이자 미넬리(Liza Minnelli)에게 한 기자가 "어떤 음식을 가장 좋아하시나요?"라고 물었습니다.

미넬리는 감자를 이용한 여러 음식들의 이름을 말하며 그 음식들을 좋아하는 이유에 대해서 다음과 같이 설명했습니다.

『이 음식들을 먹으면 따스한 어린 시절이 생각나요.

저를 위로해 주는 음식(Comfort food)들이에요.』

서양 사람들은 가장 힘든 시절에 먹은 음식을 '소울 푸드(Soul food)'라고 표현하는데 이 인터뷰 이후로 '컴포트 푸드'라는 단어가 생겨났습니다.

소울 푸드가 힘든 시절을 떠올리게 한다면, 컴포트 푸드는 기쁨과 추억을 되살려주는 음식입니다.

사람은 음식과 글, 노래 등 다양한 예술을 통해 기쁨을 느끼고 위로받습니다. 지금까지 신앙생활을 해오며 나에게 큰 위로와 기쁨이 되었던 찬양은 무엇입니까? 말씀은 무엇입니까? 기뻤던 순간은 언제입니까? 그 순간을 잊지 않을 때, 그런 위로를 계속해서 경험해 나갈 때 우리 삶에 임하시는 하나님의 손길과 능력을 잊지 않고 살아갈 수 있습니다.

후회와 아쉬움보다는 기쁨과 위안이 되는 좋은 찬양, 좋은 말씀, 좋은 순간들을 붙들며 더 좋은 나날을 허락하실 주님을 믿고 따르십시오. 복되고 형통합니다. 아멘!!!

♥ 주님, 기쁨과 위안이 되는 좋은 순간들을 간증하며 살게 하소서.

신앙생활을 해오며 나에게 큰 위로와 기쁨이 되었던 말씀과 찬양을 찾읍시다.

나의 영적 일기

7월 13일

선한 동기로 행하라

읽을 말씀 : 로마서 13:8-14

● 롬 13:14 오직 주 예수 그리스도로 옷입고 정욕을 위하여 육신의 일을 도모하지 말라

마을의 한 처녀를 열렬히 짝사랑하는 신학생이 있었습니다.
그러나 처녀는 신학생에게 관심이 없었습니다. 처녀의 마음을 얻지 못한 신학생의 가슴에는 처녀를 향한 미움이 가득 찼습니다. 처녀는 양말 공장에서 기술을 가르치는 선생님이었습니다. 신학생은 양말 공장을 망하게 해서 처녀에게 복수하겠다는 엉뚱한 마음을 품었습니다.
신학생은 오랜 연구 끝에 편물 기계를 개발했습니다.
사람 몇 명을 고용하는 것보다 기계 하나로 훨씬 더 많은 천을 짜낼 수 있었습니다. 그러자 이제 처녀를 향한 미움의 마음이 사라지고 성공을 향한 욕망이 신학생의 마음을 파고들었습니다.
청년은 성공을 위해 신학을 그만두고 편물 기계를 판매하는 일을 시작했습니다. 그러나 보수적이던 당시 사람들은 기계의 도입을 망설였습니다, 세계 최초의 편물 기계라는 놀라운 발명을 했지만, 잘못된 동기를 품었던 이 청년은 결국 사랑하는 사람의 마음도 얻지 못했고, 성공도 거두지 못했으며, 가장 중요한 믿음도 지키지 못했습니다. 1589년 세계 최초로 편물 기계를 개발한 윌리엄 리(William Lee)의 이야기입니다.
같은 칼도 누가 사용하느냐가 중요한 것처럼 좋은 능력도 주님이 주신 선한 동기를 위해 사용해야 합니다. 내 마음에 품고 있는 열망이 주님이 주신 선한 동기로 시작된 것인지, 그 선한 동기가 유지되고 있는지 시시때때로 감찰하십시오. 복되고 형통합니다. 아멘!!!

♥ 주님, 마음에 품고 있는 열망이 선한 동기로 유지되고 있는지 점검하게 하소서.
📖 내 마음에 품고 있는 열망과 비전이 주님이 주신 선한 동기인지 점검합시다.

나의 영적 일기

푯대를 향하는 인생

읽을 말씀 : 사도행전 20:17-28

7월 14일

● 행 20:24 나의 달려갈 길과 주 예수께 받은 사명 곧 하나님의 은혜의 복음 증거하는 일을 마치려 함에는 나의 생명을 조금도 귀한 것으로 여기지 아니하노라

미국의 명문 대학교인 템플 대학교(Temple University)를 세운 러셀 콘웰(Russell H. Conwell) 박사님은 우연히 제1차 세계대전과 세계 대공황이라는 어려운 시기에도 백만장자가 된 사람들의 이야기를 알게 되었습니다.

호기심이 생긴 콘웰 박사님은 이 시기에 자수성가한 4,043명의 삶을 조사했습니다. 그리고 이들에게서 「3가지 공통점」을 찾아냈습니다.

❶ 분명한 목표가 있었다.
❷ 뜨거운 열정이 있었다.
❸ 어려움에도 굴하지 않았다.

지금 보기에는 너무도 뻔한 답변이지만, 콘웰 박사님의 연구에 따르면 이 3가지 공통점을 제외하면 학력, 밑천, 가정 환경 등은 저마다 달랐다고 합니다.

바꿔 말하면 목표가 있고 열정이 있으며 의지가 있는 사람은 어떤 환경도 극복하고 성공할 수 있다는 이야기입니다.

'기독교 리더십의 대가' 존 맥스웰(John Maxwell) 박사님은 성공과 실패를 가르는 유일한 차이는 '삶의 목적'이라고 말했습니다. 그리고 크리스천에게는 여기에 더해 '비전'이 필요하다고 말했습니다.

하나님이 나에게 보여주신 '비전'은 무엇입니까?

사도 바울이 말한 푯대처럼 주님이 나에게 주신 푯대를 위해 오직 전진하십시오. 복되고 형통합니다. 아멘!!!

♡ 주님, 주신 삶의 목적, 즉 푯대와 비전의 성취를 위해 기도하며 전진하게 하소서.
📖 주님이 나에게 보여주신 '비전'이 무엇인지 발견하여 성취하며 살아갑시다.

나의 영적 일기

7월 15일
친절과 사랑

읽을 말씀 : 잠언 19:1-7

● 잠 19:6 너그러운 사람에게는 은혜를 구하는 자가 많고 선물을 주기를 좋아하는 자에게는 사람마다 친구가 되느니라

한 초등학교에서 있었던 일입니다.
조회 시간에 선생님이 아이들에게 한 가지 질문을 했습니다.
"친절과 사랑의 차이점이 뭔지 아는 친구 있을까?"
아이들은 한계가 없는 상상력으로 저마다의 대답을 이야기했습니다.
선생님은 수많은 대답 중 한 아이의 대답을 정답으로 꼽았습니다.
아이는 선생님의 질문에 다음과 같이 대답했습니다.
『배고픈 사람한테 빵을 주는 게 친절이고요,
빵을 먹다 목이 마를까 봐 우유도 같이 주는 게 사랑이에요.』
선을 행하면서도 모자라지 않을까 계속해서 생각하고 부어주는 것이 사랑입니다. 친절은 해야 할 일을 하는 것이지만, 사랑은 하지 않아도 될 일까지 더 하는 것입니다.
우리를 지극히 사랑하신 하나님은 가장 귀한 독생자를 선물로 주셨습니다.
하나님이 예수님이라는 놀라운 선물에 더해 온갖 아름다운 큰 복을 우리에게 함께 주셨듯이, 우리도 마땅히 이웃에게 친절히 대해야 합니다.
배고픈 사람에게 음식을 주고, 목마른 사람에게 마실 것을 주는 것은 그리스도인이 당연히 행해야 할 친절입니다. 그러나 여기에서 끝나서는 안 됩니다.
예수님이 우리에게 하셨듯이 친절에 사랑을 더해서 베푸십시오. 복되고 형통합니다. 아멘!!!

♡ 주님, 저를 지극히 사랑하신 주님께 받은 좋은 것으로 이웃을 잘 섬기게 하소서.
📖 주님께서 나에게 하셨듯이 친절에 사랑을 더해 이웃에게 베풉시다.

나의 영적 일기

심으면 거둡니다

읽을 말씀 : 갈라디아서 6:7-10

● 갈 6:8 자기의 육체를 위하여 심는 자는 육체로부터 썩어진 것을 거두고 성령을 위하여 심는 자는 성령으로부터 영생을 거두리라

7월 16일

『어느 날 스무 살 청년이 간절한 마음을 담아 극동방송에 "우리 전남 광양시 옥곡면 배양마을에도 아름다운 교회가 세워졌으면 좋겠습니다"라는 편지를 보내왔습니다. 교회 하나 없는 고향 마을에도 복음이 전해지길 바라는 순수하고 절실한 기도 편지였습니다. 우리는 따뜻한 음성을 담아 "정현석 형제의 기도 제목을 위해 함께 기도합시다"라고 방송했습니다.

시간이 흐르고, 그 청년은 2025년 강원도 원주 오크밸리에서 열린 '극동방송 전국운영위원회 수련회'에 순천과 광양지회 운영위원장이 되어 위원들을 이끌고 참석했습니다. 광주 화백교회 장로이기도 한 그는 "라디오를 통해 사연이 전파를 탄 지 두 달쯤 지났을 때, 여의도순복음중앙교회의 한 집사님이 9,700만 원을 들고 와 땅을 사주셨다"며 "그 헌신이 마중물이 되어 주변 지역 목사님들이 교회당을 세워 주셨다"고 회상했습니다. "당시 받았던 사랑과 은혜를 기억하며 17년째 극동방송 운영위원으로 방송선교 사역에 동참하고 있습니다. 전도가 점점 어려워지는 시대이지만, 라디오를 통해 복음을 전할 수 있다는 것이 참 감사합니다. 청년 시절 제가 그랬듯, 지금도 누군가가 라디오를 통해 하나님을 만나고 있으리라 생각하면 가슴이 뭉클해집니다"라고 고백했습니다.

극동방송의 전파가 닿는 곳곳마다 하나님의 역사는 멈추지 않고 일어납니다. 눈물의 기도, 간절한 사연 등 어느 것 하나 놓치지 않으시는 주님을 신뢰하며 나아가야 하겠습니다.』 - 「김장환 목사의 인생 메모」 중에서

반드시 싹이 나고 꽃이 피고 열매를 맺어 거두는 날이 올 것이니 기도를 심으십시오. 복되고 형통합니다. 아멘!!!

🖤 주님, 믿음으로 주님 앞에 소원을 심을 때 어떠한 상황에도 열매를 거두게 하소서.

📖 어떠한 상황에도 주님의 역사하심을 믿고 의지하며 겸손히, 꾸준히 기도합시다.

나의 영적 일기

7월 17일

원인을 모른다면

읽을 말씀 : 요한복음 10:7-15

● 요 10:9 내가 문이니 누구든지 나로 말미암아 들어가면 구원을 얻고 또는 들어가며 나오며 꼴을 얻으리라

    미국의 수도 워싱턴에 있는 「토마스 제퍼슨 기념관(Jefferson Memorial)」의 벽이 급격하게 부식된 적이 있습니다. 벽을 청소하고 칠도 새로 했지만, 시간이 조금 지나면 다시 부식이 시작됐습니다.
    문제가 해결되지 않자 관리를 맡은 사람들 사이에서 의견이 분분했습니다.
    '청소 도구가 문제다', '페인트가 문제다', '방법에 문제가 있다' 등 다양한 의견이 나왔는데 한 사람이 전문가의 자문을 통해 문제의 원인을 찾았습니다.
    바로 기념관 근처에 모이는 비둘기였습니다.
    기념관 주변에 쌓인 비둘기 배설물 때문에 벽이 부식되는 것이었습니다.
    그런데 이 비둘기를 모이게 하는 것은 거미였습니다.
    거미가 왜 늘었나 했더니 먹이로 삼는 나방 때문이었습니다.
    그리고 이 나방이 모이는 이유는 기념관 근처에 새로 설치한 가로등 때문이었습니다.
    결국 토마스 제퍼슨 기념관 벽의 부식을 막는 정답은 페인트칠도, 비둘기도, 거미도, 나방도 아닌 가로등을 2시간 늦게 켜는 것이었습니다.
    문제의 원인을 모르면 제대로 해결할 수가 없습니다. 인생의 모든 문제의 원인은 바로 죄입니다. 그 죄를 해결할 방법은 도덕도, 윤리도, 헌법도, 율법도 아닌, 바로 주 예수님의 보배로운 피와 사랑입니다.
    주님이 우리를 너무도 사랑하신다는 복음의 소식, 주님이 모든 죄를 해결해 주셨다는 사랑의 소식이 인생의 정답임을 믿으십시오. 그리고 그 정답을 이웃에게 알리십시오. 복되고 형통합니다. 아멘!!!

♥ 주님, 죄를 해결할 방법은 오직 주 예수님의 보배로운 피와 사랑임을 전하게 하소서.
📖 주님께서 모든 죄를 용서하시고 해결해 주셨다는 기쁜 소식을 세상에 전합시다.

나의 영적 일기

선인장이 살아남은 이유

읽을 말씀 : 전도서 11:1-8

● 전 11:6 너는 아침에 씨를 뿌리고 저녁에도 손을 거두지 말라 이것이 잘 될는지, 저것이 잘 될는지, 혹 둘이 다 잘 될는지 알지 못함이니라

미국 사막에는 사구아로라는 선인장이 자랍니다.
수명이 150년이 넘고 높이가 20m가 넘게 자랄 때도 있습니다.
미국의 사막은 매우 척박합니다. 일 년 내내 모래 폭풍이 불고 아프리카 사막처럼 어쩌다 찾아오는 우기도 없습니다. 비가 거의 내리지 않고 낮에는 뜨거운 태양, 밤에는 몸이 얼 정도의 추위가 일 년 내내 반복됩니다.
이런 환경에서 살아남기 위해 사구아로는 자신의 키의 두 배가 넘는 뿌리를 내립니다. 또 조금씩 내리는 비와 이슬을 저장하기 위해 가지 전체를 물 저장소로 만들었는데, 거대한 사구아로는 물을 30톤이나 저장할 수 있습니다.
물이 증발하는 것을 막기 위해 껍질은 두껍고 단단합니다. 동물들에게 뺏기지 않으려고 가시도 다른 선인장보다 더 날카롭고 길쭉해졌습니다. 사구아로 선인장이 이렇게 노력하는 이유는 바로 씨를 뿌리기 위해서입니다. 선인장이 아무리 오래 살아도 씨를 뿌리지 못하면 멸종하기 때문입니다.
사구아로 선인장은 1년에 딱 한 번 그나마 비가 많이 올 때 씨를 뿌리는데, 워낙 척박한 환경이기 때문에 10년이 넘게 실패하는 경우도 많다고 합니다. 그래도 포기하지 않고 살아있는 동안 매년 한 번씩 씨앗을 뿌리기 때문에 미국 사막 어디에서나 사구아로 선인장을 쉽게 찾아볼 수 있습니다.
힘들어도, 어려워도 포기하지 않고 씨를 뿌리는 선인장처럼, 우리 그리스도인 역시 동일한 심정과 노력으로 복음의 씨를 뿌려야 합니다. 오랜 세월을 건너 우리에게까지 전해진 이 소중한 복음이 더 널리, 더 빨리 전파되도록 지치지 말고 복음을 전하십시오. 복되고 형통합니다. 아멘!!!

♥ 주님, 전도가 힘들고 어려워도 끝까지 포기하지 않고 전하게 하소서.
🙏 힘들고 어려워도 성실하게 복음을 전해 기쁨으로 열매를 거둡시다.

나의 영적 일기

7월 19일 진리가 사라진 시대

읽을 말씀 : 고린도후서 13:4-10

● 고후 13:8 우리는 진리를 거스려 아무 것도 할 수 없고 오직 진리를 위할 뿐이니

국내의 한 신문사 칼럼에 실린 「현대인을 병들게 하는 4무(無)병」입니다.
❶ 무관심입니다.
　길 가다 사람이 쓰러져도 아무도 도와주지 않을 정도로 서로에게 관심이 없는 시대입니다.
❷ 무책임입니다.
　사건과 사고는 계속 일어나는데 책임을 지는 사람을 찾을 수가 없는 시대입니다.
❸ 무감동입니다.
　물질과 재미만을 추구하고 감동과 진심은 호들갑을 떤다고 치부하는 시대입니다.
❹ 무목적입니다.
　인생의 목적을 찾지 못해 일확천금만을 꿈꾸고 인생을 내팽개치는 사람들이 늘어나는 시대입니다.
　홀로코스트 생존자이자 노벨평화상을 수상한 작가 엘리 위젤(Elie Wiesel) 박사님은 "현대 사회를 황폐케 하는 최고의 악은 무관심이다"라고 말했습니다.
　하나님을 믿지 않는 사람들이 많아질 때 세상은 진리와 점점 멀어져 갑니다. 세상의 잘못된 흐름에 휩쓸리지 말고 성경이 가르치는 참된 진리를 세상에 전파하십시오. 복되고 형통합니다. 아멘!!!

♥ 주님, 무관심, 무책임, 무감동, 무목적의 삶을 사는 사람들에게 복음을 전하게 하소서.
📖 나는 무관심, 무책임, 무감동, 무목적의 삶을 살지 않도록 주님을 의지합시다.

나의 영적 일기

듣는 귀의 중요성

읽을 말씀 : 예레미야 29:10-16

● 렘 29:11 나 여호와가 말하노라 너희를 향한 나의 생각은 내가 아나니 재앙이 아니라 곧 평안이요 너희 장래에 소망을 주려는 생각이라

7월 20일

    미국의 한 해변에서 10대 소녀가 다이빙을 하다가 불의의 사고를 당해 전신이 마비되었습니다. 하루아침에 걸어 다니지도 못하게 된 소녀는 큰 충격을 받았습니다. 매력적인 미소와 긍정적인 성품은 사라졌으며, 세상을 향한 원망, 분노가 쏟아졌고, 깊은 좌절만 남게 되었습니다.
    그런 소녀를 주변 사람들은 포기하지 않았습니다. 부모님과 친구들, 친척들은 틈만 나면 소녀를 찾아와 용기를 북돋아 주었고, 무엇보다 예수님을 전했습니다. 처음에는 듣기도 싫던 복음이었지만, 주변인들의 정성과 사랑으로 차츰 마음이 열렸고, 성경이 믿어지게 되었습니다.
    주님을 믿게 된 소녀는 입으로 그림을 그리기 시작했고, 자신처럼 몸이 불편한 사람들을 돕는 후원재단까지 설립했습니다. 소녀는 누구보다 깊은 좌절의 늪에서 다시 빠져나올 수 있게 된 이유를 다음과 같이 고백했습니다.
    "예수님은 십자가에 달려서 저처럼 움직이지도 못하고 무력하게 돌아가셨습니다. 그러나 부활하사 산 소망이 되셨습니다. 성경 말씀처럼 우리의 몸이 하늘에서 영화롭게 된다는 것, 그것이 바로 제가 가진 미래에 대한 소망입니다."
    베스트셀러 작가이자, 장애인을 위한 기독교 사역 단체인「조니와 친구들 국제 장애인 센터」의 설립자이며, 뛰어난 구필 화가인 조니 에릭슨 타다(Joni Eareckson Tada)의 이야기입니다.
    복음은 최악의 상황에 빠진 사람에게 전할 수 있는 최고의 선물입니다. 예수님이 십자가를 통해 완성하신 살아있는 소망을, 지치고 상한 심령을 가진 사람들에게 계속해서 전하십시오. 복되고 형통합니다. 아멘!!!

🤍 주님, 저에게 주신 은사를 가지고 저를 구원해 주신 주님의 복음을 전하게 하소서.
🎯 내가 사용할 수 있는 복음의 도구가 무엇인지 찾아 전도합시다.

나의 영적 일기

7월 21일

감사가 자라는 밭

읽을 말씀 : 역대상 16:30-36

● 대상 16:34 여호와께 감사하라 그는 선하시며 그 인자하심이 영원함이로다

사탄이 사람들을 타락시키기 위해서 여러 가지 창고를 지었다고 합니다.

각 창고에는 '미움, 시기, 질투, 절망, 아픔'이라는 이름이 붙어 있었습니다.

사탄은 부지런히 이 창고를 들락날락하며 '미움의 씨앗, 시기의 씨앗, 질투의 씨앗, 절망의 씨앗, 아픔의 씨앗'을 사람들의 마음에 계속해서 심었습니다.

사탄이 뿌린 씨앗대로 곧 사람들은 서로 미워하고, 시기하고, 질투하기 시작했습니다.

사탄은 이런 모습을 보고 즐거워하며 더욱 열심히 씨앗을 뿌렸습니다.

그런데 유독 한 마을에서는 어떤 씨앗도 쓸모가 없었습니다.

미움도, 시기도, 질투도, 아픔도 그 마을 사람들에게는 통하지 않았습니다.

사탄은 단단히 화가 나서 도대체 마을 사람들의 마음에 뭐가 있는지 살펴봤는데, 마을 사람들의 마음에는 '감사의 씨앗'이 심어져 있었습니다.

감사의 씨앗을 마음에 품은 사람들이 살고 있는 이 마을의 이름은 '기쁨'이었다고 합니다.

이것은 북유럽에서 전해 내려오는 설화입니다.

감사는 반응이 아닌 태도입니다. 정말로 주님의 은혜를 체험한 사람은 늘 감사할 수 있습니다. 사탄이 주는 부정적인 씨앗에 마음을 빼앗기지 마십시오.

사탄의 간교에 휩싸이지 않도록 우리 마음속에 주님이 주신 감사의 씨앗을 계속해서 가꾸며 기쁨이 넘치는 삶을 살아갑시다. 복되고 형통합니다. 아멘!!!

♡ 주님, 제게 주신 은택을 생각하며 걸음걸음마다 주님께 감사하게 하소서.
📖 주님께서 주신 기쁨을 빼앗기지 말고 매일 주님께 감사합시다.

나의 영적 일기

관계를 통해 자라는 희망

읽을 말씀 : 시편 146:1-10

● 시 146:5 야곱의 하나님으로 자기 도움을 삼으며 여호와 자기 하나님에게 그 소망을 두는 자는 복이 있도다

개인적인 상실감과 사회적, 영적 불안정성의 절망적인 상황에서도 마지막 남은 실낱같은 희망을 상징한「희망(Hope, 1886년작)」이라는 그림이 있습니다.

영국의 상징주의 화가 프레드릭 왓츠(G. Frederic Watts)가 그린 이 그림에는 둥근 지구가 가운데 있고 그 위에 눈을 가린 소녀가 낡은 옷을 입고 앉아 있습니다. 소녀의 손에는 여섯 줄이 끊어지고 한 줄만 남아 있는 낡은 하프가 들려 있습니다. 하늘에는 작은 별 하나가 보일 듯 말 듯한 빛을 내면서 지구를 비추고 있습니다.

희망은 말 그대로 어렵고 힘든 순간임에도 극복할 작은 실마리가 남아 있는 상태입니다. 하프가 망가져 버렸지만 연주할 한 줄은 남아 있는 상태, 어두운 하늘이지만 빛을 비추는 작은 별 하나는 떠 있는 상태지만, 이 모든 일을 극복할 수 있을 것이라는 믿음이 바로 희망입니다.

발달심리학자 에릭 에릭슨(Erik Homburger Erikson)은 타인과의 관계 속에서 희망을 대하는 자세가 형성된다고 말했습니다. 부모의 사랑을 받고 자란 아이는 희망을 가지고 살아가지만, 부모로부터 버림받은 아이는 세상에 희망이 존재하지 않는다고 여깁니다. 그러나 인간과의 관계를 통해 자라나는 희망은 여전히 불완전합니다.

동일한 사랑으로 우리를 언제나 품어주시는 주님의 완전하신 사랑을 깨달았을 때만 우리는 꺼지지 않는 횃불과 같은 희망을 품을 수 있습니다. 주님과의 온전한 관계를 통해 천국이라는 희망을 품고 살아가십시오. 복되고 형통합니다. 아멘!!!

♡ 주님, 아무리 어려운 상황에서도 모든 일을 극복할 수 있을 것이라는 믿음을 주소서.
🎖 어렵고 힘든 순간에도 극복할 수 있고 피할 수 있게 하시는 주님을 의지합시다.

나의 영적 일기

7월 23일

오른손 3, 왼손 7

읽을 말씀 : 마태복음 6:1-4

● 마 6:4 네 구제함이 은밀하게 하라 은밀한 중에 보시는 너의 아버지가 갚으시리라

중세 시대 유럽에서는 아기를 낳으면 가장 먼저 교회로 안고 갔습니다.

이때 목회자는 부모에게 아기가 7살이 될 때까지 다음의「4가지 위협」으로부터 지킬 것을 서약하게 합니다.

❶ 물의 위험
❷ 불의 위험
❸ 말발굽의 위험
❹ 개 이빨의 위험

부모가 서약을 하면 목회자는 부모에게 다음과 같은 교훈을 가르칩니다.

"자녀가 장성하여 부모의 곁을 떠날 때까지 기도와 찬송, 봉사하는 모습을 통해 가르치십시오. 30%는 자녀가 보는 곳에서 이런 일들을 하고, 70%는 자녀가 보지 못하는 곳에서 하십시오. 누구 하나 알아주는 이가 없어도 선행으로 뿌린 씨는 자라나고, 아무도 알아주지 않아도 사랑으로 섬긴 이웃은 다시 천사가 되어 당신의 자녀를 도울 것입니다."

일거수일투족이 금세 온 세상에 퍼져나가는 이 시대에 우리 크리스천은 나쁜 행동을 삼가 조심하고, 또한 선행은 필요시 지혜롭게 티를 낼 줄도 알아야 합니다.

그러나 주님이 말씀하신 것처럼 아무도 보는 사람이 없을지라도, 왼손도 모를 것처럼 오른손으로 계속해서 선행을 베풀고 사랑을 실천해야 합니다.

믿는 자들의 선행이 드러나도록 세상 가운데 선을 행하십시오. 하물며 드러나지 않을지라도 열심히 선을 행하십시오. 복되고 형통합니다. 아멘!!!

💛 주님, 나쁜 행동을 삼가 조심하고, 주님의 이름으로 선을 행하고 지혜롭게 하소서.
🖼 누구 하나 알아주는 이가 없어도 주님의 영광을 위해 선행의 씨를 뿌립시다.

나의 영적 일기

기도의 사람

7월 24일

읽을 말씀 : 데살로니가전서 5:12-18

● 살전 5:17 쉬지 말고 기도하라

    한국에 많이 알려진 목회자는 아니지만, 영국의 조지 파커(Georgie Parker) 목사님은 동시대의 유명한 설교자 스펄전(Charles H. Spurgeon)에 비견되는 유명한 목회자였습니다.
    당시 사람들은 스펄전과 파커를 놓고 비교하며 라이벌 구도를 만들었지만, 오히려 두 사람은 편지로 서로를 위해 기도해 주는 든든한 동역자였습니다. 두 분은 서로의 성공을 기뻐하며 서로의 사역을 응원해 주는 아름다운 관계를 평생에 걸쳐 만들어갔습니다. 스펄전은 자신의 50번째 생일 때 파커를 불러 축사를 부탁할 정도로 막역한 사이였습니다.
    파커는 자신이 겸손함으로 스펄전과의 관계를 유지할 수 있었던 것은 많은 기도 때문이라고 비결을 밝히곤 했습니다. 그러면서 파커는 성도들에게도 다음과 같이 기도를 강조했습니다.
    "기도는 한 개인의 삶과 미래를 바꿀 수 있습니다. 더 나아가, 속한 공동체와 속한 나라를 바꿀 수도 있습니다. 기도하는 사람은 혈색부터 다릅니다. 교회를 아무리 열심히 다녀도 기도하지 않는 사람은 주님의 음성을 듣지 못하는 사람이고, 기쁨이 없는 사람이며, 주님의 향기를 풍기지 못하는 사람입니다."
    힘들고 어려운 시대일수록 우리는 주님 앞에 무릎을 꿇어야 합니다. 기도가 유일한 해답이며, 기도가 유일한 능력입니다. 불가능한 일을 기도로 가능하게 하는, 시대를 변화시킬 기도의 사람으로 바로 내가, 우리가 세워지도록 기도를 쉬지 마십시오. 복되고 형통합니다. 아멘!!!

💗 주님, 기도가 유일한 해답이며, 기도가 유일한 능력임을 믿고 기도하게 하소서.
🖼 서로의 성공을 기뻐하며, 서로의 사역을 응원하는 아름다운 동역자가 됩시다.

나의 영적 일기

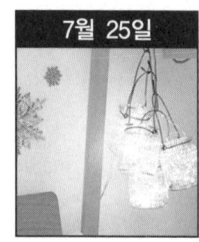

7월 25일 성경의 능력

읽을 말씀 : 역대상 16:7-15

● 대상 16:11 여호와와 그 능력을 구할지어다 그 얼굴을 항상 구할지어다

미국의 백악관 식당에는 다음과 같은 글이 새겨져 있습니다.

"하나님께서 이 백악관과 앞으로 이곳에서 지내게 될 모든 이에게 큰 은혜를 내려 주시기를 기도합니다. 정직하며 지혜로운 이들만이 이 지붕 아래서 이 나라를 다스릴 수 있도록 해 주옵소서."

미국 역대 대통령 중 신앙이 가장 독실했던 존 퀸시 애덤스(John Quincy Adams)가 한 말인데, 애덤스는 "성경은 인간 생활의 모든 상황에서, 모든 시대에 읽는, 모든 사람의 책"이라고 평가하며 무엇보다 스스로도 성경 말씀을 아꼈습니다. 애덤스가 대통령으로 취임한 지 이틀째인 1816년 9월 26일 일기에는 다음과 같은 글이 적혀 있습니다.

"나는 몇 년 전부터 성경을 일 년에 일독씩 통독하고 있다. 아침에 일어나 그 첫 시간을 성경 읽기에 바치고 있다."

존 애덤스는 하나님이 주신 지혜가 없이는 나라를 운영할 수 없다는 것을 인정했습니다. 그리고 하나님이 주시는 지혜를 성경을 통해 구했습니다. 그 사실을 누구보다 잘 알고 있었던 루스벨트(Franklin Roosevelt) 대통령 역시 존 애덤스의 성품과 신앙에 더없는 감동을 받았기 때문에 자신의 임기에 애덤스의 기도를 식당에 새기도록 명령했습니다.

하나님의 말씀은 지금도 살아서 역사하는 진리입니다. 그 말씀이 우리를 변화시키고 우리의 삶 가운데 능력으로 나타나도록, 말씀으로 내 삶을 가득 채우고 말씀을 그대로 실천하십시오. 복되고 형통합니다. 아멘!!!

♡ 주님, 우리 대통령도 주님이 주신 지혜가 없이는 나라를 이끌 수 없음을 알게 하소서.
📖 주님께서 우리나라에 복 주실 것과 위정자가 주님을 의지하도록 기도합시다.

나의 영적 일기

사랑하면 섬긴다

읽을 말씀 : 마가복음 12:28-34

● 막 12:33 또 마음을 다하고 지혜를 다하고 힘을 다하여 하나님을 사랑하는 것과 또 이웃을 제 몸과 같이 사랑하는 것이 전체로 드리는 모든 번제물과 기타 제물보다 나으니이다

덴마크의 국부인 니콜라스 그룬트비(Nikolaj Frederik Severin Grundtvig)를 수식하는 단어는 셀 수 없을 정도로 많습니다.

'덴마크에 찾아온 행운', '덴마크 중흥의 아버지', '삶을 위한 교육가', '어둠의 땅 덴마크를 녹색 땅으로 회복시킨 사람'

그룬트비는 덴마크의 교육, 정치, 신학, 농업, 철학 등 다양한 영역에서 큰 족적을 남겼습니다. 그런데 이런 모든 원동력은 그룬트비의 신앙에서 나왔습니다. 그룬트비는 평생 다음의 3가지 원칙을 가장 중요하게 여기며 사람들에게 전했습니다.

❶ 모든 사람은 하나님을 두려워해야 한다.
　안 그러면 도덕이 무너진다.
❷ 나라를 위한 일은 일단 강력히 추진해야 한다.
　마음을 정하지 못하면 일을 못 한다.
❸ 나라를 사랑해야 한다.
　나라를 사랑하고, 사람을 사랑하는 사람이 하나님을 사랑할 수 있다.

하나님을 사랑하는 사람은 세상을 좋은 방식으로 더 이롭게 변화시킵니다. 하나님을 사랑한다고 외치면서 정작 하나님이 허락하신 나라와 민족, 이웃에게 소홀히 하고 있지는 않습니까?

하나님을 사랑하는 만큼, 하나님이 명령하신 대로 나라와 이웃, 가족과 친구들을 섬기십시오. 복되고 형통합니다. 아멘!!!

♡ 주님, 주님이 허락하신 나라와 민족, 이웃을 소홀히 대하지 않고 사랑하게 하소서.
📖 좋은 방식으로 세상을 더 이롭고 아름답게 변화시키는 사람이 됩시다.

나의 영적 일기

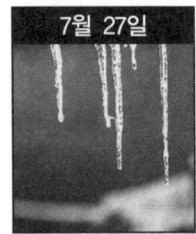

7월 27일
비누처럼, 소금처럼

읽을 말씀 : 마태복음 5:13-20

● 마 5:16 이같이 너희 빛을 사람 앞에 비취게 하여 저희로 너희 착한 행실을 보고 하늘에 계신 너희 아버지께 영광을 돌리게 하라

백화점 왕으로 불리는 존 워너메이커(John Wanamaker)는 지금도 미국의 모든 사람이 알 정도의 성공한 사업가로, 널리 알려진 크리스천이자 박애주의자입니다.
워너메이커는 노숙인들을 돕는 「아침식사후원선교회(Sunday Breakfast Rescue Mission)」를 만들었고, 기독교 청년회 조직인 「YMCA(Young Men's Christian Association)」가 미국 전역을 비롯해 전 세계로 퍼질 수 있도록 많은 후원을 했습니다. 이 외에도 학교를 비롯한 수많은 자선단체에 평생 후원했는데, 이는 '크리스천은 비누처럼 살아야 한다'라는 워너메이커의 평소 신념 때문이었습니다.
"비누는 물에 녹아 사라지지만, 더러운 때를 씻어줍니다.
물에 녹지 않는 비누는 오래 쓸 수는 있겠지만 결코 좋은 비누는 아닙니다.
우리 크리스천은 사회를 위해서 자신을 희생하는 비누와 같은 삶을 살아야 합니다. 자신을 희생하지 않으려는 크리스천은 물에 녹지 않는 비누입니다."
예수님 역시 크리스천의 삶을 소금에 비유하셨습니다.
음식에 녹아들지 않는 소금은 맛을 낼 수 없는 것처럼 크리스천이라면 어떻게 세상 가운데 복음의 맛을 내며 비누처럼 살아갈지 깊이 고민해야 합니다.
우리의 삶이 짠맛을 잃지 않는 소금처럼, 필요한 음식에 녹아서 맛을 더하는 소금처럼, 세상에서 주님을 위해 쓰임 받게 되도록 노력하며 기도하십시오. 복되고 형통합니다. 아멘!!!

♥ 주님, 세상에서 소금처럼 주님을 위해 쓰임 받으며 살 수 있도록 노력하게 하소서.
📖 사회를 위해서 나를 희생하는 비누와 같은 삶을 사는 크리스천이 됩시다.

나의 영적 일기

이미 선택하셨다

읽을 말씀 : 로마서 1:1-7

● 롬 1:6 너희도 그들 중에 있어 예수 그리스도의 것으로 부르심을 입은 자니라

기도에 관한 수많은 명저를 쓴 토저(Aiden Wilson Tozer) 목사님에게 한 성도가 다음과 같은 질문을 했습니다.

"하나님은 왜 우리가 구원을 직접 선택하게 하셨을까요? 저절로 모든 사람이 구원받게 하실 수 있지 않았을까요?"

그러자 토저 목사님은 『오, 형제여. 구원은 우리의 행동(action)으로 얻을 수 있는 것이 아닙니다. 우리에게는 아무런 결정권이 없습니다』라고 답했습니다.

그러자 성도는 "우리가 믿음으로 구원받지 않습니까"라고 질문했고, 이에 토저 목사님은 다음과 같이 대답했습니다.

『맞습니다. 그러나 하나님이 우리를 구원하기로 결정하셨기 때문에 우리가 구원받을 수 있는 것입니다. 구원은 우리의 행동이 아닌 하나님의 은혜에 대한 우리의 반응(reactions)으로 받는 것입니다.

모든 결정권은 처음부터 끝까지 하나님께 있습니다. 선후 관계를 착각하지 마십시오. 주종 관계를 거역하지 마십시오. 우리의 힘으로 죄의 문제, 구원의 문제를 결코 해결할 수 없습니다. 오직 주님이 허락하셨기에 받을 수 있는 자격이 주어진 것입니다.』

구원은 하나님의 은혜에 대한 우리의 선택이 아닌 반응입니다. 예배란, 우리의 힘과 능력으로 주님을 높여 드리는 것이 아니라, 하나님이 베풀어 주신 은혜에 대한 우리의 반응입니다. 우리를 예정하시고, 선택하시고, 구원하신 주 하나님께 온 마음과 뜻을 다해 반응하십시오. 복되고 형통합니다. 아멘!!!

♡ 주님. 구원의 감격을 한시도 잊지 않고 살아가는 기쁨의 자녀가 되게 하소서.

📖 나의 구원은 내 힘이 아닌 오직 주님의 공로와 사랑 때문임을 기억합시다.

나의 영적 일기

7월 29일

성공이 있는 곳

읽을 말씀 : 누가복음 12:22-34

● 눅 12:34 너희 보물 있는 곳에는 너희 마음도 있으리라

미국 캔자스시티(Kansas City)의 한 교회에서 있었던 일입니다.

가난한 집시였다가 목회자가 된 부흥사가 왔다는 소식을 듣고는 관심이 생긴 한 남자가 부흥회 중간에 들어와 질문을 했습니다.

"저는 당신의 설교를 몇 번이나 들었지만, 여전히 어떻게 성공할 수 있는지 모르겠습니다.

당신이 하는 말을 다 지키면 성공할 수 있는 건가요?

그런데 그건 너무 어렵습니다. 불가능해 보입니다.

교육도 받지 못하고 무일푼이었던 당신이 어떻게 이렇게 성공할 수 있었는지, 그 비결이 무엇인지 저는 정말로 알고 싶습니다."

부흥사는 이 남자의 손을 잡아 자신의 가슴에 대며 이렇게 말했습니다.

"형제여, 성공의 비결은 머리가 아닌 가슴에 있습니다.

제 성공의 비결은 바로 이곳에 계시는 주 하나님입니다."

이 말을 들은 남자는 눈물을 흘리며 주님 앞에 돌아왔고, 수많은 사람을 전도하는 새로운 삶을 살았습니다.

복음 잡지「주님의 검(The Sword of the Lord)」의 편집자인 존 라이스(John R. Rice) 목사님이 들려준 예화입니다.

우리의 성공이 있는 곳은 어디입니까?

우리의 마음이 있는 곳은 어디입니까? 마음속에 주님을 모시고 평생 주님과 동행하는 진짜 성공을 바라고 이루십시오. 복되고 형통합니다. 아멘!!!

♡ 주님, 우리에게 진정한 성공을 주시는 분은 오직 주님뿐임을 믿고 의지하게 하소서.

📷 진정한 성공을 위해 내가 오직 주님만을 의지하고 있는지 자주 확인합시다.

나의 영적 일기

온전히 집중하라

읽을 말씀 : 여호수아 14:6-15

● 수 14:14 헤브론이 그니스 사람 여분네의 아들 갈렙의 기업이 되어 오늘날까지 이르렀으니 이는 그가 이스라엘의 하나님 여호와를 온전히 좇았음이며

    세계적으로 존경받는 아일랜드의 사회 운동가 스태니슬라우스 케네디(Stanislaus Kennedy)가 쓴 「영혼의 정원」이라는 책에는 현대인들이 한 번에 너무 많은 일을 하고 있다는 경고가 나옵니다.
    「우리는 수많은 일들의 소용돌이에 휩쓸려 하루를 보냅니다.
때로는 한 번에 두 가지 일을 하고 때로는 어떤 일을 하면서도
머릿속으로는 딴생각을 합니다.
그것은 삶을 사는 것이 아닙니다.
사과 한 개를 만드는 데에도 자연이 얼마나
많은 공을 들이는지 생각해 보십시오.
봄과 여름, 가을이 있었고, 사과와 꽃과 벌, 햇살과 비가 있었지요.
무리하거나 서둘러서는 절대로 온전한 열매를 맺을 수 없습니다.
모든 가치 있는 것들은,
심지어는 사과 한 개조차도 시간과 인내를 필요로 합니다.」
    '집중'은 '모든 것을 가운데 모은다'는 뜻입니다. 하나님의 말씀을 묵상하고 하나님께 기도할 때, 우리는 집중해야 합니다.
    예배란, 우리의 모든 것을 온전히 하나님께 드리는 행위입니다.
    내 앞에 쌓인 수많은 세상일에 마음을 빼앗기지 말고, 주 하나님을 마주하는 시간에 온전히 집중하십시오. 복되고 형통합니다. 아멘!!!

♡ 주님, 말씀을 묵상할 때, 기도할 때, 예배할 때 주님께 온 마음을 집중하게 하소서.
🔲 말씀을 묵상할 때, 기도할 때, 예배할 때 주님께 온 마음을 집중합시다.

나의 영적 일기

7월 31일

주일 휴업 정책

읽을 말씀 : 출애굽기 20:1-11

●출 20:8 안식일을 기억하여 거룩히 지키라

    미국 남부 애틀랜타의 위성 도시인 헤이프빌(Hapeville)이라는 한적한 시골에서 한 남자가 그의 형제와 함께 작은 식당을 열고 「예배를 위해 주일에는 문을 닫기」로 약속했습니다. 부모님으로부터 온전히 주일을 지켜야 한다고 교육받았기 때문이었습니다.
    그는 특별한 닭고기 샌드위치를 개발했고, 이는 큰 인기를 얻어, 1967년 「칙필레(Chick-fil-A)」라는 식당을 열었습니다. 대부분의 지점이 휴일에 대목인 쇼핑몰이나 백화점에 입점했지만, 그래도 한결같이 「주일 휴업 정책」을 고수했습니다. 그럼에도 식당은 승승장구해 오히려 작년 기준으로 매장 수가 3,100개로 늘어났고, 총 매출은 31조 원(227억 달러)을 넘어섰으며, 매장당 매출은 맥도날드를 능가했습니다.
    그는 최근 자녀에게 회사를 물려주면서 경영상의 단 한 가지 조건으로 「주일 휴업 정책」만을 내걸었습니다.
    미국인들이 가장 만족하는 패스트푸드 식당 중 하나인 칙필레(Chick-fil-A)의 창업주 사무엘 캐시(Samuel Truett Cathy)의 이야기입니다.
    어쩔 수 없는 상황이란 것이 있지만, 그럼에도 크리스천이라면 무슨 일을 하든, 어디에 있든, 주일을 온전히 주 하나님의 날로 드리기 위해 최선을 다해야 합니다. 주님을 믿고 경외하며 사람들에게 선한 영향력을 끼치려는 기업의 비전을 위해, 주일 성수를 가벼이 여기지 말고 할 수 있는 최선의 노력으로 주님께 드리십시오. 복되고 형통합니다. 아멘!!!

♥ 주님, 주님이 주신 계명들을 가벼이 여기지 않고 어려움이 있더라도 잘 지키게 하소서.
📖 주일만큼은 예배와 봉사로 주님의 일을 우선으로 놓고 「성수 주일」 합시다.

나의 영적 일기

8월

"내 영혼아
네가 어찌하여 낙망하며
어찌하여 내 속에서 불안하여 하는고
너는 하나님을 바라라
그 얼굴의 도우심을 인하여
내가 오히려 찬송하리로다"
- 시편 42:5 -

8월 1일

우리의 소원은 복음 통일

읽을 말씀 : 에베소서 1:3-14

● 엡 1:10 하늘에 있는 것이나 땅에 있는 것이 다 그리스도 안에서 통일되게 하려 하심이라

『2024년 미국의 수도 워싱턴DC 케네디센터에서 열린 극동방송 13개 지사 어린이합창단 700여 명의 「나라 사랑 축제 공연」은 재미교포들과 미국 현지인들에게도 큰 감동을 주었습니다. 이후 주일에 13개의 극동방송 어린이합창단은 흩어져 현지 교회에서 개별 공연을 하게 되었습니다. 그 가운데 강원극동방송 어린이합창단이 버지니아의 한 작은 시골 현지인 교회를 방문했을 때의 일입니다.

미국인들 사이에서 노구를 이끌고 온 동양인 노신사 한 분이 합창단의 공연을 보며 연신 눈물을 훔치고 계셨습니다. 그분은 90세가 넘은 교포 목사님으로 젊었을 때 미국으로 오셨는데, 한국에서 온 어린이합창단이 공연한다는 소식을 듣고 달려오셨습니다. 그 목사님의 고향은 북한 개성이었는데 합창단의 공연 중 고향에서의 어린 시절이 생각나 눈물이 많이 나왔다고 말씀하셨습니다.

미국에서 체류하는 내내 그 목사님께서는 합창단을 손수 안내하시며 많은 편의를 제공해 주셨고, 특히 어린이합창단이 버스킹 공연을 할 때마다 앵콜 곡으로 「우리의 소원은 통일」을 불러 달라고 계속해서 요청하셨습니다.

모든 일정을 마치고 귀국하기 직전 목사님은 합창단원들을 일일이 축복하고 기도해주시면서 어린이합창단의 찬양이 고향인 개성과 북한 곳곳에 울려 퍼지는 그날이 속히 오기를 간절히 소망한다는 마지막 말씀으로 합창단을 배웅해 주셨습니다. 극동방송이 왜 북한에 복음을 전해야 하는지 그 목사님을 통해 다시 한번 확인할 수 있었습니다.』 -「김장환 목사의 인생 메모」중에서

현재 국내에 살고 계신 이산가족과 북한 이탈주민들을 위한 기도의 줄을 놓치지 마십시오. 복되고 형통합니다. 아멘!!!

💛 주님, 북한 주민들이 자유롭게 복음을 듣고 전할 수 있는 날이 속히 오게 해 주소서.
📖 복음이 필요한 실향민과 탈북민이 주변에 있으면 그분들을 도우며 복음을 전합시다.

나의 영적 일기

행함으로 증명하라

읽을 말씀 : 고린도후서 13:1-10

● 고후 13:5 너희가 믿음에 있는가 너희 자신을 시험하고 너희 자신을 확증하라 예수 그리스도께서 너희 안에 계신 줄을 너희가 스스로 알지 못하느냐 그렇지 않으면 너희가 버리운 자니라

사람은 서로를 100% 신뢰하지 못합니다.

그래서 서약이라는 제도가 생겼습니다. 사람은 대부분 중요한 일을 앞두고는 서약을 합니다. 서약은 자신이 어떤 일을 반드시 하겠다, 하지 않겠다는 사실을 여러 사람들 앞에서 공표하는 것입니다.

결혼식에서는 신랑과 신부가 서로를 평생 사랑하겠다고 서약합니다.

법정에서 증인은 진실만을 말하겠다고 선언합니다.

미국의 대통령은 취임에 앞서 성경에 손을 얹고 국정을 올바로 이끌겠다고 서약합니다.

집회와 수련회에서도 주님을 구주로 영접하겠다고 고백하는 수많은 사람들이 나타납니다.

서약의 효력은 '평생'입니다. 그러나 세상 사람들은 자기의 사리사욕을 쫓아 이 서약을 너무도 쉽게 무시하고 어깁니다. "오늘부터 술을 절대 마시지 않겠다"라고 서약을 한 뒤 다음 날 다시 술을 입에 대는 사람의 행동에서 진실이 느껴집니까?

우리도 이런 사람처럼 신앙생활을 하고 있지는 않습니까? 책임지는 모습을 보여주는 사람이 그 어느 때보다 절실히 필요한 시대입니다.

주님과의 서원과 서약을 절대로 가볍게 여기지 마십시오. 순간의 감정이 아닌, 평생 지키며 살겠다는 결단으로 서원을 드리고 있습니까? 옳은 말과 듣기 좋은 고백이 아닌, 책임지는 삶으로 복음의 위력을 보여주는 강단 있는 크리스천이 되십시오. 복되고 형통합니다. 아멘!!!

♡ 주님, 주님과 약속할 때 신중히 생각하고 성령님의 감동에 따라 약속하게 하소서.
📖 주님과의 약속을 잘 지키며 살고 있는지 자신을 살피고 개선합시다.

나의 영적 일기

8월 3일

그리고 나의 하나님

읽을 말씀 : 시편 18:1-6

● 시 18:2 여호와는 나의 반석이시요 나의 요새시요 나를 건지시는 자시요 나의 하나님이시요 나의 피할 바위시요 나의 방패시요 나의 구원의 뿔이시요 나의 산성이시로다

오랜 노력 끝에 아버지를 전도한 아들이 있었습니다.
아버지가 주님을 믿겠다고 고백하는 순간 아들은 무릎을 꿇고 주님께 기도를 드렸습니다.
『하나님 아버지, 정말로 감사드립니다.』
이 기도를 듣더니 아버지는 다음과 같이 기도를 드렸습니다.
"하나님 형님, 저도 감사를 드립니다."
아들이 왜 하나님을 형님으로 고백하냐고 묻자 아버지가 대답했습니다.
"하나님이 너한테 아버지시면, 나한테는 형님이 아니냐?"
구원은 항상 하나님과 나의 개인적인 관계를 통해 이루어져야 한다는 것을 알려주기 위해 무디 신학교(Moody Bible Institute, MBI)의 총장이었던 조지 스위팅(George Sweeting) 박사님이 사용하던 예화입니다.
스위팅 박사님은 또한 이런 말을 했습니다.
"하나님에게는 자녀가 있지 손자는 없다."
아브라함의 하나님이 이삭의 하나님이 되었듯이, 내가 믿는 하나님은 우리 아버지의 하나님, 어머니의 하나님이 아닌 바로 나의 하나님이 되어야 합니다. 다른 사람을 통해 듣게 된 복음이지만, 내가 믿는 순간 이제 나의 하나님 아버지가 되시며, 나의 신앙생활이 시작됩니다. 나를 원하시고, 나를 기다리시고, 나를 사랑하시는 나의 창조주 하나님을 하늘 아버지로 모시고 사십시오. 복되고 형통합니다. 아멘!!!

💗 주님, 저의 창조주이시며 구주이신 주님을 항상 기억하며 살게 하소서.
🧠 내가 예수 그리스도를 구주로 영접하여 하나님의 자녀가 되었는지 확인해 봅시다.

나의 영적 일기

덮는 것이 방법이다

읽을 말씀 : 시편 51:15-19

8월 4일

● 시 51:17 하나님의 구하시는 제사는 상한 심령이라 하나님이여 상하고 통회하는 마음을 주께서 멸시치 아니하시리이다

화창한 날, 산길을 걷던 소년이 언덕에서 돌부리에 걸려 넘어졌습니다.
사람들이 자주 다니는 길이라 다른 사람이 넘어질까 봐 걱정되었던 소년은 다음 날 삽을 가지고 와서 열심히 땅을 파헤쳤습니다.
'다른 사람들이 다치지 않도록 돌부리를 파내야겠어.'
그런데 작게 튀어나와 있던 돌부리는 사실 아주 큰 바위의 일부분이었습니다. 파면 팔수록 거대한 바위가 드러났습니다. 반나절을 파내도 끝이 보이지 않자 소년은 결국 포기하고 파낸 흙을 다시 덮기 시작했습니다.
그런데 흙을 모두 덮고 나니 돌부리가 사라졌습니다.
파낸 흙이 돌부리와 그 주변을 덮어 평탄한 땅이 된 것입니다.
온종일 땅을 파며 힘을 쓴 소년은 평탄해진 땅을 보며 생각했습니다.
'튀어나온 돌만 흙으로 덮었으면 될 일인데…
왜 힘들게 바위를 다 파내려 했지?'
우리 마음의 돌부리를 제거하는 가장 현명한 방법은 때로는 캐내는 것이 아니라 덮는 것입니다.
주님이 주신 은혜로 우리 마음의 돌부리를 덮으십시오.
주님의 한량없는 은혜는 우리 마음의 모든 모난 부분을 평탄하게 하고도 남을 놀라운 은혜입니다. 다른 사람의 마음의 상처, 드러난 쓴 뿌리도 주님이 주신 보혈과 사랑으로 덮어 주십시오. 복되고 형통합니다. 아멘!!!

♥ 주님, 마음의 쓴 뿌리나 마음을 무겁게 하는 것들을 주님의 보혈로 사라지게 하소서.
✻ 마음에 쓴 뿌리나 무거운 짐이 무엇인지 살펴보고 그것들을 주님께 맡깁시다.

나의 영적 일기

8월 5일

감사를 못하는 이유

읽을 말씀 : 시편 37:1-11

● 시 37:8 분을 그치고 노를 버리라 불평하여 말라 행악에 치우칠 뿐이라

    한 소설가가 저녁을 먹고 씻다가 허리를 살짝 삐끗했습니다.
    허리를 다치고 나니 일상에 큰 어려움이 생겼습니다. 씻을 때도 허리를 굽히기 힘들었고, 혼자서는 양말을 신는 것도 어려웠습니다.
    땅에 떨어진 물건을 줍는 단순한 일도 호흡을 가다듬어야 했습니다.
    이렇게 며칠을 고생하고 나니 평범한 일상이 얼마나 소중한지 깨닫게 되었습니다.
    소설가는 이후 쓴 수필에서 평범한 삶을 다음과 같이 예찬했습니다.
    "아침에 혼자서 일어나고 담소를 나누고 식사를 즐기고 산책을 무리 없이 하고…. 이런 사소한 일상이 바로 기적이다."
    소설가 박완서의 일화입니다.
    "기적은 하늘을 날거나 바다 위를 걷는 것이 아니라 땅에서 걸어 다니는 것이다"라는 중국 속담이 있습니다.
    너무도 소중한 기적인 일상을, 매일 주어졌다는 사실만으로 감사함을 잊고 살아가지는 않습니까? 매일 기적을 경험하면서도 감사하지 못하는 이유는 욕심이 너무 많기 때문입니다.
    오늘 하루 멀쩡히 일어난 것, 두 다리로 건강히 걷는 것, 사랑하는 사람과 담소를 나누는 것 등 일상의 작은 일 하나하나가 감사할 이유입니다. 감사의 길을 막지 않도록 욕심을 버리고 오늘 주어진 하루라는 기적을 주님께 감사하며 살아가십시오. 복되고 형통합니다. 아멘!!!

♡ 주님, 일상생활도 주님께서 제게 주신 기적의 삶임을 깨닫고 감사하게 하소서.
🧷 매일 매 순간 주시는 주님의 도우심과 감사를 매일 기록하며 감사합시다.

나의 영적 일기

최고의 경지, 경청

읽을 말씀 : 잠언 17:23-28

● 잠 17:28 미련한 자라도 잠잠하면 지혜로운 자로 여기우고 그 입술을 닫히면 슬기로운 자로 여기우느니라

인간이 다다를 수 있는 가장 높은 경지에 오른 사람에게는 한자로 '성(聖)'을 붙입니다.

바둑 최고의 경지에 이른 사람을 '기성(棋聖)'이라 부르고, 시인의 최고 경지에 다다른 사람은 '시성(詩聖)'이라 부릅니다. 음악(樂)에서 최고 경지에 오른 사람은 '악성(樂聖)'이라 부르며, 인간의 최고 경지에 다다른 사람을 '성인(聖人)'이라 부릅니다.

중국에서는 이런 경지에 다다른 사람들을 '왕보다 더 높은 경지'라고 추앙합니다. 그런데 성의 한자를 보면 가장 먼저 귀(耳)가 나오고 그다음에 입(口)이 나옵니다. 마지막으로 왕(王)을 씁니다. 한자의 뜻으로만 보면 '먼저 듣고 다음으로 말할 줄 아는, 왕보다도 높은 경지에 다다른 사람'이라고 생각할 수 있습니다. '이청득심(以聽得心)'이라는 사자성어가 있듯이 상대방의 마음을 얻는 가장 좋은 방법은 먼저 듣는 것입니다. 경청의 중요성은 아무리 강조해도 모자람이 없습니다.

복음을 전할 때도, 상한 심령을 위로할 때도 우리는 먼저 진심으로 듣고, 성령님이 주시는 지혜로 합당한 말을 해야 합니다. 그런데 더욱 중요한 경청이 있습니다. 바로 주님의 음성을 듣는 것입니다. 신앙생활 가운데 주님의 음성을 얼마나 귀담아듣고 있습니까? 얼마나 귀담아들으려 노력하고 있습니까? 먼저 주님의 음성을 청종하고 그 음성에 순종하며 자신의 마음을 전하는 사람에게도, 주님에게도 경청하는 크리스천이 되십시오. 복되고 형통합니다. 아멘!!!

♡ 주님, 말하기는 더디 하고 듣기는 속히 하라는 주님의 말씀대로 살게 하소서.
✍ 주변 사람들에게 내가 경청을 잘하는지 물어보고 참고하여 행동합시다.

나의 영적 일기

8월 7일
버려야 할 것과 담아야 할 것

읽을 말씀 : 요한삼서 1:5-12

● 요삼 1:11 사랑하는 자여 악한 것을 본받지 말고 선한 것을 본받으라 선을 행하는 자는 하나님께 속하고 악을 행하는 자는 하나님을 뵈옵지 못하였느니라

현대인은 물질적인 소유나 성과에 집착하는 삶을 살고 있습니다.
내면의 삶에 충실해야 한다는 것을 알지만 현실은 그렇지 않습니다.
다음은 치열한 경쟁을 치르며 사는 현대인에게 비움의 미학을 알려주는 「빈손이 주는 행복」이라는 책에 나오는 글입니다.
「당신이 진정으로 누군가의 손을 잡길 원한다면
움켜쥔 것들을 모두 버리셔야 합니다.
한 사람의 손을 잡으려면
한 사람의 가슴을 품으려면
빈손일수록 더 깊게 밀착할 수 있는 것
행복은 먼 데서 오는 것이 아닙니다.
행복은 오래 걸리는 것이 아닙니다.
다만 당신이 찾지 않았을 뿐입니다.
당신이 진정으로 아름다운 삶을 엮고 싶다면
빈손이 주는 행복을 잊지 마세요.」
우리는 우리가 가진 것만을 나눌 수 있습니다. 내 손과 마음을 깨끗이 비우고 주님이 주시는 사랑과 은혜를 가득 채우십시오. 그리고 그 은혜와 사랑을 부지런히 나누며 살아가십시오. 복되고 형통합니다. 아멘!!!

♥ 주님, 마음에 있는 욕심과 불평을 버리고 동행하시는 주님의 손을 잡고 살게 하소서.
🙏 일상생활이 내게 주는 행복을 최대한 찾아 감사하며 삽시다.

나의 영적 일기

잊지 말아야 할 것

읽을 말씀 : 누가복음 17:11-19

8월 8일

● 눅 17:17 예수께서 대답하여 가라사대 열 사람이 다 깨끗함을 받지 아니하였느냐 그 아홉은 어디 있느냐

저명한 신학자이자 전도자였던 르우벤 아처 토레이(Reuben Archer Torrey) 박사님이 L.A.의 한 교회에서 설교 중이었습니다.

토레이 박사님은 예전 미국의 한 호수에서 있었던 의인의 일을 예화로 들어 복음을 전했습니다. 미시간호(Lake Michigan)의 유람선이 뒤집히는 사고가 일어났을 때 수영선수 한 명이 호수에 들어가 탈진할 때까지 23명의 목숨을 구한 일이었습니다. 그런데 예배가 끝나고 한 노인이 토레이 박사님을 찾아와 자신을 그 사건 이야기의 주인공이라고 소개했습니다.

토레이 박사님은 그 사건에서 가장 기억에 남는 일이 무엇이냐고 물었습니다. 그러자 노인은 씁쓸한 미소를 지으며 뜻밖의 대답을 했습니다.

"지금도 그날이 생생하게 기억납니다.
또 그런 상황에 처했어도 저는 같은 행동을 했을 겁니다.
그런데 말입니다.
제가 구한 23명 중에 찾아와 감사하다고 말한 사람이
단 한 명도 없었습니다.
그 사실이 가장 기억에 남습니다."

죄와 허물로 죽었고 심판받아야 마땅한 우리를 가장 귀한 독생자를 내어주시면서까지 구원하셨다는 이 놀라운 사실에 어찌 감사하지 않을 수 있겠습니까? 주님이 우리를 구원하셨다는 놀라운 사실을 잊지 마십시오. 그리고 그 놀라운 사실을 알면서도 감사를 잊고 사는 죄를 짓지 마십시오. 복되고 형통합니다. 아멘!!!

♡ 주님, 제 생명을 파멸에서 구속해 주시고 영생을 주신 주님께 늘 감사하게 하소서.
📖 내가 살아오면서 누구에게 받은 도움에 감사하지 않은 것이 있는지 살펴봅시다.

나의 영적 일기

8월 9일

말씀의 능력을 체험하라

읽을 말씀 : 고린도전서 4:15–21

● 고전 4:20 하나님의 나라는 말에 있지 아니하고 오직 능력에 있음이라

    사도 바울이 주님을 만나고 완전히 달라진 것처럼, 삭개오가 주님을 만나고 새로운 사람이 된 것처럼, 주님을 만난 사람들은 삶에 근본적인 변화가 일어납니다. 그런데 때로는 이런 변화가 부족해 보이거나, 다시 믿기 전의 삶으로 돌아간 것 같이 보이는 크리스천들도 있습니다. 주님을 만나 변화된 삶은 사람이 누릴 수 있는 가장 소중한 가치입니다.

    다음은 풀러(Fuller) 신학대학원의 총장이었던 마크 래버튼(Mark Labberton)이 말한 「이 소중한 가치를 잃지 않기 위한 3가지 지침」입니다.

❶ 겸손함을 배우십시오.
    겸손함은 진정한 변화의 출발이며, 하나님을 경외하는 사람의 특성입니다.

❷ 가시적인 반응을 주의하십시오.
    눈에 보이는 현상에 좌우지되지 말고, 오직 하나님의 음성에 귀를 기울이십시오.

❸ 확신에 찬 소망을 가지십시오.
    주님이 나를 사용하실 것이라는 확신을 가지고 사명을 감당하십시오.

    세상은 악하고, 우리는 연약하기 때문에 계속해서 주님이 주시는 은혜를 간구해야 합니다. 구원의 감격을 잊지 말고, 나날이 주님과 더 가까워지는 삶을 살아가십시오. 복되고 형통합니다. 아멘!!!

💛 주님, 구원의 감격을 잊지 말고, 주님과 더 가까워지는 삶을 살아가게 하소서.
📖 주님 앞에서 겸손한 마음으로 주님을 경외하며 살고 있는지 살펴봅시다.

나의 영적 일기

불확실한 시대의 나침반

읽을 말씀 : 요한복음 14:1-7

● 요 14:6 예수께서 가라사대 내가 곧 길이요 진리요 생명이니 나로 말미암지 않고는 아버지께로 올 자가 없느니라

   미국 경제학자 존 케네스 갤브레이스(John Kenneth Galbraith)는 현대사회의 가장 큰 문제를 다음과 같이 규정했습니다.
   '지도 원리가 사라진 불확실한 시대'
   과거의 철학자와 사상가들은 진리가 무엇인지 정답을 찾으려고 끊임없이 사유하고 토론했습니다. 그러나 현대사회는 기존의 체계와 사상을 타파하려는 포스트모더니즘의 성격을 띠고 있습니다. 사람들은 이제 '무엇이든 옳을 수 있다는 상대주의, 모든 사람이 맞을 수 있다는 다원주의'에 빠져 있습니다. 마치 사사기의 시대처럼 저마다 자기주장이 옳다고 말하며 자기 좋은 대로 살아가려는 것입니다.
   그 결과가 얼마나 참담한지는 지금 우리 주변을 돌아보면 알 수 있습니다. 늘어가는 우울증, 전통적인 가족 구조의 해체, 타고난 성별을 부정하는 사람들, 그럼에도 사회적으로 커지고 있는 갈등과 차별 등…. 성경이라는 확고한 진리, 즉 분명한 답안지가 있는데도 외면한 결과를 지금 우리는 겪고 있는 것입니다.
   바른 기독교 신앙은 분명한 진리입니다. 성경은 분명한 진리입니다. 그대로 믿고, 그대로 살아보면 누구도 인정할 수밖에 없는 만고불변의 진리입니다.
   불확실한 시대에, 불확실한 답을 찾아 허송세월하지 말고, 태초부터 영원까지 유일한 진리인 주님의 말씀만을 인생의 나침반으로 여기며 살아가십시오. 복되고 형통합니다. 아멘!!!

💗 주님, 제 생각과 뜻을 따라 살아가는 삶이 되지 않게 하소서.
📖 내가 성경대로 바르게 주님을 믿고 있는지 성경에서 찾아 살펴봅시다.

나의 영적 일기

8월 11일

하나님의 뜻이라면

읽을 말씀 : 요한복음 15:1-8

● 요 15:7 너희가 내 안에 거하고 내 말이 너희 안에 거하면 무엇이든지 원하는대로 구하라 그리하면 이루리라

    일본의 한적한 시골인 미야자키현의 하나카게 마을에는 유일한 교회가 하나 있는데, 이곳의 담임인 조비 마쓰(Joby Matsu) 목사님은 90세가 넘었습니다.
    목사님이 이 동네에 교회를 개척하고자 마음을 먹었던 때가 86세였습니다.
    10살 때부터 주님을 만난 크리스천이지만 교회를 개척하거나, 목사님이 되려는 생각은 한 번도 해본 적이 없었습니다. 그런데 여든이 넘은 나이에 하나님이 계속해서 감동을 주셨습니다.
    '일본의 고대 신화가 시작된 이곳 우상의 땅에 교회를 지어라.'
    주님이 주신 감동에 순종하기로 결심하자 계속해서 기적이 일어났습니다. 신학교 동기가 300평의 교회 부지를 기증했고, 아무 관련도 없는 지역의 건설업체가 후불로 받겠다며 자진해서 공사를 맡았습니다. 금액이 부족해 몇 번이나 공사가 중단됐지만, 그때마다 기도하자 거짓말처럼 문제가 해결됐고, 돈 한 푼 없이 4년 만에 교회당을 건축했습니다. 하나님이 주신 감동이고, 하나님이 행하신 일이기에 가능한 일이었습니다.
    믿음을 따라 순종하는 삶은 언제나 어려운 일입니다. 의심이 들고, 걱정이 끊이질 않습니다. 그러나 그럼에도 순종하는 사람을 통해 주님은 놀라운 행사를 드러내십니다.
    주님의 일을 하기에 늦은 나이란 없습니다.
    주님의 뜻이라면 모든 일이 가능합니다. 전능하신 주 하나님의 능력을 믿고, 언제든 주님이 주시는 감동을 따라 순종함으로 기적을 경험하는 주님의 도구가 되십시오. 복되고 형통합니다. 아멘!!!

♡ 주님, 어떠한 상황에서도 주님께서 주시는 음성을 듣고 주님의 뜻을 이루게 하소서.
📖 주님께서 내게 원하시는 일임에도 외면하고 있는 일을 시작합시다.

나의 영적 일기

진짜로 믿으십니까

읽을 말씀 : 빌립보서 2:12-18

● 빌 2:12 그러므로 나의 사랑하는 자들아 너희가 나 있을 때 뿐아니라 더욱 지금 나 없을 때에도 항상 복종하여 두렵고 떨림으로 너희 구원을 이루라

미국 「솔트레이크 신학교(Salt Lake School of Theology)」의 도날드 맥컬로우(Donald W. McCullough) 총장님은 '지금 시대의 교인들은 자신들이 입맛대로 만든 하나님을 예배하고 있다'고 지적했습니다.

그 이유는 하나님을 경외하는 교인들이 드물기 때문입니다.

"우리가 예배를 드리고 있는 동안 하나님이 바로 옆에 있다고 생각해 보십시오. 지금처럼 편안한 자세로, 집중하지 못하고, 관람하듯이 예배를 드릴 수 있겠습니까? 더욱 무서운 사실은 하나님은 정말로 예배 중에 우리와 함께하신다는 사실입니다. 대부분의 성도가 하나님을 자기 입맛에 맞춰서 섬기고 있습니다. 하나님을 경외하며 신비로운 기대감으로 예배를 드리는 성도는 매우 드뭅니다. 헌금 시간에 특송을 하는 자매와 어려운 설교를 하는 목회자만이 손에 땀을 흘리며 벌벌 떨 뿐입니다."

40여 권이 넘는 경건 서적을 쓴 조시 맥도웰(Josh McDowell) 목사님은 이런 모습을 '뷔페식 신앙'이라고 비판했습니다. 살아계신 하나님을 있는 그대로 예배하는 것이 아니라 자기 입맛에 맞는 교회, 자기 입맛에 맞는 말씀만 찾아 자기 마음에 드는 하나님을 만들고 섬기는 성도들이 점점 많아지고 있기 때문입니다.

경외심은, 존경하고 사랑하는 압도적인 대상을 만났을 때 드는 감정입니다. 하나님은 우리가 누구보다 큰 경외심을 가져야 할 만왕의 왕이십니다. 그 놀라우신 하나님이 언제나 우리와 함께하십니다. 그 사실을 믿는 거룩한 떨림으로 예배당에 나가 신령과 진정으로 드리는 참된 예배를 매주 올려 드리십시오. 복되고 형통합니다. 아멘!!!

♡ 주님, 경외심을 가지고 주일마다 예배당에서도 신령과 진정으로 예배하게 하소서.
🖼 주님을 경외하는 삶으로 겸손의 큰 복을 받아 누리며 삽시다.

나의 영적 일기

탈출할 수 없는 절망

8월 13일

읽을 말씀 : 로마서 6:15-23

● 롬 6:21 너희가 그 때에 무슨 열매를 얻었느뇨 이제는 너희가 그 일을 부끄러워하나니 이는 그 마지막이 사망임이니라

미국 최고의 의과대학이 있는 「존스홉킨스 대학교(The Johns Hopkins University)」에서 다음과 같은 실험을 했습니다.

먼저는 긴 유리그릇에 실험용 쥐를 넣고 물을 천천히 넣었습니다. 쥐는 차오르는 물에서 숨을 쉬려고 15분 정도 헤엄을 치다가 이내 포기하고 죽음을 맞았습니다. 가끔 10시간을 넘게 버티는 쥐들도 있었지만, 평균적으로는 15분 정도 헤엄을 치고 죽음을 선택했습니다.

쥐의 털과 수염을 밀고 같은 실험을 하자 이번에는 평균 10분도 못 버티고 죽음을 맞았습니다. 실험용 쥐뿐 아니라 야생 쥐도 결과는 비슷했습니다.

마지막 실험은 헤엄을 치는 쥐들을 중간중간 쉬게 해주었습니다. 그러자 쥐들은 평균 60시간을 버텼습니다.

평균값인 15분 만에 삶을 포기한 쥐들은 단 한 마리도 없었습니다.

이 실험의 책임자인 커트 리히터(Curt Richter) 박사님은 연구결과를 다음과 같이 정리했습니다.

"절망한 쥐는 삶을 더 빨리 포기했다.

그러나 희망을 품은 쥐는 끝까지 노력했다."

'희망의 신학자' 위르겐 몰트만(Jurgen Moltmann)은 "소망이 없는 삶은 더 이상 삶이 아니다"라고 말했습니다. 결국 죽음으로 끝나는 이 세상에서 우리가 품을 수 있는 소망이 무엇이겠습니까? 부활의 산 소망이 되시는 예수님을 믿어 영생을 얻는 것뿐입니다. 탈출할 수 없는 절망스러운 세상에서 유일한 소망이 되시는 주님만을 믿고 따르십시오. 복되고 형통합니다. 아멘!!!

♡ 주님, 부활하여 죽음의 권세를 이기신 주님을 의지해 승리의 삶을 살게 하소서.
📖 어떠한 어려움도 전지전능하신 주님을 의지해 해결하는 믿음을 가집시다.

나의 영적 일기

식지 않는 열정의 비결

읽을 말씀 : 이사야 40:21-31

8월 14일

● 사 40:31 오직 여호와를 앙망하는 자는 새 힘을 얻으리니 독수리의 날개치며 올라감 같을 것이요 달음박질하여도 곤비치 아니하겠고 걸어가도 피곤치 아니하리로다

    미국에서 오랜 기간 베스트셀러였던 「베터 댄 굿(Better Than Good)」이라는 책에는 열정도 연료를 공급해야 오랜 기간 유지할 수 있다는 주장이 나옵니다. 다음은 이 책에 나온 「열정에 연료를 공급하는 4가지 방법」입니다.

❶ 가진 것을 투자하라.
    원하는 물건을 사기 위해서는 돈을 써야 하듯이, 원하는 일을 성취하기 위해서는 시간, 재능과 같은 소중히 여기는 것을 과감히 투자해야 합니다.

❷ 배우고, 탐구하고, 나누라.
    좋은 스승을 만나 관심 분야를 배우고 스스로 연구한 다음에 깨달은 사실을 나누어야 합니다. 노력으로 얻은 성과를 타인과 나눌 때 숯이 서로를 달궈주듯이 열정이 유지됩니다.

❸ 관계를 유지하라.
    집에서 혼자 스포츠 경기를 보는 것보다 경기장에서 함께 볼 때 더 열정적으로 응원하게 됩니다. 열정을 유지시켜줄 사람들과 좋은 관계를 형성하십시오.

❹ 다음을 계속해서 상상하라.
    꿈을 이루기 위해 밟아야 할 단계, 그것을 이룬 상태를 생각하십시오.

    계속해서 페달을 밟아야 자전거가 굴러가듯이, 주님이 주신 비전과 꿈을 이루기 위해서는 열정이라는 연료가 필요합니다. 지치지 않는 뜨거운 열정으로 주님이 주신 비전과 꿈을 위해 달려가십시오. 복되고 형통합니다. 아멘!!!

  ♡ 주님, 주님이 주시는 능력으로 타오르는 열정을 가지고 승리하며 살게 하소서.
  🖼 열정을 타오르게 하기 위해서 지금도 끊임없이 연료를 불어넣고 있는지 살펴봅시다.

나의 영적 일기

8월 15일

아깝지 않은 희생

읽을 말씀 : 예레미야 29:1-9

● 렘 29:7 너희는 내가 사로잡혀 가게 한 그 성읍의 평안하기를 힘쓰고 위하여 여호와께 기도하라 이는 그 성이 평안함으로 너희도 평안할 것임이니라

일제강점기 시절 안동 지역에는 김용환이라는 유명한 노름꾼이 있었습니다. 안동 지역의 명문가 후손이었던 김용환은 노름판에서 전 재산을 탕진해 '명문가 재산을 몽땅 털어먹는 놈'이라는 뜻의 '파락호'라고 불렸습니다.

김용환은 노름판이 문을 닫을 때까지 자리를 지키다가 문이 닫힐 시간이 되면 노름판의 모든 돈을 걸고 승부를 했습니다.

돈을 따면 서둘러 자리를 떠났지만, 돈을 잃어도 준비한 사람들을 불러 강제로 돈을 빼앗았습니다. 불법을 저지르면서까지 노름판의 돈을 쓸어 담았지만, 김용환의 가세는 점점 기울었습니다.

사람들은 김용환이 다른 유흥에 돈을 쏟아붓는다고 생각했습니다.

그러나 김용환이 죽고 나서 지금 가치로 200억 원에 해당하는 전 재산이 독립군에게 보내졌다는 사실이 밝혀졌습니다. 일본의 추적을 피하기 위해 노름판을 이용한 것이었습니다. 전 재산을 나라를 위해 쓰고도 평생을 '파락호'라는 누명을 쓰고 살았지만, 김용환은 "조국이 빛을 봤으니 나는 억울하지 않다"며 "끝까지 세상에 이 사실을 밝히지 말라"고 말했다고 합니다.

오늘날 우리의 자유를 위해 희생이라는 말로는 다 표현할 수 없을 만큼 헌신한 수많은 분들이 있습니다. 이 헌신이 주 하나님의 섭리를 통해 복음도 전해질 수 있었고, 지금과 같이 발전할 수 있었습니다. 복음을 위해, 조국의 광복을 위해 헌신한 수많은 분들의 희생과 주님의 은혜로 얻은 이 자유와 부흥을, 빛과 진리가 필요한 어두운 곳에 전하십시오. 복되고 형통합니다. 아멘!!!

♥ 주님, 우리나라와 민족에게 베풀어주신 주님의 은혜를 잊지 않고 감사하게 하소서.
📖 진리의 복음이 필요한 나라들에 정기적으로 선교헌금을 하며 기도합시다.

나의 영적 일기

발걸음을 인도하시는 하나님

읽을 말씀 : 시편 37:1-6

● 시 37:4 또 여호와를 기뻐하라 저가 네 마음의 소원을 이루어 주시리로다

8월 16일

『한번은 부산의 한 교회로부터 주일 오전 11시 예배 설교를 부탁받고 전날 부산에 내려가게 되었습니다. 그날 저녁, 부산극동방송 운영위원들과 식사하는 자리에서「사회복지법인 베데스다」의 이사장이신 신남수 장로님과 인사를 나누게 되었습니다. 신 장로님은 장애인 시설과 학교를 운영하고 계셨는데, 주일 오전 9시에 예배를 드린다는 이야기를 하기에 말씀을 전할 수 있을지 여쭤보았습니다. 장로님은 깜짝 놀라시면서 오히려 영광이라며 쾌히 허락해 주셨습니다.

다음날 저는 9시 예배에 참석해 100여 명의 장애인 학생들을 향해 말씀을 전했습니다. 박수치고 찬양하는 모습이 얼마나 뜨겁던지, 우리의 미지근한 예배가 떠오르면서 오히려 제가 더 큰 은혜를 받았습니다. 저는 서울로 돌아온 후, 개인적으로 약간의 헌금을 준비해 부산극동방송 지사장을 통해 한주 뒤 주일에 드렸고, '만나고 싶은 사람 듣고 싶은 이야기' 프로그램에 출연한 치킨 프랜차이즈 업체 대표 장로님의 섬김을 통해 200명분의 치킨을 보내드렸습니다.

그런데 더 감동적인 일은, 제가 보내드린 헌금을 헛되이 쓰면 안 된다며 몇몇 분들이 후원에 동참해, 시설을 떠난 장애인들의 재활을 위한 'B.K. 사랑의 나눔 프로젝트'를 시작하셨다는 것입니다. 저는 "사람이 사람을 만나면 역사가 일어나고 사람이 하나님을 만나면 기적이 일어난다"는 사실을 이번 장로님과의 만남을 통해 또 한 번 체험하게 되었습니다.」-「김장환 목사의 인생 메모」중에서

하나님께서 우리의 발걸음을 생각지 못한 곳으로 인도하실 때는, 분명 그 안에 뜻이 있음을 믿고 감사합시다. 복되고 형통합니다. 아멘!!!

💗 주님, 우리의 걸음을 인도하시는 주님을 온전히 신뢰하게 하소서.
📖 우리 주변을 돌아보며 주님께서 나에게 주신 뜻을 찾아봅시다.

나의 영적 일기

기도, 주문이 아닌 대화

읽을 말씀 : 야고보서 5:7-20

● 약 5:13 너희 중에 고난 당하는 자가 있느냐 저는 기도할 것이요 즐거워하는 자가 있느냐 저는 찬송할지니라

국제 기독교 자선단체 「티어펀드(Tearfund)」가 조사한 바에 따르면 영국 크리스천 중 꾸준히 기도를 하는 사람은 20%라고 합니다.
이 중 57%는 힘든 일을 겪을 때만 기도한다고 합니다.
또한 이 중에서 49%만이 하나님이 기도를 들으신다고 생각한다고 합니다.
그리고 40%는 하나님이 기도를 들으시는지 의심한다고 응답했습니다.
국내에서 청년들이 교회를 떠나는 가장 큰 이유 중 하나도 "하나님이 기도에 응답해 주시지 않아서"라고 합니다. 어쩌면 사람들은 기도를 "열려라, 참깨!"처럼 소원이 이루어지는 마법의 주문으로 생각할 수도 있습니다.
물론 하나님은 우리의 기도를 들어주시고 분명히 응답해 주십니다. 그러나 그에 앞서 기도란 하나님과의 대화이며, 말하는 과정만큼 듣는 과정도 필요합니다. 기다리고 인내하며 하나님의 뜻을 구하기 위해 우리는 기도해야 합니다.
아브라함은 약속의 자녀 이삭을 받기까지 25년을 기다렸습니다.
다윗은 광야에서 10년을 도망 다닌 뒤에야 왕이 되었습니다.
질병을 낫게 해달라고 기도했지만 들어주지 않으셨던 주님의 응답에 바울은 오히려 은혜가 족하다고 고백했습니다.
무엇 때문에 기도하고 계십니까?
무엇 때문에 기도를 하지 않고 계십니까?
올바른 기도의 목적을 배우며, 기도를 통해 하나님과 교제하며 깊은 관계를 쌓아나가는 성도가 되십시오. 복되고 형통합니다. 아멘!!!

♥ 주님, 제 뜻대로 되기를 기도하지 않고 주님의 뜻대로 되기를 기도하게 하소서.
🙏 주님이 응답해 주실 가장 좋은 때를 기다리며 계속 기도합시다.

나의 영적 일기

보혈을 기억하라

읽을 말씀 : 고린도전서 1:10-17

8월 18일

● 고전 1:17 그리스도께서 나를 보내심은 세례를 주게 하려 하심이 아니요 오직 복음을 전케 하려 하심이니 말의 지혜로 하지 아니함은 그리스도의 십자가가 헛되지 않게 하려 함이라

1863년 영국의 어느 매서운 겨울밤, 한 농부가 눈보라를 뚫고 집으로 돌아가다가 길가에 쓰러져있는 여인을 발견했습니다.

안타깝게도 여인은 이미 숨이 멎은 상태였지만, 여인의 품 안에는 옷으로 칭칭 둘러싼 갓난아기가 울고 있었습니다. 농부는 잠시 고민하다가 여인이 목숨을 바쳐 지킨 갓난아기를 집으로 데려와 정성껏 치료해 주고는 키웠습니다. 그리고 아이에게 계속 반복해서 어머니의 놀라운 사랑을 들려주었습니다.

아이는 어머니의 사랑을 떠올리며 최선을 다해 삶을 살았습니다. 눈밭에서 자신을 지키다 숨을 거둔 어머니를 떠올리며 한겨울에도 따뜻한 옷을 입지 않았습니다. 잠도 5시간 이상 자지 않고 학업에 매진했습니다. 마음이 나태해질 때는 어머니가 쓰러졌던 웨일즈의 언덕을 찾아 다시 정신을 가다듬었습니다. 그리고 나중에 성공한 정치인이 되어 자신처럼 힘들고 어려운 사람들을 돕는 정책을 펼쳤습니다.

영국 최초로 복지 기반을 세웠다고 평가받는 데이비드 로이드 조지(David Lloyd George) 총리의 이야기입니다.

죄의 유혹이 우리의 삶에 거세게 몰아칠 때, 경건의 삶을 포기하고 싶을 때, 우리를 위해서 십자가에서 모든 물과 피를 쏟으신 주님을 생각하십시오. 나를 위해 마지막 한 방울까지 흘리신 주님의 보혈을 떠올리십시오. 나를 구원하기 위해 온갖 고초를 겪으신 주님을 같은 마음으로 사랑하며, 주님과 함께 끝까지 승리하는 그리스도의 군사가 되십시오. 복되고 형통합니다. 아멘!!!

♥ 주님, 모든 것을 이미 은혜로 주신 주님을 위해 저의 모든 것을 드리게 하소서.
📖 나를 위해 십자가에 달리신 주님을 기억하며 나에게 맡겨진 사명을 감당합시다.

나의 영적 일기

8월 19일

스마트폰 경고등

읽을 말씀 : 요한복음 4:16-26

●요 4:23 아버지께 참으로 예배하는 자들은 신령과 진정으로 예배할 때가 오나니 곧 이때라 아버지께서는 이렇게 자기에게 예배하는 자들을 찾으시느니라

    과학기술정보통신부의 「2024년 스마트폰 과의존 실태조사」에 따르면 우리나라 국민의 스마트폰 중독은 매우 위험한 수준이라고 합니다.
    특히 10-19세 청소년의 스마트폰 과의존 위험군은 42.6%로 2명 중 1명꼴입니다. 스마트폰이 없던 시절 사람들은 신문이나 잡지 등을 여흥거리로 삼곤 했습니다. 그러나 이런 활자 인쇄물과 달리 스마트폰은 짧은 시간 도파민을 뿜어내는 *SNS*와 숏폼 등을 24시간 접할 수 있기 때문에 '스마트폰 과의존'이 심각한 사회문제로 대두되고 있는 것입니다. 스마트폰에 과의존을 하게 되면 신체, 심리, 사회적 문제가 전방위적으로 일어납니다. 한마디로 삶 자체가 흔들립니다. 그중에서도 다음과 같은 문제가 두드러집니다.
  ❶ 현저성: 스마트폰 사용이 삶의 가장 중요한 활동이 된다.
  ❷ 조절 실패: 스마트폰 사용 조절 능력이 떨어진다.
  ❸ 문제적 결과: 스마트폰으로 부정적인 결과를 경험하면서도 사용을 줄이지 못한다.
    아이, 어른 구별없이 예배 중에도 습관적으로 스마트폰을 만지는 사람들이 점점 늘고 있습니다. 오랜 시간 집중하지 못 하기 때문에 괜히 화면을 켜서 시간을 확인하고, 손으로 만지작거려야 안심이 되는 사람들이 생각보다 많습니다.
    스마트폰이 신앙생활에 방해가 되어서는 안 됩니다. 스마트폰을 우상처럼 섬겨서도 안 됩니다. 하나님이 허락하신 더 소중한 순간을 잃지 않도록 중요한 순간에는 스마트폰과 완전히 단절된 시간을 보내십시오. 복되고 형통합니다. 아멘!!!

  🖤 주님, 스마트폰에 과의존함으로 신체, 심리, 사회적 문제가 생기지 않게 하소서.
  📖 예배나 성경 공부 시간, 주님의 일을 할 때는 스마트폰을 만지지 맙시다.

나의 영적 일기

마지막 말처럼

읽을 말씀 : 마태복음 5:21-26

● 마 5:22 나는 너희에게 이르노니 형제에게 노하는 자마다 심판을 받게 되고 형제에 대하여 라가라 하는 자는 공회에 잡히게 되고 미련한 놈이라 하는 자는 지옥 불에 들어가게 되리라

보스턴 필하모닉(Boston Philharmonic)을 맡고 있는 명 지휘자 벤 젠더(Ben Zander)는 격려와 사랑의 말로 단원들을 잘 융화시키는 리더십으로도 유명합니다.
최고만을 추구하는 예술계에서는 흔히 볼 수 없는 성품입니다.
한 기자가 벤 젠더에게 이런 리더십을 추구하게 된 계기에 대해 묻자, 그는 한 할머니를 통해 배웠다고 대답했습니다.
"주변의 모든 사람에게 항상 따스한 사랑과 응원을 보내주는 할머니가 계셨습니다. 할머니의 성품을 배우고 싶어서 어떻게 그런 마음을 가질 수 있느냐고 물었더니 할머니는 갑자기 눈물을 글썽이며 옛날이야기를 들려주셨습니다.
어린 시절 할머니는 매우 심술궂었다고 합니다.
그런데 유대인이라는 이유로 동생과 함께 수용소에 갇히게 되었는데, 수용소에서 동생이 인형을 잃어버려서 아주 매몰차게 화를 내셨다고 합니다.
다음날 동생과 할머니는 격리되었고, 동생은 며칠 뒤 숨을 거두었답니다.
동생에게 마지막으로 남긴 말이 "정신 차려, 바보야"였던 것이 너무도 후회되었던 할머니는, 이후로는 누구를 만나도 마지막 말이라고 생각하며 사랑의 말만 전한다고 하셨습니다."
사랑과 덕을 세우지 않는 말은 안 하느니만 못합니다. 성경은 이웃을 희롱하는 모든 말을 금하고 있습니다. 경우에 합당한 말을 할 수 있도록 말씀을 통해 지혜를 배우고, 기도를 통해 지혜를 구하십시오. 복되고 형통합니다. 아멘!!!

🖤 주님, 이웃에게 희롱의 말을 삼가고 사랑과 덕을 세우는 말을 하게 하소서.
🖼 누구를 만나도 마지막 말이라고 생각하며 사랑의 말만 전합시다.

나의 영적 일기

8월 21일

경주의 목적

읽을 말씀 : 디모데후서 4:1-8

● 딤후 4:7,8 내가 선한 싸움을 싸우고 나의 달려갈 길을 마치고 믿음을 지켰으니 이제 후로는 나를 위하여 의의 면류관이 예비되었으므로 주 곧 의로우신 재판장이 그 날에 내게 주실 것이니 내게만 아니라 주의 나타나심을 사모하는 모든 자에게니라

탄자니아의 마라톤 국가대표 아쿠와리(John Stephen Akhwari)는 1968년 멕시코시티 올림픽의 유력한 금메달 후보였습니다.

직전 참가한 아프리카 챔피언십에서도 압도적으로 1위를 차지하며 쾌조의 컨디션을 유지 중이었습니다. 그런데 올림픽에 참가하여 마라톤 대회를 시작하자마자 옆 선수와 충돌하는 큰 사고로 부상을 당했습니다. 다리와 팔에서 피가 철철 흘러 제대로 뛸 수 없는 상황이었습니다. 하지만 아쿠와리는 의료진의 만류에도 불구하고 응급처치를 한 후 다시 뛰었습니다.

뛰다가 쓰러지기를 몇 번이나 반복했고, 더 이상 기록이 의미가 없어진 상황에서도 아쿠와리는 끝까지 뛰어 마라톤을 완주했습니다. 부상이 없던 선수 중 18명이 저산소증으로 도중에 경기를 포기했지만, 아쿠와리는 승부가 의미가 없는 상황에서도 절대 포기하지 않았습니다. 또한 모든 관중은 아쿠와리가 스타디움에 들어올 때까지 자리에서 기다렸고, 그가 등장하자 기립박수로 맞아주었습니다. 아쿠와리는 자신이 끝까지 경기를 포기하지 않은 이유를 다음과 같이 밝혔습니다.

"내 조국 탄자니아는 경기에 참가하고 오라고 나를 보내지 않았습니다. 완주하고 오라고 보냈습니다. 포기라는 말은 제 머릿속에 없었습니다."

주님이 주신 사명을 이루며 살아가는 것이 때로는 힘에 부칠 수도 있습니다. 도저히 이룰 수 없다고 느껴질 수도 있습니다. 그러나 주님은 우리에게 오직 순종만을 바라십니다. 우리 삶의 목적이 성취가 아닌 순종임을 기억하며, 주님의 부르심에 항상 충성하십시오. 복되고 형통합니다. 아멘!!!

♡ 주님, 주님의 뜻을 이루어가는 과정이 어렵더라도 포기하지 않게 하소서.
✏ 나는 주님의 뜻을 이루기 위해 얼마나 순종하고 있는지 생각해 봅시다.

나의 영적 일기

숨길 수 없었던 행복

읽을 말씀 : 요한복음 16:17-24

● 요 16:22 지금은 너희가 근심하나 내가 다시 너희를 보리니 너희 마음이 기쁠 것이요 너희 기쁨을 빼앗을 자가 없느니라

    미국 서부 개척 시대에는 수많은 사람이 금광을 찾아 서부의 광산으로 떠났습니다. 그중 한 무리의 사람들이 뚜렷한 금맥을 발견했습니다. 그러나 날이 많이 저물었고 가져온 공구들도 날이 상해서 하루이틀 정비를 하고 다시 오기로 결정했습니다. 이때 금광을 발견한 사람들은 다른 사람들에게 절대로 정보를 주지 말자고 서로 약속했습니다.
    "이 금광은 절대로 다른 사람에게 알려주면 안 되네.
    우리끼리만 아는 걸로 하세."
    사람들은 철두철미하게 약속을 지켰습니다.
    그런데 이틀이 지나고 황금을 캐러 떠나려는 순간, 금광을 발견한 사람들을 쫓아 한 무리의 사람들이 곡괭이를 들고 따랐습니다.
    『드디어 금광을 캐러 가는군요. 우리도 같이 갑시다.』
    금광을 발견한 사람들이 놀라 물었습니다.
    "금광을 발견했다니요? 도대체 누가 그런 말을 했습니까?"
    『아무도 말은 하지 않았습니다. 그런데 이틀 전부터 당신들 얼굴에 희망과 미소가 떠나질 않았습니다. 당연히 금광을 발견한 것 아니겠습니까?』
    진정한 행복은 감추고 싶어도 저절로 드러납니다. 주님을 만난 행복이 우리 삶에는 어떤 방식으로 드러나고 있습니까? 주님을 만나 만끽하고 있는 행복을 주변 사람들이 알도록 전하며 살아가십시오. 복되고 형통합니다. 아멘!!!

♡ 주님, 주님을 만나 주님과 동행하고 있는 기쁨의 삶을 다른 사람들도 알게 하소서.
🖋 요즘 주님과의 동행에 기쁨이 없다면 무엇 때문인지 살피고 회복합시다.

나의 영적 일기

8월 23일 진실의 순간을 마주하라

읽을 말씀 : 데살로니가전서 3:1-7

● 살전 3:3 누구든지 이 여러 환난 중에 요동치 않게 하려 함이라 우리로 이것을 당하게 세우신 줄을 너희가 친히 알리라

투우 경기에는 '진실의 순간'이 있습니다.

투우사가 천을 흔들며 소를 달려들게 만드는 그 순간, 소를 피하면서 정확히 소의 심장에 칼을 찔러 넣어야 합니다. 조금 늦게 피하면 소에게 공격 당하고, 두려워서 빨리 피하면 소를 죽일 수가 없습니다. 삶과 죽음, 성공과 실패를 가르는 순간이 바로 진실의 순간입니다.

스웨덴의 마케팅 전문가인 리처드 노먼(Richard Norman)은 인간관계에도 이런 진실의 순간이 있다고 주장했습니다. 바로 처음 만난 3초입니다. 대부분의 사람은 처음 3초간 상대방의 외모, 옷차림, 말투, 표정 등을 활용해 첫인상을 파악합니다. 그리고 이때 정해진 첫인상은 여간해서는 바뀌지 않는다고 합니다. 노먼은 서비스 직종에서 일하는 사람들은 이 진실의 순간을 잘 활용해야 고객의 마음을 사로잡을 수 있다고 말했습니다.

그런데 신앙에도 진실의 순간이 있습니다.

고난과 역경이 찾아오는 순간입니다.

예수님의 죽음과 부활을 경험한 제자들은 목숨이 걸린 위협에도 굴하지 않고 끝까지 복음을 전하다 죽었습니다. 그러나 동일한 위협에 굴하며 도망가거나, 주님을 부인한 제자들도 있었을 것입니다.

평온한 시대에는 진실한 신앙의 순간이 드러나지 않습니다. 그러나 역경과 고난이 찾아오는 순간, 바로 살아계신 주님을 진실로 믿는지 확인할 수 있는 진실의 순간이 찾아옵니다. 그 어떤 순간에도 주님을 부인하지 않고, 전심으로 섬기는 진실한 제자가 되십시오. 복되고 형통합니다. 아멘!!!

♥ 주님, 살든지 죽든지 무엇을 하든지 주님을 부인하지 않고 굳건히 믿게 하소서.
📖 전도를 위해 상대방에게 불쾌감을 주는 표정이나 말투나 행동을 삼가합시다.

나의 영적 일기

사랑이 만든 쇼핑백

읽을 말씀 : 야고보서 3:13-18

● 약 3:13 너희 중에 지혜와 총명이 있는 자가 누구뇨 그는 선행으로 말미암아 지혜의 온유함으로 그 행함을 보일지니라

매우 가난한 가정에서 태어났지만 효심이 지극한 소년이 있었습니다.

어머니는 어려운 형편에도 총명했던 소년을 학교에 보내기 위해서 새벽부터 밤늦게까지 사람들의 물건을 나르는 심부름을 했습니다. 그런 어머니의 뜻을 알고 열심히 공부하던 소년이 하루는 학교가 끝나고 집에 돌아와 일하는 어머니의 모습을 보게 되었습니다. 그런데 이상한 생각이 들었습니다.

'엄마가 들고 있는 짐보다 짐을 담은 가방이 왜 더 무거워 보이지?'

가죽으로 만든 가방은 비어 있어도 무거웠고, 그렇다고 짐을 안정적으로 담을 수도 없었습니다.

소년은 어머니를 위해 효율적으로 짐을 나를 수 있는 가방을 고안했습니다.

그러던 중 종이가 가벼우면서도 생각보다 무거운 무게도 버틸 수 있다는 사실을 알게 됐습니다. 소년은 종이로 만든 가방을 어머니에게 선물했고 이를 본 주변 사람들이 획기적인 발명이라며 특허를 내라고 권했습니다.

찰스 스틸웰(Charles Stilwell)이 만든 세계 최초의 종이 쇼핑백은 어머니를 생각하는 효심에서 발명되었습니다.

관심은 힘들고 어려운 순간에도 기회를 발견할 수 있는 여유를 제공합니다. 우리는 어떤 시각으로 세상을 바라보고 있습니까?

불평과 불만이 아닌, 주님이 주신 사랑으로 세상과 이웃을 바라보십시오. 복되고 형통합니다. 아멘!!!

♡ 주님, 주님의 사랑과 관심으로 세상을 바라보며 더 좋은 삶을 추구하게 하소서.
🧎 내 주변에 어려운 생활을 하는 분들을 도울 방법을 찾아 도웁시다.

나의 영적 일기

8월 25일
물음표와 느낌표

읽을 말씀 : 시편 119:129-136

● 시 119:130 주의 말씀을 열므로 우둔한 자에게 비취어 깨닫게 하나이다

  감탄을 표현할 때 쓰는 느낌표 '!'(exclamation mark)는 정확한 기원이 알려져 있지 않지만, 15세기 유럽에서부터 사용되며 널리 퍼져나갔다고 합니다.
  반면에 의문을 표현하는 물음표 '?'(question mark)는 느낌표보다 훨씬 오래전부터 사용되었지만, 기원이 불분명합니다. 스페인에서부터 사용되다 퍼져나간 것이 아닐까 추측할 뿐입니다.
  그런데 느낌표와 물음표를 합친 부호가 있다는 사실을 아십니까?
1962년 뉴욕의 광고 회사 대표였던 마틴 스펙터(Martin K. Specter)는 물음표와 느낌표를 동시에 나타내는 문장부호 인테러뱅 '‽'(Interrobang)을 만들었습니다. 우리나라에서는 이어령 교수가 책에서 사용하며 알려진 부호이기도 합니다. 스펙터는 이 부호를 만든 이유를 다음과 같이 설명했습니다.
  "질문을 통해 깨달음을 얻는 노력을 함축하는 부호를 만들고 싶었습니다."
  인테러뱅은 이 세상을 살아가는 그리스도인의 삶과 같습니다.
  지혜가 부족한 우리는 아마도 죽는 그 순간까지 주님의 뜻을 완전히 이해하지는 못할 것입니다. 그러나 우리의 물음표를 주님은 항상 느낌표로 그때그때 응답해 주십니다. 우리의 모든 물음표를 느낌표로 깨닫게 해주실 주님이심을 믿기에 크리스천은 인테러뱅처럼 '물음느낌표'를 안고 평생을 살아갑니다.
  신앙생활을 하며 생기는 여러 가지 의문들을 애써 외면하지 말고 당당히 품고 주님께 물으십시오. 그리고 적당한 때에, 적당한 방법을 통해 느낌표로 응답하실 주님을 신뢰하십시오. 복되고 형통합니다. 아멘!!!

♡ 주님, 주님의 뜻을 완전히 이해하지 못하는 부족한 저에게 지혜를 주소서.
🙏 신앙생활을 하며 생기는 여러 가지 의문들을 당당히 주님께 물읍시다.

나의 영적 일기

행함이 없다면

8월 26일

읽을 말씀 : 고린도전서 9:19-27

● 고전 9:23 내가 복음을 위하여 모든 것을 행함은 복음에 참예하고자 함이라

중국 청나라 말기에 나라를 쥐락펴락할 정도로 부자였던 호설암이라는 상인이 있었습니다. '장사의 신', '중국 최후의 상인'이라고 불렸던 호설암은 다음과 같은 장사 원칙을 세웠습니다.

❶ 모든 방법으로 돈을 벌어라. 다만 부정한 방법은 멀리하라.
❷ 인맥을 사용해 돈을 벌어라. 다만 남에게 피해를 줘서는 안 된다.
❸ 친구의 도움으로 돈을 벌어라. 다만 친구에게 해를 끼쳐서는 안 된다.
❹ 큰 기회가 왔을 때를 놓치지 마라. 그래도 신용을 잃어서는 안 된다.
❺ 돈을 버는 것은 나쁜 일이 아니다. 그러나 선행이 장사보다 더 중요하며, 번 만큼 재물을 풀어 가난한 사람을 도와야 한다.

너무나 멋진 원칙이지만, 또한 아무런 쓸모가 없는 원칙이기도 했습니다. 호설암은 왕유령이라는 사람이 높은 벼슬을 할 수 있도록 밀어주었고, 벼슬아치가 된 왕유령의 도움을 받아 국고를 빼돌려 큰 돈을 벌었습니다.

호설암은 자신의 원칙대로 돈을 벌지 않았고, 더 많은 돈을 벌기 위해 관료들에게 뇌물을 주며 그들과 결탁했습니다. 그리고 자신의 라이벌을 제거하기 위해 계속해서 큰돈을 뇌물로 쓰다가 파산하고 말았습니다. 호설암이 자신의 원칙대로 큰 돈을 벌고 베풀었다면, 지금의 평가는 달라졌을 것입니다.

더 늦기 전에 우리도 진리의 말씀을 읽고 배운대로, 그리고 믿음의 고백대로 실천하며 살아야 합니다. 힘을 다하여 말씀을 배우고 온 힘을 다하여 말씀을 실천하십시오. 복되고 형통합니다. 아멘!!!

♥ 주님, 행함이 없이 말만 많이 하는 사람이 되지 않게 도와주소서.
🌿 내가 누구에게 가르쳐 준 좋은 교훈이 있었다면, 나부터 실천하는 사람이 됩시다.

나의 영적 일기

때문에가 아닌 덕분에

8월 27일

읽을 말씀 : 고린도후서 12:1-10

● 고후 12:10 그러므로 내가 그리스도를 위하여 약한 것들과 능욕과 궁핍과 핍박과 곤란을 기뻐하노니 이는 내가 약할 그 때에 곧 강함이니라

일본에서 '경영의 신'으로 불린 파나소닉의 창립자 마쓰시타 고노스케(Matsushita Konosuke)는 수많은 역경을 만나도 포기하지 않고 극복하며 뛰어난 성과를 올렸습니다.

일본에서는 드물게 그리스도인이면서 장로님으로 섬겼던 마쓰시타는 역경이 찾아올 때마다 오히려 감사하며 기회로 여겼다고 합니다. 그는 자신의 성공 비결에 대해 항상 부족한 생활을 했기 때문이라고 말했습니다. 다음은 마쓰시타가 자신의 성공 비결이라고 밝힌 내용입니다.

"가난한 집안에서 태어난 덕분에,
어린 시절부터 궂은일을 하며 사회생활에 필요한 경험을 쌓았습니다.
어린 시절부터 허약했던 덕분에,
운동을 시작해 건강을 더 잘 관리할 수 있었습니다.
학교를 다니지 못한 덕분에,
모든 사람을 스승으로 여기며 하나라도 더 많이 배울 수 있었습니다."

마쓰시타 회장은 자신의 성공 비결이 '때문에'가 아닌 '덕분에'라고 말하곤 했습니다.

크리스천은 험한 세파에도 꺾이지 않고 주님의 능력을 통해 승리하는 사람이지, 아무 고난 없이 잔잔한 바다를 항해하기 원하는 사람이 아닙니다. 주님의 능력을 힘입어 "그럼에도" 승리하는 크리스천이 되십시오. 복되고 형통합니다. 아멘!!!

💛 주님, 험한 세파에도 꺾이지 않고 주님의 능력을 통해 승리하는 사람이 되게 하소서.
📖 나의 성공 비결이 '때문에'가 아닌 '덕분에'라고 말하는 사람이 됩시다.

나의 영적 일기

진실보다 중요한 공감

읽을 말씀 : 로마서 14:1-12

● 롬 14:1 믿음이 연약한 자를 너희가 받되 그의 의심하는 바를 비판하지 말라

8월 28일

천둥이 치던 어느 날, 한 소년이 마당에서 비를 맞고 있었습니다. 왜 비를 맞고 있냐는 어머니의 질문에 소년이 대답했습니다.
"어머니, 이렇게 비가 오는데 새들이 아름답게 지저귀고 있어요. 너무 신기하지 않아요?"
그러나 아무리 들어도 쏟아지는 비와 천둥소리뿐이었습니다. 심각한 난청이 있는 아들이 천둥소리를 새소리라고 착각하며 듣고 있던 것입니다.
그러나 아들의 꿈을 지켜주고 싶었던 어머니는 마치 새소리가 들리는 것처럼 장단을 맞춰주었습니다.
『정말 아름다운 새소리구나. 어디에서 소리가 나는지 함께 찾아볼까?』
쏟아지는 비를 맞으며, 모자는 함께 여기저기를 거닐며 아름다운 새소리를 찾아다녔습니다.
모차르트와 함께 역사상 가장 위대한 작곡가로 추앙받는 베토벤(Ludwig van Beethoven)의 어린 시절 이야기입니다.
실수와 착각이라 할지라도 따스하게 품어준 어머니의 공감과 사랑 덕분에 어쩌면 악성 베토벤은 세상에 나타날 수 있었는지도 모릅니다.
끝까지 사랑하는 제자들을 믿어주었던 주님처럼, 우리도 다른 사람의 실수를 덮어주고 힘든 마음에 공감하는 격려자가 되어야 합니다. 옳고 그름을 따지지 말고 덕을 세우고 사랑을 전하는 일을 가장 중요한 우선순위로 삼으십시오. 복되고 형통합니다. 아멘!!!

♡ 주님, 다른 사람의 실수를 덮어주고 힘든 마음에 공감하는 격려자가 되게 하소서.
▦ 옳고 그름을 따지지 않고 덕을 세우고 주님의 사랑을 전하는 사람이 됩시다.

나의 영적 일기

8월 29일

골프공이 파여있는 이유

읽을 말씀 : 고린도후서 12:1-10

● 고후 12:9 내게 이르시기를 내 은혜가 네게 족하도다 이는 내 능력이 약한데서 온전하여짐이라 하신지라 이러므로 도리어 크게 기뻐함으로 나의 여러 약한 것들에 대하여 자랑하리니 이는 그리스도의 능력으로 내게 머물게 하려함이라

「딤플 라이프(Dimple Life)」라는 단어는 남보다 좋지 못한 환경을 극복하고 오히려 더욱 멋지게 살아가는 삶을 뜻합니다.

딤플 라이프를 살아가는 사람을 '딤플러(Dimpler)'라고 부릅니다.

딤플(Dimple)은 골프공에 패어있는 작은 굴곡을 일컫습니다.

처음에는 마치 '곰보'처럼 여겨져 딤플이 안 좋은 뜻으로 사용되었습니다. 그런데 골프공이 더 멀리 날아가기 위해서는 작은 소용돌이를 만들어 공기 저항을 줄여주는 딤플이 많으면 많을수록 좋다는 것이 알려지자 사람들의 인식이 바뀌었습니다. 이제는 딤플이 빽빽하게 자리잡았다는 이유로 골프공을 못생겼다고 싫어하는 사람은 아무도 없습니다.

때로는 약간의 시련과 고난이 우리의 삶을 더욱 풍성하게 만듭니다.

어린 시절 잔병치레가 잦은 사람이 면역력이 강화되어 더 오래 산다는 연구 결과가 발표됐을 때, 서양에서는 이를 「딤플 효과(Dimple Effect)」라고 불렀습니다.

이해할 수 없는 고난이 우리 삶에 찾아왔다 해도 그 고난으로 인해 어떤 딤플 효과가 일어날지는 누구도 알 수 없습니다.

우리 삶에 가장 좋은 것만 주시는 주님을 믿고, 어려움이 있다면 그 어려움을 통해 더욱 성장하며 주님께 영광 돌리는 거룩한 딤플 라이프를 꿈꾸십시오. 복되고 형통합니다. 아멘!!!

♡ 주님, 가장 좋은 것만 주시는 주님을 믿고 어려움을 통해 더욱 성장하게 하소서.
📖 주님께 영광 돌리는 거룩한 딤플 라이프를 꿈꾸며 당당하게 삽시다.

나의 영적 일기

조선에서 가장 행복한 소녀

읽을 말씀 : 시편 17:6-15

● 시 17:15 나는 의로운 중에 주의 얼굴을 보리니 깰 때에 주의 형상으로 만족하리이다

조선시대에 종으로 태어나 고생만 하다가 사고로 두 손을 잃고 거리에 버려진 '옥분이'라는 아이가 있었습니다. 버려진 옥분이는 미네르바 구타펠(Minerva Louise Guthapfel) 선교사님을 만나 목숨을 구할 수 있었습니다.

옥분이는 구타펠 선교사님에게 자신이 조선에서 가장 행복한 소녀라고 고백하며 「5가지 이유」를 댔습니다.

❶ 더 이상 맞지 않아서
❷ 아픈 곳이 없도록 치료받아서
❸ 더 이상 배고플 일이 없어서
❹ 일하던 곳으로 돌아가지 않아도 돼서
❺ 아름다운 크리스마스트리를 봐서

훗날 옥분이는 여기에 다음의 한 가지 이유를 더 추가했습니다.
"예수님이 저를 사랑하시고 제 죄를 용서해 주셨다는 사실이 이제는 믿어져요. 저는 조선에서 정말로 가장 행복한 소녀랍니다."

구타펠 선교사님은 옥분이의 간증을 사진과 함께 글로 엮어 전했는데, 서양 사람들은 옥분이에게 '조선에서 가장 행복한 소녀(Happiest Girl in Korea)'라는 별명을 붙여주었습니다.

세상에서 가장 행복한 사람이 될 수 있는 이유는 주님 한 분만으로도 충분합니다. 가장 큰 행복의 근원이신 예수님을 매일 예배하며 놀라운 기쁨을 누리십시오. 복되고 형통합니다. 아멘!!!

🤍 주님, 저의 생명을 멸망에서 구속해 주신 주님의 공로와 은혜를 찬송하게 하소서.
🙏 행복의 근원이신 주 예수님을 매일 예배하며 놀라운 기쁨을 누립시다.

나의 영적 일기

8월 31일
마지막에 남아있는 것

읽을 말씀 : 마태복음 6:19-34

● 마 6:20 오직 너희를 위하여 보물을 하늘에 쌓아 두라 거기는 좀이나 동록이 해하지 못하며 도적이 구멍을 뚫지도 못하고 도적질도 못하느니라

한 남자가 먼 여행을 떠나는 길에 아주 예쁜 조약돌을 발견했습니다.
남자는 재빨리 조약돌을 가득 주워 주머니에 넣었고 양손에도 하나씩 들었습니다. 그런데 계속 길을 가다 보니 이번에는 반짝이는 사금이 있었습니다.
남자는 주머니에 들어 있는 조약돌을 모두 버리고 사금으로 가득 채워 넣었습니다.
그런데 다음날 아주 많이 반짝이는 보석이 가득한 동굴을 발견했습니다. 남자의 고향에서는 아주 귀한 값에 팔리는 보석이었습니다.
남자는 이번에는 가방에 챙긴 짐까지 비운 뒤 보석을 가득 채웠습니다.
'목적지에 도착하면 이 보석을 모두 팔아 부자가 되어야지.'
무거운 보석을 지고 목적지에 도착한 남자는 망연자실했습니다.
남자가 챙긴 보석은 그 지역에서는 너무 흔해 돌멩이처럼 여겨지고 있었습니다.
「하워드의 선물」이라는 책의 내용으로 "인생은 버리고 채우는 과정의 연속입니다. 무엇을 버리고 무엇을 채우는지에 따라 인생의 결과가 달라집니다"라는 교훈이 담겨있습니다.
우리의 손과 마음에 가득한 그것이 지금 우리가 인생에서 가장 중요하게 여기고 있는 것입니다. 세상의 정욕이 아닌 하나님이 주신 은혜와 사랑이 가득하도록 나쁜 것을 버리고 좋은 것으로 채우십시오. 복되고 형통합니다. 아멘!!!

♥ 주님, 주님이 주시는 모든 좋은 것으로 손과 마음을 채우게 도와주소서.
📖 주님이 주신 은혜와 사랑이 가득 자리하도록 나쁜 것을 버리고 삽시다.

나의 영적 일기

"복 있는 사람은 악인의 꾀를 좇지 아니하며
죄인의 길에 서지 아니하며 오만한 자의 자리에 앉지 아니하고
오직 여호와의 율법을 즐거워하여 그 율법을 주야로 묵상하는 자로다
저는 시냇가에 심은 나무가 시절을 좇아 과실을 맺으며
그 잎사귀가 마르지 아니함 같으니 그 행사가 다 형통하리로다"

- 시편 1:1-3 -

9월 1일

하나님이 주신 기회를 선용하라

읽을 말씀 : 고린도후서 2:12-17

● 고후 2:15 우리는 구원 얻는 자들에게나 망하는 자들에게나 하나님 앞에서 그리스도의 향기니

『미국의 제39대 대통령인 지미 카터(Jimmy Carter)가 100세의 나이로 세상을 떠났을 때, 저는 대한민국 정부 대표 자격으로 장례식에 참석해 조문을 했습니다.

카터 대통령과는 그가 미국 조지아주 주지사 시절이던 1973년, 미국 애틀랜타의 한 교회 집회에서 처음 만나 기도해 준 후 50여 년 동안 신앙의 동역자로, 또 우정을 나누는 친구로 지내왔습니다.

그분이 대통령에 당선된 후 1979년 6월에 한미 정상회담을 위해 방한했을 때의 일입니다. 대선 후보 당시 공약이었던 주한미군의 단계적인 철수 추진에 대해 이를 막으려는 박정희 대통령과의 1차 회담은 좋지 않게 끝났습니다.

주일인 그 다음날, 미국 대사관저에 한국 종교 지도자들을 초청한 카터 대통령은 모임이 끝난 후 제게 여의도침례교회 주일 예배에 함께 갈 것을 제안했습니다. 저는 1차 회담 결과를 매스컴을 통해 알고 있었기에 기회는 이때다 싶어 박 대통령에 대한 덕담과, 주한 미군 철수에 대해 의견을 묻는 카터 대통령에게 여러 가지 이유를 들어 유보해 줄 것을 요청했습니다. 마지막으로 박 대통령을 전도해 달라고 부탁했습니다. 후에 카터 대통령과의 대화를 궁금해 하는 박 대통령에게도 카터 대통령과의 대화를 전하면서 2차 정상회담에서 긍정적으로 임해줄 것을 조언했습니다. 이후 미군의 주둔이 계속 보장되어야 한다는 공동 성명서가 발표되었고, 카터 대통령이 귀국하는 날 차 안에서 약속대로 박 대통령에게 복음을 전했다는 사실도 듣게 되었습니다. 이 모든 일은 하나님의 은혜가 아니면 불가능한 일이었습니다.』 -「김장환 목사의 인생 메모」 중에서

하나님께서 주신 기회를 선용하십시오. 복되고 형통합니다. 아멘!!!

♡ 주님, 주님이 주신 기회를 잘 선용해 주님께 영광을 돌리는 제가 되게 하소서.
📖 주님께서 주신 기회인지 아닌지를 분별하는 지혜를 달라고 주님께 간구합시다.

나의 영적 일기

사랑이라는 착각

읽을 말씀 : 요한일서 4:7-21

● 요일 4:16 하나님이 우리를 사랑하시는 사랑을 우리가 알고 믿었노니 하나님은 사랑이시라 사랑 안에 거하는 자는 하나님 안에 거하고 하나님도 그 안에 거하시느니라

구청의 혼인신고 신청 창구에는 다음과 같은 문구가 붙어 있습니다.
'혼인신고 후 취소 불가능합니다.'
한순간의 감정으로 혼인신고를 했다가 후회하는 연인들이 많아 신중하라는 의미로 써붙인 문구입니다. 그런데 이 문구 밑에는 작은 글씨로 한 가지 주의 사항이 더 쓰여 있습니다.
'접수 즉시라도 취소가 불가능합니다.'
다시 말하면 혼인신고라는 큰 결심을 하고 접수를 했는데, 곧 마음이 변해 무르려는 사람들도 있다는 말입니다.
얼마 전 동유럽의 한 연인이 서로 너무 사랑해서 한순간도 헤어지지 않겠다며 서로의 손에 수갑을 채웠다는 소식이 해외 토픽에 실렸습니다.
그런데 그 사랑이 123일 만에 깨졌고, 사랑이 영원할 줄 알고 열쇠도 버린 이 연인은 헤어지기 위해 수갑을 절단했다고 합니다. 이처럼 인간의 사랑은 너무나 불완전합니다. 주님의 사랑을 통해서만 우리는 참된 사랑이 무엇인지 알 수 있고 느낄 수 있습니다. 주님의 사랑을 경험한 사람만이 참된 사랑이 무엇인지 알 수 있습니다. 그리고 인간이 말하는 사랑이 얼마나 허울뿐인 착각인지도 깨닫게 됩니다.
인간적인 사랑의 한계를 깨달으십시오, 그러나 완전한 사랑을 포기하지는 마십시오. 주님이 주시는 사랑을 힘입어 참된 사랑으로 서로 사랑하며 교제를 완성하십시오. 복되고 형통합니다. 아멘!!!

♡ 주님, 무슨 일이든지 즉흥적이거나 단기적 안목으로 처리하지 않게 하소서.
▨ 주님이 주시는 것 외에 그 어떤 것도 영원하지 않음을 기억하며 행동합시다.

나의 영적 일기

9월 3일 진심으로 섬기는 사람

읽을 말씀 : 야고보서 3:1-12

● 약 3:2 우리가 다 실수가 많으니 만일 말에 실수가 없는 자면 곧 온전한 사람이라 능히 온 몸도 굴레 씌우리라

귀주에서 대승을 거두고 돌아온 강감찬 장군은 나라를 구한 영웅 대접을 받았습니다.

임금 현종은 강감찬 장군을 상석에 앉히고 모든 대신을 불러 성대한 연회를 열었습니다. 연회 중간에 강감찬 장군이 화장실을 가는 척하며 가장 높은 내시를 불러 물었습니다.

"내 상에 올라 있는 그릇이 전부 비어 있던데 어찌 된 일인가?"

내시는 깜짝 놀라 용서를 빌었습니다. 신하 중 누군가가 실수한 것이 분명했습니다. 혹시라도 왕이 이 사실을 알게 되면 수발을 들던 신하들이 어떤 벌을 받게 될지 가늠조차 되지 않았습니다. 두려워하는 내시에게 강감찬 장군이 한 가지를 제안했습니다.

"이따가 내가 자리에 앉거든 『음식이 식은 것 같은데 따뜻한 음식을 다시 올리겠습니다』라고 말하게. 음식의 뚜껑은 열지 않겠네."

내시는 강감찬 장군의 놀라운 인품에 눈물을 흘렸습니다. 더 감동인 것은, 강감찬 장군은 끝까지 이 사실을 말하지 않고 세상을 떠났다는 사실입니다. 사후 은혜를 입은 내시가 왕에게 당시 일화를 알려서 강감찬 장군의 놀라운 인품이 세상에 알려지게 되었습니다.

다른 사람의 처지와 상황을 살피고 진심으로 섬기는 사람은 모든 사람의 귀감이 됩니다. 예수님이 사람을 섬기셨듯이 나의 직위, 자존심, 나이, 모든 것을 내려놓고 도움이 필요한 사람을 섬기십시오. 복되고 형통합니다. 아멘!!!

♥ 주님, 다른 사람의 처지와 상황을 살피고 진심으로 섬기는 주님의 사람이 되게 하소서.
🧠 나의 직위, 자존심, 나이, 모든 것을 내려놓고 도움이 필요한 사람을 섬깁시다.

나의 영적 일기

감사함으로 완성된 작품

읽을 말씀 : 시편 100:1-5

9월 4일

● 시 100:4 감사함으로 그 문에 들어가며 찬송함으로 그 궁정에 들어가서 그에게 감사하며 그 이름을 송축할지어다

　세계에서 가장 유명한 예수님 그림은 아마도 「그리스도의 얼굴(Head of Christ)」이라는 작품일 것입니다.
　교회를 다니지 않는 사람도, 설령 이 그림의 이름을 모르는 사람도 막상 그림을 보면 바로 알 정도로 유명한 작품입니다. 실제로 매년 500만 부 이상씩 50년이 넘게 판매되어 세계에서 가장 많이 팔린 예수님의 얼굴 그림입니다.
　이 그림을 그린 화가는 미국의 워너 솔맨(Warner Sallman)인데 결혼하고 얼마 되지 않아 결핵에 걸려 시한부를 선고받았습니다. 인생의 가장 행복한 순간에 최악의 사건이 일어나 절망하고 있었는데, 이 모습을 본 아내가 다음과 같이 격려했습니다.
　"3개월밖에 못 산다고 생각하지 말고 하나님이 3개월이나 시간을 주셨다고 감사하는 마음으로 살아보면 어때요? 그 시간을 천국같이 보내봐요."
　아내의 말에 힘을 얻은 솔맨은 남은 3개월간 하나님이 주신 달란트로 예수님을 상상하며 그림을 그렸습니다. 하루하루 감사하는 마음으로 아내와도 행복한 시간을 보냈습니다. 3개월 뒤 「그리스도의 얼굴」을 완성하고 난 뒤 몸이 가벼워졌다고 느낀 솔맨은 다시 검사를 받았는데 결핵이 깨끗하게 사라진 상태였습니다.
　예수님을 만난 뒤 우리의 삶은 감사 외에는 드릴 것이 없는 최고로 복된 삶입니다. 주님이 허락하신 하루하루를 감사로 가득 채워 천국 같은 기쁨으로 살아가십시오. 복되고 형통합니다. 아멘!!!

♥ 주님, 모든 일이 주님 안에서 이루어짐을 믿고 하루하루 감사하는 마음으로 살게 하소서.
📖 주님께서 내 삶에 허락하신 일들이 어떤 일이든 주님께 감사하며 삽시다.

나의 영적 일기

9월 5일
가장 많이 배울 때

읽을 말씀 : 베드로전서 5:1-11

● 벧전 5:10 모든 은혜의 하나님 곧 그리스도 안에서 너희를 부르사 자기의 영원한 영광에 들어가게 하신 이가 잠깐 고난을 받은 너희를 친히 온전케 하시며 굳게 하시며 강하게 하시며 터를 견고케 하시리라

어린 자녀가 화분을 옮기다 깨트렸다면 어떤 말을 해야 할까요? 0점짜리 대답은 "내가 그럴 줄 알았다"입니다.
30점짜리는 "화분 깨지 않도록 조심하라 그랬지?"입니다.
50점짜리 대답은 "다치진 않았어?"입니다.
그럼 100점짜리 대답은 무엇일까요? 이스라엘 부모들은 자녀들이 비슷한 실수를 할 때 다음과 같이 말하도록 교육받는다고 합니다.
"마잘 토브(Mazal tov)."
'축하해', '행운을 빈다'라는 의미입니다. 실수에서 많은 걸 배울 수 있기 때문에 오히려 실수를 책망하지 않고 격려해 주는 것입니다.
젖은 손으로 화분을 들지는 않았는지, 앞에 장애물이 있는지 확인은 했는지, 혹은 화분이 무거웠는데 들 수 있다고 잘못 판단한 것은 아닌지 등 작은 실수에서도 얼마든지 배울 수 있고 배움은 곧 성장을 의미합니다.
실수가 없는 인생은 완벽한 인생이 아니라 어쩌면 성장이 멈춘 인생일 수 있습니다. 믿음의 여정은 우리의 본향인 천국으로 가는 그날까지 멈춰서는 안 됩니다. 여정 가운데 계속해서 자라나는 신앙을 위해 우리는 계속해서 도전하며, 실수하며, 성장해야 합니다.
우리가 두려워할 것은 실수가 아니라 실수를 통해 배움의 기회를 놓치는 것입니다. 신앙생활을 하면서도 많은 실수를 하고 때때로 죄를 짓기도 하지만, 그 실수들을 거룩한 삶에 필요한 발판으로 여기며 매일 믿음을 키워나가십시오. 복되고 형통합니다. 아멘!!!

♡ 주님, 실수할 때 두려워하지 않고, 그 실수를 배움의 기회로 삼게 하소서.
🖤 지난날의 실수로 주저앉아 있지 말고 주님께서 주시는 힘으로 일어나서 나아갑시다.

나의 영적 일기

사명은 반드시 있다

읽을 말씀 : 빌립보서 2:1-11

● 빌 2:4 각각 자기 일을 돌아볼 뿐더러 또한 각각 다른 사람들의 일을 돌아보아 나의 기쁨을 충만케 하라

나무나 꽃에는 보통 긍정적이고 희망을 주는 말이 붙어 있습니다.
그런데 '헛수고', '하찮은 일' 등과 같이 부정적인 꽃말이 붙은 식물도 있습니다. 바로 조팝나무입니다. 조팝나무는 열리는 흰 꽃이 좁쌀같이 보인다고 해서 붙은 이름입니다. 옛날 사람들이 보기에 조팝나무는 아무런 쓸모가 없었습니다. 열매도 안 열리고, 꿀도 나오지 않고, 나무도 빈약해 목재로도 쓸 수 없었습니다.
그런데 훗날 기술이 발달해가며 조팝나무의 놀라운 쓸모가 계속해서 발견되었습니다.
세계 최초의 진통 해열제인 아스피린의 원료가 조팝나무에서 추출됩니다. 말라리아의 치료제도 조팝나무에서 추출할 수 있습니다.
아무런 쓸모가 없다고 생각했던 조팝나무가 사실은 수많은 사람을 치료해주고 회복시켜주는 아주 귀한 나무였습니다. 만약 옛날 사람들이 이 사실을 알았다면 조팝나무의 꽃말을 아주 귀한 단어들로 붙였을 것입니다.
쓸모없는 나무가 사실은 놀라운 효능이 있는 나무였듯이, 사람도 지금의 모습으로만 평가해서는 안 됩니다. 주님이 심어주신 무한한 가능성이 모든 사람에게 있기 때문입니다.
우리는 어쩌다 우연히 이 세상에 태어난 것이 아닙니다. 주님의 분명한 계획 가운데, 나만이 할 수 있는 소명이 분명히 있습니다. 오늘 나의 모습이 조금 초라하고 모자라더라도 주님을 믿고, 주님이 내 안에 주신 꿈을 믿고, 세상에서 담대하게 주님의 뜻을 펼쳐나가십시오. 복되고 형통합니다. 아멘!!!

♡ 주님, 제가 주님의 분명한 계획 가운데 저만이 할 수 있는 소명이 있음을 알게 하소서.
📖 주님께서 내 안에 주신 꿈을 믿고, 세상에서 담대하게 주님의 뜻을 펼쳐나갑시다.

나의 영적 일기

9월 7일 소통으로 관계하라

읽을 말씀 : 베드로전서 3:8-17

● 벧전 3:8 마지막으로 말하노니 너희가 다 마음을 같이 하여 체휼하며 형제를 사랑하며 불쌍히 여기며 겸손하며

미국의 유명한 지휘자인 레오폴드 스토코프스키(Leopold Anthony Stokowski)가 한 공연에서 특별한 이벤트를 준비했습니다. 트럼펫 연주자를 관중석에 앉혔다가 하이라이트 때 객석에서 연주하며 무대 위로 올라오는 아이디어였습니다.
이벤트는 공연의 가장 클라이맥스에 선보일 예정이었습니다.
공연이 시작되고 어느덧 분위기가 무르익었습니다.
스토코프스키는 이벤트에 앞서 더욱 열정적으로 연주를 지휘했습니다.
그런데 약속한 부분에서 트럼펫 소리가 들리지 않았습니다. 트럼펫 연주자가 실수를 한 줄 알고 스토코프스키는 능숙하게 다시 한번 연주를 반복했습니다. 그러나 두 번째 연주에도 트럼펫 연주는 들리지 않았고, 오히려 객석이 술렁거렸습니다.
고개를 돌려 관객석을 확인한 스토코프스키는 깜짝 놀랐습니다.
경비원들이 트럼펫 연주자를 무대에 난입하려는 관객으로 착각해 몸싸움을 벌이고 있었습니다.
아무리 좋은 아이디어도 구성원의 협조가 필요합니다. 원활한 소통으로 서로의 진심을 확인하고 한마음 한뜻으로 주님의 지체가 될 때, 세상 가운데 교회가 다시 우뚝 설 것입니다.
믿지 않는 모든 사람이 우리가 복음을 전해야 할 VIP이듯, 지금 내 곁에 있는 믿음의 형제자매들이 주님이 보내주신 최고의 동역자임을 기억하고 사랑으로 섬기며 소통하십시오. 복되고 형통합니다. 아멘!!!

♡ 주님, 믿음의 형제자매가 주님이 보내주신 최고의 동역자임을 기억하게 하소서.
📖 원활한 소통으로 서로의 진심을 확인하고 한마음 한뜻으로 주님을 섬깁시다.

나의 영적 일기

동기의 방향

읽을 말씀 : 고린도후서 5:11-19

● 고후 5:15 저가 모든 사람을 대신하여 죽으심은 산 자들로 하여금 다시는 저희 자신을 위하여 살지 않고 오직 저희를 대신하여 죽었다가 다시 사신 자를 위하여 살게 하려 함이니라

인류의 발전에 가장 큰 영향을 끼친 발명품은 무엇일까요?

과거에는 바퀴였다고 합니다. 바퀴의 발견으로 노동력을 크게 절약할 수 있었고 남는 노동력으로 더욱 다양한 생산이 가능했기 때문입니다.

오늘날의 현대 생활에 가장 큰 영향을 준 발명품은 증기기관, 내연기관과 같은 모터(Motor)입니다.

모터의 발명으로 예전에는 몇 날 며칠을 걸어야 했던 거리를 한두 시간 만에 갈 수 있게 됐고, 지구 반대편도 12시간이면 이동할 수 있게 되었습니다.

하다못해 작은 칫솔에도 모터를 달면 훨씬 편하게 사용할 수 있습니다.

바퀴와 모터에는 더 큰 물체를 움직이게 한다는 공통점이 있습니다.

그런데 인간에게도 이런 모터가 달려 있습니다.

바로 동기입니다. 동기의 영어 단어인 모티베이션(motivation)은 모터와 같은 어원인 '움직이다'에서 왔습니다.

결국 '어떤 동기'에 이끌리며 사는지가 그 사람의 '삶의 모양'이 됩니다.

우리의 삶을 이끄는 동기는 무엇입니까?

세상입니까, 주님입니까?

우리 삶의 동기는 어디에서 오고 있습니까?

내면에서 발생합니까, 외부의 압력으로 어쩔 수 없이 하는 것입니까?

영혼 구원의 책무를 다하는 거룩한 동기에 이끌리며 살아가는 크리스천이 되십시오. 복되고 형통합니다. 아멘!!!

♥ 주님, 저의 삶을 이끄는 동기는 저를 구원해 주신 주님임을 믿고 생활하게 하소서.

📖 거룩한 동기에 이끌리며, 영혼 구원의 책무를 다하면서 살아가는 성도가 됩시다.

나의 영적 일기

9월 9일 — 마음가짐의 중요성

읽을 말씀 : 요한복음 8:39-51

● 요 8:47 하나님께 속한 자는 하나님의 말씀을 듣나니 너희가 듣지 아니함은 하나님께 속하지 아니 하였음이로다

현대 심리학의 아버지로 불리는 윌리엄 제임스(William James)에게 한 기자가 다음과 같이 물었습니다.
"인간에게 심리학이 필요한 이유가 무엇입니까?"
제임스는 다음과 같이 대답했습니다.
『20세기 심리학의 제일 중요한 발견은 사람의 마음가짐을 진단하고 변화시킬 수 있다는 사실입니다.
마음가짐을 변화시키면 사람의 인생을 바꿀 수 있습니다.』
겉으로 보이는 행동의 원인을 마음과 정신을 연구해 변화시킬 수 있다는 주장입니다.
UCLA(University of California, Los Angeles) 의대의 정신의학과 연구 교수인 제프리 슈워츠(Jeffrey M. Schwartz)도 이와 비슷한 말을 했습니다.
「거짓말을 믿으면 거짓말의 노예로 살게 됩니다.
두뇌의 거짓말에 속지 않는 삶이 가장 중요합니다.」
마음과 정신을 바로잡으면 삶을 변화시킬 수 있습니다. 그러나 그것만으로는 부족합니다. 더욱 깊이, 인간의 근원이 되는 영성을 변화시키지 않으면 결국 근본적인 문제는 해결할 수 없습니다. 그렇다고 해서 절망할 필요는 없습니다. 우리는 주님 안에서 우리의 모든 문제를 해결할 수 있기 때문입니다.
모든 문제를 해결할 열쇠가 구주이신 주님께 있다는 사실을 믿으십시오. 복되고 형통합니다. 아멘!!!

♥ 주님, 주님만이 저의 모든 문제를 해결할 수 있다는 사실을 믿게 하소서.
📖 인간의 근원이 되는 영성을 변화시켜야 근본적인 문제가 해결됨을 알고 삽시다.

나의 영적 일기

꽃게의 자멸

읽을 말씀 : 야고보서 3:13-18

● 약 3:16 시기와 다툼이 있는 곳에는 요란과 모든 악한 일이 있음이니라

어부들은 꽃게를 잡으면 한 양동이에 같이 담아 놓습니다.

꽃게를 양동이에 넣으면 필사적으로 벽을 타고 기어오릅니다. 실제로 꽃게를 한 마리만 양동이에 넣으면 얼마든지 탈출이 가능합니다. 그러나 여러 마리의 꽃게를 담아놓으면 한 마리도 탈출하지 못합니다. 탈출하려는 꽃게를 다른 꽃게들이 잡아끌기 때문입니다.

자기가 양동이 위쪽까지 올라왔다 하더라도 다른 꽃게가 더 위에 있으면 잡아끌면서 함께 떨어집니다. 꽃게는 얼마든지 양동이를 탈출할 수 있지만, 자기보다 다른 꽃게를 떨어트리는 일에 혈안이 되기에, 결국 한 마리도 양동이를 탈출하지 못합니다.

사람에게도 꽃게와 같은 심리가 있습니다. 심리학에서는 이를 「크랩 멘탈리티(Crab Mentality)」라고 부릅니다.

"사촌이 땅을 사면 배가 아프다"는 말처럼 인류 공통에게는 집단에서 한 구성원이 더 우월해지면 '질투, 분노, 열등감' 등을 느끼면서 끌어내리려고 합니다. 마치 꽃게처럼 말입니다.

우리 교회, 우리 공동체에 크랩 멘탈리티가 자리 잡아서는 안 됩니다. 심지어 예수님의 제자들도 누가 더 제자 중에 큰 자인지를 궁금해했습니다. 인간의 본성을 깨닫고 거룩한 성령님의 열매로 마음을 가득 채울 때, 다른 사람의 성공을 진심으로 기뻐하는 깨끗한 마음을 가질 수 있습니다.

다른 사람의 성장과 성공을 진심으로 기뻐하며 함께 성장하는 사람이 되십시오. 복되고 형통합니다. 아멘!!!

💚 주님, 다른 사람의 성공을 진심으로 기뻐하는 깨끗한 마음을 갖고 살게 하소서.

🌿 나에게도 알게 모르게 크랩 멘탈리티(Crab Mentality)가 있는지 살펴봅시다.

나의 영적 일기

9월 11일

오로지 정직

읽을 말씀 : 잠언 2:1-12

● 잠 2:7 그는 정직한 자를 위하여 완전한 지혜를 예비하시며 행실이 온전한 자에게 방패가 되시나니

미국에 상점이 생긴 초창기에는 '정가'라는 개념이 없었습니다. 모든 상점에는 가격표가 없었고 손님과 사장의 흥정으로 가격이 정해졌습니다. 사장은 손님을 봐가면서 다른 가격으로 물건을 팔았습니다.

이때 뉴욕의 한 잡화점에서 일하던 10대 소년이 있었는데, 하루는 이런 방식을 이상하게 생각해 사장에게 제안을 했습니다.

"가격을 정확히 써 붙이는 게 어떨까요? 특히 안 팔리는 물건들은 저렴한 가격으로 낮추면 잘 팔릴 것 같은데요?"

『가격이 싸면 손님들은 물건이 나쁘다고 생각해. 그렇게 좋은 생각 같으면 네가 그런 가게를 차리지 그러니?』

이 말을 들은 소년은 정말로 가게를 나와 저렴한 가격으로 좋은 물건을 파는 상점을 차렸습니다.

소년이 차린 「5센트, 10센트 숍(Five and dimes)」은 사람들의 신뢰를 얻어 미국 전역에 체인점을 오픈했고, 소년은 훗날 뉴욕에서 가장 비싼 브로드웨이 233 지역에 자신의 이름을 딴 울워스 빌딩(Woolworth Building)을 세우는 성공한 사업가가 되었습니다.

정직한 사람은 주 하나님이 주시는 큰 복을 누리지만, 설령 정직한 삶을 통해 손해를 본다 해도 우리는 끝까지 정직해야 합니다. 주님이 우리의 마음속 깊은 곳까지 감찰하시고 평가하시기 때문입니다. 요셉처럼 어떤 불의와도 타협하지 말고 주님이 보시기에 정직한 삶을 사십시오. 복되고 형통합니다. 아멘!!!

♥ 주님, 마음속 깊은 곳까지 감찰하시고 큰 복을 주시는 주님 앞에서 정직하게 하소서.
▧ 내 삶에 정직하지 않은 부분이 무엇인지 찾아 주님께서 원하시는 대로 삽시다.

나의 영적 일기

어떻게 하시겠습니까

읽을 말씀 : 빌립보서 4:2-9

● 빌 4:3 또 참으로 나와 멍에를 같이 한 자 네게 구하노니 복음에 나와 함께 힘쓰던 저 부녀들을 돕고 또한 글레멘드와 그 외에 나의 동역자들을 도우라 그 이름들이 생명책에 있느니라

중국의 한 미션스쿨의 초청으로 말씀을 전한 선교사님이 있었습니다.

그런데 첫날 한 소녀가 말씀을 듣고 주님을 믿기로 결단했습니다. 무신론자였던 소녀의 부모는 예수님을 믿으려면 집을 나가라며 소녀를 내쫓았습니다.

다음 날 미션스쿨의 선생님이 소녀의 손을 잡고 선교사님을 찾아와 사정을 설명했습니다. 그리고 마지막에 선교사님에게 한 가지 질문을 했습니다.

"이제 어떻게 해야 할까요?(What are you going to do about it?)"

선교사님은 큰 충격을 받았습니다. 예수님을 전하기 위해 열심히 말씀을 전했지만, 예수님을 믿음으로 고통을 당하는 사람들에 대해서는 생각하지 못했기 때문입니다. 선교사님은 자신의 전 재산인 5달러를 꺼내 선생님에게 건네주며 제안했습니다.

『여기 저의 전 재산이 있습니다.

제가 매달 5달러씩을 보내주면 이 소녀를 돌봐주실 수 있겠습니까?』

선생님은 기꺼이 그러겠다고 했습니다. 선교사님은 이때의 경험을 통해 한 사람이 한 사람을 돌보는 방식의 기부단체를 만들어야겠다고 생각했습니다.

「한국 고아의 아버지」라 불리며 월드비전을 설립한 밥 피어스(Bob Pierce) 선교사님의 일화입니다.

지금도 주님은 우리에게 묻고 계십니다.

"도와야 하고 전해야 할 사람들 앞에서 너는 어떻게 하겠느냐?"

주님의 시선과 마음이 향하는 곳으로 우리의 손과 발을 보내십시오. 복되고 형통합니다. 아멘!!!

♡ 주님, 믿음으로 고통 당하는 사람들을 도울 수 있는 일이 무엇인지 깨닫게 하소서.

📖 내 가까이에 있는 사람 중에 어려운 사람을 찾아 성실히 돕기 시작합시다.

나의 영적 일기

그럼에도 웃을 수 있다

읽을 말씀 : 시편 30:1-12

● 시 30:11 주께서 나의 슬픔을 변하여 춤이 되게 하시며 나의 베옷을 벗기고 기쁨으로 띠 띠우셨나이다

어린 시절 아버지의 자살을 목격한 목사님이 있었습니다.

목사님은 그 끔찍한 광경을 잊을 수가 없었습니다. 설상가상으로 친했던 삼촌마저 자살을 하자, 어머니는 아들인 목사님을 엄격히 통제했습니다.

주님을 만나고 목회자가 되었지만, 그럼에도 인생에는 걷히지 않는 먹구름이 끼어있는 것 같았습니다. 사랑하는 아내를 만나 자녀를 낳았지만, 가정불화도 생겼습니다.

그러던 어느 주일, 이 목사님은 조지 부트릭(George Buttrick) 목사님의 설교를 듣게 됐습니다.

"예수님은 우리들의 삶을 이끌어가십니다.

진실한 고백과 눈물 그리고 큰 웃음(great laughter)을 통해서 말입니다."

'울음과 진실한 고백처럼, 하나님은 웃음으로도 함께 하시는구나!'

이 사실이 믿어지는 순간 그토록 자신을 괴롭혔던 트라우마들이 깨끗이 사라졌습니다.

「주목할 만한 일상(The Remarkable Ordinary)」이라는 책을 쓴 프레드릭 뷰크너(Frederick Buechner) 목사님의 이야기입니다.

주 하나님은 우리의 모든 삶을 이끌어주십니다. 그 여정 가운데 눈물도 있고 회개도 있고 감사도 있지만, 결국 큰 웃음을 선물로 안겨주십니다.

하나님이 계시기에 오늘도 웃을 수 있다는 사실을 진실로 믿으십시오. 복되고 형통합니다. 아멘!!!

♥ 주님, 제 삶의 모든 짐과 고통을 지고 가신 주님을 바라보며 기쁘게 살게 하소서.
🖐 평범한 일상 가운데 임하시는 주님을 경험하며 행복한 미소로 하루를 보냅시다.

나의 영적 일기

포기하지 맙시다

읽을 말씀 : 역대하 15:1-15

● 대하 15:7 그런즉 너희는 강하게 하라 손이 약하지 않게 하라 너희 행위에는 상급이 있음이니라

   금붕어와 메기를 관찰하는 남자가 있었습니다.
   수조의 한 칸에는 메기가 있었고, 한 칸에는 금붕어가 있었습니다.
   가운데는 두꺼운 유리 벽이 내려와 있었습니다.
   처음 금붕어를 발견한 메기는 맹렬하게 달려들다 유리 벽에 머리를 부딪쳤습니다. 몇 번이고 반복하더니 이내 제 풀에 지쳐 포기했습니다. 남자가 유리 벽을 몰래 들었지만, 그럼에도 메기는 가운데로 지나가지 않고 벽에 부딪힐까 봐 고개를 돌려서 피했습니다. 이 모습을 본 남자가 생각했습니다.
   '몇 번 실패했다고 낙심하면 정작 기회가 와도 못 잡게 되는군.
   나는 절대로 포기하지 말아야겠다.'
   남자는 이때 배운 교훈으로, 57번이나 면접에서 떨어졌지만 포기하지 않고 도전해 결국 보험 세일즈맨이 되었습니다. 그리고 동일한 끈기로 고객을 찾아다녀 27세에 백만장자가 되었습니다.
   이후 자신의 노하우를 다른 사람들에게 전파하는 컨설팅 회사를 차려 억만장자가 되었습니다.
   수익의 50%를 기부하는 기부왕으로 더 널리 알려진 폴 마이어(Paul J. Meyer)의 이야기입니다.
   포기는 크리스천의 사전에 있어서는 안 되는 단어입니다. 주님이 명하시기 전까지 우리가 해야 할 일은 오직 순종입니다. 실패에 낙담하지 말고 순종으로 끝까지 밀고 나가십시오. 복되고 형통합니다. 아멘!!!

♡ 주님, 주님께서 명하시기 전까지는 제가 해야 할 일은 오직 순종임을 알게 하소서.
   무엇보다 주님께서 맡겨주신 영혼 구원의 사명을 끝까지 포기하지 말고 감당합시다.

나의 영적 일기

자존감 회복의 길

9월 15일

읽을 말씀 : 잠언 16:1–9

● 잠 16:3 너의 행사를 여호와께 맡기라 그리하면 너의 경영하는 것이 이루리라

「자기효능감(Self-Efficacy)」이라는 개념을 창안한 캐나다의 심리학자 앨버트 반두라(Albert Bandura)는 인간의 자아가 관찰과 모방을 통해 형성된다고 주장했습니다.

범죄자 곁에서 범죄자를 흉내 내면 범죄자처럼 자라고, 사업가 곁에서 사업가를 동경하며 자라면 사업가의 자아가 형성된다는 뜻입니다. 그런데 어린 시절 자아 형성이 잘못된 사람은 필연적으로 낮은 자존감을 갖게 됩니다. 올바른 자아를 확립하기 위해서는 훌륭한 사람을 따라 하려고 노력하며 낮아진 자존감을 먼저 회복시켜야 합니다.

다음은 앨버트 반두라가 말한 「자존감을 향상시키는 4가지 기술 훈련」입니다.

❶ 작은 목표를 설정해 하나씩 이루어가며 성취를 경험하기
❷ 다른 사람의 성공 경험을 책이나 간증을 통해 간접적으로 경험하기
❸ 칭찬과 인정을 받을 수 있는 환경을 조성하기
❹ 자신을 긍정적으로 평가하며 실패와 불안에 대한 두려움을 조절하기

잘못 형성되고 깨어진 우리의 모습은 주님을 만남으로 완전히 회복됩니다. 우리를 창조하신 주님이 우리를 얼마나 사랑하시는지를 기억하고, 우리 역시 주님을 사랑하며 주님의 모습을 닮아가고자 노력해야 합니다. 우리의 모든 문제에 대한 해답을 알고 계시는 주님께 우리의 모든 문제를 맡기십시오. 복되고 형통합니다. 아멘!!!

♡ 주님, 모든 문제의 해답을 알고 계시는 주님께 삶을 맡기게 하소서.
🙏 나를 힘들게 만드는 모든 문제를 주님께 맡깁시다.

나의 영적 일기

한 알의 밀알

읽을 말씀 : 요한복음 12:20-36

9월 16일

● 요 12:24 내가 진실로 진실로 너희에게 이르노니 한 알의 밀이 땅에 떨어져 죽지 아니하면 한 알 그대로 있고 죽으면 많은 열매를 맺느니라

『극동방송 근처에는 양화진 외국인 선교사 묘원이 있습니다. 헐버트(Homer B. Hulbert), 아펜젤러(Henry G. Appenzeller), 언더우드(Horace G. Underwood) 등 수많은 선교사님들이 그곳에 묻혀 있습니다. 그런데 제 눈길을 가장 끌었던 것은 루비 켄드릭(Ruby R. Kendrick)이라는 여자 선교사의 묘비였습니다. 거기에는 "IF I HAD A THOUSAND LIVES TO GIVE KOREA SHOULD HAVE THEM ALL.(나에게 천 개의 생명이 주어진다 해도 그 모두를 한국에 바치겠노라)"는 말이 새겨져 있었습니다.
 그분은 1907년 8월 29일, 24살에 한국에 와 개성에서 여학교 교사로 봉사하다가 1908년 8월 15일, 25살의 젊은 나이에 급성 맹장염으로 세상을 떠났습니다. 부모님께 마지막으로 쓴 편지의 일부입니다.
 '… 아버지! 어머니! 어쩌면 이 편지가 마지막일 수도 있습니다. (중략) 저는 이곳에서 작은 씨앗이 되기로 결심했습니다. 제가 씨앗이 되어 이 땅에 묻히게 되었을 때 아마 하나님의 시간이 되면 조선 땅에는 많은 꽃들이 피고, 그들도 여러 나라에서 씨앗이 될 것입니다. 저는 이 땅에 저의 심장을 묻겠습니다. 이것은 조선을 향하는 저의 열정이 아니라 조선을 향한 하나님의 사랑이란 것을 알게 되었습니다. 어머니, 아버지 사랑합니다…'
 루비 켄드릭과 같은 선교사가 있었기에 오늘날 대한민국의 교회가 성장할 수 있었고, 3만여 명의 선교사를 해외에 파송하는 나라가 된 줄 믿습니다.』 -「김장환 목사의 인생 메모」 중에서
 주님께서 우리에게 큰일을 행하실 것을 믿고 주님을 위해 사십시오. 복되고 형통합니다. 아멘!!!

💛 주님, 이 땅에서 밀알이 된 선교사님들의 믿음을 배우며 함께하게 하소서.
📖 이름도 빛도 없이 묵묵히 사역하시는 선교사님들을 위해 기도하며 필요를 보냅시다.

나의 영적 일기

고귀한 종 치기

9월 17일

읽을 말씀 : 누가복음 16:1-13

● 눅 16:10 지극히 작은 것에 충성된 자는 큰 것에도 충성되고 지극히 작은 것에 불의한 자는 큰 것에도 불의하니라

영국 남부 도시 켄터베리(Canterbury)에 '니콜라이(Nicolai)'라는 이름의 교회 종지기가 있었습니다.

니콜라이는 17살 때부터 교회에서 살며 60년 동안 같은 시간에 종을 쳤습니다. 남들이 보기에는 하찮은 일이었지만 니콜라이는 종 치는 일에 자부심이 있었습니다. 사람들에게 정확한 시간을 알려주고 예배 시간을 알리는 아주 중요한 일이라고 생각해 시간을 목숨처럼 지켰습니다.

사람들은 니콜라이가 종을 치는 시간에 맞춰서 시계를 맞출 정도였습니다. 나중에 장성한 두 아들이 성공해 아버지에게 종 치는 일을 그만두고 쉬시라고 말했지만, 니콜라이는 계속해서 종을 쳤습니다.

니콜라이가 종을 치는 것은 돈을 벌거나, 할 일이 없어서가 아니라 하나님을 섬기는 마음으로 기쁨이 되는 일이었기 때문입니다.

니콜라이는 세상을 떠나는 날까지 종을 쳤다고 합니다.

워낙 오래전 일이라 정확한 자료는 남아있지 않지만, 니콜라이의 삶에 감동을 받은 엘리자베스 1세 여왕이 니콜라이 사후에 귀족의 지위를 내려 주었다는 야사가 있을 정도로, 니콜라이의 삶은 많은 영국인에게 귀감이 되었다고 합니다.

자신이 맡은 일을 소중히 여기며 최선을 다하는 사람이 주님의 충성된 일꾼이자, 고귀한 사명자입니다. 오늘 내가 하는 일이 하나님이 나에게 주신 귀한 사명임을 기억하고 열과 성을 다해 주님을 섬기듯 사명을 감당하십시오. 복되고 형통합니다. 아멘!!!

♡ 주님, 맡은 일을 소중하게 여기며 최선을 다하는 주님의 충성된 일꾼이 되게 하소서.
📖 지금 나에게 주어진 일이 무엇인지 메모해 지혜롭고 충성스럽게 실행합시다.

나의 영적 일기

진짜가 진짜를 만든다

읽을 말씀 : 디모데전서 4:6-16

● 딤전 4:7 망령되고 허탄한 신화를 버리고 오직 경건에 이르기를 연습하라

9월 18일

    네덜란드 화가 한 반 메헤렌(Han van Meegeren)은 전설적인 위조 작가입니다.
    메헤렌은 자신의 작품을 세상이 알아주지 않는다고 여겨 이미 전설이 된 화가들의 작품을 위조했습니다. 메헤렌이 전설이 된 이유는 그가 단순히 유명한 작품을 잘 따라 그려서가 아닙니다. 자신이 그린 새로운 작품을 유명한 작가의 그림인 것처럼 속였기 때문입니다.
    메헤렌은 수백 년 전의 그림처럼 보이기 위해 낡은 캔버스에 덧칠을 해가며 사람들을 속였습니다. 때로는 17세기의 형편없는 그림을 사서 그 위에 덧칠을 했습니다. 메헤렌의 그림이 얼마나 정교했는지 전문가들도 "유명 작가들의 미공개 작품이 발견되었다"라며 메헤렌의 위조품을 거액을 주고 사들였습니다.
    메헤렌의 사기 행각이 밝혀진 것은 '방사성탄소 연대 측정법'이라는 과학 기술 때문이었습니다. 전문가들은 메헤렌의 그림을 마치 거장들의 다른 작품으로 착각했다는 사실에 큰 충격을 받았습니다. 메헤렌은 거장들의 그림으로 착각할 만큼 훌륭한 그림 실력이 있었고 자신만의 작품을 그려냈지만, 결국 위조 작가라는 멍에를 벗지는 못했습니다. 진짜를 그려내는 화가가 아니라 다른 사람을 흉내내는 화가였기 때문입니다.
    아무리 진짜를 따라 하려고 노력해도 결국 가짜가 될 수밖에 없듯이, 진리를 흉내 낼 수는 있어도 진리 그 자체가 될 수는 없습니다. 세상의 유일한 진리는 오직 주님의 말씀, 성경뿐이며 이 복음을 믿을 때만 진짜가 될 수 있습니다.
    우리를 미혹하게 하는 모든 진짜인 척하는 가짜들을 멀리하십시오. 복되고 형통합니다. 아멘!!!

♡ 주님, 세상의 유일한 진리는 오직 주님의 말씀, 성경뿐임을 철저히 믿게 하소서.
🙏 주님께서 주신 은사와 재능을 오직 주님의 영광만을 위해 사용합시다.

나의 영적 일기

9월 19일 — 아직 해보지 않은 일

읽을 말씀 : 빌립보서 4:4-9

● 빌 4:6 아무 것도 염려하지 말고 오직 모든 일에 기도와 간구로, 너희 구할 것을 감사함으로 하나님께 아뢰라

미국의 대공황 시절, 평생 헌신했던 회사에서 하루아침에 해고를 당한 남자가 있었습니다. 경제가 워낙 어려웠던 시절이라 다른 일자리를 구하는 것도 어려웠습니다. 연신 퇴짜를 맞은 남자가 풀이 꺾여 집으로 돌아와 아내에게 하소연을 했습니다.

"더 이상은 방법이 없는 것 같소. 어디서도 일자리를 구할 수 없고 아침 인력시장도 며칠 나가봤지만 허탕이오. 모은 돈도 다 써버리고 가만히 앉아서 죽기를 기다리는 방법밖에는 없는 것 같아 당신에게 미안하기만 하다오."

남자는 속으로 자살을 생각하고 있었습니다.

그런데 이 말을 들은 신앙심 깊은 아내가 이렇게 위로했습니다.

『아직 우리가 해보지 않은 게 한 가지 있어요,

여보, 하나님께 모든 것을 맡기고 기도해 보지 않았잖아요.』

아내의 말에 큰 감동을 받은 남자는 그날부터 주님 앞에 무릎을 꿇으며 간구했습니다. 그리고 기도 중에 받은 응답으로 새로운 사업을 시작했습니다.

미국 최대의 호텔 중 하나인 홀리데이 인(Holiday Inn)은 모든 것을 잃은 남자의 기도로 탄생했습니다.

아직 기도하지 않았다면, 할 수 있는 일이 있습니다. 기도하고 있다면, 걱정할 이유가 없습니다. 주 하나님의 능력을 체험할 수 있는 유일한 방법이 바로 기도입니다. 기도를 통해 놀라운 주 하나님의 능력을 경험하십시오. 복되고 형통합니다. 아멘!!!

♥ 주님, 언제나 어떤 일이든 포기하기 전에 믿음으로 주님께 기도하게 하소서.

혹시 요즘 포기하고 싶은 일이 있으면 더욱 힘써 기도합시다.

나의 영적 일기

더 중요한 사용법

읽을 말씀 : 고린도후서 9:1-15

● 고후 9:8 하나님이 능히 모든 은혜를 너희에게 넘치게 하시나니 이는 너희로 모든 일에 항상 모든 것이 넉넉하여 모든 착한 일을 넘치게 하게 하려 하심이라

9월 20일

가난이 싫어서 어린 시절부터 간절히 성공을 원한 남자가 있었습니다.

돈을 많이 버는 것이 목표였기 때문에 학교도 다니지 않고, 돈을 벌 수 있는 일이라면 모조리 손을 댔습니다.

그런데 어떤 일을 해도 생각만큼의 돈을 벌 수는 없었습니다.

그러다 어느 날 생각지 않게 예수님을 만나고 믿어 이제는 주 예수님과 이웃을 위해서 성공해야겠다는 소망을 품었습니다. 목적지는 여전히 같았지만, 동기가 180도 달라진 것입니다.

새롭게 마음을 먹은 뒤부터 남자의 일은 잘 풀리기 시작했고, 미국에서 제일가는 부자가 되었습니다. 미국 전역에 2,500개의 도서관을 짓고, 7,000대가 넘는 교회 반주용 피아노를 선물하고, 3억 달러(한화 약 4천억 원) 이상을 교육기관에 기부한 강철왕 카네기(Andrew Carnegie)의 이야기입니다.

카네기는 "지금까지 쌓은 재산이 다 사라지면 어떻게 하시겠습니까?"라는 기자의 질문에 다음과 같이 답변했습니다.

『다시 부자가 되려고 노력할 것입니다.

그래야 다른 사람들을 도울 수 있으니까요.』

큰 복을 받는 것도 중요하지만, 받은 큰 복을 어떻게 사용하느냐가 더욱 중요합니다. 건강도 중요하지만, 건강한 몸으로 무슨 일을 하느냐가 더욱 중요합니다. 주님이 주신 모든 큰 복을 오직 주님의 영광만을 위해 다시 사용하십시오. 복되고 형통합니다. 아멘!!!

♥ 주님, 저에게 주신 건강과 재능을 주님을 위해 사용하게 하소서.
📖 주님께서 주신 좋은 것들을 주님의 영광을 위해 사용하고 있는지 살펴봅시다.

나의 영적 일기

9월 21일
하나님도 도울 수 없다

읽을 말씀 : 시편 37:1-9

● 시 37:5,6 너의 길을 여호와께 맡기라 저를 의지하면 저가 이루시고 네 의를 빛같이 나타내시며 네 공의를 정오의 빛같이 하시리로다

미국의 베스트셀러 작가인 노먼 빈센트 필(Norman Vincent Peale)이 어느날 골프를 치다가 풀 베는 아르바이트를 하는 청년을 만났습니다.
잠시 나눈 대화였지만 청년은 말도 잘하고 인상도 아주 좋았습니다.
청년의 재능이 아깝다고 생각한 필이 다음과 같이 말했습니다.
"자네는 아직 젊고 충분히 유능한데 왜 여기서 일을 하고 있나? 꿈에 도전해 보는 것이 좋지 않겠나?"
『맞는 말씀입니다. 그런데 저는 제 꿈이 뭔지 잘 모르겠습니다.
잘하는 것도, 하고 싶은 것도 없습니다.』
"자네 같은 사람은 하나님도 도울 수가 없네. 내일 다시 올 테니 인생의 목표와 하고 싶은 일, 그나마 잘한다고 생각하는 일 3가지를 종이에 적어 오게."
하루 동안 고심한 청년은 다음 날 3가지 답을 적어왔습니다.
『저는 공장장이 되고 싶습니다.
저는 머리를 쓰는 일보다는 몸을 사용하는 일을 더 좋아합니다.』
청년의 목표를 확인한 필은 격려와 기도를 해주었습니다. 그리고 청년은 자신의 목표대로 몇 년 뒤 플라스틱 제품 생산업체의 공장장이 되었습니다.
솔로몬이 꿈에 나타난 하나님에게 자신의 바람을 즉각 말했던 것처럼, 우리도 선한 소원을 마음에 품고 살아야 합니다.
좋은 소원을 우리 마음에 주신 주님이 또한 그 소원을 속히 이루어 주실 것을 믿으십시오. 복되고 형통합니다. 아멘!!!

♡ 주님, 주님께서 주신 은혜와 능력으로 꿈과 비전을 이루어 가게 하소서.
📖 인생의 목표와 하고 싶은 일 세 가지를 쓰고 주님께 이루어 달라고 기도합시다.

나의 영적 일기

성장을 위한 지혜로운 갈등

9월 22일

읽을 말씀 : 빌립보서 2:12-18

● 빌 2:14 모든 일을 원망과 시비가 없이 하라

    미국 와튼스쿨(Wharton School of the University of Pennsylvania)의 조직심리학 전문가 그랜트(Adam Grant) 교수님에 따르면 사람 사이의 갈등은 결코 피할 수 없다고 합니다.
    그 이유는 다음과 같습니다.
    첫째, 사람은 자기가 듣고 싶어 하는 것만 듣습니다.
    둘째, 자신의 결정을 다른 사람이 통제하는 압박감에 저항하기 때문입니다.
    설령 아무리 도움이 되는 조언을 듣는다 해도, 그대로 행동하는 순간 내 결정이 아닌 다른 사람의 결정에 따르는 것 같기 때문에 갈등은 당연히 일어날 수밖에 없습니다. 중요한 것은 갈등을 피하는 것이 아니라 올바로 다루는 것입니다.
    다음은 그랜트 교수가 말한 「갈등을 창조적으로 다루는 3가지 생각」입니다.
    ❶ 갈등은 문제를 예방할 수 있도록 건설적인 작용을 한다.
    ❷ 자기 의견에 문제를 제기하는 사람을 통해 더 많이 배울 수 있다.
    ❸ 동의하기 싫으면 동의하지 않아도 된다.
    무조건적인 갈등을 일으키는 것도 문제지만, 갈등이 싫어 주장을 숨기는 것도 문제입니다. 갈등을 지혜롭게 다룰 때, 두려운 감정이 사라지고 건설적인 방법이 생겨납니다. 주님이 서로의 의견의 단점을 보완하고 장점을 강화할 좋은 아이디어를 주실 것입니다.
    필요한 갈등을 회피하지 말고 서로를 존중하는 마음과 주님이 주신 지혜로 갈등을 통해 스스로를 더욱 성장시켜 나가십시오. 복되고 형통합니다. 아멘!!!

💟 주님, 갈등이 생길 때는 서로를 존중하는 마음과 주님이 주신 지혜로 해결하게 하소서.
📖 내게 발생한 필요한 갈등을 회피하지 말고 기도하며 지혜롭게 해결합시다.

나의 영적 일기

9월 23일
가치를 모르는 죄

읽을 말씀 : 누가복음 15:1-10

● 눅 15:8 어느 여자가 열 드라크마가 있는데 하나를 잃으면 등불을 켜고 집을 쓸며 찾도록 부지런히 찾지 아니하겠느냐

약 150년 전 미국 네바다주(State of Nevada)에 헨리 콤스톡(Henry Comstock)이라는 땅부자가 있었습니다.

콤스톡은 마을 어디서나 보이는 커다란 산을 가지고 있었습니다.

산이 크기만 하지 영 쓸모가 없다고 생각한 콤스톡은 적당한 사람에게 만 달러를 받고 산을 팔았습니다.

150년 전이긴 하지만 쓸모없는 산치고는 제법 큰 돈이었기에 콤스톡은 자신이 지혜롭게 땅을 잘 처분했다고 생각했습니다.

그런데 몇 년 뒤 콤스톡이 판 산에서 금광이 발견됐다는 놀라운 소식이 들렸습니다. 매장량이 5억 달러 이상인 엄청난 규모의 금광이었습니다.

콤스톡은 여전히 부자였지만, 자신이 만 달러에 산을 팔았다는 사실이 너무나 원통해서 밤잠을 이루지 못하다가 1885년 10월의 어느 날 스스로 목숨을 끊었습니다.

콤스톡은 산의 가치를 제대로 평가하지 못한 큰 실수를 저질렀습니다.

하지만 천금보다도 더 귀한 생명의 가치를 하찮게 생각한, 더 크고 돌이킬 수 없는 실수를 저질렀습니다.

주 하나님이 불어 넣어주신 우리의 삶이 세상의 무엇보다 더 크고 귀한 보물입니다. 어떠한 상황에서도 가장 가치 있는, 주님이 주신 귀한 생명이라는 보물을 포기하지 마십시오. 복되고 형통합니다. 아멘!!!

♥ 주님, 주님이 주신 생명이 얼마나 고귀한 것인지 깨닫고 전하게 하소서.
📖 주님께서 주신 생명을 주님을 위해 잘 사용할 수 있도록 용기와 지혜를 구합시다.

나의 영적 일기

하나님의 과녁

읽을 말씀 : 사무엘상 16:1-13

● 삼상 16:7 여호와께서 사무엘에게 이르시되 그 용모와 신장을 보지 말라 내가 이미 그를 버렸노라 나의 보는 것은 사람과 같지 아니하니 사람은 외모를 보거니와 나 여호와는 중심을 보느니라

「누가 하나님을 대변하는가」의 저자 찰스 콜슨(*Charles Wendell Colson*)은 오늘날의 크리스천들이 성공에 대해 잘못된 평가 기준을 가지고 있다고 말했습니다.

콜슨은 "사업이 번창한다고 해서 하나님이 복 주시는 것이 아니고, 일이 잘 안된다고 해서 하나님이 함께하지 않으시는 것이 아닙니다"라며 잘못된 평가 기준을 꼬집었습니다.

반면, 오늘날의 크리스천들도 사역의 성공을 다음의 기준으로 평가하곤 합니다.

❶ 교인 수
❷ 교회의 크기
❸ 이름 있는 프로그램
❹ 사역자의 유명세

콜슨은 "크리스천의 성공은 하나님과의 관계 그리고 얼마나 말씀에 순종하느냐에만 초점이 맞춰져 있어야 한다"고 평생 끊임없이 주장했습니다. 왜냐하면 자신이 바로 세상에서 누구보다 성공한 사람이었지만, 죄를 지어 감옥에 가고 오히려 감옥에서 하나님을 만나 '성공'한 사람이었기 때문입니다.

콜슨은 닉슨 대통령이 가장 총애하는 보좌관이었지만, 부정을 저질러 감옥에 갔습니다. 그런데 그것이 콜슨을 진정한 성공의 길로 이끌었습니다. 감옥에서 주 하나님을 만나고 평생 매진해야 할 사명을 찾았기 때문입니다. 내가 바라는 과녁이 아닌 하나님이 나에게 주신 과녁을 성공의 기준으로 삼으십시오. 복되고 형통합니다. 아멘!!!

♡ 주님, 모든 것이 합력하여 선을 이룸을 믿고 매 순간 어떤 일에도 감사하게 하소서.
📖 주님을 위해 평생 매진하며 살 일이 무엇인지 기도하며 찾아봅시다.

나의 영적 일기

9월 25일

개미에게서 배운 끈기

읽을 말씀 : 누가복음 18:1-8

● 눅 18:1 항상 기도하고 낙망치 말아야 될 것을 저희에게 비유로 하여

중요한 전쟁에 나섰다가 패배 직전에 몰린 왕이 있었습니다.

아직 진 것은 아니었지만, 전황이 너무 불리했습니다. 어쩌면 마지막이 될지도 모르는 전투를 앞두고 왕은 진영으로부터 멀리 떨어진 숲으로 들어가 생각을 정리했습니다. 그런데 아무리 생각해도 묘수가 떠오르지 않았습니다. 차라리 지금이라도 도망치는 것이 남겨진 병사들을 위한 최선인 것 같았습니다.

그런데 이렇게 낙망한 왕의 눈에 곡식 한 알을 운반하는 아주 작은 개미 한 마리가 들어왔습니다.

개미는 커다란 바위에 올라가다가 계속해서 곡식을 떨어뜨렸습니다.

'저 처량한 개미의 모습이 마치 내 모습 같구나. 어차피 안 될 일이야.'

그러나 개미는 포기하지 않았습니다. 무려 70번이 넘는 시도 끝에 마침내 개미는 곡식을 들고 바위를 올랐습니다. 이 모습을 본 왕은 깨달았습니다.

'그래, 전투에서 패배한다 한들 다시 도전하면 되는 거야!

전쟁은 아직 끝나지 않았다.'

개미로부터 끈기를 배운 왕은 전열을 가다듬고 심기일전하여 열세를 극복하고 멋진 승리를 거두었습니다.

평생 한 번도 패배하지 않은 티무르(Timur) 황제의 이야기입니다.

우리가 주 하나님께 드릴 것은 오직 순종뿐입니다. 당장 눈에 보이는 결실이 맺히지 않는다 해도 우리는 계속해서 주님이 우리에게 맡겨주신 일에 순종해야 합니다. 주님의 때가 이를 때까지 낙심하지 말고 계속해서 선을 행하며 복음의 씨앗을 뿌리십시오. 복되고 형통합니다. 아멘!!!

♥ 주님, 지금 눈에 보이는 결실이 맺히지 않는다 해도 계속해서 순종하게 하소서.

📷 주님의 때까지 낙심하지 말고 계속해서 선을 행하며 복음의 씨앗을 뿌립시다.

나의 영적 일기

성스러운 리추얼

읽을 말씀 : 시편 1:1-6

● 시 1:1,2 복 있는 사람은 악인의 꾀를 좇지 아니하며 죄인의 길에 서지 아니하며 오만한 자의 자리에 앉지 아니하고 오직 여호와의 율법을 즐거워하여 그 율법을 주야로 묵상하는 자로다

　세계 최고의 수행 심리학자인 짐 로허(Jim Loehr) 박사님은 세계 최고의 프로 테니스 선수들과 평범한 선수들의 차이가 무엇인지 연구했습니다.
　로허 박사님은 아주 오랜 시간 프로선수들의 경기를 반복해서 관찰했습니다. 연습 과정, 사소한 습관까지 분석했지만, 의외로 탑급 선수들과 일반 선수들의 기량에는 큰 차이가 없었습니다.
　로허 박사님은 포기하지 않고 경기 중간중간 선수들의 행동 패턴에 집중했습니다. 그러자 중요한 한 가지 차이가 보였습니다.
　바로 '리추얼(ritual)'이라고 불리는 일종의 '의식을 위한 행동'이었습니다.
　탑급 선수들은 경기가 중단될 때마다 어떤 행동을 하며 경기에 집중했습니다. 경기장을 지그시 바라보는 선수도 있었고, 심호흡하는 선수도 있었고, 계속해서 자신감을 북돋아 주는 말을 조그맣게 반복하는 선수도 있었습니다.
　반면에 일반적인 선수들에게는 이런 습관이 거의 없었습니다.
　결국 경기 중 계속해서 목표를 놓치지 않고 좋은 에너지를 불어넣어 주는 작은 습관들이 프로선수와 일반 선수를 나누는 핵심이었습니다.
　세상에서 경건한 삶을 살아가기 위해서는 우리에게도 거룩한 리추얼이 필요합니다. 틈이 날 때마다 주님의 말씀을 묵상하고 기도로 주님의 뜻을 구해야 어두운 세상 가운데서 진리의 빛을 잃지 않을 수 있습니다.
　언제나 나와 동행하시는 주님을 의식적으로 묵상하며 하루를 보내십시오. 복되고 형통합니다. 아멘!!!

♡ 주님, 틈날 때마다 주님의 말씀을 묵상하고 기도로 주님의 뜻을 구하게 하소서.
📖 나에게도 리추얼(ritual)이 있는지 살피고 없다면 기도하며 구합시다.

나의 영적 일기

주님의 섬세한 인도하심

읽을 말씀 : 마가복음 1:16–20

● 막 1:17 예수께서 가라사대 나를 따라 오너라 내가 너희로 사람을 낚는 어부가 되게 하리라 하시니

    오스트리아에 사는 한 남자가 매일 숲과 들을 드나들며 멍하니 허공을 바라보곤 했습니다.
    그 모습을 이상하게 여긴 사람들이 물었습니다.
    "매일 여기서 뭘 하고 있는 겁니까?"
    『아, 저는 벌을 관찰하고 있습니다.
    벌들이 매일 다른 방식으로 신호를 보내는 것 같아서요.』
    사람들은 이 남자가 세상에서 가장 쓸데없는 일을 하고 있다고 생각했습니다. 그러나 남자는 무려 40년이나 포기하지 않고 벌을 관찰했습니다. 그리고 마침내 벌들이 서로에게 보내는 모든 신호를 완벽하게 알아냈습니다.
    세상에서 가장 쓸데없는 일을 하는 것 같던 이 남자는 생태계에서 가장 중요한 벌의 움직임을 해독한 공을 인정받아 노벨 생리학상을 받았습니다.
    1973년에 노벨상을 받은 오스트리아의 동물학자 카를 폰 프리슈(Karl von Frisch)의 이야기입니다.
    일상에서의 사소한 신호를 통해 때로는 성령님의 인도하심을 느낄 수 있고, 선행을 베풀 기회를 삼을 수도 있으며 복음을 전할 수도 있습니다.
    사소한 사람, 사소한 순간은 없습니다.
    주님의 인도하심에 모든 삶의 걸음을 맡기며, 일상 가운데 나타나는 신호에 민감하게 반응하십시오. 복되고 형통합니다. 아멘!!!!

♡ 주님, 성령님의 인도하심을 느끼며 살아가는 영성을 허락해 주소서.
✍ 주님의 인도하심에 모든 삶을 맡기며 일상에 나타나는 신호에 민감하게 반응합시다.

나의 영적 일기

자투리 시간의 효율

9월 28일

읽을 말씀 : 잠언 21:1-8

● 잠 21:5 부지런한 자의 경영은 풍부함에 이를 것이나 조급한 자는 궁핍함에 이를 따름이니라

우리나라 직장인의 평균 출퇴근 시간은 약 74분 정도라고 합니다. 하루 중 약 1시간 14분을 출퇴근에 쓰고 있는 것입니다. 이 시간을 자는 시간으로 활용할 수도 있고, 책을 볼 수도 있고, 별생각 없이 보낼 수도 있습니다. 중요한 것은 모든 직장인들은 출퇴근을 하며 하루에 1시간 14분가량의 시간을 활용할 수 있다는 사실입니다.

한때 직장인들 사이에서 「런치 테크(Lunch-Tech)」라는 말이 유행했습니다. 재테크를 하는 것처럼 점심시간을 자기 계발에 활용하자는 취지로 시작되었습니다. 하루에 1시간, 1년이면 365시간입니다. 물론 출근을 하지 않는 주말이나 휴일을 제외한다면 이보다 적은 시간일 것입니다. 이 시간 동안 어떤 사람은 운동을 해서 건강을 챙겼고, 어떤 사람은 외국어를 공부했습니다. 누구보다 열심히 노력해 학위를 딴 사람도 있습니다.

모든 직장인에게는 똑같이 하루에 1시간의 점심시간이 주어집니다. 그러나 그 시간을 어떤 사람은 그냥 흘려보내고 어떤 사람은 체력을 기르고 능력을 성장시키기도 합니다.

무조건 남는 시간을 자기 계발을 위해서 사용해야 하는 건 아닙니다. 하지만 휴식도, 일도, 자기 계발도 분명한 목적의식을 가지고 시간을 투자해야 합니다. 먹든지 마시든지 무엇을 하든지 주님을 위해 일하라는 말씀처럼, 우리에게 주어진 시간을 분명한 목적을 가지고 거룩하고 지혜롭게 활용하십시오. 복되고 형통합니다. 아멘!!!

♡ 주님, 먹든지 마시든지 무엇을 하든지 주님을 위해 일하는 삶을 살게 하소서.
✍ 휴식도 일도 자기 계발도 분명한 목적의식을 가지고 시간을 투자합시다.

나의 영적 일기

변화의 시작, 일단 실천

읽을 말씀 : 야고보서 2:14-26

● 약 2:26 영혼 없는 몸이 죽은것 같이 행함이 없는 믿음은 죽은 것이니라

명문대를 졸업한 후 좋은 직장에서 일하고 있었지만, 사소한 나쁜 습관들로 고민하는 남자가 있었습니다. 자신의 의지로 습관을 고치려고 노력해봤지만, 도무지 고칠 수가 없었습니다.

이런 남자의 모습을 본 할아버지는 다음과 같이 조언했습니다.

"자신을 바꾸는 유일한 방법은 매일 싫어하는 일을 꾸준히 하는 것이란다. 제일 싫어하는 일을 한 달 동안 매일 해나간다면 분명히 습관을 고칠 수 있을 거야."

남자가 가장 싫어하는 일은 달리기였습니다.

나쁜 습관을 고치고 싶었던 남자는 할아버지의 조언을 따라 매일 아침 달리기를 시작했습니다. 처음엔 100m만 달려도 숨이 턱 밑까지 찼지만, 매일 뛸수록 기록이 점점 빨라지고 몸도 좋아졌습니다.

그렇게 한 달이 지나자 달리기는 자연스러운 습관이 됐고, 덕분에 싫어하는 일을 이겨낼 수 있는 통제력까지 생겼습니다.

이 경험을 통해 최고의 습관 전문가가 된 미국의 저널리스트 찰스 두히그 (Charles Duhigg)의 이야기입니다.

변화를 위한 최고의 방법은 싫어하는 일이라도 일단 시작하는 것입니다.

신앙생활에서 가장 힘든 일이 무엇입니까?

바로 그 일을 극복해야 우리의 믿음이 성장합니다. 거룩한 부담감을 이겨내고, 내 영혼을 위해 필요한 일을 매일 반복하십시오. 복되고 형통합니다. 아멘!!!

♥ 주님, 제 의지로는 고칠 수 없는 나쁜 습관을 주님의 도우심으로 고치게 하소서.
📖 내가 싫어하는 일이 있다면 그것을 고치기 위해 꾸준히 한 달 동안 해봅시다.

나의 영적 일기

빛을 잃지 않는 인생

읽을 말씀 : 시편 42:1-11

● 시 42:5 내 영혼아 네가 어찌하여 낙망하며 어찌하여 내 속에서 불안하여 하는고 너는 하나님을 바라라 그 얼굴의 도우심을 인하여 내가 오히려 찬송하리로다

성공한 군인이 되려고 노력했으나 적응에 실패한 남자가 있었습니다. 가끔 소일로 글을 쓰면서 근근이 먹고살던 남자는 43세 때 그동안의 꿈이었던 소설을 써보려고 매일 오래된 타자기 앞에서 시간을 보냈습니다. 소설 반응은 신통치 않지만 남자는 10년이 넘도록 계속해서 같은 주제로 글을 썼습니다. 「007 시리즈」로 1억 부가 넘는 판매고를 올린 이안 플레밍(Ian Lancaster Fleming)의 이야기입니다.

한편, 책 한 권을 쓰기 위해 12년 동안 연구와 조사를 계속한 남자가 있었습니다. 그동안 누구도 해내지 못했던 엄청난 업적이 담긴 책을 펴냈지만, 상업성이 떨어진다는 이유로 무려 100곳의 출판사가 거절했습니다. 남자는 포기하지 않고 계속해서 원고를 보냈고, 55세가 되던 해 마침내 책을 출판했습니다.

이 이야기는 퓰리처상을 받은 「뿌리」의 미국 작가 알렉스 헤일리(Alex Haley)의 이야기입니다. 소설로 시작해 영화로도 만들어져 전 세계적으로 각광받으며 큰 성공을 이룬 작품 「뿌리」는 헤일리의 끈기를 통해 빛을 볼 수 있었습니다.

마음에 꿈을 잃지 않고 살아가는 사람은 언제나 청년이며, 놀라운 일을 이룰 수 있는 가능성을 가지고 있습니다. 모세는 세상을 떠나는 순간까지 눈에서 빛을 잃지 않았고, 갈렙은 85세에도 하나님이 주신 약속을 비전으로 품고 있었습니다. 하나님이 주신 비전을 품고 언제나 청년의 에너지를 가진 상록수처럼 살아가십시오. 복되고 형통합니다. 아멘!!!

♡ 주님, 주님께서 주신 약속의 말씀을 마음에 간직해 포기하지 않고 이루게 하소서.
📖 아직 이루지 못한 꿈이나 비전이 있다면 지금도 포기하지 말고 기도하며 이룹시다.

나의 영적 일기

10월

"여호와여 주는 나의 방패시요
나의 영광이시요 나의 머리를 드시는 자니이다
내가 나의 목소리로 여호와께 부르짖으니
그 성산에서 응답하시는도다(셀라)
내가 누워 자고 깨었으니
여호와께서 나를 붙드심이로다"

— 시편 3:3-5 —

10월 1일

기도의 약속을 지킵시다

읽을 말씀 : 시편 145:10-21

● 시 145:18 여호와께서는 자기에게 간구하는 모든 자 곧 진실하게 간구하는 모든 자에게 가까이 하시는도다

『제가 잘 아는 권사님을 통해 경남 함양에 있는 한 골프장 회장님을 알게 되었습니다. 다른 종교를 갖고 있던 회장님은 권사님의 전도로 하나님을 믿게 되었습니다. 목사로서 사업장을 방문해 예배드리고 말씀을 전해야겠다는 마음에 방송사 운영위원들, 창원극동방송 어린이합창단과 함께 그곳을 찾았습니다. 그곳에 처음으로 찬송이 울려퍼지는 감격적인 순간이었습니다.

저는 "믿음을 갖고 하나님의 방법대로 경영할 때 형통의 복이 임하게 될 것"이라고 강조했습니다. 그런데 제가 큰 감동을 받은 것은 100여 명의 직원들이 각각의 봉투에 기도 제목을 적어 헌금을 한 일이었습니다. 대부분이 믿지 않는 분들인데도 헌금하는 그 모습에 저는 꼭 기도해드리겠다고 약속했습니다.

다음날 방송사 직원 채플 시간에 저는 전날 있었던 일을 소개하면서, 직원들에게 기도 제목이 적힌 봉투를 나눠주며 기도해 줄 것을 당부했습니다.

사실 우리는 기도 요청에 대해 기도하겠다고 대답해놓고 실천에 옮기지 않는 경우들이 있습니다. 그것은 신앙인으로서의 올바른 태도가 아닙니다. 우리 직원들은 그날 하던 일을 멈추고 얼굴도 모르는 사람들의 기도 제목을 놓고 간절히 기도하는 시간을 가졌고, 기도를 모두 마친 뒤 회장님께 그 사실을 전해드렸습니다. 아마도 믿지 않는 그들이 "크리스천은 뭔가가 다르구나" 하는 것을 느끼지 않았을까 생각합니다.』 -「김장환 목사의 인생 메모」중에서

선한 일을 통해 주님께서 영광 받게 하십시오. 복되고 형통합니다. 아멘!!!

♡ 주님, 저의 중보기도가 응답되어 많은 열매를 맺어 주님께 영광되게 해 주소서.
📖 기도 요청을 받았다면 마음과 뜻을 다해 응답되길 기도합시다.

나의 영적 일기

나를 만드는 생각

읽을 말씀 : 로마서 12:1-5

● 롬 12:3 내게 주신 은혜로 말미암아 너희 중 각 사람에게 말하노니 마땅히 생각할 그 이상의 생각을 품지 말고 오직 하나님께서 각 사람에게 나눠주신 믿음의 분량대로 지혜롭게 생각하라

10대 때부터 촉망받는 바이올리니스트가 있었습니다.
그런데 18살이 되던 해 아버지의 대장간에서 일을 돕다가 큰 사고를 당했습니다. 달궈진 연장이 왼손에 떨어져 엄지만 남고 다른 손가락이 모두 떨어져 나간 것입니다. 바이올리니스트로서는 치명적인 장애였습니다.
사고 후 바이올리니스트의 꿈을 포기해야 했습니다. 하지만 한 손가락만 남은 왼손으로도 바이올린 연주를 포기할 수 없었습니다. 그는 엄지 손가락만이 남아 있는 왼손으로 활을 잡고, 오른손으로 현을 누르며 연주했습니다. 마치 바이올린을 처음 배우는 사람이나 다름없는 상태가 되었지만, 그는 불굴의 의지로 연습을 하고 또 했습니다.
그리고 마침내 바이올리니스트가 거주하는 미국 아이오와주 수 카운티(Sioux County) 교향악단의 수석 연주자 자리에 올랐습니다.
이 이야기는 끔찍한 사고를 극복하고 인간승리를 거둔 프랭크 마틴(Frank Martin)의 실화로, 그는 자신이 역경을 극복한 비결을 묻는 질문에 다음과 같이 고백했습니다.
"사람들이 뭐라고 생각하든 아무 상관 없습니다.
내가 장애인이라고 생각하지 않는 한 나는 결코 장애인이 아닙니다."
모든 크리스천은 거룩한 하나님의 자녀이자, 왕 같은 제사장입니다.
사람들의 평가에 나의 정체성과 가치관이 흔들려서는 안 됩니다.
나를 가장 잘 아시고, 나를 창조하신 주 하나님의 음성에만 귀를 기울이십시오. 복되고 형통합니다. 아멘!!!

♡ 주님, 저를 창조하시고 저를 가장 잘 아시는 주님의 음성에만 귀 기울이게 하소서.
🙏 사람들의 평가에 나의 정체성, 나의 가치관이 흔들리도록 두지 맙시다.

나의 영적 일기

10월 3일
거룩한 성공의 비결

읽을 말씀 : 누가복음 12:22-34

● 눅 12:33 너희 소유를 팔아 구제하여 낡아지지 아니하는 주머니를 만들라 곧 하늘에 둔바 다함이 없는 보물이니 거기는 도적도 가까이 하는 일이 없고 좀도 먹는 일이 없느니라

한국의 유서 깊은 선교 단체가 한때 존폐의 위기에 처했던 시절이 있었습니다. 당시 재정 지원이 전무하여 더 이상 단체를 유지할 수 없었지만, 대표 목사님을 비롯한 몇몇 리더들은 자신의 개인 재산을 털어 선교의 요람으로 사용할 건물을 지으려고 노력했습니다.

어렵사리 땅은 마련했지만, 건물을 올릴 비용이 턱없이 부족했습니다. 이때 미국의 독실한 크리스천 경영인인 아서 디마스(Arthur Dimas) 장로님이 50만 달러의 거금을 헌금해 아름다운 빌딩이 세워졌습니다.

대표 목사님의 말에 따르면 디마스 장로님은 다음의 5가지를 성공의 비결로 꼽으며 항상 지켰다고 합니다.

❶ 철저한 주일성수
❷ 기도로 시작하는 하루
❸ 철저한 십일조
❹ 하나님을 위해 최대한 많은 시간과 돈을 사용
❺ 사업의 모든 문제와 필요를 주님께 맡김

주님께 모든 것을 맡기고 순종하는 삶이 진정한 성공입니다. 거룩한 삶으로 주님의 음성에 순종하는 사람이 주님이 사용하시는 깨끗한 그릇입니다.

주님의 명령을 지키며, 주님의 인도하심을 따라 살아가는 거룩하고 경건한 성공자가 되십시오. 복되고 형통합니다. 아멘!!!

♥ 주님, 어려움 중에 있는 선교회들의 간절한 기도들을 주님께서 응답해 주소서.
🖼 우리 대신 일하시는 각 선교회의 사역을 우리는 기도와 물질로 동역합시다.

나의 영적 일기

성공을 누리고 있는가

읽을 말씀 : 이사야 58:1-12

● 사 58:11 나 여호와가 너를 항상 인도하여 마른 곳에서도 네 영혼을 만족케 하며 네 뼈를 견고케 하리니 너는 물 댄 동산 같겠고 물이 끊어지지 아니하는 샘 같을 것이라

　미국의 은퇴 계획 제공 업체 「엠파워(Empower)」의 2024년 조사에 따르면 미국인들이 성공이라고 생각하는 조건은 다음의 6가지였습니다.
(중복 응답 가능)
❶ 존경받는 부모가 되는 것(100%)
❷ 행복한 결혼생활(90%)
❸ 풍족한 인간관계(86%)
❹ 존경할 만한 친구가 있는 것(83%)
❺ 자기 분야에서 정상에 오르는 것(80%)
❻ 남들이 우러러보는 권력자가 되는 것(16%)
중복응답이 가능했음에도 오직 27%만이 돈이 중요한 성공 기준이라고 응답했습니다.
　비슷한 시기 「갤럽(Gallup)」에서 진행한 조사에서도 성공을 이루는 조건의 1위는 건강이었고, 경제적 자유는 6위 안에도 들지 못했습니다.
　이미 사랑하는 가족이 있다면, 좋은 친구가 있다면, 창조주이신 주님을 만났다면, 우리는 이미 세상에서 가장 중요한 행복을 누리는 사람이고, 가장 크게 성공한 사람입니다.
　이미 이룬 성공의 기쁨을 모른 척 외면하지 말고 충만한 기쁨을 누리며 살아가십시오. 복되고 형통합니다. 아멘!!!

💟 주님, 주님께서 저에게 이미 주신 귀한 선물들을 귀히 여기며 살아가게 하소서.
📖 따로 시간을 내서 주님께서 내게 주신 은택들을 조용히 묵상하며 감사합시다.

나의 영적 일기

10월 5일
최고의 가치를 위해

읽을 말씀 : 시편 119:1-16

● 시 119:9 청년이 무엇으로 그 행실을 깨끗케 하리이까 주의 말씀을 따라 삼갈 것이니이다

미국의 한 회사는 신입 사원들에게 다음과 같은 회사의 규정이 담긴 편지를 보냅니다.
「우리 회사의 직원이 되신 것을 축하합니다.
고객에게 최상의 서비스를 제공하는 것이 우리 회사의 목표입니다.
우리 회사의 목표 아래에서 여러분의 개인적인 목표를
가능한 한 높게 설정해 보십시오.
이제 우리 직원으로서 행동해야 하는 첫 번째이자,
마지막 규칙을 설명해 드리겠습니다.
그 규칙은 직원 스스로 고객을 위한 독자적인 판단을 내리라는 것입니다.
고객에게 최고의 서비스를 제공하기 위해서라면 모든 것이 가능합니다.
어떤 상황이 닥치더라도,
여러분 스스로 현명한 결정이라 판단하는 대로 행동하세요.
다른 규칙은 없습니다. 이것이 전부입니다.」
최고의 고객 만족 서비스로 유명한 노드스트롬(Nordstrom) 백화점이 직원들에게 보내는 편지입니다.
주님이 우리에게 주신 유일한 지상 명령은 '땅끝까지 복음을 전하고 제자를 삼는 것'입니다. 주님이 맡기신 세상 최고의 가치 있는 일을 위해 필요한 모든 일을 마다하지 마십시오. 복되고 형통합니다. 아멘!!!

♡ 주님, 주님의 지상 명령인 '땅끝까지 복음을 전하고 제자 삼는 일'을 감당하게 하소서.
📖 '땅끝까지 복음을 전하고 제자 삼는 일'을 위한 계획을 세우고 실천합시다.

나의 영적 일기

승리를 위해서라면

읽을 말씀 : 고린도전서 9:19-27

● 고전 9:25 이기기를 다투는 자마다 모든 일에 절제하나니 저희는 썩을 면류관을 얻고자 하되 우리는 썩지 아니할 것을 얻고자 하노라

　기원전 10세기 스페인에는 26년 동안 대기근이 이어졌습니다.
　어찌할 수 없는 자연재해로 큰 고통을 받다 세상을 떠난 국왕 밀 에스파인(Mil Espáine)은 두 아들에게 다음과 같은 유언을 남겼습니다.
　"저 위쪽 어딘가에 낙원과도 같은 에이레라는 섬이 있다고 들었다.
　너희는 척박한 이 땅을 떠나 그곳을 차지하거라.
　누구든 신체의 일부분을 먼저 그 섬에 대는 사람이 국왕이 될 것이다."
　두 아들은 아버지의 명을 따라 탐험대를 이끌고 에이레를 찾아 떠났습니다. 막상막하의 항해 실력을 가진 두 아들은 거의 비슷한 순간 에이레를 발견했습니다. 그러나 한 배가 조금 더 빨리 에이레를 향해 나아갔습니다. 점점 배 사이의 간격이 멀어지려던 찰나, 뒷배에 타고 있던 왕자 헤레몬(Heremon O'Neill)은 이대로 낙원을 빼앗길 수 없다는 생각에 자신의 손목을 잘라 섬을 향해 던졌습니다. 아버지의 유언대로 몸의 일부분이 먼저 육지에 닿았기 때문에 헤레몬이 에이레의 국왕이 되었습니다.
　낙원으로 알려진 에이레는 지금의 아일랜드 지역이며, 지금도 아일랜드 얼스터 지역의 전통 문양에는 피로 물든 손이 그려져 있습니다. 낙원으로 알려진 아일랜드를 차지하기 위한 선조의 희생을 큰 영광으로 여기기 때문입니다.
　우리를 구원하기 위해 생명까지도 아끼지 않으신 주님의 희생을 우리는 한시도 잊어서는 안 됩니다. 믿음을 지키기 위해 때로는 거룩한 희생이 필요합니다. 죄를 멀리하며, 거룩하고 정결한 삶을 가꾸어 나가십시오. 복되고 형통합니다. 아멘!!!

💚 주님, 저를 구원하기 위해 생명도 아끼지 않으신 주님을 한순간도 잊지 않게 하소서.
📖 나를 구원하기 위해 생명까지도 아끼지 않으신 주님께 나도 좋은 것만을 바칩시다.

나의 영적 일기

올바른 경책

10월 7일

읽을 말씀 : 잠언 28:20-28

● 잠 28:23 사람을 경책하는 자는 혀로 아첨하는 자보다 나중에 더욱 사랑을 받느니라

　잠언 28장에는 "사람을 경책하는 자는 혀로 아첨하는 자보다 더욱 사랑을 받는다"라는 구절이 나옵니다.
　올바른 경책은 사람을 바른길로 인도하고, 때로는 생명까지도 구하기도 합니다. 그러나 상대의 기분을 상하지 않게 경책하고 충고하는 것은 매우 어려운 일입니다.
　다음은 정치사회학 전문가이자 학습학 전문가인 혼마 마사토(Masato Honma)가 말한「지혜롭게 훈계하는 7가지 방법」입니다.
　❶ 감정적으로 혼내지 않는다.
　❷ 우리가 공동체라는 사실을 상기시킨다.
　❸ 상대에게 꼬리표를 달지 않는다.
　❹ 타인과 비교하지 않는다.
　❺ 과거의 실수를 문제 삼지 않는다.
　❻ 훈계한 뒤 내용이 지켜지고 있는지 점검한다.
　❼ 긴 설교가 아닌, 짧은 메시지로 질책한다.
　자동차를 운전하기 위해서는 가속과 브레이크가 함께 필요하듯이 인간관계에도 칭찬과 경책이 함께 필요합니다. 잘못된 길로 가는 주변 사람을 보고도 그냥 두는 사람은 크리스천으로서의 책임감을 저버린 사람입니다.
　바른 행동은 칭찬으로 힘을 보태고, 잘못된 행동은 경책으로 돌이키게 만드는 지혜로운 리더가 되십시오. 복되고 형통합니다. 아멘!!!!

♡ 주님, 주님의 말씀대로 칭찬과 경책을 지혜롭게 다루는 리더가 되게 하소서.
📖 바른 행동은 칭찬하고 잘못된 행동은 경책하는 균형 잡힌 크리스천이 됩시다.

나의 영적 일기

시간의 가치

읽을 말씀 : 골로새서 4:1-6

● 골 4:5 외인을 향하여서는 지혜로 행하여 세월을 아끼라

10월 8일

전설의 세일즈맨인 프랭크 베트거(Frank Bettger)는 「시간의 원가 계산」이라는 방식을 최초로 도입한 사람입니다.

베트거는 매일 상품을 팔기 위해 만나는 고객들의 정보를 기록했습니다. 하루는 지난 1년간의 자료들을 정리하다가 다음과 같은 사실을 알게 되었습니다.

❶ 한 번의 방문당 2달러30센트를 벌었다.
❷ 첫 번째 방문에서 70%, 두 번째 방문에서 23%의 이득이 이루어졌다.
❸ 세 번째 방문은 7%의 이득만을 가져다주었지만, 시간을 50%나 소비했다.

베트거는 이 자료를 토대로 세 번째 방문을 점점 줄여나갔습니다. 그 대신 새로운 고객을 만나기 위한 일에 집중하며 노력했는데, 그 결과 3명을 만나면 1명에게는 반드시 상품을 팔 정도로 효과가 있었습니다. 같은 상품을 누구에게, 어떻게 파느냐에 따라 시간의 가치가 달라진 것입니다.

우리가 팔아야 할 상품이 단순히 돈과 관련된 것이라면 분명 효율이 중요합니다. 그러나 모든 사람이 믿고 구원받아야 할 복음이라면 이야기가 달라집니다. 거부할 확률이 100%인 사람에게도 계속해서 찾아가 전해야 합니다.

기독교에 우호적인 사람에게 적극적으로 복음을 전하십시오. 그리고 기독교에 적대적인 사람에게는 더욱 적극적으로 복음을 전하십시오. 복되고 형통합니다. 아멘!!!

♥ 주님, 모든 사람이 믿고 구원받아야 할 복음을 분명하고 효율적으로 전하게 하소서.
🎒 예수 그리스도나 기독교에 적대적인 사람에게는 더욱 적극적으로 복음을 전합시다.

나의 영적 일기

10월 9일
하나님의 때, 하나님의 섭리

읽을 말씀 : 시편 126:1-6

● 시 126:5 눈물을 흘리며 씨를 뿌리는 자는 기쁨으로 거두리로다

존 로스(John Ross) 선교사님은 최초로 신약전서를 한국어로 번역했으며, 또한 한글 문법책과 역사책을 외국어로 번역한 최초의 사람입니다.

로스 선교사님은 한국어를 공부하고 연구하면서 '띄어쓰기'라는 획기적인 법칙을 도입했습니다.

로스 선교사님이 쓴 「조선어 첫걸음(Corean Primer)」은 한국어를 배우려는 선교사뿐 아니라, 한국인도 한국어를 더 쉽게 배울 수 있는 뛰어난 교재였습니다.

그러나 로스 선교사님의 책은 별다른 인기를 얻지 못하고 초야에 묻혔습니다. 훗날 언어학자이자 고종의 밀사로 독립을 위해 애썼던 호머 헐버트(Homer Bezaleel Hulbert) 선교사님이 존 로스 선교사님의 지침 대로 '띄어쓰기, 쉼표, 마침표'를 도입하자고 적극 주장하면서 「국문연구소」가 생겼습니다.

헐버트 선교사님의 노력으로 한국어는 더 쉽고 이해하기 편해졌고, 1896년에 창간된 독립신문에도 새로운 규칙이 적용되면서 대중들에게 알려졌습니다.

존 로스 선교사님의 한글을 향한 연구와 노력은 시간이 흘러 하나님이 허락하신 다양한 방법으로 우리 말을 발전시켰고 독립에도 영향을 주었습니다.

원대한 하나님의 계획은 사람의 생각으로는 헤아릴 수 없습니다.

하나님의 때, 하나님의 섭리가 곧 임할 줄을 믿고 지금 우리에게 주신 사명을 최선을 다해 감당하십시오. 복되고 형통합니다. 아멘!!!

💛 주님, 우리에게 한글이라는 귀한 글을 선물해 주신 주님의 뜻을 알게 하소서.
🖼 주님의 섭리가 곧 임할 줄을 믿고 지금 나에게 주신 사명에 최선을 다합시다.

나의 영적 일기

선행의 파급력

읽을 말씀 : 베드로전서 2:11-17

10월 10일

● 벧전 2:12 너희가 이방인 중에서 행실을 선하게 가져 너희를 악행한다고 비방하는 자들로 하여금 너희 선한 일을 보고 권고하시는 날에 하나님께 영광을 돌리게 하려 함이라

정말 기분 좋은 일이 생긴 사람이 있었습니다.
너무 기분이 좋아서 출근 길에 커피를 사러 갔다가 직원에게 말했습니다.
"뒷사람이 주문한 메뉴는 뭔가요? 그거까지 같이 계산해 주세요."
앞사람이 자기 커피값을 계산했다는 말을 들은 뒷사람도 직원에게 똑같이 말했습니다.
『앞사람이 제 커피를요? 그러면 저도 뒷사람 커피값을 계산할게요.』
커피 한 잔의 선행은 아침 7시에 시작해 저녁 6시가 돼서야 끝이 났습니다. 기분 좋은 커피 한 잔의 선행이 무려 11시간 동안 378명에게 이어졌습니다.
심지어 '뒷사람 커피값 계산하기 릴레이'로 여러 다른 지역에서도 비슷한 일들이 일어났는데, 한 지역에서는 무려 1,468명이 동참했습니다.
미국 플로리다주 세인트피터즈버그(St. Petersburg)의 한 카페에서 있었던 일입니다.
주님은 사람들 마음에 선행을 위한 씨앗을 심어주셨습니다.
우리가 그 씨앗을 잘 관리하며 지켜나갈 때, 솔선수범하여 주님의 말씀을 실천하며 살아갈 때, 사람들에게 선한 영향력을 끼치며 선행이 들불처럼 번져나가게 됩니다.
세상을 밝힐 작지만 밝은 빛이 바로 우리 마음속에 있습니다.
작은 선행을 통해 매일 세상을 따스하게 밝히는 빛의 자녀가 되십시오. 복되고 형통합니다. 아멘!!!

💚 주님, 선행을 불길처럼 번지게 하는 선한 영향력을 끼치는 사람이 되게 하소서.
🖼 주님의 말씀을 실천하며 사람들에게 선한 영향력을 끼치며 기쁘게 삽시다.

나의 영적 일기

10월 11일

진정한 가치

읽을 말씀 : 로마서 1:8-17

● 롬 1:16 내가 복음을 부끄러워하지 아니하노니 이 복음은 모든 믿는 자에게 구원을 주시는 하나님의 능력이 됨이라 첫째는 유대인에게요 또한 헬라인에게로다

    이스라엘의 사해 근처 북서부 사막에서 한 소년 목동이 양을 치고 있었습니다. 목동은 돌보던 양 한 마리가 사라진 것을 알고 길을 잃은 양을 찾으러 사막 이곳저곳을 돌아다녔습니다. 그러다 반쯤 허물어진 벼랑 같은 곳에서 동굴을 발견하고는 혹시 그곳으로 양이 들어갔나 싶어 살펴봤습니다.
    동굴 안에는 양은 없었지만, 항아리가 8개 있었습니다.
    7개는 비어있었고 1개에는 글이 적혀 있는 두루마리가 여러 개 들어있었습니다. 글을 아예 모르던 소년은 항아리의 두루마리를 가져다가 시장에서 양 2마리 값을 받고 팔았습니다.
    그런데 소년이 발견한 것은 기원전에 쓰인 완전한 히브리어 구약성경인 '사해 사본'이었습니다. 놀라운 역사적 가치를 지닌 이 문서는 1940년대 당시 25만 달러라는 매우 높은 금액에 거래되었습니다.
    가치를 모르는 사람에게는 그저 낡은 두루마리였지만, 역사학자에게는 고고학을 연구할 귀중한 자료가 됩니다. 그러나 정말로 그 가치를 아는 사람에게는 인류를 구원할 유일한 진리가 담겨 있는 세상 무엇보다 소중한 보물이 됩니다.
    하나님은 우리를 귀하게 여기시고 구원의 방법을 마련해 주셨습니다. 우리는 구주이신 주님을, 진리의 말씀을 어떻게 여기고 어떤 가치를 부여하고 있습니까? 대안이 없는 유일한 구원의 방법, 다른 길은 없는 유일한 진리이신 주 예수님만을 높이며 섬기십시오. 복되고 형통합니다. 아멘!!!

♥ 주님, 진리인 말씀의 참된 가치를 알아보는 제가 되게 하소서.
📖 유일한 진리이신 주 예수님만을 높이며 섬기고 전파하고 감사하며 삽시다.

나의 영적 일기

더불어 사는 삶의 지혜

읽을 말씀 : 마태복음 7:7-12

● 마 7:12 그러므로 무엇이든지 남에게 대접을 받고자 하는대로 너희도 남을 대접하라 이것이 율법이요 선지자니라

직장인들을 위한 심리학자였던 제임스 피셔 2세(James R. Fisher II)는 직장인들의 가장 큰 고민이 '사람을 대하는 어려움'이라는 사실을 깨달았습니다.
다음은 제임스가 「리더스 다이제스트」에 기고한 「더불어 사는 지혜 16가지」 중 10가지입니다.

❶ 모든 사람을 사랑할 수는 없지만 모든 사람에게 친절할 수 있음을 알라.
❷ 다른 사람들이 반드시 필요한 존재라고 느끼게 도우라.
❸ 소극적인 사람은 평판이 좋지 않으니 적극적인 사람이 돼라.
❹ 말을 잘하는 것보다 잘 듣는 것이 더욱 중요함을 알라.
❺ 흉을 보는 사람의 평판은 흉의 대상인 사람보다 더 떨어짐을 기억하라.
❻ 상대방의 이름을 기억하고 되도록 자주 부르라.
❼ 의견 차이를 해소하는 것은 공손한 태도임을 알라.
❽ 미소는 공짜지만 큰 보상이 따름을 알라.
❾ 아는 사람을 만나면 그냥 지나치지 말고 반드시 인사하라.
❿ 모든 인간관계가 예수님이 말씀하신 황금률에서 시작해 황금률로 끝난다는 사실을 기억하라.

"너희가 남에게 바라는 대로 남에게 해주어라"라는 예수님의 말씀이 모든 인간관계의 핵심입니다. 주 예수님의 사랑을 알고 진리를 아는 크리스천일수록 사람들과의 관계를 지혜롭게 다져나가야 합니다. 주님이 주신 지혜로 되도록 모든 사람과 좋은 관계를 맺어가는 더불어 사는 그리스도인이 되십시오. 복되고 형통합니다. 아멘!!!

♡ 주님, 주님 말씀처럼 남에게 바라는 대로 남에게 해주는 성도가 되게 하소서.
주님이 주신 지혜로 되도록 모든 사람과 좋은 관계를 맺으며 삽시다.

나의 영적 일기

10월 13일

오늘을 위한 즐거움

읽을 말씀 : 이사야 43:14-21

● 사 43:21 이 백성은 내가 나를 위하여 지었나니 나의 찬송을 부르게 하려 함이니라

    1643년 영국의 신앙심 깊은 평신도 대표와 유명한 신학자 151명이 웨스트민스터(Westminster)에 모였습니다. 이들은 이단을 걸러내고 영국 교회를 재건하기 위해 무려 5년에 걸쳐서 천 번이 넘는 열띤 회의를 열었습니다. 그 과정에서 교역자들의 교육을 위한 「웨스트민스터 대요리문답(Larger Catechism)」과 평신도들의 교육을 위한 「소요리문답(Shorter Catechism)」이 탄생했습니다.

    「달라스 신학교(Dallas Theological Seminary)」의 총장이었던 찰스 스윈돌(Charles Rozell Swindoll) 박사님은 이 소요리문답의 첫 번째 문항에 집중해 신앙생활의 진정한 즐거움을 경험할 수 있다고 말했습니다.

    "소요리문답의 첫 질문은 '사람의 제일 되는 목적이 무엇인가?'입니다. 답은 '하나님을 영화롭게 하는 것과 영원토록 그를 즐거워하는 것이다'입니다. 단순히 희생하고 헌신하는 것이 아니라, 주님을 기뻐하며 주님과 함께 웃으면서 살아가는 것이 우리 존재의 목적입니다.

    행복은 오늘을 위한 것이며, 기쁨은 지금 누리는 것입니다. 행복은 살아계신 하나님과 불가분의 관계에 있습니다."

    살아계신 주 하나님과 동행하는 하루를 산다면 누구도 빼앗을 수 없는 기쁨과 즐거움을 느낄 수밖에 없습니다. 신앙생활은 참으며 억지로 하는 것이 아닙니다. 날마다 행복을 느끼며 즐거운 마음으로 기꺼이 해나가는 것입니다. 믿음생활 가운데 주님이 주시는 놀라운 행복이 있음을 기억하십시오. 복되고 형통합니다. 아멘!!!

💗 주님, 살아계신 주님과 동행하며 누구도 빼앗을 수 없는 기쁨, 즐거움을 갖게 하소서.
📖 신앙생활을 참으며 억지로 하지 말고 날마다 행복을 느끼며 즐거운 마음으로 합시다.

나의 영적 일기

바위 안의 교회

읽을 말씀 : 마태복음 16:13-20

10월 14일

● 마 16:18 또 내가 네게 이르노니 너는 베드로라 내가 이 반석 위에 내 교회를 세우리니 음부의 권세가 이기지 못하리라

　1906년 핀란드의 수도 헬싱키(Helsinki)에서 지역을 대표하는 교회가 세워지고 있었습니다. 그러나 제2차 세계대전이 일어나면서 교회 완공이 연기되었고, 그 사이 도심에 교회를 세울 수 없다는 조례가 신설되어 안타깝게도 무기한 연기되었습니다.
　지역을 대표하는 교회를 세우고 싶었던 루터교 교인들은 이 문제를 놓고 아주 오랜 기간 기도했습니다. 그러던 중 뜻밖의 기회가 찾아왔습니다. 헬싱키 도심에는 오랜 세월 방치된 흉물스러운 바위가 있었습니다. 정부에서 이 바위를 건축물로 탈바꿈하는 공모전을 진행했는데, 핀란드의 건축가인 티모(Timo)와 투오모 수오말라이넨(Tuomo Suomalainen) 형제가 거대한 바위 안에 교회를 짓겠다고 지원한 것입니다.
　형제의 뛰어난 설계도 때문에 정부는 거부할 명분이 없었습니다. "도심에 교회를 세울 수 없다", "교회가 대표적인 건축물이 돼서는 안 된다" 등의 반대가 있었지만, 티모와 투오모 형제는 자신들의 신념을 담아 어디서도 볼 수 없는 아름다운 교회를 바위 안에 건설했습니다. 우리나라 말로 '암석 교회'라는 뜻의 「템펠리아우키오 교회(Temppeliaukio Church)」는 관광객이 반드시 찾아오는 세계적인 명소가 되었고, 지금도 예배당으로 사용되고 있습니다.
　세상은 주님의 뜻을 거스를 수 없습니다. 생각 이상의 방법, 상상 이상의 능력으로 세상 가운데 일하시는 주님을 의지하는 크리스천들이 많아질수록 복음의 풋대가 높이 들려질 것입니다. 반석과 같이 우리와 우리 교회를 들어 사용하실 주님을 언제나 의지하십시오. 복되고 형통합니다. 아멘!!!

💚 주님, 생각 이상의 방법, 상상 이상의 능력으로 일하시는 주님을 의지하게 하소서.
📖 나는 주님을 위해 무엇을 할 것인지 기도하며 생각하고 행동으로 실천합시다.

나의 영적 일기

10월 15일 — 시간 관리의 핵심

읽을 말씀 : 마태복음 6:19~34

● 마 6:33 너희는 먼저 그의 나라와 그의 의를 구하라 그리하면 이 모든 것을 너희에게 더하시리라

매일 시간을 철저하게 관리하는 사람이 있다고 생각해 보십시오.

그런데 관리한 시간을 'T.V. 보기, 낮잠 자기, 간식 먹기'와 같이 사소한 일에 사용한다면 올바로 사용하고 있는 것일까요?

미국의 비즈니스 컨설턴트 친닝 추(Chin-Ning Chu)는 그래서 사람들에게 오히려 "시간을 관리하지 말라"라고 조언합니다.

다음은 친닝 추가 말한 「제대로 시간을 사용하는 5가지 팁」입니다.

❶ 자기 능력을 알아라.
  못하는 일은 잘하는 사람의 도움을 받아라.
❷ 시간을 여유 있게 잡아라.
  3시간 걸리는 일을 2시간 안에 끝내겠다고 생각하지 말아라.
❸ 흐름을 따라서 일을 하라.
  집중이 잘 되고 있는데 시간이 됐다고 멈출 이유는 없다.
❹ 시간 약속은 반드시 지켜라.
  지킬 수 없다면 빠르게 취소하고 다시 잡아라.
❺ 일에 집중하되 시간에 집중하지 말라.
  시간 관리는 일을 하기 위한 수단임을 기억하라.

시간은 정말로 중요한 일을 하기 위해 사용해야 하는 수단입니다. 시간을 바르게 활용하는 사람은 바쁜 일상 가운데 꾸준히 묵상하며 주님과 교제할 수 있고, 짬을 내어 전도할 수도 있습니다. 주님의 위대한 일을 위해 시간을 바르게 활용하고자 노력하십시오. 복되고 형통합니다. 아멘!!!

♡ 주님, 세월을 아끼기 위해 올바르게 시간을 활용하는 지혜로운 사람이 되게 하소서.
※ 주님이 주신 소중한 하루의 시간을 바르게 활용하고 있는지 점검합시다.

나의 영적 일기

신앙의 장대

읽을 말씀 : 빌립보서 4:10-13

● 빌 4:13 내게 능력 주시는 자 안에서 내가 모든 것을 할 수 있느니라

『올림픽 경기를 보면서 가장 인상 깊은 종목 중 하나가 바로 높이뛰기와 장대높이뛰기입니다. 두 종목 모두 높은 곳을 향해 도약한다는 공통점이 있지만, 그 방법에는 중요한 차이가 있습니다. 선수들은 자신의 한계를 뛰어넘기 위해 끊임없이 훈련하고, 더 높은 목표를 설정합니다.

이는 우리의 신앙생활과 닮아 있습니다. 하지만 두 종목의 결정적인 차이는 장대의 유무입니다. 높이뛰기 선수는 오직 자신의 근력과 기술만으로 뛰어올라야 합니다. 아무리 열심히 해도 인간의 한계는 명확합니다.

현재 남자 높이뛰기 세계기록은 2.45m입니다. 이는 우리가 자력으로 신앙생활을 하려는 모습과 같습니다. 하지만 우리의 노력만으로는 분명한 한계가 있습니다. 반면 장대높이뛰기는 긴 막대기의 도움을 받습니다. 현재 세계기록은 6.30m로, 높이뛰기보다 거의 3배 가까이 높습니다.

이것이 바로 성령님의 능력을 의지하는 신앙입니다. 우리가 성령님이라는 '장대'를 붙잡을 때, 우리의 한계를 훨씬 뛰어넘는 놀라운 일들이 일어납니다.

지난 70년간 극동방송이 바로 그런 '믿음의 장대' 역할을 해왔습니다. 복음을 전하고 싶지만 어떻게 시작해야 할지 모르는 사람들에게 극동방송은 전파를 통해 전도의 도구를 주었습니다. 신앙이 연약해져 포기하고 싶은 순간에도, 라디오에서 흘러나오는 찬송과 말씀은 다시 일어설 힘을 공급해주었습니다. 앞으로도 더 많은 영혼들이 이 귀한 도구를 통해 하나님의 은혜라는 높은 차원에 도달하기를 소망합니다.』 ―「김장환 목사의 인생 메모」 중에서

성령님의 역사가 함께하는 삶을 사십시오. 복되고 형통합니다. 아멘!!!

♡ 주님, 극동방송이 사탄의 방해를 뛰어넘어 주님의 복음을 쉼 없이 전하게 해 주소서.
📖 오늘 하루도 내 힘이 아니라 성령님의 도우심을 구하며 강하게 의지합시다.

나의 영적 일기

끈기로 이루라

10월 17일

읽을 말씀 : 시편 37:23-31

● 시 37:24 저는 넘어지나 아주 엎드러지지 아니함은 여호와께서 손으로 붙드심이로다

　미국의 육상 선수인 헤이즈 존스(Hayes Jones)는 자신의 주 종목인 허들에서 세계신기록을 새로 쓰며 강력한 올림픽 금메달 후보로 꼽혔습니다. 금메달 직전에 열린 국제 대회에서도 압도적인 차이로 1등을 차지했습니다.
　그런데 1960년 로마 올림픽에서는 기존 기록에도 못 미치는 성적으로 동메달을 목에 걸었습니다. 훌륭한 성적이었지만, 워낙 기대감이 컸던 탓에 언론은 존스의 본 실력이 드러났다며 그를 폄하했습니다.
　존스 역시 큰 실의에 빠졌습니다. 올림픽이 끝난 후 은퇴를 생각할 정도였습니다. 그러나 마음을 다잡고 다시 훈련을 시작했습니다. 존스는 3시간씩, 일주일 내내, 무려 4년 동안 오직 올림픽만을 바라보며 준비했습니다. 그리고 1964년 도쿄 올림픽에서 보란 듯이 금메달을 목에 걸었습니다. 훗날 일반 회사의 임원이 된 존스는 새로 시작하는 젊은이들을 위해 다음과 같은 글을 남겼습니다.
　"포기하는 것, 도망치는 것, 죽는 것은 정말 쉬운 일입니다. 한 번 더 시도하는 것, 포기하지 않는 것, 다시 일어서는 것이 어려운 일입니다. 그러나 계속해서 시도해 보십시오. 계속해서 해보십시오. 하루하루 해내가는 당신의 삶에 승리가 찾아올 것입니다."
　천 리 길도 한 걸음부터 시작하듯이, 하루를 변화시키는 작은 노력과 습관들이 결국은 큰 성공으로 이어집니다. 우리의 꿈도, 믿음도 마찬가지입니다. 오늘 내가 할 수 있는 최선이 아주 작은 것일지라도 포기하지 말고 끈기로 이루십시오. 복되고 형통합니다. 아멘!!!

♥ 주님, 하루를 변화시키는 노력과 습관들이 결국 큰 성공을 이룸을 알게 하소서.
📖 오늘 내가 할 수 있는 최선으로 아주 작은 일이라도 포기하지 말고 끈기 있게 합시다.

나의 영적 일기

게으름과 여유의 차이

10월 18일

읽을 말씀 : 로마서 16:17-27

● 롬 16:19 너희 순종함이 모든 사람에게 들리는지라 그러므로 내가 너희를 인하여 기뻐하노니 너희가 선한데 지혜롭고 악한데 미련하기를 원하노라

게으름과 여유의 차이는 목표에서 옵니다.
하루 종일 움직이지만 게으른 사람이 있을 수 있고, 하루의 절반을 쉬지만 부지런한 사람도 있을 수 있습니다.
'중요한 일'을 하느냐, 그렇지 않으냐가 게으름과 여유를 가르는 차이입니다.
한 의학전문 잡지에 게재된「게으름을 이겨내고 삶에 여유를 더하는 7가지 방법」입니다.
❶ 일을 시작하기 전에 "왜 해야 하는가?"라는 질문을 해보라.
❷ 스스로를 통제할 수 있는 외적인 환경을 조성하라.
❸ 좋은 동기를 줄 수 있는 경쟁 상대를 만들라.
❹ 바로 해결할 수 있는 문제부터 처리하라.
❺ 체력이 곧 정신력이므로 꾸준한 운동으로 체력을 기르라.
❻ 중요한 일은 부지런하고, 그렇지 않은 일은 느슨하게 대하라.
❼ "왜 난 못할까?"가 아니라 "어떻게 하면 될까?"라는 질문을 하라.
게으른 사람은 하루를 보내고 후회하지만, 여유로운 사람은 더 풍요로운 하루하루를 보냅니다.
우리 삶에서 가장 중요한 일은 무엇입니까?
매일 주님의 말씀을 듣고, 기도로 하나님과 교제하는 시간입니다.
아무리 바쁘고 분주해도 게으르지 않고 참된 여유를 누렸던 다윗과 같이, 주야로 주님의 말씀을 묵상하는 사람이 되십시오. 복되고 형통합니다. 아멘!!!

♡ 주님, 매일 주님의 말씀을 듣고 기도로 주님과 교제하는 시간을 갖게 하소서.
▨ "나의 삶에서 가장 중요한 일은 무엇인가?"를 자신에게 묻는 시간을 자주 가집시다.

나의 영적 일기

해본 사람만 안다

읽을 말씀 : 요한일서 3:13-24

● 요일 3:22 무엇이든지 구하는 바를 그에게 받나니 이는 우리가 그의 계명들을 지키고 그 앞에서 기뻐하시는 것을 행함이라

세계적인 물리학자 데니스 오스본(Denis G. Osborne) 박사님이 아프리카의 한 고등학교에서 특강을 했습니다.
수업이 끝나고 질문 시간이 되자 한 학생이 손을 들었습니다.
"뜨거운 물이 미지근한 물보다 더 빨리 어는 이유가 무엇입니까?"
상식적으로는 말이 안 되는 이야기였기에 질문이 끝나자 다른 학생들은 웃음을 터트렸습니다.
오스본 박사님도 말이 안 되는 이 질문에 당황하며 물었습니다.
『왜 뜨거운 물이 더 빨리 언다고 생각하지?』
"그건 저도 모릅니다.
하지만 집에서 해봤을 때 분명히 뜨거운 물이 더 빨리 얼었습니다."
학생의 말에 호기심이 생긴 오스본 박사님은 연구실에서 실험을 해봤는데 정말로 뜨거운 물이 더 빨리 얼었습니다.
오스본 박사님은 질문을 했던 학생을 연구실로 데려와 이 문제를 더욱 체계적으로 연구해 논문을 발표했습니다. 그리고 이 현상은 질문을 한 학생의 이름을 따 「음펨바 효과(Mpemba effect)」라는 이름으로 학계에 알려졌습니다.
과학과 기술이 발전한 이 시대에도 해보지 않으면 모르는 것들이 있습니다. 신앙생활도 마찬가지입니다. 저마다 진리라고 설파하는 다양한 종교와 이론들이 있지만, 진짜가 무엇인지는 믿어보면 알 수 있습니다. 다른 누구의 말이나 생각을 따르지 말고 참된 기독교가 진리인지 아닌지, 주님의 말씀에 정말로 능력이 있는지 없는지, 직접 믿어보고 분별하십시오. 복되고 형통합니다. 아멘!!!

♡ 주님, 세상의 헛된 말과 헛된 지식, 헛된 원리에 현혹되지 않고 진리를 믿게 하소서.
📖 주님의 말씀에 정말로 능력이 있음을 굳건히 믿고 세상에서 당당하게 삽시다.

나의 영적 일기

길을 아는 사람

10월 20일

읽을 말씀 : 잠언 20:22-30

● 잠 20:24 사람의 걸음은 여호와께로서 말미암나니 사람이 어찌 자기의 길을 알 수 있으랴

    미국의 한 회사에서 있었던 일입니다.
    유명한 컨설턴트를 초청해 세미나를 진행했는데 강사가 다음과 같은 질문을 던졌습니다.
    "여러분이 타이타닉호에 타고 있다고 생각해 보십시오. 배는 가라앉았지만, 다행히 구명정에 올라탔습니다. 이제 구명정을 타고 어느 방향으로 가야 할까요?"
    강사는 "전문가의 말을 따라야 한다"라는 대답을 바라고 한 질문이었습니다. 모인 사람들이 아무 말도 없자 강사는 한 가지 팁을 주었습니다.
    "제 설명이 불친절했던 것 같군요. 여러분이 탄 구명정에는 다행히 타이타닉호의 선장도 타고 있었습니다. 그렇다면 길을 가장 잘 아는 선장의 말을 따라야 하지 않을까요?"
    그러자 한 사람이 손을 들고 말했습니다.
    『저는 왜 선장의 말을 따라야 하는지 잘 모르겠는데요?
    왜냐하면 그 사람은 벌써 빙산을 한 번 들이받았잖아요?』
    세상을 살아가는 모든 사람은 결국 길을 몰라 방황하고 있습니다. 조금 더 아는 사람, 많이 아는 사람은 있지만, 우리의 삶이 어떻게 되는지, 어떻게 살아가야 하는지 해답을 제시할 수 있는 사람은 없습니다.
    오직 유일한 진리이자, 구원의 방법이신 예수님만을 믿고 의지하는 사람이 되십시오. 복되고 형통합니다. 아멘!!!

♡ 주님, 허물과 죄로 죽었던 저를 사랑과 은혜로 구원해 주심을 감사하게 하소서.
🙏 죄의 허물로 죽어야 할 나를 크신 사랑으로 구원해주신 주님께 감사합시다.

나의 영적 일기

10월 21일

위험을 감수하라

읽을 말씀 : 마태복음 14:22-33

● 마 14:31 예수께서 즉시 손을 내밀어 저를 붙잡으시며 가라사대 믿음이 적은 자여 왜 의심하였느냐 하시고

20개 이상의 회사를 창업해 성공했다가 한순간에 빈털터리가 된 제임스 앨투처(James Altucher)는 통장 잔고가 0인 상황에서도 다시 창업을 했습니다. 그리고 30개 이상의 회사에서 경영 고문 및 투자자로 활동하고 있습니다. 그는 자신이 바라는 성공을 위해서는 창업 말고 다른 방법이 없었기 때문에 위험을 감수하면서까지 계속해서 창업을 한 것입니다.

미국의 「허핑턴 포스트(The Huffington Post)」는 앨투처와 같이 「21세기에 성공을 거둔 사람들에게 있는 7가지 기질」을 소개했습니다.

❶ 안정된 생활보다는 모험을 선택한다.
❷ 사람들이 원하는 것을 알려고 한다.
❸ 행동한다.
❹ 배움을 멈추지 않는다.
❺ 새로운 것을 두려워하지 않는다.
❻ 절대로 포기하지 않는다.
❼ 실패를 사랑한다.

도전은 언제나 두렵습니다. 그러나 성공을 위해서는 실패의 두려움을 극복해야 하는 것처럼, 거듭나기 위해서는 우리가 죄인이라는 사실을 인정하며 우리 삶의 모든 것을 주님께 맡겨야 합니다. 물 위를 걷는 베드로처럼 의심하지 말고, 주님의 음성이 들린다면 과감히 바다 위에 발을 내디디십시오. 복되고 형통합니다. 아멘!!!

♥ 주님, 주 사랑과 능력을 힘입어 실패의 두려움을 극복하고 강하고 담대하게 하소서.
📖 주님을 의지해 두려워하거나 겁내지 말고 주님의 도우심을 기대합시다.

나의 영적 일기

썩은 사과의 법칙

읽을 말씀 : 고린도전서 5:1-8

● 고전 5:7 너희는 누룩 없는 자인데 새 덩어리가 되기 위하여 묵은 누룩을 내어버리라 우리의 유월절 양 곧 그리스도께서 희생이 되셨느니라

미국의 의류회사인 「맨스웨어하우스(Men's Wearhouse)」에는 매우 뛰어난 직원이 있었습니다. 개인 실적으로는 누구도 따라올 수 없었고, 어느 지점으로 발령을 받더라도 항상 몇 명분 이상의 뛰어난 실적을 올렸습니다.

그런데 이 직원에 대한 안 좋은 소문이 돌고 있었습니다.

고객을 상대로 매출은 잘 올렸지만, 동료들을 험담하며 실적이 안 좋은 직원을 무시한다는 것이었습니다. 어떤 매장에서는 더 높은 실적을 위해 다른 직원의 성과를 가로챘다는 이야기도 들렸습니다.

워낙 실적이 좋았기 때문에 회사 임원진 사이에서도 이 직원을 어떻게 할 것인지에 대해 많은 논의가 있었습니다. 그러나 회사의 경쟁력이 옷(Clothing)이 아닌 직원(People)에게 있다고 생각한 임원진들은 다른 직원들을 위해 과감히 이 직원을 해고했습니다.

그러자 놀라운 일이 일어났습니다. 최고의 실적을 올리는 직원이 사라졌음에도 매장의 전체 매출이 30%나 상승한 것입니다.

하나의 썩은 사과가 다른 사과도 썩게 만들 듯이, 아무리 실적이 뛰어난 직원도 인성에 문제가 있다면 조직을 병들게 만듭니다. 썩은 사과 하나 때문에 상자 안의 모든 사과를 버려야 할 수도 있습니다.

일을 잘하는 것도 중요하고, 신앙생활의 본을 보이는 것도 중요하지만, 그 가운데 덕과 사랑을 채워야 썩지 않습니다. 경건의 모양만 있는 누룩과 같은 신앙생활을 주의하십시오. 복되고 형통합니다. 아멘!!!

♡ 주님, 온유하고 겸손하신 주님의 성품을 배워 삶에 적용하여 승리하게 하소서.

📖 내 생활 가운데 경건의 모양만 있는 누룩과 같은 생활은 없는지 살펴봅시다.

나의 영적 일기

10월 23일

슬럼프 예방법

읽을 말씀 : 시편 69:30-36

● 시 69:32 온유한 자가 이를 보고 기뻐하나니 하나님을 찾는 너희들아 너희 마음을 소생케 할지어다

생리학자들의 연구에 따르면 대략 70%의 사람들이 「오후 시간 증후군(afternoon slump)」을 경험한다고 합니다. 이것은 점심시간 후에 집중력이 급격히 떨어지는 현상입니다.

때로는 하루 단위가 아닌 한 주, 한 달 단위로 비슷한 현상이 일어납니다. 고갈된 에너지가 채워지지 않기 때문입니다.

스트레스 전문가인 제리 테플릿(Jerry Teplitz)이 말한 「급격한 기력 저하를 막는 7가지 방법」입니다.

❶ 커피나 음료 대신 하루 8잔의 물과 비타민을 섭취하라.
❷ 설탕과 과당, 너무 많은 탄수화물을 피하라.
❸ 과식을 하지 말고 필요하다면 조금씩 자주 식사하라.
❹ 짬을 내서 산책을 하고 좋은 음악을 들으며 휴식을 취하라.
❺ 묵상과 기도와 같이 내면에 집중할 수 있는 시간을 하루 두 번 가져라.
❻ 기력이 떨어질 때는 심호흡을 하며 스트레칭을 하라.
❼ 부정적인 에너지를 받지 않도록 나쁜 상황을 올바로 다루라.

좋은 방법으로 떨어진 에너지를 채우고 상황을 조절할 수 있어야 건강한 삶을 유지할 수 있고, 경건한 생활을 유지할 수 있습니다.

먹는 일, 마시는 일, 휴식과 운동까지 주님의 나라를 위해 철저히 관리하십시오. 복되고 형통합니다. 아멘!!!

💛 주님, 주님 안에서 선한 일을 하라고 나를 지으셨음을 깨닫게 하소서.
🖤 위의 「급격한 기력 저하를 막는 7가지 방법」을 참고해 기도하며 생활을 개선합시다.

나의 영적 일기

인생을 바꾼 질문

읽을 말씀 : 요한복음 3:1-15

●요 3:3 예수께서 대답하여 가라사대 진실로 진실로 네게 이르노니 사람이 거듭나지 아니하면 하나님 나라를 볼 수 없느니라

어떤 학교의 종교 선생님이 수업 중에 아이들에게 질문을 했습니다.
"훗날 너희들이 세상을 떠났을 때 어떤 사람으로 기억되고 싶니?"
이제 겨우 13살인 아이들은 선생님의 질문이 어떤 의미인지 몰랐습니다.
조용해진 교실을 바라보며 선생님이 말을 이었습니다.
"지금 대답하긴 쉽지 않을 거란다.
그러나 나중에 너희들이 50살이 넘었을 때도 이 질문에 대답을 하지 못한다면 인생을 잘못 산 거란다."
50년의 세월이 지난 후 이 반의 학생들이 동창회에 모였는데, 누군가 13살 당시의 수업 이야기를 꺼냈습니다.
놀랍게도 반 아이들은 모두 종교 선생님의 질문을 기억하고 있었고, 그 질문에 답을 하기 위해 열심히 인생을 살았다고 말했습니다.
그중 한 명은 경제학의 대가 피터 드러커(Peter Ferdinand Drucker)였는데, 그는 종종 "13살 때 받은 이 질문이 내 인생을 바꾼 질문"이라고 말하곤 했습니다.
거듭남의 비결을 물었던 니고데모의 질문처럼, 구원의 방법을 물었던 간수장의 질문처럼, 올바른 질문은 삶을 변화시키고 영혼을 구원합니다.
당신은 주님께 어떤 질문을 하겠습니까?
"주님을 따르라"는 말씀에 어떤 답변을 하겠습니까?
말씀을 통해 옳은 질문과 옳은 해답을 구하며 주님의 영광이 되는 삶을 살아가십시오. 복되고 형통합니다. 아멘!!!

♡ 주님, 말씀을 통해 옳은 질문과 해답을 구하며 주님의 영광을 위해 살게 하소서.
🖼 훗날 내가 세상을 떠났을 때 어떤 사람으로 기억되고 싶은지 생각해 봅시다.

나의 영적 일기

10월 25일

작은 일의 중요성

읽을 말씀 : 누가복음 16:1-13

● 눅 16:10 지극히 작은 것에 충성된 자는 큰 것에도 충성되고 지극히 작은 것에 불의한 자는 큰 것에도 불의하니라

꿈 많은 청년이 어느 날 성공한 기업인을 만나게 되었습니다. 청년은 꿈을 펼칠 기회가 찾아오지 않는다며 하소연을 했습니다.
"제가 하고 싶은 일과 지금 하고 있는 일의 괴리가 너무 큽니다. 저는 좀 더 중요한 일을 하고 싶은데 어떻게 해야 할까요?"
이 말을 들은 기업인이 말했습니다.
『세상에 사소한 일이란 없네.
자네가 하고 있는 일이 신발 정리하는 일이라면 세상에서 신발 정리를 가장 잘하는 사람이 되게.
그럼 세상이 자네를 신발 정리하는 사람으로 내버려두지 않을 걸세.』
일본의 한큐 철도를 설립한 고바야시 이치조(Ichizo Kobayashi)의 일화입니다.
하나님이 맡겨주신 사명에는 작은 일과 큰일이 없습니다. 오히려 낮은 곳에서 가장 작은 일에 충성한 일꾼을 주님은 높은 자리로 올려주십니다. 오늘 주님이 내게 주신 작은 일도 큰 사명이고, 큰일도 큰 사명입니다.
작은 일을 중요하게 여기는 사람, 작은 일에 최선을 다하는 사람이 충성된 일꾼이자 주님이 쓰시는 사람입니다. 주님이 주시는 큰일을 맡기 위해 지금 주어진 작은 일에 최선을 다하십시오. 그 가운데 주님이 예비하신 보석같은 지혜와 기회들이 드러날 것입니다. 낮은 곳에서, 작은 것에 더욱 충성하는 주님의 일꾼이 되십시오. 복되고 형통합니다. 아멘!!!

♥ 주님, 주님의 말씀대로 작은 것에 더욱 충성하는 주님의 착한 일꾼이 되게 하소서.
📖 작은 일도 중요하게 여기며, 작은 일에도 최선을 다하는 충성된 일꾼이 됩시다.

나의 영적 일기

진정한 나

읽을 말씀 : 이사야 30:18-26

10월 26일

● 사 30:18 그러나 여호와께서 기다리시나니 이는 너희에게 은혜를 베풀려 하심이요 일어나시리니 이는 너희를 긍휼히 여기려 하심이라 대저 여호와는 공의의 하나님이심이라 무릇 그를 기다리는 자는 복이 있도다

세계적인 인문학자 얼 쇼리스(Earl Shorris)는 범죄를 저지른 사람들을 어떻게 교화시킬지 연구하고 있었습니다.

그런데 교도소에서 만난 한 여죄수가 믿을 수 없는 말을 했습니다.

"가난한 사람들에게 인문학을 가르쳐 주세요. 정신적 삶을 풍요롭게 만드는 것이 교화의 유일한 비결입니다."

경제가 어려워 범죄를 저지른 사람들에게 왜 인문학을 가르쳐야 하냐는 쇼리스의 질문에 여죄수가 대답했습니다.

"인문학을 배우기 전에는 화가 나면 화를 냈고, 짜증이 나면 주먹부터 나갔어요. 내가 어떤 상태인지, 감정을 어떻게 해소해야 하는지 몰랐거든요.

시와 소설을 읽고 예술작품을 감상하는 법을 배운 뒤에는 그러지 않습니다. 이제는 내가 어떤 상태인지, 어떤 방식으로 부정적인 감정을 해소해야 하는지를 깨달았거든요."

가난하고 힘든 사람일수록 인문학이 필요하다는 사실을 깨달은 쇼리스는 이후 거리의 노숙자들과 재소자들에게 인문학을 가르치는 「클레멘트 코스(Clement Course)」 수업을 열었습니다. 비록 절반은 코스 중간에 포기했지만, 10년 동안 4,000명이 이 코스를 수료한 뒤 새로운 삶을 살아갔습니다.

내가 누구인지를 아는 것은 인생에서 가장 중요한 문제입니다. 근원적인 문제를 해결해 주실 수 있는 유일한 구원자이신 창조주 주님이 우리를 기다리고 계심을 다른 사람들에게 전하십시오. 복되고 형통합니다. 아멘!!!

♡ 주님, 인생에서 중요한 질문인 제가 누구인지를 주님 안에서 말씀으로 찾게 하소서.
📖 창조주 주님이 우리를 사랑하시며 복 주기 위해 기다리고 계심을 사람들에게 전합시다.

나의 영적 일기

10월 27일

짧게 전하는 능력

읽을 말씀 : 요한복음 1:1-7

● 요 1:1 태초에 말씀이 계시니라 이 말씀이 하나님과 함께 계셨으니 이 말씀은 곧 하나님이시니라

뛰어난 연설가로 이름을 날렸던 미국의 28대 대통령 우드로 윌슨(Thomas Woodrow Wilson)은 강연에 대해 다음과 같은 말을 남겼습니다.
"20분짜리 강의를 준비하려면 2시간이 필요하고,
5분짜리 강의를 준비하려면 하루를 꼬박 새워야 한다.
그러나 1시간이 넘는 강의는 아무 준비를 안 해도 된다.
하지만 1시간이 넘는 강의가 필요한 사람은 아무도 없다."
윈스턴 처칠(Winston Churchill)이 영국 「해로우 스쿨(Harrow School)」에서 남긴 졸업식 축사는 "결코 포기하지 말라(Never Give In)"라는 단 한 문장이었지만 역사에 길이 남았습니다.
링컨(Abraham Lincoln) 대통령의 「게티즈버그 연설(Gettysburg Address)」은 272단어로 이루어져 약 2분 만에 끝난 충격적으로 짧은 연설이었습니다. 단지 짧다는 이유로 링컨의 연설을 폄하하는 사람들도 있었지만, 지금도 명연설로 회자되고 있습니다.
성경의 모든 말씀이 진리이고 소중하지만, 그럼에도 창세기 1장 1절과 요한복음 3장 16절로 우리는 복음이 무엇인지 깨닫고 전할 수 있습니다.
아무리 짧은 시간이라도 복음의 정수를 전하기엔 충분합니다.
하루 한 번의 기도, 한 장의 말씀, 짧은 한마디의 전도가 한 사람을 변화시키고, 한 생명을 구원합니다.
언제 어디서나, 누구를 만나든지 아주 짧은 만남을 통해서도 복음을 전할 수 있도록 간증과 말씀을 준비하며 대비하십시오. 복되고 형통합니다. 아멘!!!

♥ 주님, 짧은 시간에도 복음이 무엇인지를 전하는 데 부족함이 없게 하소서.
📖 짧은 만남을 통해서도 복음을 전할 수 있도록 간증과 말씀을 준비하며 대비합시다.

나의 영적 일기

습관의 함정

읽을 말씀 : 누가복음 22:39-46

●눅 22:39 예수께서 나가사 습관을 좇아 감람산에 가시매 제자들도 좇았더니

10월 28일

어느 집에서 가족 모두가 함께 모여 저녁식사를 하고 있었습니다. 거실의 전화벨이 울려 받아보니 갑자기 뉴스 내용을 물었습니다.
"안녕하십니까? 저희는 대학 연구소의 설문 조사를 돕는 사람들입니다. 혹시 방금 끝난 뉴스를 보셨나요?"
『네, 저녁을 먹으면서 봤습니다.』
"그럼 보신 뉴스 중에서 기억에 남는 내용을 말씀해 주실 수 있을까요? 단 하나라도 괜찮습니다."
『어… 뉴스 내용이요? 글쎄요?』

실제로 미국 캘리포니아 버클리 대학교(UC Berkeley) 심리학과에서 조사한 내용입니다. 연구팀은 매일 저녁 뉴스를 습관적으로 보는 가정을 미리 조사한 뒤, 뉴스가 끝나는 시간에 맞춰 전화를 걸어 기억에 남는 뉴스에 대해 물었습니다.

매일 뉴스를 본다고 응답한 가정 중 상당수가 방금 뉴스를 봤음에도 하나의 내용도 제대로 기억하지 못했습니다. 실제로 뉴스를 본 것이 아니라 습관적으로 틀어놓고 집중하지 않았기 때문입니다.

습관을 좇아 주님을 예배하고 경건 생활을 해나가야 하지만, 그 가운데 신령과 진정을 다하는 열심이 빠져서는 안 됩니다. 참된 예배자를 오늘도 찾고 계시는 주님께 우리의 중심을 드리는 아름다운 예배를 드리십시오. 복되고 형통합니다. 아멘!!!

♡ 주님, 신령과 진정으로 주님이 기쁘게 받으시는 예배를 드리게 하소서.
🕮 예배 전 신령과 진정으로 예배하기 위해 기도하며 주님의 공로를 묵상합시다.

나의 영적 일기

10월 29일

오직 주님만이

읽을 말씀 : 시편 146:1-10

● 시 146:5 야곱의 하나님으로 자기 도움을 삼으며 여호와 자기 하나님에게 그 소망을 두는 자는 복이 있도다

잘못된 진리에 빠져 정욕으로 점철된 삶을 살던 청년이 있었습니다. 주님을 만난 뒤 청년은 자신이 어떤 삶을 살고 있는지 깨달았습니다. 그러나 정욕을 이겨내기가 너무 힘들어 다음과 같이 기도했습니다.
"주님, 저를 순결하게 만들어주소서. 하지만 오늘은 아닙니다!"
조금 더 주님을 사모하게 된 이 청년은 이제는 이렇게 기도를 드렸습니다.
"주님, 저는 순결한 삶을 살고 싶습니다.
그러나 왜 자꾸 실패할까요?
왜 자꾸 내일을 기다려야 할까요?"
시간이 흘러 완전히 주님께 붙들린 청년의 꿈에 주님이 나타나 다음과 같이 물으셨습니다.
『사랑하는 아들아, 나에게 무엇을 원하느냐?』
이 질문에 청년은 한 치의 망설임도 없이 대답했습니다.
"오직 주님만을 원합니다. 다른 것은 아무것도 원하지 않습니다."
「참회록(Confessiones)」을 쓴 아우구스티누스(Augustinus Hipponensis)의 청년 시절 이야기입니다.
세상의 정욕을 이겨내지 못하는 이유는 주님의 사랑을 더 깊이 체험하지 못했기 때문입니다. 주님을 만나는 기쁨을 아는 사람은 저절로 거룩한 삶을 살아가게 됩니다. 악을 멀리하려고 하지 말고 주님을 더욱 가까이하십시오. 복되고 형통합니다. 아멘!!!

♡ 주님, 주님의 사랑을 더 깊이 체험해 세상의 정욕을 이기며 승리하게 하소서.
📖 악을 이기기 위해 악을 멀리하려 하지 말고 주님을 더욱 가까이합시다.

나의 영적 일기

만족의 표상

10월 30일

읽을 말씀 : 고린도후서 3:1-11

● 고후 3:5 우리가 무슨 일이든지 우리에게서 난것 같이 생각하여 스스로 만족할 것이 아니니 우리의 만족은 오직 하나님께로서 났느니라

어떤 마을의 최고 부자가 마을 곳곳에 광고를 냈습니다.
'나는 인생의 행복이 무엇인지를 찾고 있소. 자신의 삶에 정말로 만족하는 사람이 있다면 3일 뒤 우리 집으로 찾아오길 바라오. 행복의 비결을 알려주는 사람에게는 커다란 금덩이를 주겠소.'
3일 뒤 부자의 집 앞에는 사람들이 길게 줄을 섰습니다. 온 마을 사람들이 다 모인 것 같았습니다. 그런데 부자를 만나고 온 사람들은 하나같이 얼굴이 빨개져서 서둘러 집으로 돌아갔습니다.
결국 줄을 선 모든 사람이 금덩이를 받지 못하고 집으로 돌아갔으나, 누구도 부자가 사기를 쳤거나 거짓말을 했다고 불평하지 않았습니다. 부자가 사람들에게 한 질문은 단 하나였습니다.
"정말로 지금의 삶에 만족한다면, 당신은 왜 금덩이를 받으려고 나를 찾아왔습니까?"
정말로 배가 부른 사람은 음식을 더 원하지 않습니다. 배부른 사자가 눈앞의 사냥감을 가만히 두듯이 자신의 삶에 정말로 만족한다면 누군가 금덩이를 준다 해도 찾아가지 않을 것입니다.
주님만으로 만족한다는 우리의 고백이 진실인지는 우리의 삶을 보면 알 수 있습니다. 주님만을 믿고 섬긴다면서 세상의 정욕을 더 구하려고 노력하고 있지는 않습니까? 세상의 헛된 것을 구하지 말고 오직 주님만을 더 구하고 주님만으로 만족하십시오. 복되고 형통합니다. 아멘!!!

♡ 주님, 세상의 헛된 것을 구하지 말고 주님만을 구하고 주님만으로 만족하게 하소서.
📖 주님으로 인해 진실로 만족한 삶을 살고 있는지 살피고 부족한 게 무엇인지 찾읍시다.

나의 영적 일기

10월 31일
거역할 수 없는 섭리

읽을 말씀 : 에베소서 1:3-14

● 엡 1:11 모든 일을 그 마음의 원대로 역사하시는 자의 뜻을 따라 우리가 예정을 입어 그 안에서 기업이 되었으니

미국의 한 교회에서 브라질로 파송된 선교사님이 부흥회를 열고 있었습니다.
뜨거운 예배를 마치고 선교사님은 성도들에게 다음과 같이 권면했습니다.
"제가 머무는 지역에는 젊은 여성을 가르칠 여자 선교사님이 필요합니다. 혹시 헌신하실 분 계십니까?"
한 자매가 손을 번쩍 들었는데 얼굴을 확인한 선교사님이 크게 당황했습니다. 손을 든 성도가 자신의 어린 딸이었기 때문입니다. 선교사님은 모른척하며 예배를 끝마쳤습니다. 그리고 딸을 불러 만류했습니다.
"나는 너를 보내려고 말한 것이 아니다. 선교지가 얼마나 힘든지 네가 몰라서 그러는 거야. 딸아, 너는 아직 어려서 안 된다."
그러나 딸의 결심은 확고했습니다. 시간이 흘러 성인이 된 딸은 선교사로서의 준비를 마치고 브라질로 떠났습니다. 현지에서 또 다른 선교사를 만나 결혼한 딸은 지역의 수많은 여성들을 가르치며 복음을 전하는 일에 크게 쓰임을 받았습니다.
남침례교회 회장을 역임한 조지 워싱턴 트루에트(George Washington Truett) 목사님의 교회에서 있었던 이야기입니다.
주님의 부르심에 순종한 사람에게 후회란 없습니다. 주님이 바라시는 우리의 삶은 음성에 즉각 순종하는 삶입니다. 주님의 음성에 민감하게 반응하며 언제든지 즉각 순종하는 성공한 예배자가 되십시오. 복되고 형통합니다. 아멘!!!

💗 주님, 주님의 부르심에 순종하는 주님의 착한 자녀로 살아 주님께 영광 올리게 하소서.
📖 주님께서 내게 바라시는 삶이 무엇인지 분별해 순종하는 사람이 됩시다.

나의 영적 일기

11월

"네 재물과 네 소산물의
처음 익은 열매로 여호와를 공경하라
그리하면 네 창고가 가득히 차고
네 즙틀에 새 포도즙이 넘치리라"
- 잠언 3:9,10 -

11월 1일

최선을 다한 뒤에

읽을 말씀 : 시편 126:1-6

● 시 126:5 눈물을 흘리며 씨를 뿌리는 자는 기쁨으로 거두리로다

『제가 처음 미국의 밥 존스 학교에 들어갔을 때, 아는 영어라고는 미군 부대에서 하우스보이로 일할 때 배운 것이 전부였습니다. 나중에 알고 보니 그중에는 욕설도 많았습니다. 그러니 영어로만 진행되는 수업을 따라간다는 것은 사실상 불가능했고, 결국 첫 학기에 낙제점을 받을 수밖에 없는 상황이었습니다. 그런데 감사하게도 선생님들은 제 영어 실력이 조금만 늘면 수업을 충분히 따라올 수 있다고 인정해 주셨고, 덕분에 낙제를 면할 수 있었습니다. 그 일을 계기로 저는 열심히 영어 공부에 매진했습니다.

그러던 어느 날, 영어 스피치 선생님께서 교내 영어 웅변대회에 나가보라고 권유하셨습니다. 저는 제가 하우스보이 시절 미군들과 지내며 느낀 민주주의에 대해 밤새워 글을 쓰고, 지도를 받아가며 정확한 발음을 익히기 위해 수백 번, 수천 번을 연습했습니다.

그 노력의 결실로 교내 웅변대회에서 1등을 차지하고, 전국 대회에서는 최고상인 「아이젠하워 상」을 받게 되었습니다. 많은 사람들이 박수를 보내주었습니다. 그때 느낀 것이 모든 일에 대해 최선을 다하는 것의 중요성이었고, 그런 정신과 태도로 지금까지 사역해오고 있습니다.』 -「김장환 목사의 인생 메모」 중에서

저절로 되는 것은 아무것도 없습니다. 눈물을 흘리며 씨를 뿌릴 때, 기쁨으로 단을 거둘 수 있다는 사실을 기억하며, 더욱 최선을 다합시다. 복되고 형통합니다. 아멘!!!

♡ 주님, 최선을 다하는 자세로 주님께서 저에게 주신 사명을 감당하게 하소서.
📖 모든 일에 최선을 다하고 있는지를 점검하고, 주님께 맡깁시다.

나의 영적 일기

아로새긴 은쟁반

읽을 말씀 : 잠언 25:2-13

●잠 25:11 경우에 합당한 말은 아로새긴 은쟁반에 금사과니라

강대국인 옆 나라와 사소한 일로 갈등을 빚는 나라가 있었습니다.
  왕은 자칫 일어날지 모르는 전쟁을 피하기 위해 가장 지혜로운 신하를 사절로 보냈습니다. 신하의 지혜로운 언변으로 강대국인 이웃 나라의 왕은 오해를 거두고 화를 풀었습니다. 그런데 신하가 고국으로 돌아오자, 이번에는 왕이 잔뜩 화가 나 있었습니다.
  "자네가 옆 나라에 가서 한 말을 들었네. 옆 나라의 왕은 보름달, 나는 초승달에 비유했다지? 나는 초승달처럼 가진 것이 없고, 옆 나라 왕은 보름달처럼 왕성하다는 뜻 같은데, 아예 옆 나라로 가서 보름달 같은 왕을 섬기지 그러나?"
  이 말을 들은 신하는 웃으며 대답했습니다.
  『왕이시여, 보름달은 이미 차 있기에 기울어질 일만 남았습니다. 초승달은 이제 가득 찰 날만 남았지요. 이웃 나라의 왕이 미련하여 제 말을 듣고 좋아한 것이니 너무 심려치 마십시오.』
  신하의 말을 들은 왕은 매우 흡족해 하며 큰 상을 내렸습니다.
  말을 지혜롭게 하는 사람은 누구의 마음도 상하게 하지 않으면서 갈등을 지혜롭게 해결합니다. 우리는 지혜의 책인 「잠언」을 통해 경우에 합당한 말, 분노를 쉬게 하는 유순한 대답을 위한 지혜를 배워야 합니다. 진리를 배척하는 사람이 많아지고, 사소한 갈등이 계속해서 일어나는 단절된 우리 사회에 정말 필요한 것은 지혜로운 말을 하는 사람입니다. 경우에 합당한 말로 얽힌 마음을 풀고 복음을 전하는 지혜로운 사람이 되십시오. 복되고 형통합니다. 아멘!!!

♡ 주님, 경우에 합당한 말, 분노를 쉬게 하는 유순한 대답을 위한 지혜를 배우게 하소서.
❀ 경우에 합당한 말로 얽힌 마음을 풀고 복음을 전하는 지혜로운 사람이 됩시다.

나의 영적 일기

11월 3일

3%를 넘어서라

읽을 말씀 : 에베소서 6:1-4

● 엡 6:4 또 아비들아 너희 자녀를 노엽게 하지 말고 오직 주의 교양과 훈계로 양육하라

국내의 한 20대 전문 연구소에서 최근 발표한 내용에 따르면, 요즘 20대 청년들에게는 크게 5가지 특징이 있다고 합니다.

❶ 자신의 기준을 세우고 따른다.
   사회나 타인의 인정을 바라기보다는 자신의 욕구 충족이 우선입니다.
❷ 다양한 취향을 중심으로 모인다.
   1인 가구의 증가로 목적에 맞는 소규모 모임을 선호합니다.
❸ 당당하게 소신을 말한다.
   무례해 보이거나 불편함을 감수하고라도 해야 할 말은 합니다.
❹ 글이나 인터넷 정보보다 신뢰할 수 있는 사람을 더 따른다.
   유튜버 신뢰율이 83%일 정도로 글보다 영상을 더 신뢰합니다.
❺ 다양성을 선호합니다.
   다른 나라, 다른 인종, 다른 삶 등에 호기심이 많고 이해하려 합니다.

우리나라 20·30대의 복음화 비율이 3% 정도라고 합니다. 더욱 심각한 것은 나이가 어릴수록 3%보다도 낮아지고 있다는 것입니다.

새로운 세대를 더 잘 이해하고 포용하려는 노력이 있어야 복음도 수월하게 전할 수 있습니다.

다음 세대들을 이해하려고 노력하며 기도와 함께 물심양면으로 투자하십시오. 복되고 형통합니다. 아멘!!!!

♡ 주님, 복음화 비율이 낮아지고 있는 현실에서 주님의 방법으로 복음을 전하게 하소서.
📖 다음 세대들을 이해하려고 노력하며 기도와 함께 물심양면으로 투자합시다.

나의 영적 일기

푹 잘 수 있는 이유

읽을 말씀 : 시편 4:1-8

● 시 4:8 내가 평안히 눕고 자기도 하리니 나를 안전히 거하게 하시는 이는 오직 여호와시니이다

옛날에 한 왕이 백성들의 삶을 살피기 위해 시찰을 나왔습니다. 이곳저곳을 둘러본 왕은 광장으로 나가 백성들에게 말했습니다.
"혹시나 억울한 일을 당한 사람은 나와서 사연을 말하시오."
그러자 한 여인이 왕의 발 앞에 엎드려 자신의 사연을 고했습니다.
『지난 밤, 저의 전 재산이나 다름없는 귀한 물건을 도둑 맞았습니다. 도둑을 잡아주시든지, 물건을 보상해 주십시오.』
왕은 사정은 딱하지만 그렇게 중요한 물건이면 잠을 안 자면서라도 지켰어야지 왜 자신에게 보상을 요구하냐고 물었습니다. 이 말을 들은 여인은 다음과 같이 대답했습니다.
『제가 편히 잠들 수 있었던 것은 폐하 때문입니다. 언제나 백성들을 보살펴주는 왕이시라는 걸 믿고 있었습니다.』
왕은 여인의 말에 크게 감동해 여인이 잃어버린 물건보다 더 큰 상을 내렸습니다.
서아시아 지역에서 전해 내려오는 민담입니다.
주 하나님은 세상의 그 어떤 지혜로운 왕과도 비교할 수 없는 만왕의 왕이십니다. 우리는 그 왕을 믿기에 모든 근심과 걱정을 내려놓고 기쁨이 충만한 삶을 살아갈 수 있습니다. 모든 근심과 걱정을 주님께 맡기고, 평안 가운데 하루를 보내십시오. 복되고 형통합니다. 아멘!!!

♡ 주님, 근심과 걱정을 내려놓고 주님이 주시는 기쁨이 충만한 삶을 살게 하소서.
📖 요즘 나는 주님이 주시는 기쁨으로 평안한 삶을 살고 있는지 살펴봅시다.

나의 영적 일기

11월 5일 — 무릎 꿇지 않은 사람

읽을 말씀 : 열왕기상 19:11-18

● 왕상 19:18 그러나 내가 이스라엘 가운데 칠천인을 남기리니 다 무릎을 바알에게 꿇지 아니하고 다 그 입을 바알에게 맞추지 아니한 자니라

국내뿐 아니라 미국에서도 무신론자와 세속주의자들이 가파르게 증가하고 있다는 조사 결과가 계속해서 나오고 있습니다.

이것은 근래의 일이 아니라 10년 전부터 계속되고 있으며, 특히 청년층에서 더욱 급격하게 증가하고 있습니다. 그럼에도 불구하고 여전히 수많은 믿음의 청년들이 미국 전역에 자리 잡고 있고, 또한 기회가 될 때마다 함께 모여 선한 일을 진행하고 있습니다.

지난해 미국 애틀랜타(Atlanta)에서 열린 「패션(Passion) 찬양집회」에는 무려 4만 명이 모여 찬양을 드리고, 성경을 공부했습니다. 또한 성경 번역과 문서선교를 위해 5억 원의 헌금을 모았습니다. 운집한 4만 명 모두 18세에서 25세 사이의 청년들이었습니다.

선지자 엘리야는 아합왕이 다스리는 악의 시대에 자기 혼자 남아 있는 줄 알았지만, 하나님은 무릎을 꿇지 않은 7천 명을 예비해두셨습니다. 성경에 이들의 행적은 나오지 않습니다. 그러나 이 7천 명 또한 그 시대에 하나님의 뜻에 맞는 귀중한 쓰임을 받은 선지자들이었습니다.

세상 가운데 나 혼자 동떨어져 있다고 느낄 때, 신앙생활이 고독하다고 생각될 때, 여전히 무릎을 꿇지 않은 7천 명이 있음을 기억하십시오.

지금도 여전히 자기 자리에서 주님을 믿으며 세상에 주님의 사랑을 보이는 수많은 신실한 크리스천들이 살아있습니다. 주님만을 찬양하며, 합력하여 선한 일을 도모하며, 오직 주님만을 섬기는, 세상에 무릎 꿇지 않은 사람이 되십시오. 복되고 형통합니다. 아멘!!!

♡ 주님, 세상에 무릎 꿇지 않고 주님만을 찬양하며, 합력하여 선한 일을 하게 하소서.
🖼 나의 자리에서 주님을 믿으며 세상에 주님의 사랑을 보이는 삶을 삽시다.

나의 영적 일기

정말로 귀한 것

읽을 말씀 : 잠언 17:1-6

● 잠 17:1 마른 떡 한 조각만 있고도 화목하는 것이 육선이 집에 가득하고 다투는 것보다 나으니라

중국 춘추전국시대에 월나라 왕 구천은 병사들을 끔찍하게 아꼈습니다.
하루는 이웃 오나라와 전쟁을 준비 중이었는데 구천 왕이 병사들을 시냇가로 불러 모았습니다.
"귀한 날 먹으려고 아껴놓은 좋은 술을 여기 가져왔다.
나 혼자 마시기는 아까우니 다 함께 맛이나 보자."
그러고는 귀한 술병을 시냇가에 던져 깨버렸습니다. 병사들은 흘러내려오는 시냇물을 떠서 한 잔씩 마셨습니다. 시냇물에 술을 탄다고 해서 술맛이 날 리 없었지만, 왕의 사랑을 느낀 병사들의 사기는 다섯 배나 올랐습니다.
오나라와 전쟁이 한창 중이던 때, 구천 왕은 다시 병사들을 불러 모았습니다.
"오늘 특별히 나를 위해 요리사가 귀한 볶음밥을 만들어주었다.
고생하는 너희들을 두고 나만 먹을 수 없으니
너희들의 밥 안에 내 볶음밥을 조금씩 넣어 나눠주겠다."
병사들이 한 알씩 나눠 먹기에도 부족한 볶음밥이었지만, 역시 왕의 마음을 느낀 병사들은 평범한 쌀밥을 먹고도 사기가 열 배나 올라 전쟁에서 승리를 거두었습니다.
병사들의 사기를 올린 것은 맛있는 술과 밥이 아닌 왕의 마음이었습니다.
"찬양이 제사보다 낫다"는 말씀처럼 주님 역시 그 무엇이 아닌 우리의 중심을 원하십니다. 온 마음과 뜻을 다해 주님을 전심으로 예배하십시오. 복되고 형통합니다. 아멘!!!

♡ 주님, 우리의 마음을 원하시는 주님께 말씀을 따라 합당하게 예배하게 하소서.
🔍 마음과 뜻과 정성을 다해 예배를 드리고 있는지 살펴봅시다.

나의 영적 일기

11월 7일

하나님이 심은 나무

읽을 말씀 : 시편 1:1–6

● 시 1:3 저는 시냇가에 심은 나무가 시절을 좇아 과실을 맺으며 그 잎사귀가 마르지 아니함 같으니 그 행사가 다 형통하리로다

시편 1편 3절에는 '시냇가에 심은 나무'라는 복이 나옵니다.
시냇가 근처에 있는 나무는 물이 부족하지 않습니다.
계절 따라 과실을 맺고 잎사귀가 마르지 않는 복이 시냇가에 심은 나무가 누리는 복입니다.
그런데 산천초목이 우거지고 시냇가가 지천인 우리나라 사람들은 이 구절을 오해하고 있습니다.
한국인은 시편 1편 3절을 읽으면 자연스레 맑은 강을 떠올리고 그 옆에 자리 잡은 풍성한 나무를 떠올립니다.
그러나 국토 대부분이 사막인 이스라엘에는 이런 강이 거의 없습니다.
그래서 왕의 정원과 같이 관리가 필요한 곳에 수로로 물을 대고 근처에 나무를 심어 특별히 관리합니다.
시편에 나오는 시냇가에 심은 나무는 왕이 아끼어 직접 심은 나무입니다.
그리고 시냇가는 그 나무를 위해 기꺼이 수로를 내어 끌어온 물입니다.
주 하나님은 우리를 선택하사 왕의 정원에 심어주셨습니다. 그리고 우리에게 필요한 모든 복을 수로를 통해 이어주셨습니다.
세상을 살아가며 누릴 수 있는 가장 큰 복이 바로 주님을 믿음으로 구원받아 선택된 우리의 삶입니다. 왕의 정원에 심긴 특별한 나무가 바로 우리의 삶임을 기억하고 귀히 여기십시오. 복되고 형통합니다. 아멘!!!

💗 주님, 주님만이 세상을 살아가며 누릴 수 있는 가장 큰 복을 주심을 믿게 하소서.
📖 나는 주님께서 내게 주신 푸른 초장, 쉴만한 물가에서 살고 있는지 살펴봅시다.

나의 영적 일기

마지막 희망

읽을 말씀 : 요한복음 12:44-50

● 요 12:47 사람이 내 말을 듣고 지키지 아니할지라도 내가 저를 심판하지 아니하노라 내가 온 것은 세상을 심판하려 함이 아니요 세상을 구원하려 함이로라

20살의 나이에 노예무역으로 큰 성공을 이룬 청년이 있었습니다.
청년은 약관의 나이에 수많은 노예와 하인, 큰 저택 그리고 대서양을 횡단하는 큰 배까지 소유한 거부가 되었습니다. 큰 성공을 거둔 청년은 세상의 도덕을 비웃고 모든 종교를 조롱했습니다. 특히 기독교를 경멸했습니다.
남부러울 것 없는 성공을 거둔 청년의 눈에는 아무것도 보이지 않았습니다. 그렇게 청년은 다시 돈을 벌러 배를 타고 무역을 나섰습니다.
그런데 항해 중 강한 폭풍을 만났습니다.
항해 전 만반의 준비를 했으나 아무런 소용이 없었습니다.
배가 파손되고 물이 새어 들어왔습니다. 이제 가만히 앉아 죽음을 기다릴 수밖에 없던 청년은 그 자리에 쓰러져 주님의 자비를 구했습니다.
'저희 힘으로는 아무것도 할 수 없습니다.
하나님, 살아계시다면 자비를 베풀어 주소서.'
하나님은 이 청년의 기도를 들어주셨고, 폭풍은 거짓말처럼 사라져 모든 선원이 목숨을 건졌습니다. 죽음의 순간에서 하나님의 살아계심을 체험한 청년은 이후 목사님이 되어 노예 폐지 운동에 앞장섰습니다.
찬송가 「나 같은 죄인 살리신(405장/ 새 찬송가 305장)」의 작사가인 존 뉴튼(John Newton) 목사님의 이야기입니다.
세상의 유일한 희망은 오직 예수 그리스도뿐입니다. 죄인인 우리를 위해 오신 예수 그리스도를 믿음으로 우리의 생명을 파멸에서 구속하심을 감사하며 흑암에서 광명을 찾으십시오. 복되고 형통합니다. 아멘!!!

♥ 주님, 저의 생명을 파멸에서 구속해 주시고 인자와 긍휼을 베풀어 주소서.
🖼 예수님을 믿음으로 멸망받지 않고 영생을 선물로 받았음을 확신합시다.

나의 영적 일기

11월 9일

승부보다 중요한 것

읽을 말씀 : 미가 7:7-13

● 미 7:8 나의 대적이여 나로 인하여 기뻐하지 말지어다 나는 엎드러질지라도 일어날 것이요 어두운데 앉을지라도 여호와께서 나의 빛이 되실 것임이로다

   인공지능 바둑 프로그램 알파고와 인간 대표로 대국을 치른 이세돌 기사는 복기광으로도 유명합니다. 중요한 승부는 이겼든 졌든 항상 복기하며, 어떨 때는 대회장을 떠나지 않고 새벽 4시까지 반복해서 복기한 적도 있습니다.
   알파고와의 승부에서도 복기가 힘들었던 것이 가장 괴로웠다고 합니다.
   그런데 이세돌 기사뿐 아니라 이창호를 비롯한 정상급 바둑 기사들은 복기에 거의 목숨을 겁니다. 복기한다고 해서 승패를 되돌릴 수 있는 것도 아닌데 왜 그렇게 복기를 중요하게 여길까요?
   이세돌 기사는 이 질문에 다음과 같이 답변했습니다.
   "승패가 끝났다고 바둑이 끝난 것은 아닙니다.
   복기를 통해 뭘 잘못했고 뭘 배울 수 있는지 돌아봐야 합니다.
   그래서 저는 승패보다도 복기를 더 중요하게 여깁니다.
   인생도 바둑처럼 복기를 통해 실력을 키울 수 있다고 생각합니다."
   승부는 이미 지난 과거지만 그 과거를 통해 미래를 위한 실력을 늘릴 수 있습니다. 신앙생활도 마찬가지입니다. 실수와 죄로 인해 몇 번씩 넘어져도 다시 일어나 주님을 붙들어야 합니다. 세 번이나 주님을 부인하고도 다시 주님을 구주로 고백한 베드로처럼 더 굳건히 주님을 의지해야 합니다.
   올바른 회개와 깨달음을 통해 우리의 믿음은 더 크게 성장할 수 있습니다. 죄를 더 멀리하고 하나님을 더 사랑할 수 있도록 신앙생활을 복기하십시오. 복되고 형통합니다. 아멘!!!

♡ 주님, 죄를 자백하는 자를 불의에서 깨끗하게 하시는 주님을 찬양하게 하소서.
📖 회개와 깨달음을 통해 복기하는 신앙생활로 계속해서 믿음을 키워나갑시다.

나의 영적 일기

내가 아닌 주님만

읽을 말씀 : 시편 62:1-12

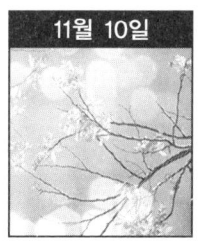

● 시 62:7 나의 구원과 영광이 하나님께 있음이여 내 힘의 반석과 피난처도 하나님께 있도다

「스니커즈(SNICKERS)」, 「몰티져스(Maltesers)」, 「트윅스(Twix)」, 「엠앤엠즈(m&m's)」 등은 전 세계 누구나 이름만 들어도 알만한 유명한 초콜릿 브랜드들입니다.
그런데 이 유명한 브랜드들은 사실 전부 「마즈(MARS)」라는 주식회사의 브랜드입니다. 2024년 기준으로 마즈의 매출은 80조 원으로 코카콜라보다 높습니다. 매출에 비해 회사가 알려지지 않은 이유는 철저한 브랜드 중심의 경영 철학 때문입니다.
"회사나 경영자가 아닌 제품으로 승부한다."
제품이 좋으면 알아서 잘 팔립니다. 제품이 잘 팔리면 그 돈으로 다시 다른 좋은 제품을 개발합니다. 이 선순환의 고리를 위해 마스는 주식 시장에 상장도 하지 않았습니다. 회장을 비롯한 모든 임직원들은 대외홍보도 거의 하지 않습니다. 공개 석상 자체에 모습을 드러내지 않고, 가족경영으로 오직 좋은 제품을 만드는 데만 신경을 씁니다.
이런 노력으로 여러 좋은 제품을 만들었기 때문에 마즈는 인지도는 약하지만, 코카콜라보다 매출이 높은 세계 최고의 초콜릿 브랜드가 될 수 있었습니다.
모이면 기도하고, 흩어지면 말씀을 전하고, 말씀으로 살아내던 초대교회 성도들의 모습이 오늘날 우리들의 모습으로 이어질 때, 저절로 세상 가운데 복음과 사랑이 전해질 것입니다. 주님의 말씀대로 살아갈 때 진리의 복음이 저절로 전해집니다. 내가 아닌 주님만 전해지는 신앙생활을 추구하십시오. 복되고 형통합니다. 아멘!!!

💗 주님, 말씀을 전하고, 말씀으로 살아내던 초대교회 성도처럼 살게 하소서.
🏵 나는 주님만을 전하기 위해 얼마나 노력하고 있는지 자신을 살펴봅시다.

> 나의 영적 일기

11월 11일

완전한 사랑의 증거

읽을 말씀 : 로마서 5:1-11

● 롬 5:8 우리가 아직 죄인 되었을 때에 그리스도께서 우리를 위하여 죽으심으로 하나님께서 우리에게 대한 자기의 사랑을 확증하셨느니라

숱한 범죄를 저질러 감옥을 드나들다 장기 복역을 하게 된 죄수가 있었습니다. 독방에서 외로이 하루하루를 보내고 있었는데, 하루는 창살 너머로 작은 새 한 마리가 날아들었습니다.

오랜만의 손님이 반가웠던 죄수는 먹다 남은 빵 부스러기를 주었습니다.

다음날도, 그다음 날도 참새는 찾아왔고, 죄수는 참새에게 정을 주기 시작했습니다. 그러나 얼마 뒤 죄수는 곧 멀리 떨어진 섬으로 이송된다는 통보를 받았습니다. 외딴섬이나 독방은 상관없었지만, 정이 든 참새를 포기할 수 없었던 죄수는 자질구레한 자재를 모아 엉성한 새장을 만들어 새를 가두었습니다. 혹시나 새가 날아서 도망칠까 봐 꼬리도 잘랐습니다. 그러나 이송 중 바다 위에서 죄수의 엉성한 새장은 부서져 버렸고, 바다에 떨어진 새는 꼬리가 잘려 날지도 못하고 그대로 빠져 죽고 말았습니다.

참새를 향한 죄수의 사랑은 오히려 새를 죽게 만들었습니다.

프랑스 소설가 피에르 로티(Pierre Loti)의 단편「늙은 죄수의 사랑」내용입니다.

소유의 욕망은 사랑이 아닙니다. 사랑하기에 믿으며, 사랑하기에 놓아주며, 사랑하기에 자유를 줄 수 있어야 합니다. 그러면서도 상대방이 자신의 사랑을 알아주기까지 인내할 줄 알아야 합니다.

인간에게 왜 자유의지를 주셨는지, 왜 스스로 믿을 때까지 인내하시는지, 참된 사랑을 모르는 우리는 이해하지 못합니다. 우리를 너무도 사랑하사 완전한 자유를 주시고, 끝까지 기다리시는 놀라운 그 사랑을 주님을 만남으로 경험하십시오. 복되고 형통합니다. 아멘!!!

♡ 주님, 완전한 자유를 허락하신 주님의 사랑을 떠나지 않고 그 안에 거하게 하소서.
📖 우리를 사랑하사 자유를 주시고 끝까지 기다리시는 놀라운 주님을 찬양합시다.

나의 영적 일기

낙서가 가득한 칠판

11월 12일

읽을 말씀 : 요한일서 1:5-10

● 요일 1:9 만일 우리가 우리 죄를 자백하면 저는 미쁘시고 의로우사 우리 죄를 사하시며 모든 불의에서 우리를 깨끗케 하실 것이요

'세대 차이를 가르는 요즘 학교 칠판'이라는 글을 본 적이 있습니다.

요즘 학교는 예전처럼 칠판지우개를 사용하지 않고 버튼을 누르면 기계가 나와서 칠판 전체를 말끔하게 지워줍니다. 먼지가 털리지도 않고 중간에 지우개를 청소할 필요도 없습니다. 기술의 발전이 사소한 부분에도 큰 영향을 미치고 있는 것입니다.

지금은 천국에 계시는 빌리 그래함(Billy Graham) 목사님은 우리의 회개를 이 칠판지우개에 빗대어 예화로 사용하셨습니다.

"학교에서 칠판을 지워본 적이 있습니까?

칠판에 어떤 글이 쓰여 있든, 얼마나 더럽든, 일단 지우면 백지상태가 됩니다.

우리가 주님 앞에 나아가 죄를 자백하고 그리스도를 우리의 구주로 믿을 때, 주님이 우리의 삶에 이와 똑같은 일을 하십니다.

요한일서 1장 9절 말씀을 보십시오.

주님은 우리를 용서하시고 깨끗케 하시겠다고 말씀하셨습니다.

우리의 칠판은 깨끗해질 수 있습니다.

오직 주님만이 그렇게 하실 수 있습니다."

손으로 지우든 기계로 지우든 칠판을 깨끗하게 지워야 다시 사용할 수 있습니다. 우리의 마음을 뭐든지 회복시키시는 주님께 맡기고 깨끗해진 마음을 거룩한 좋은 것들로 채워 넣으십시오. 복되고 형통합니다. 아멘!!!

♡ 주님, 주님께 죄를 자백하면 주님은 우리를 용서하시고 깨끗하게 하심을 믿게 하소서.

구원의 확신을 가진 후에도 지은 죄를 요한일서 1장 9절 말씀대로 자백합시다.

나의 영적 일기

11월 13일 — 삶을 축복으로 채우라

읽을 말씀 : 시편 107:1-9

● 시 107:9 저가 사모하는 영혼을 만족케 하시며 주린 영혼에게 좋은 것으로 채워주심이로다

　한국에서는 치매로 불리는 알츠하이머에 걸린 쥐를 대상으로 실험을 했습니다. 어떤 자극이 알츠하이머를 낫게 하는지 다양한 실험을 진행했는데, 알츠하이머를 멈추는 데 가장 중요한 것은 시각과 청각이었습니다.
　실험실의 쥐를 매일 1시간씩 야외의 햇볕을 쬐게 하자 알츠하이머 유발 물질이 눈에 띄게 줄어들었습니다. 여기에 더해 쥐들이 자연에서 들을 수 있는 소리를 일주일 동안 들려주었는데 뇌 전역에서 알츠하이머 유발 물질이 줄어들었습니다. 어떤 쥐들은 이전보다 뇌가 더욱 발달했습니다.
　이 연구를 토대로 뉴욕의 한 병원에서는 5년 동안 아들을 못 알아보던 알츠하이머 어르신 환자에게 젊은 시절 즐겨듣던 노래를 매일 들려줬습니다.
　놀랍게도 몇 주 뒤 5년 동안 알아보지 못했던 아들의 이름까지 기억해냈습니다. 자신이 젊고 건강했던 시절 즐겨 듣던 감각이 신체 나이를 돌려놓은 것입니다.
　여기에 더해 자신이 좋아했던 신체 활동과 예술 작품을 보는 일들도 알츠하이머 유발 물질을 감소시키고 뇌에 좋은 자극들을 주었다고 합니다.
　좋은 재료가 있어야 좋은 물건을 만들듯이, 좋은 것들로 우리의 삶을 채워야 합니다. 선한 것들을 보고, 아름다운 찬양을 듣고, 진리의 말씀을 읊조리며 우리 영혼을 만족케 할 때, 하나님이 주신 풍성한 복이 우리 삶에 차고 넘칠 것입니다. 우리의 삶을 윤택하게 하고 영혼을 만족하게 하는 선하고 좋은 것들로 오감을 채우십시오. 복되고 형통합니다. 아멘!!!

♡ 주님, 아름다운 찬양, 진리의 말씀으로 주님이 주신 풍성한 복을 누리게 하소서.
📖 주님이 주시는 좋은 것들로 우리의 삶을 윤택하게 하고 영혼을 만족하게 합시다.

나의 영적 일기

85년이 걸린 회심

읽을 말씀 : 에베소서 5:6-14

● 엡 5:9 빛의 열매는 모든 착함과 의로움과 진실함에 있느니라

호주 총독이었던 빌 하이든(Bill Hayden)은 또한 지독한 무신론자로도 유명했습니다. 공공연히 자신을 무신론자라고 공개하던 하이든이 85세의 나이에 갑자기 주님을 믿겠다고 고백한 뒤 세례(침례)까지 받았습니다.

하이든이 「하나님을 믿게 된 이유」는 크게 두 가지였습니다.

- 첫째, 80년을 살았음에도 '삶의 의미가 무엇인지', '세상에서의 나의 역할은 무엇인지'라는 질문에 답을 찾지 못했다.
- 둘째, 그동안 살면서 바라본 수많은 그리스도인들의 이타적인 행동에 큰 감명을 받았다.

이 이유를 통해 우리도 중요한 사실을 깨달아야 합니다.

❶ 한 나라의 총리까지 할 정도로 높은 위치에 있던 인물이 한평생을 고민해도 결국 인간 존재의 근원에 대한 질문에 답을 찾을 수는 없었다는 사실입니다.

❷ 이름도 없이, 빛도 없이, 주님의 손이 되어 어려운 이를 도왔던 그리스도인들의 선행이 철저한 무신론자의 마음을 녹이고 복음을 전하는 기폭제가 되었다는 사실입니다.

말씀대로 살아가는 한 사람, 한 사람의 경건한 성도들이 세상에 복음을 전하며 살아가는, 주님이 찾으시는 예배자들입니다. 우리의 삶에 주님의 사랑과 말씀을 녹여내는 삶의 예배자가 되십시오. 복되고 형통합니다. 아멘!!!

주님, 이름도 없이, 빛도 없이 주님의 손이 되어 어려운 이를 돕는 선행을 하게 하소서.
경건한 성도로 세상에 복음을 전하며 주님이 찾으시는 예배자가 됩시다.

나의 영적 일기

감사는 상황이 아니다

읽을 말씀 : 데살로니가전서 5:12-23

● 살전 5:18 범사에 감사하라 이는 그리스도 예수 안에서 너희를 향하신 하나님의 뜻이니라

11월 15일

　이스라엘 백성들은 일 년에 두 번 추수감사절을 드렸습니다.
　처음 곡식을 거둘 때 감사를 드렸고, 마지막 곡식을 거둘 때 또 감사를 드렸습니다. 농사를 짓지 않는 대부분의 현대인들은 이런 의미에서 추수감사절이 덜 와닿을 수는 있습니다. 실제로 추수한 곡식이 눈에 보이지 않기 때문입니다. 하지만 생각을 조금 바꿔보면 더욱 많은 감사의 조건이 생깁니다.
　매달 받는 월급이 감사의 조건이 될 수도 있고, 매일 먹는 일용할 양식이 감사의 조건이 될 수 있습니다. 주 하나님의 은혜가 없이는 우리는 물 한 방울, 쌀 한 톨도 먹고 마실 수 없습니다. 이런 은혜에 정말로 감사하는 마음을 가지고 있습니까?
　프랑스 사교계의 유명인사였던 장 도미니크 보비(Jean-Dominique Bauby)는 자동차 사고로 전신마비가 됐습니다. 움직일 수 있는 것은 왼쪽 눈꺼풀뿐이었습니다. 보비는 15개월 동안 왼쪽 눈을 사용해 「잠수종과 나비」라는 책을 썼는데 이 책의 서문은 다음과 같이 시작합니다.
　'흘러내리는 침을 삼킬 수 있는 사람은 세상에서 가장 행복한 사람입니다.'
　감사할 제목이 없어서 감사를 못 하는 사람은 없습니다. 받은 은혜가 너무 많아 오히려 잊고 살기에, 익숙해졌기에 감사 대신 불평하는 것입니다. 오늘 하루, 우리가 누리는 모든 것을 허락하신 주님께 풍성한 감사의 찬양을 올려드리십시오. 복되고 형통합니다. 아멘!!!

♥ 주님, 은혜를 잊고 살며 불평이라는 교만의 죄를 짓지 않고 살아가게 하소서.
✋ 매분, 매시, 매일, 항상, 모든 것에 감사하며 주님께 영광 돌리며 삽시다.

나의 영적 일기

이전삼기(二顚三起)

읽을 말씀 : 갈라디아서 6:1-10

● 갈 6:9 우리가 선을 행하되 낙심하지 말지니 피곤하지 아니하면 때가 이르매 거두리라

11월 16일

『2024년에 세워져 주파수 FM 104.3MHz로 현재도 힘차게 복음을 송출하고 있는 강원극동방송 원주본부의 설립 과정에는 하나님의 놀라운 기적이 숨겨져 있습니다. 강원극동방송은 그동안 북한과 강원 영동지역에 복음을 전했습니다.

저는 원주에 들어서면 서울극동방송의 방송이 잘 안 들리는 경험을 했기에 원주 중계소 설립의 필요성을 절실히 느끼고 있었습니다. 이에 방송사에서는 2013년부터 관계기관에 허가 신청을 했으나 두 번에 걸쳐 반려되었고, 이로 인해 지역의 많은 분들이 낙심하고 좌절하기도 했습니다.

그러나 방송사는 결코 포기하지 않았고 그 후로도 수년 동안 간절히 기도하며 수많은 현장 조사와 기술 검토를 통해 세 번째 문을 두드렸습니다.

마침내 2024년, 방송 허가 신청을 한 지 11년 만에 정부로부터 중계소 설립 허가를 받았습니다. 더욱 놀라운 일은 중계소가 최초에 희망했던 300m 지점이 아니라 900m가 넘는 백운산 높은 봉우리에 안테나를 세울 수 있도록 허가가 나와 이제는 원주뿐만 아니라 횡성 등 더 먼 지역까지도 복음을 전할 수 있게 된 사실이었습니다.

2025년 1월 오랜 기다림 끝에 세워진 원주본부의 설립 감사 예배 때 기뻐하며 감격해하는 수많은 목회자들과 운영위원들의 모습을 떠올리면서, 오늘도 끝까지 멈추지 않으시고 놀라운 역사를 이루시는 주님의 은혜를 찬양하게 됩니다.』 -「김장환 목사의 인생 메모」중에서

기도 제목이 이루어지지 않았다면 주님의 응답하심을 다시 한번 기다려 보십시오. 복되고 형통합니다. 아멘!!!

♡ 주님, 낙심과 좌절의 상황을 감격의 상황으로 바꾸시는 주님께 찬양하게 하소서.
📖 주님의 응답이 더딘 것 때문에 마음이 흔들리지는 않는지 생각해 보고 인내합시다.

나의 영적 일기

11월 17일

무엇을 믿으십니까

읽을 말씀 : 요한복음 8:31-38

● 요 8:32 진리를 알지니 진리가 너희를 자유케 하리라

    2020년 미국의 한 선교회가 리서치 업체와 함께 조사한 설문 결과입니다. 조사에 참여한 미국인의 81%는 자신이 크리스천이라고 생각했습니다. 그러나 73%만이 천국이 존재한다고 응답했습니다.
    심지어 48%만이 예수님이 정말로 하나님의 아들이라고 믿었으며, 52%는 그저 위대한 교사라고 응답했습니다. 자신을 정통 교단의 크리스천이라고 응답한 사람도 30%는 예수님이 하나님의 아들이라는 사실을 믿지 않았습니다. 크리스천이지만 천국도 믿지 않고, 예수님도 하나님의 아들로 믿지 않는다면 도대체 무엇을 믿고, 어떻게 구원을 얻은 것일까요?
    1980년대 미국의 신학생들을 대상으로 조사한 설문 조사 결과는 더욱 충격적이었습니다. 조사에 참여한 신학생의 50%는 성경을 믿지 않는다고 응답했고, 60%는 부활을, 90%는 예수님의 재림을 믿지 않는다고 응답했습니다.
    다행히 계속된 개혁과 노력으로 2025년 NSRL(The National Survey of Religious Leaders)에서 조사한 자료에 따르면 91%가 하나님의 존재를 확실히 믿으며, 99%가 성경이 하나님의 말씀이라고 믿는다고 응답했습니다.
    믿음은 생각과 이성으로 재단할 수 없는 것입니다. 성경이 유일한 진리임을 믿으십니까? 그 진리를 토대로 창조주이신 하나님과 구원자이신 예수님을 구주로 영접하셨습니까? 그렇다면 천국을 믿지 않을 수 없고, 부활을 믿지 않을 수 없고, 재림을 기다리지 않을 수 없습니다. 흔들리지 않는 확고한 진리의 토대 위에 믿음이라는 집을 쌓으십시오. 복되고 형통합니다. 아멘!!!

♥ 주님, 성경에 기록된 대로 천국을 믿고, 부활을 믿고, 재림을 믿는 성도가 되게 하소서.
🖤 나는 천국을 믿고, 부활을 믿고, 재림을 믿는 성도인지 스스로 확증합시다.

나의 영적 일기

주님이 다 아십니다

읽을 말씀 : 이사야 40:1-11

● 사 40:1 너희 하나님이 가라사대 너희는 위로하라 내 백성을 위로하라

젊은 시절 군인으로 전쟁터를 전전한 청년이 있었습니다.
훈장까지 받을 정도로 훌륭한 군인이었지만, 자신 때문에 죽게 된 사람들을 떠올릴 때마다 마음이 편치 않았습니다.
이 청년이 부대의 군목을 찾아가 상담을 요청했는데, 청년의 말을 들은 군목은 다음과 같이 말했습니다.
"세상의 것은 세상에 돌려주라는 것이 주님의 말씀입니다.
훈장 때문에 마음이 불편하다면 훈장을 반납하십시오."
군목의 답변은 청년의 마음을 편하게 해주지 못했습니다.
청년이 찾아간 또 다른 군목은 다음과 같이 조언했습니다.
"믿는 사람은 군사와 같이 용맹해야 합니다. 더 용맹한 군인이 되십시오."
이 답변도 청년의 마음을 편하게 해주지 못했습니다.
청년은 마지막으로 한 명의 군목을 더 찾아갔는데, 사정을 들은 군목은 아무 말도 하지 않고 조용히 눈물을 흘리며 청년을 안아주었습니다. 그 순간 청년은 자신의 마음이 치유된 것을 경험했습니다.
스코틀랜드 부흥 운동의 주역이었던 던컨 캠벨(Duncan Campbell) 목사님의 군인 시절 이야기입니다.
주님의 사랑과 자비를 경험하는 방법은 논리와 이해가 아닌 체험입니다.
주님의 사랑과 마음을 가지고 마음이 힘들고 어려운 사람들을 찾아가 공감해 주십시오. 복되고 형통합니다. 아멘!!!

♡ 주님, 마음이 힘들고 어려운 사람들을 주님의 마음으로 공감하는 성도가 되게 하소서.
🖼 마음이 힘들고 어려운 사람들이 생각나면 찾아가 공감하는 한 주간이 됩시다.

나의 영적 일기

137년의 감사

11월 19일

읽을 말씀 : 골로새서 3:7-17

● 골 3:17 또 무엇을 하든지 말에나 일에나 다 주 예수의 이름으로 하고 그를 힘입어 하나님 아버지께 감사하라

미국인 중 가장 장수한 것으로 알려진 찰리 스미스(Charlie Smith)는 137세까지 살았습니다. 세상을 떠나기 얼마 전에 찰리는 자신이 다니는 교회의 목사님 앞에서 다음과 같은 감사 기도를 드렸습니다.

"하나님 저를 흑인으로 태어나게 해주셔서 감사드립니다.
고통스러운 노동 생활이었지만 감사합니다.
130여 년간 언제나 제 곁에 있어 주셔서 감사합니다."

곁에서 이 고백을 들은 목사님은 깜짝 놀랐습니다. 스미스의 인생은 '고통의 전시장'이라고 할 정도로 고난의 연속이었기 때문입니다.

서아프리카 라이베리아(Republic of Liberia)에서 태어났지만, 어린 시절 노예로 미국에 팔려 와 미국 전역을 끌려다녔고, 병들고 굶주려 죽을 뻔한 적만 스무 번이 넘었습니다. 그러나 스미스는 마지막까지 하나님께 감사했습니다.

그 모든 고난의 순간에도 하나님이 침묵하신 것이 아니라 함께하셨다는 사실을 깨달았기 때문입니다.

생의 마지막에 우리가 남길 말은 무엇입니까?

하나님은 언제나, 지금도 우리 곁을 떠나지 않고 함께하고 계십니다. 가장 괴로웠던 순간에도 함께 계셨고, 가장 즐거웠던 순간에도 함께 계셨습니다.

늘 함께하시는 주님으로 인해 기뻐하며, 모든 역경을 극복할 힘을 얻으십시오. 복되고 형통합니다. 아멘!!!

♥ 주님, 저의 모든 고난의 순간에도 침묵하신 것이 아니라 함께하셨음을 깨닫게 하소서.
📖 늘 함께하시는 주님으로 인해 기뻐하며, 모든 역경을 극복할 힘을 얻읍시다.

나의 영적 일기

퍼즐과 원형

읽을 말씀 : 로마서 15:1-13

●롬 15:5 이제 인내와 안위의 하나님이 너희로 그리스도 예수를 본받아 서로 뜻이 같게 하여 주사

11월 20일

 아들에게 1,000피스 퍼즐을 선물로 준 목사님이 있었습니다. 1,000피스 퍼즐은 하루 종일 맞춰도 10시간 이상 걸리는 어려운 퍼즐입니다.
 목사님은 아들이 일주일 정도는 퍼즐을 맞추느라 고생을 할 줄 알았습니다. 그런데 반나절 외출을 다녀오니 아들이 이미 퍼즐을 정확히 맞춘 상태였습니다.
 "이렇게 복잡한 퍼즐을 어쩜 그렇게 쉽게 맞췄니?"
 아들은 퍼즐 한 조각을 빼서 목사님에게 뒷면을 보여주었습니다.
 『여기 뒤에 희미하게 그림이 있더라고요.
 그 그림을 보면서 퍼즐을 맞췄더니 앞면이 완성되었어요.』
 퍼즐 작업을 하기 위해서인지 뒷면에 희미하게 그려진 그림과 숫자가 있었는데, 아들은 영리하게도 앞면이 아닌 뒷면을 보고 퍼즐을 맞췄던 것입니다.
 아들의 이야기를 들은 목사님은 크게 깨달았습니다.
 '우리의 삶도 마찬가지다!
 예수님의 본이라는 정답에 맞추어 살아갈 때 모든 문제가 사라진다.'
 답안지가 손에 있다면 어려울 문제가 없습니다. 그런데 우리의 손에 답안지가 들려 있습니다. 그것은 유일한 진리인 성경입니다. 우리는 답안지를 손에 들고도 펼쳐보지 않는 미련한 삶을 살아가고 있지는 않습니까?
 예수님이 살아가셨던 것처럼 살아가고자 노력하고 예수님의 말씀대로 지켜 행하고자 노력하십시오. 복되고 형통합니다. 아멘!!!

♡ 주님, 제 삶의 답안지가 주님 안에 있음을 믿고 주님 안에서 문제를 해결하게 하소서.
🔍 지금 어려운 문제를 해결하기 위해 주님께 그 해답을 찾고 있는지 살펴봅시다.

나의 영적 일기

11월 21일

하나님이 하시면

읽을 말씀 : 사도행전 1:6-11

● 행 1:8 오직 성령이 너희에게 임하시면 너희가 권능을 받고 예루살렘과 온 유대와 사마리아와 땅끝까지 이르러 내 증인이 되리라 하시니라

아주 오래전 미국 오리건주의 유진(Eugene, Oregon)이라는 작은 시골 마을에서 영화상영회가 있었습니다. 마땅한 영화관도 없어 마을회관에서 종종 주민들을 위해 영화를 상영하곤 했는데, 하루는 종교영화가 상영되었습니다.

마을 사람들 대부분은 관심이 없었습니다. 교회를 다니는 사람 중 독실한 몇몇만 마을회관에 모여서 영화를 봤습니다. 영화는 한국전쟁 때 생겨난 고아들 이야기를 다루고 있었습니다.

영화가 끝나고 한 농부 부부는 마음에 무언가 해야겠다는 부담감을 느꼈습니다. 그러나 두 사람은 그저 가난한 농부일 뿐이었습니다. 서로 무언가 해야겠다는 감동은 동시에 느꼈지만, 어쩔 수 없다는 결론에 이르렀습니다.

그러나 주님이 주신 마음은 하루하루가 지날수록 더욱 강렬해졌습니다. 부부는 결국 순종하기로 마음을 먹고 한국으로 와서 고아 8명을 입양했습니다.

이 뉴스가 지역 신문에 실리자 많은 지역 주민들이 이 부부에게 자기들도 입양하고 싶다고 연락을 했습니다. 부부는 아예 농장을 정리하고 고아들의 입양을 전문으로 하는 「홀트아동복지회(Holt International Children's Services)」를 설립했습니다.

주님이 하셨기 때문에 시골의 가난한 농부 부부가 세상의 고아들을 위한 복지단체를 설립할 수 있었습니다. 주님을 만나고 주님께 순종하면 모든 일은 주님이 하십니다. 불가능이 없으신 주님께 나의 삶을 맡기십시오. 복되고 형통합니다. 아멘!!!

♡ 주님, 저에게 있는 모든 문제를 불가능이 없으신 주님께 맡기는 성도가 되게 하소서.
📖 주님을 만나고 주님께 순종하면 모든 일은 주님께서 이루어주심을 믿읍시다.

나의 영적 일기

끝까지 주님만을

읽을 말씀 : 빌립보서 1:12-30

● 빌 1:29 그리스도를 위하여 너희에게 은혜를 주신 것은 다만 그를 믿을뿐 아니라 또한 그를 위하여 고난도 받게 하심이라

독일의 신학자 디트리히 본회퍼(Dietrich Bonhoeffer)는 독재자 히틀러에게 반기를 들다가 감옥에 갇혔습니다. 당시 본회퍼에게는 사랑하는 약혼자가 있었습니다. 본회퍼가 감옥에서 약혼자에게 보낸 편지에는 다음과 같은 내용이 있었습니다.

「나의 사랑! 당신은 내가 불행하다고 생각해서는 안 됩니다.

행복과 불행의 차이는 무엇일까요?

그것은 약간의 환경의 차이입니다.

다시 말하면 인간의 마음에 달려 있다는 얘기입니다.」

죄를 저질러 감옥에 갇혀 있다면 불행이지만, 선을 위해 노력하다 감옥에 갇히면 행복이라는 고백이었습니다.

본회퍼는 석방되지 못하고 결국 처형당했습니다. 그러나 마지막까지 하나님을 신뢰했습니다. 본회퍼는 처형당하기 전 약혼녀에게 보낸 마지막 편지에 「주님의 선하신 권능에 휩싸여(Von Guten Machten)」라는 시를 지어 보냈는데, 이 시는 성가곡이 되어 독일을 비롯해 우리나라에서도 불리고 있습니다.

십자가에서 우리를 향한 예수님의 사랑이 변함없으셨던 것처럼 우리도 어떤 상황에서도 주님을 부인하지 않고 신뢰해야 합니다. 푸른 초장에서도, 사망의 음침한 골짜기에서도, 나를 안위하시는 주님만을 끝까지 신뢰하십시오. 복되고 형통합니다. 아멘!!!

♡ 주님, 주님의 선하심과 인자하심이 정녕 저와 함께하심을 믿고 주님을 신뢰하게 하소서.
📖 내가 어려운 일을 당하고 있을 때에도 주님은 변함없이 함께하심을 믿읍시다.

나의 영적 일기

11월 23일
믿음의 의미

읽을 말씀 : 히브리서 11:1-12

● 히 11:8 믿음으로 아브라함은 부르심을 받았을 때에 순종하여 장래 기업으로 받을 땅에 나갈새 갈 바를 알지 못하고 나갔으며

멕시코 정글에 사는 쿠에케텍 부족과 체르탈 부족에게는 '믿음'과 '순종'이라는 단어가 분리되어 있지 않습니다. 한 단어가 믿음과 순종이라는 뜻을 동시에 가지고 있기 때문입니다.

처음에 이 지역에 복음을 전하러 온 선교사님들은 이 사실을 알고 크게 당황해 두 부족의 언어가 덜 발달했다고 생각했다고 합니다.

그래서 두 단어를 나누어 복음을 전하려고 했는데, 그때마다 부족 사람들은 오히려 반문했다고 합니다.

"믿음과 순종이 어떻게 떨어질 수가 있습니까?

믿으면 순종하지 않습니까?

순종은 믿기 때문에 하는 것이 아닙니까?"

이 말을 들은 선교사님들은 두 부족의 말이 오히려 옳다는 사실을 깨달았습니다. 믿으면서 순종하지 않으면 뻔뻔한 것이고, 믿지도 않으면서 순종하는 것은 외식입니다. 오히려 두 단어를 나누어서 생각하는 현대 문명의 사람들이 참된 믿음이 무엇인지 깨닫지 못하고 있는 것이었습니다.

믿음과 순종은 떨어질 수 없는 관계입니다.

순종하지 않으면서 믿는다고 고백하지 말고, 믿지도 않으면서 순종하는 척하지 마십시오. 주님은 우리의 중심을 꿰뚫어 보시는 분입니다. 믿음의 고백대로 순종하며 언행일치를 실천하십시오. 복되고 형통합니다. 아멘!!!

♡ 주님, 믿는 대로 순종하고, 순종하면서 믿는 바른 신앙생활을 하게 하소서.

♠ 나는 주님을 믿는다고 고백하면서 얼마나 순종하고 있는지 살펴봅시다.

나의 영적 일기

생명을 전합시다

읽을 말씀 : 요한복음 10:7-18

● 요 10:10 도적이 오는 것은 도적질하고 죽이고 멸망시키려는 것뿐이요 내가 온 것은 양으로 생명을 얻게 하고 더 풍성히 얻게 하려는 것이라

독실한 기독교 집안에서 자랐으나 교회가 너무도 싫은 남자가 있었습니다. 유흥업계에서 일하기로 마음먹은 남자는 큰 성공을 거두었습니다.

뉴욕에서 가장 큰 클럽의 프로모터가 되어 좋은 차, 좋은 집에서 돈을 펑펑 쓰며 살았습니다. 하지만 아무리 원하는 삶을 살아도 영혼은 점점 목이 말라갔습니다. 세상의 것들로 목마름을 채우려고 노력하던 남자는 급기야 마약에까지 손을 댔습니다.

인생의 가장 밑바닥으로 떨어진 순간, 그때까지 남자를 위해 기도하던 가족들의 도움으로 남자는 주님을 만났고 마약을 끊었습니다.

유흥업계에서 완전히 손을 뗀 남자는 전 세계를 돌며 봉사활동을 했습니다.

그러던 중 아프리카에서 마실 물이 없어 고생하는 사람들을 보고 큰 충격을 받아 이들을 도울 수 있는 「채리티 워터(charity: water)」라는 비영리단체를 설립했습니다.

클럽에서 공연을 홍보하고 기획하던 남자의 경험과 재능은 봉사활동에도 큰 도움이 됐습니다. 남자는 기부금이 어떻게 사용되고 어디에 우물을 지었는지 즉각 확인할 수 있는 획기적인 시스템을 구축했습니다. 채리티 워터는 최근까지 100만 명에게 기부금을 받아 840만 명에게 깨끗한 물을 제공했습니다.

세상에는 아직도 도움이 필요한 사람이 너무도 많습니다. 어려운 이들의 필요를 돕고 생명의 말씀을 전하는 것이 주님이 우리에게 주신 사명입니다. 선행으로, 봉사로, 기부로, 전도로, 살아계신 생명이신 주님을 전하십시오. 복되고 형통합니다. 아멘!!!

♥ 주님, 어려운 이들의 필요를 돕고 생명의 말씀을 전하는 사명을 잘 감당하게 하소서.

🖋 선행으로, 봉사로, 기부로, 전도로, 살아계신 생명이신 주님을 성실히 전합시다.

나의 영적 일기

11월 25일
기도로 탄생한 호두과자

읽을 말씀 : 신명기 23:15-25

● 신 23:21 네 하나님 여호와께 서원하거든 갚기를 더디하지 말라 네 하나님 여호와께서 반드시 그것을 네게 요구하시리니 더디면 네게 죄라

어린 시절부터 가난하지만 열심히 교회를 다닌 권사님이 계셨습니다.
권사님은 학생 시절 예배당에서 다음과 같은 기도를 드렸습니다.
"주님, 7개의 교회를 건축할 수 있도록 복을 내려주세요."
주님은 이 기도를 잊지 않으시고 가장 적합한 때에 권사님에게 아이디어를 주셨습니다. 바로 권사님이 사는 지역의 명물인 호두를 사용해 과자를 만드는 아이디어였습니다.
권사님은 늦은 나이에 호두과자를 만들어 팔기 시작했습니다. 아무런 광고도 하지 않았고, 그저 성심껏 과자를 만들기만 했는데 저절로 입소문이 나서 전국을 넘어 해외에서도 주문이 올 정도로 장사가 잘됐습니다. 주님의 놀라운 복을 경험한 권사님은 다시 기도를 드렸습니다.
"이 사업은 제 사업이 아닙니다. 하나님이 동업자이십니다.
절반은 주님을 위해 사용하겠습니다."
권사님은 번창한 사업으로 어린 시절 서원했던 7개의 교회를 건축했고, 과자 봉지에 성경 말씀을 적으며 복음을 전했습니다. 사업보다도 어려운 사람을 돕는 일에 먼저 신경을 쓰자 주님은 계속해서 사업이 번창하는 큰 복을 내려주셨습니다.
진실한 마음으로 드리는 기도를 주님은 정말로 들으시고 하나도 땅에 떨어트리지 않으십니다. 우리 마음의 정수를 드리는 진실한 기도로 주님께 예배를 올리고, 서원한 것은 반드시 지키십시오. 복되고 형통합니다. 아멘!!!

♥ 주님, 저도 주님께서 주신 복으로 어려운 사람을 도우며 복음을 전하게 하소서.
🖼 내가 지금 하고 있는 일이 주님의 일이라고 자신 있게 말하는 삶을 삽시다.

나의 영적 일기

그 나라와 그 의

읽을 말씀 : 로마서 6:1-14

● 롬 6:13 또한 너희 지체를 불의의 병기로 죄에게 드리지 말고 오직 너희 자신을 죽은 자 가운데서 다시 산 자 같이 하나님께 드리며 너희 지체를 의의 병기로 하나님께 드리라

성경의 한나처럼 아들을 하나님께 드리겠다고 서원한 어머니가 있었습니다. 그러나 아들은 어머니의 바람과는 달리 완전히 세상을 향해 살아갔습니다.

자신의 삶은 자기 뜻대로 살고 싶었던 아들은 순탄하지 못한 청년기를 보냈지만, 그래도 주 하나님께 돌아갈 생각은 하지 않았습니다. 마흔 살 즈음에 큰 교통사고를 당해 장애를 갖고 나서야 정신을 차렸습니다.

도피성으로 뉴질랜드로 떠났으나 극심한 경제적 어려움을 겪었습니다.

집세를 내지 못해 쫓겨날 상황에서야 아들은 눈물로 하나님께 구했습니다.

"하나님, 앞으로의 제 삶은 오직 하나님을 위해서만 살겠습니다.

제 삶을 하나님을 위해 써주세요."

그때부터 거짓말처럼 기적이 일어났습니다. 2년 뒤에 돈을 내는 조건으로 20만 평의 땅을 살 기회가 생겼는데 땅값이 올라 1년도 되지 않아 빚을 갚고 건물까지 올리는 믿을 수 없는 일이었습니다.

아들은 자신이 서원한 대로, 올린 건물에 선교센터를 지어 선교사를 양성하고 복음을 전하는 전진 기지로 삼았습니다. 또한, 선교 단체에게는 월세를 받지 않고 공간을 임대했습니다. 지금도 뉴질랜드에서 가장 큰 규모의 선교를 하고 있는 L 선교사님의 이야기입니다.

그 나라와 그 의를 구할 때, 주 하나님은 정말로 우리의 모든 것을 책임져 주시고, 감히 생각지도 못한 놀라운 일들을 이루어 주십니다. 내 삶에 놀라운 역사를 이루실 하나님을 전적으로 믿고, 전적으로 하나님을 위해 사십시오. 복되고 형통합니다. 아멘!!!

🤍 주님, 무엇보다도 주님의 나라와 의를 먼저 구하는 복된 삶을 살아 영광 돌리게 하소서.
📖 나는 모든 생활에서 주님의 나라와 의를 먼저 구하며 살고 있는지 살펴봅시다.

나의 영적 일기

11월 27일 죄송해야 할 대상

읽을 말씀 : 시편 33:1-22

● 시 33:13 여호와께서 하늘에서 감찰하사 모든 인생을 보심이여

    탁월한 강해 설교자로 유명한 허셀 포드(W. Herschel Ford) 목사님이 한 모임에 참석했습니다. 분위기가 한창 무르익을 무렵 한 여성이 갑자기 다른 사람을 험담하기 시작했습니다. 한참 열을 내며 다른 사람들을 험담하는 여성에게 누군가 이 자리에 목사님이 계시다는 언질을 주었습니다. 여성은 얼굴이 빨개져서 목사님에게 사과했습니다.
    "목사님, 죄송합니다. 사실 저도 교인입니다.
    목사님이 계신 줄 모르고 결례를 범했습니다."
    『저에게 죄송하지 않으셔도 됩니다.』
    "그럼 제가 험담한 당사자를 찾아가 사과해야 할까요?"
    여인의 말에 목사님은 더 놀라운 이야기를 했습니다.
    『사죄는 하나님께 하셔야 합니다. 제가 이 자리에 없었다고 죄가 사라지는 것이 아니듯이 하나님은 이미 자매님의 모든 것을 다 보고 계셨습니다.』
    아무도 없는, 나 홀로 있는 순간에도 하나님이 나와 함께하시며 나의 모든 것을 알고 계십니다.
    교회 밖에서의 나는 어떤 사람입니까? 세상 사람들과 있을 때의 나는 어떤 사람입니까? 혼자 있을 때의 나는 어떤 사람입니까? 하나님과 함께 있는 사람입니까?
    하나님을 믿는다고 고백하며 하나님이 없는 것처럼 사는 미련한 사람이 되지 말고, 요셉과 같이 보이지 않는 곳에서도 죄를 멀리하는 사람이 되십시오. 복되고 형통합니다. 아멘!!!

  ♡ 주님, 언제라도 주님이 함께하시며, 나의 모든 것을 알고 계심을 기억하게 하소서.
  📖 어느 곳에서나, 어느 때나 남의 험담을 하지 말고 의지적으로라도 칭찬합시다.

나의 영적 일기

곳간이 있는 곳

읽을 말씀 : 마태복음 6:19-34

● 마 6:19 너희를 위하여 보물을 땅에 쌓아 두지 말라 거기는 좀과 동록이 해하며 도적이 구멍을 뚫고 도적질하느니라

    미국 캘리포니아의 한 가정집에 어느 날 경찰이 들이닥쳤습니다.
    남자 혼자 사는 이 가정집은 겉으로는 멀쩡해 보였지만 온 집안이 쓰레기로 가득했습니다. 종일 길을 돌아다니며 쓸 만한 쓰레기를 주워다가 쌓아놓는 게 남자의 일과였기 때문입니다.
    남자의 집안에서 뿜어져 나오는 악취 때문에 참다못한 주변 주민들이 경찰에 신고했고, 경찰은 소방법 위반이라는 명목으로 온 집안의 쓰레기를 내다 버렸습니다.
    집 안에서 나온 쓰레기는 무려 트럭 2대 분량이었습니다.
    하루라도 빨리 악취를 없애기 위해 주변의 주민들까지 팔을 걷어붙이고 나섰습니다.
    그러나 다음 날이 되자 주민들은 혀를 찰 수밖에 없었습니다.
    남자가 다시 거리를 돌아다니며 쓰레기를 줍고 있었기 때문입니다.
    「뉴욕 타임스(The New York Times)」 토픽난에 실렸던 실화입니다.
    세상에서 사람들이 가지려고 노력하는 모든 것들이 하늘나라에서는 쓰지도 못할 쓰레기들입니다.
    우리의 곳간이 있는 곳은 세상이 아닌 하늘나라입니다.
    그 나라와 그때를 위해 세상의 것을 주님의 말씀대로 사용하며 하늘의 보물을 준비하십시오. 복되고 형통합니다. 아멘!!!

♡ 주님, 세상의 것을 주님의 말씀대로 사용하며 하늘에 보물을 쌓는 삶을 살게 하소서.
📖 세상에서 가지려고 노력한 것들이 하늘나라에서는 쓰레기일 수 있음을 기억합시다.

나의 영적 일기

11월 29일 하나님을 섬기는 법

읽을 말씀 : 마태복음 18:1-10

● 마 18:10 삼가 이 소자 중에 하나도 업신여기지 말라 너희에게 말하노니 저희 천사들이 하늘에서 하늘에 계신 내 아버지의 얼굴을 항상 뵈옵느니라

미국 하비스트 성서교회(Harvest Bible Chapel)의 제임스 맥도널드(James MacDonald) 목사님이 어느 주일 강단에 서자마자 갑자기 눈물을 흘렸습니다.
"지난 한 주 저는 여러분이 얼마나 멋진 분들인지를 경험했습니다. 여러분은 주님의 사랑을 말씀대로 전하는 사람들입니다."
복음 방송의 유명 호스트이기도 한 맥도널드 목사님은 지난 주일 노숙자로 변장하고 교회 근처를 배회했습니다. 목사님은 성도들이 교회 근처의 노숙자를 못 본 척 지나갈 것이라고 예상했는데 결과는 정반대였습니다.
대부분의 교회 성도들은 노숙자에게 다가가 도움이 필요한지를 물었습니다. 어떤 성도는 커피와 함께 음식을 가져다주었고, 어떤 성도는 기도를 해주겠다고 먼저 나섰습니다. 함께 교회에 가자고 말하는 성도들도 여럿 있었고, 어떤 성도는 위로의 메시지를 적은 편지와 함께 작은 성경책을 건넸습니다. 얼마든지 지나칠 수 있는 시간이었고 사람이었지만, 교회 성도들은 말씀대로 주님을 섬기듯 작은 한 사람을 섬겼습니다.
성경에 등장하는 선한 사마리아인이 우리가 살아내야 할 모습입니다. 어쩌다 한 번, 우연히가 아니라 매일 지나치는 우리의 이웃들에게 관심을 갖고 사랑을 베풀어야 합니다. 낮은 곳으로 더 낮은 곳으로 사람들을 찾아가 섬기셨던 주 예수님처럼, 편견 없이 모든 사람을 대하며 선한 이웃이 되어주십시오. 복되고 형통합니다. 아멘!!!

♡ 주님, 선한 사마리아인처럼 어려운 이웃을 도우며 사는 주님의 자녀가 되게 하소서.
🖼 어느 누구에게도 편견 없이 대하며 주님의 사랑과 은혜를 나누는 선한 이웃이 됩시다.

나의 영적 일기

이웃이 된 교회

읽을 말씀 : 누가복음 10:25-37

● 눅 10:36,37 네 의견에는 이 세 사람 중에 누가 강도 만난 자의 이웃이 되겠느냐 가로되 자비를 베푼 자니이다 예수께서 이르시되 가서 너도 이와 같이 하라 하시니라

    몇 해 전 서울의 한 지자체장이 「우리 지역에서 살고 싶은 202가지 이유」라는 책을 발간했습니다.
    202가지 이유 중에는 다음과 같은 눈에 띄는 항목이 있었습니다.
    '○○교회가 있어서.'
    지자체에서 자체적으로 발간한 책에 교회 이름이 소개된 것입니다. 그만큼 이 교회는 교회를 안 다니는 주민들에게 특히 호감도가 높았습니다.
    책에 소개된 교회는 교회가 지역사회에 녹아드는 방법을 찾으려고 교역자들 그리고 온 성도들이 수년간 노력을 해왔다고 합니다. 교회 안에서만 생각하면 답이 없을 것 같아서 외부 컨설팅 업체를 통해 상담까지 진행했습니다.
    교회는 컨설팅 내용과 지역 주민들의 필요를 종합해 한 걸음씩 지역사회를 위해 다가갔습니다. 어린이들을 위한 도서관을 열었고, 주민들이 언제든 모일 수 있는 사랑방을 운영했습니다. 더 나아가 어르신들을 돌보는 사회복지 서비스와 카페까지 운영했습니다. 그리고 지역 주민들이 붙여준 이름으로 각 시설을 운영했습니다. '마을을 위한 목회'는 점점 성과를 거두어 지금은 일반 주민들이 매주 천여 명씩 이 교회의 시설을 찾고 있습니다.
    교회가 단순히 지역 주민을 위한 서비스업체가 되어서는 안 됩니다. 그러나 반대로 지역 주민들이 넘어올 수 없는 담을 쌓아서도 안 됩니다. 필요를 제공하면서도 사람들에게 지혜롭게 복음을 전할 수 있는, 주민들의 선한 이웃과 같은 우리 교회가 되도록 지혜를 모으십시오. 복되고 형통합니다. 아멘!!!

♡ 주님, 주변 사람들에게 지혜롭게 복음을 전할 수 있는 선한 이웃이 되게 하소서.
📖 이웃인 지역주민들을 위해 할 수 있는 선한 일들을 계획하고 실천해나갑시다.

나의 영적 일기

"두려워 말라
내가 너와 함께 함이니라 놀라지 말라
나는 네 하나님이 됨이니라 내가 너를 굳세게 하리라
참으로 너를 도와 주리라
참으로 나의 의로운 오른손으로 너를 붙들리라"
- 이사야 41:10 -

12월 1일 손 대접

읽을 말씀 : 로마서 12:3-13

● 롬 12:13 성도들의 쓸 것을 공급하며 손 대접하기를 힘쓰라

『1970년대 말, 극동방송 6대 이사장을 지낸 고(故) 이환수 목사님이 시무하시던 청암교회에서 부흥회를 인도한 적이 있었습니다. 요즘에는 3일 부흥회가 많지만, 당시에는 5일 부흥회가 일반적이었습니다.

그 시절에는 강사 대접을 교인들 가운데 하는 경우가 많았는데, 그때는 김종희 집사님 댁에서 머물게 되었습니다. 그런데 강사를 대접한다고 이불부터 간장 종지 그릇까지 모두 새것으로 바꾸었다는 것입니다. 부족한 종이 이렇게까지 대접을 받아도 되나 싶었고, 큰 감동이 밀려왔습니다. 당시 제가 전도하던 분이 있었는데, 그분과 함께 집사님 댁에서 지내는 동안 그분은 부흥회 말씀보다도 그 섬김의 정성에 더 큰 감동을 받아 예수님을 믿게 되었습니다.

그날 이후 가끔씩 그때의 일이 생각나는 가운데 어느덧 45년여의 세월이 흘렀습니다. 그런데 지난해 감사하게도 지인을 통해 그분의 소식을 듣게 되었고, 심방을 갔습니다. 따님과 함께 살고 계신 그분은 이제 은퇴 권사로서 어느덧 나이도 90줄에 들어서셨지만 제 손을 꼭 잡으며 너무도 반가워하셨습니다. 그리고 당시에는 믿지 않던 남편도 그 부흥회 이후 신앙을 갖게 되어 장로로 몸된 교회를 위해 충성하시다가 얼마 전 소천하셨다는 소식도 들었습니다. 그날 저는 다시 한번 권사님과 그 가정을 위해 축복하고, 심방을 마쳤습니다. 45년여 전의 추억과 감사를 다시금 나누게 하신 하나님을 찬양하는 시간이었습니다.』
-「김장환 목사의 인생 메모」중에서

하나님은 손 대접하기를 힘쓴 사람들의 헌신과 수고를 결코 잊지 않으시고 반드시 갚아주시는 분임을 믿으십시오. 복되고 형통합니다. 아멘!!!

♥ 주님, 손 대접하기를 힘쓰며 주님의 역사를 경험하는 삶을 살게 하소서.
📖 이번 주 내가 섬길 사람이 있다면 꼭 찾아가서 대접합시다.

희망은 어디에 있는가

읽을 말씀 : 골로새서 1:9-23

● 골 1:13 그가 우리를 흑암의 권세에서 건져내사 그의 사랑의 아들의 나라로 옮기셨으니

12월 2일

세상을 어떻게 살아야 하고, 삶에는 어떤 의미가 있는지 역사 이래로 수많은 석학들이 이런저런 연구를 해왔습니다.

그리고 이들은 다음과 같은 정의를 내렸습니다.

미국의 정치운동가이자 작가인 피티림 소로킨(Pitirim Sorokin)은 "사회적, 문화적 혼란이 위기를 초래한다"며 세상을 '위기의 시대'라고 정의했습니다.

시인인 위스턴 휴 오든(W.H. Auden)은 "평안을 얻을 곳이 없다"며 세상을 '불안의 시대'로 표현했습니다.

경제학자 피터 드러커(Peter Drucker)는 "세상은 반드시 한 시대와 다른 시대가 단절된다"고 주장하며 '단절의 시대'로 세상을 정의했습니다.

현대 물리학자들은 세상을 '불확실성의 시대'라고 정의합니다.

정확히 계산할 수 있었던 고전역학과 달리 양자역학은 어느 선을 넘어가면 계산할 수 없기 때문입니다. 그래서 양자역학의 문을 열었던 이론의 이름도 「불확정성 원리」입니다.

이들의 연구대로라면 세상은 평안을 얻을 수 없고, 혼란한 위기가 있고, 단절되며, 무엇 하나 확실한 것이 없습니다.

이런 세상 어디에서 무엇을 통해 희망을 찾으시겠습니까?

세상을 바라볼수록 세상에 희망이 없다는 사실만 깨닫게 됩니다. 그러나 땅이 아닌 주님을 바라볼 때 세상이 왜 이렇게 되었는지, 어떻게 살아야 희망이 생기는지 알게 됩니다. 어두운 이 땅에 예수님의 십자가라는 해결 방법을 내려주신 주 예수님을 바라보십시오. 복되고 형통합니다. 아멘!!!

💗 주님, 어떤 상황에서도 우리의 희망이시고 해결자이신 주님을 바라보게 하소서.
📖 혹시 세상에서 희망을 찾고 있다면 먼저 세상에는 희망이 없다는 것을 명심합시다.

나의 영적 일기

12월 3일 죄를 잊는 이유

읽을 말씀 : 히브리서 10:5-18

● 히 10:17 또 저희 죄와 저희 불법을 내가 다시 기억지 아니하리라 하셨으니

한 목사님에게 두 여인이 회개의 방법을 물으러 찾아왔습니다.
한 여인은 자신이 큰 죄를 짓고 살아왔다며 눈물을 흘렸습니다.
"저는 너무나 큰 죄를 짓고 살아왔습니다. 주님의 자비만을 구할 뿐입니다."
다른 여인은 자신도 죄를 짓기는 했지만, 그렇게 크게 잘못한 것은 없다고 말했습니다.
사정을 들은 목사님은 두 여인에게 같은 말을 했습니다.
『여러분들이 지은 죄와 같은 돌을 들고 오십시오.』
한 여인은 자신이 들 수 있는 최대한 큰 돌을 가져왔고, 다른 여인은 여기저기서 자잘한 돌들을 주워 왔습니다. 목사님은 여인들에게 회개의 방법을 알려 주었습니다.
『지금 들고 온 돌을 다시 제자리로 가져다 놓으십시오.
큰 돌은 무겁지만, 하나이기에 위치가 기억날 것입니다.
그러나 작은 돌은 가벼워도 일일이 위치를 기억하기가 힘듭니다.
들 수 없는 큰 죄도 무섭지만, 기억할 수 없는 작은 죄도 무서운 것입니다.』
러시아의 대문호 톨스토이(Lev Tolstoy)가 회심 후 쓴 단편의 내용입니다.
죄를 짓지 않고 사는 사람은 없습니다. 그러나 지은 죄를 기억하지 못하는 것은 너무 자주, 시시하다고 생각되는 죄를 짓고 있기 때문일 수 있습니다. 공의의 하나님께 그냥 넘어갈 수 있는 죄는 있을 수 없다는 것을 기억하고, 모든 죄를 멀리하도록 노력하며 아무리 작은 죄라도 잊지 말고 회개하십시오. 복되고 형통합니다. 아멘!!!

♡ 주님, 지은 죄를 곧 깨닫게 하시고, 바로 주님께 자백하게 하소서.
🖼 모든 죄를 멀리하도록 노력하며 아무리 작은 죄도 잊지 말고 회개합시다.

나의 영적 일기

우리가 해야 할 일

12월 4일

읽을 말씀 : 로마서 10:1-15

● 롬 10:9 네가 만일 네 입으로 예수를 주로 시인하며 또 하나님께서 그를 죽은 자 가운데서 살리신 것을 네 마음에 믿으면 구원을 얻으리니

끔찍한 범죄를 저질러 사형을 선고받은 국내의 한 조직원들이 있었습니다.

그들에게도 복음이 필요하다고 생각한 한 교회의 집사님은 1년 동안 계속해서 편지를 보냈습니다. 때로는 수감 생활에 도움이 되라고 적지 않은 영치금도 보냈지만 답장은 오지 않았고, 편지가 그대로 돌아올 때도 있었습니다.

그래도 계속해서 편지로 복음을 전하자 몇 달 만에 첫 답장이 왔습니다. 자신들이 자라온 환경과 범죄를 저지른 이유에 대해 적은 글이었습니다. 그 뒤로도 그들은 계속해서 답장을 보냈습니다. 그리고 조금씩 그 완악한 마음에 복음이 스며들었습니다.

사람을 죽이고도 당당하던 모습은 사라지고, 자신들이 저지른 죄의 무게를 깨닫고 회개하기 시작했습니다. 그리고 주님을 믿었습니다. 그들은 사형을 선고받은 후에도 감방에서 다른 죄수들에게 최선을 다해 복음을 전했다고 합니다. 조직원 전부는 결국 선고받은 대로 사형을 당했는데, 이들이 형 집행을 앞두고 보낸 답장에는 "저 같은 죄인도 하나님께서 용서해 주실까요?"라는 질문이 적혀 있었습니다.

이들의 회심이 진심인지는 주님 외에는 아무도 알 수 없습니다. 그러나 중요한 것은 회개하는 모든 사람에게 주님은 은혜를 베푸신다는 사실입니다. 흉악한 범죄자라 할지라도 유일한 구주이신 주님을 알리고 복음을 전하는 것이 크리스천인 우리의 의무입니다. 이 막중한 책무 앞에는 단 한 사람의 예외도 없습니다. 땅끝까지 모든 사람에게 복음을 전하는 일에 헌신하십시오. 복되고 형통합니다. 아멘!!!

♡ 주님, 흉악한 범죄자라 할지라도 유일한 구주이신 주님을 전하게 하소서.
🎗 교도소에서 이런저런 모습으로 복음을 전하는 분들을 위해 기도하고 도웁시다.

나의 영적 일기

12월 5일
땅끝까지 전하라

읽을 말씀 : 로마서 10:16-21

● 롬 10:18 그러나 내가 말하노니 저희가 듣지 아니하였느뇨 그렇지 아니하다 그 소리가 온 땅에 퍼졌고 그 말씀이 땅끝까지 이르렀도다 하였느니라

브라질의 아마존 정글에서도 오지에 있는 바나 부족에게 복음을 전하러 간 선교사님 부부가 있었습니다.

이곳은 아마존에 복음을 전하러 떠난 선교사님들도 기피하는, 그야말로 오지 중의 오지였고, 100여 명도 되지 않는 소수부족이었습니다. 그러나 선교사님 부부는 예수님이 말씀하신 '잃은 양 한 마리의 비유'를 마음에 담고 이들을 위해 복음을 전하러 떠났습니다.

다행히 바나족은 복음에 우호적이었습니다. 그러나 큰 문제가 있었습니다. 부족은 전승으로 이어진 말만 사용하고 있었고 문자가 없었습니다. 문자가 없으니 성경도 번역할 수 없었습니다. 선교사님 부부는 먼저 부족의 특성에 맞춰 성경을 이야기로 만들어 구전으로 복음을 전달했습니다. 그러면서도 부족의 말을 배워 문법과 체계를 만들었습니다.

오랜 시간과 노력이 필요한 일이었습니다. 양을 한 번도 본 적 없는 부족 사람들을 위해 경비행기로 양을 날라오고, 그림으로 전할 수 있는 성경까지 만들었습니다.

무려 20년이 걸리는 일이었습니다. 그러나 포기하지 않는 열정과 주님이 주신 믿음을 통해 결국 바나 부족에게 성경이 전해졌고, 이들 역시 주님을 영접하는 놀라운 역사가 일어났습니다.

저 멀리 떨어진 섬에 복음을 모르는 한 영혼이 있더라도 우리는 그들을 찾아가 복음을 전해야 합니다. 모든 나라, 모든 민족에게 복음을 전하는 것이 우리 크리스천의 사명임을 한시도 잊지 마십시오. 복되고 형통합니다. 아멘!!!

💗 주님, 모든 민족에게 복음을 전하는 것이 우리의 사명임을 한시도 잊지 않게 하소서.
🙏 우리 대신 선교지에서 복음을 전하는 선교사님들의 필요를 위해 기도하며 도웁시다.

나의 영적 일기

눈에 보이는 화

읽을 말씀 : 에베소서 4:25-32

● 엡 4:26 분을 내어도 죄를 짓지 말며 해가 지도록 분을 품지 말고

12월 6일

　미국 워싱턴 대학교(University of Washington) 심리학과의 엘마 게이츠(Elmer R. Gates) 교수님은 사람의 감정 상태에 따른 침의 상태를 연구했습니다.

　게이츠 교수님은 눈에 보이지 않는 미세한 침을 모았습니다. 침들은 처음에는 다 같은 투명한 색이었지만, 시간이 지날수록 서로 다른 색을 띤 침전물이 생겼습니다. 결과는 다음과 같았습니다.

❶ 평상시: 투명한 색
❷ 화를 낼 때: 갈색
❸ 욕을 할 때: 갈색
❹ 기분이 좋을 때: 분홍색
❺ 사랑을 고백할 때: 분홍색

　이 중 갈색의 침전물은 매우 큰 독성을 띠고 있었는데, 충분히 모아서 주사하면 실험용 쥐를 죽일 정도였습니다. 게이츠 교수님은 이 갈색 침전물을 「분노의 침전물」이라고 불렀습니다.

　상대방에게 화를 내는 사람은 독극물을 뿌리고 있는 사람과 같습니다. 아무리 화가 나고 상대방이 잘못했다고 해서, 독극물을 뿌리는 사람은 없을 것입니다. 화를 내는 것이 합당한 상황에서조차 우리는 최대한 분을 자제하며 지혜로운 대처 방법을 찾아야 합니다. 당장 화가 난다면 "이 화가 지금 상황을 더 좋게 만드는가?"라는 질문을 스스로에게 하며 마음을 가라앉혀야 합니다. 최악의 상황에서도 최선의 말을 하는, 혀가 유순한 사람이 되십시오. 복되고 형통합니다. 아멘!!!

　♡ 주님, 상대방의 분노에도 사랑으로 대할 수 있는 유순한 마음을 주소서.
　🖤 상대방에게 화를 내는 것은 상대방에게 독극물을 뿌리는 것과 같으니 삼갑시다.

나의 영적 일기

12월 7일

원인이 있는 곳

읽을 말씀 : 갈라디아서 6:1-10

● 갈 6:4 각각 자기의 일을 살피라 그리하면 자랑할 것이 자기에게만 있고 남에게는 있지 아니하리니

회사 근처의 한 레스토랑에 자주 가는 직장인이 있었습니다.
남자는 일주일에 2,3번은 레스토랑을 이용할 정도로 단골이었습니다. 그런데 유독 직원들이 자신에게만 불친절하다는 생각이 들었습니다. 레스토랑에 갈 때마다 유심히 관찰한 결과, 자신의 의심이 맞다는 확신이 들었습니다.
다른 손님들이 들어올 때는 미소로 반겨주던 직원들이, 자신이 들어올 때는 무표정으로 일관했습니다. 메뉴를 주문할 때도 마찬가지였습니다. 기분이 잔뜩 상한 남자는 어느 날 화를 참지 못하고 지배인을 불러 따졌습니다.
"도대체 여기 사람들은 왜 저한테만 불친절한가요? 모든 직원이 약속이라도 한 듯이 저한테는 무표정합니다. 제가 뭔가 잘못이라도 했나요?"
『기분이 상하셨다면 사과드립니다. 그러나 저희는 손님이 저희 미소를 싫어하시는 줄 알았습니다. 저희가 웃으며 인사할 때마다 항상 표정을 찡그리셨거든요. 저희의 무표정은 오히려 단골이신 손님을 위한 배려였습니다.』
자신을 객관적으로 바라보는 일은 쉽지 않습니다. 다른 사람 눈의 티를 빼기 전에 우리 안의 들보를 빼라는 주님의 말씀처럼, 우리는 시시때때로 말씀의 거울에 자신을 비추어봐야 합니다. 내 눈에 다른 사람이 이상하게 보이듯이, 다른 사람 역시 나를 이상하게 보고 있을 수 있습니다.
완벽한 인간은 없습니다. 나도, 다른 사람도 모두 마찬가지입니다. 나도 모르는 내 눈과 마음의 들보가 다른 사람을 힘들게 하고 있을 수도 있고, 그로 인해 오해가 생길 수도 있습니다. 다른 사람 탓을 하기 전에 먼저 스스로를 돌아보십시오. 복되고 형통합니다. 아멘!!!

♡ 주님, 다른 사람 눈의 티를 빼기 전에 제 안의 들보를 확인하고 제거하게 하소서.
📖 내 안에 있는 들보는 어떤 것들이 있는지 살피고 기도하며 들보를 버립시다.

나의 영적 일기

사랑하면 닮는다

읽을 말씀 : 요한복음 15:7-16

● 요 15:12 내 계명은 곧 내가 너희를 사랑한 것 같이 너희도 서로 사랑하라 하는 이것이니라

인간의 뇌에는 「거울 뉴런」이라는 세포가 1천억 개나 있다고 합니다.

거울 뉴런은 다른 사람의 감정이나 행동을 보는 것만으로 즉각 활성화되는 세포입니다. 누군가 하품을 하면 나도 하품을 하게 되고, 누군가 먼저 웃으면 나도 따라 웃게 되는 것은 인간에게는 지극히 당연한 현상입니다.

"사랑하면 닮는다"라는 말 역시 과학적으로 완전한 진실입니다.

사랑에 빠진 사람은 거울 반응이 통제할 수 없을 정도로 활성화됩니다. 이제 막 사랑에 빠진 연인은 의식적으로, 무의식적으로 100% 상대를 모방하고자 노력합니다. 연인이 고통을 당하는 영상만 봐도 100% 같은 고통을 느낄 정도입니다. 그러나 안타깝게도 사랑이 식으면 거울 반응도 완전히 사라집니다. 상대방의 감정에 전혀 동요되지 않고 연락도 뜸해집니다. 시선을 피하고 대화도 이어지지 않습니다. 우리의 신앙생활도 똑같습니다. 주님을 처음 만난 그때, 얼마나 주님을 갈망하고, 주님을 닮아가기 소망했습니까? 얼마나 노력했습니까? 그 뜨거운 첫사랑이 꺼지지 않도록 노력해야 합니다.

사랑하면 서로가 닮아갑니다. 그러나 계속해서 사랑해야 계속해서 닮아갑니다. 우리를 너무나 사랑하셨던 주님은 우리를 끝까지 포기할 수 없어 인간의 몸으로 이 땅에 오셨습니다.

주님을 정말로 사랑한다면, 우리의 삶은 계속해서 주님을 닮아가야 합니다. 주님을 사모하고 사랑하는 마음이 멈추지 않도록, 매일 넘치도록 부어주시는 주님의 놀라운 사랑의 은혜를 잊지 마십시오. 주님이 우리를 끝까지 사랑하셨듯이 주님을 계속해서 사랑하십시오. 복되고 형통합니다. 아멘!!!

🩷 주님, 저를 사랑하시어 십자가에서 죽기까지 하신 주님을 날마다 더욱 닮게 하소서.

📖 날이 갈수록 나에게 생명을 주신 주님을 더욱 사랑하고 있는지 살펴봅시다.

나의 영적 일기

12월 9일 최고를 위한 최선의 자세

읽을 말씀 : 요한복음 4:7-26

● 요 4:24 하나님은 영이시니 예배하는 자가 신령과 진정으로 예배할지니라

    최근 할리우드의 촬영장에는 '핸드폰 사용 금지'라는 트렌드가 생겼습니다. 모든 촬영장에서 금지하는 것은 아니지만, 크리스토퍼 놀란(Christopher Edward Nolan), 드니 빌뇌브(Denis Villeneuve) 같은 거장들은 철두철미하게 핸드폰 사용을 관리합니다. 촬영이 진행되는 동안에는 단 한 명의 스태프도, 비록 일 때문에 필요하다고 하더라도 핸드폰을 사용할 수 없습니다. 가장 중요한 영화 촬영에만 집중하기 위해서입니다.
    영화배우이자 감독인 벤 스틸러(Ben Stiller)는 촬영장에서 핸드폰을 금지해야 하는 이유를 다음과 같이 말했습니다.
    "배우가 열연하고 있는데 주변 스태프들은 구부정한 자세로 핸드폰만 들여다보고 있을 때가 많았습니다. 제가 배우일 때도, 감독일 때도, 이런 모습은 저를 매우 화나게 만들었습니다.
    모든 스태프들은 촬영 현장에 집중해야 합니다. 서로 도와야 합니다. 그래서 저 역시 촬영장에서는 핸드폰 사용을 강력하게 규제합니다. 때로는 의자를 모두 치울 때도 있습니다."
    핸드폰을 보면서, 거의 누운 듯한 자세로, 하품하면서 참된 예배를 드릴 수는 없습니다. 우리의 중심이 무엇보다 중요하지만, 자세가 엉망이고 집중도 못하면서 마음만은 온전히 드렸다고 고백할 수 있겠습니까? 신령과 진정으로 드리는 예배, 마음을 다해 나눈 교제가 핸드폰보다 훨씬 중요합니다. 최고의 예배, 최고의 교제를 위한 최선의 자세를 강구하십시오. 복되고 형통합니다. 아멘!!!

    ♥ 주님, 드리는 모든 예배를 신령과 진정으로, 마음을 다해 드리게 하소서.
    📷 주님 앞에서 최고의 예배, 최고의 교제를 위한 최선의 자세를 강구합시다.

나의 영적 일기

거리에서 전한 사랑

읽을 말씀 : 누가복음 22:24-34

● 눅 22:27 앉아서 먹는 자가 크냐 섬기는 자가 크냐 앉아 먹는 자가 아니냐 그러나 나는 섬기는 자로 너희 중에 있노라

　매서운 추위가 몰아치는 어느 겨울날 무료 급식소를 찾은 노숙인이 있었습니다. 양말도 신지 않은 맨발에 다 떨어진 슬리퍼를 신고 있던 노숙인에게 갑자기 한 중년 여성이 다가왔습니다.
　"날이 추운데 건강은 괜찮으세요? 제가 로션을 좀 발라 드릴게요."
　중년 여성은 노숙인의 손과 발에 핸드크림을 발라주었습니다. 그리고 노숙인의 외투 안쪽에 현금 몇 만원과 핸드크림을 넣어주었습니다.
　태어나서 처음 받아보는 대접에 노숙인은 크게 감동해 급식소 봉사자에게 『오다가 천사를 만났다』라고 말했습니다.
　신원을 밝히기를 거부한 이 여성은 자신을 인천의 한 교회에 다닌다고만 소개했습니다. 이 여성이 노숙인을 섬길 때 주변의 몇 사람이 이 광경을 목격했습니다.
　목격자들 역시 아름다운 섬김의 모습에 크게 감동해 언론에 알렸는데, 목격자들은 전부 교회를 다니지 않는 무신론자였습니다.
　추위에 떠는 노숙인 한 명을 따스하게 섬기는 사람은 예수님을 가장 귀하게 섬기는 사람입니다. 진실된 사랑의 모습은 교회를 다니지 않는 사람에게도 감동을 줍니다.
　매일 주님의 사랑을 전할 기회를 그냥 지나치면서 살아가고 있지 않습니까? 일상을 통해 하나님이 주시는 섬김의 기회를 그냥 지나치지 마십시오. 복되고 형통합니다. 아멘!!!

♡ 주님, 매 순간 주님의 사랑을 전할 기회를 그냥 지나치며 살아가지 않게 하소서.
※ 진실된 사랑의 모습은 교회를 다니지 않는 사람에게도 감동을 줌을 늘 기억합시다.

나의 영적 일기

가능성은 항상 있다

읽을 말씀 : 신명기 34:1-8

● 신 34:7 모세의 죽을 때 나이 일백 이십세나 그 눈이 흐리지 아니하였고 기력이 쇠하지 아니하였더라

영국 리버풀 대학교(University of Liverpool)의 세계적인 노인 심리학자 브롬리(D. B. Bromley)는 인생을 다음과 같이 정의했습니다.

"사람은 인생의 4분의 1을 성장하면서 보냅니다.

그러나 나머지 4분의 3은 늙어가면서 보냅니다."

성장이 끝난 후부터는 누구나 나이가 들어가는 노인의 삶을 살아가는 것입니다.

영국 잡지 「선샤인(Sunshine)」이 조사한 바에 따르면 인류 역사상 가장 위대한 발견을 한 사람들의 연령대는 다음과 같았습니다.

- 60대: 35%
- 70대: 23%
- 80대 이상: 6%

60대가 넘어서 세계적인 업적을 이룬 사람들의 비율이 64%나 되었습니다.

주님의 능력을 믿고 사는 사람들에게 불가능이란 내가 할 수 없다는 생각, 즉 나를 불신하는 것이 아닙니다. 전능하신 하나님을 불신하는 것입니다. 믿지 못하는 것입니다. 이런 부정적인 생각이 들 때마다 우리는 약속의 말씀을 통해 불신의 생각을 멀리 떨쳐버려야 합니다.

나날이 성장해 나가는 우리의 믿음처럼, 주님이 더 크고 놀라운 일을 우리의 삶을 통해 이루실 것입니다.

오늘보다 내일, 내일보다 모레, 나를 더욱 크게 사용하실 주님을 믿고 모든 가능성의 영역을 열어놓으십시오. 복되고 형통합니다. 아멘!!!

♡ 주님, 오늘보다 내일, 내일보다 모레, 저를 더욱 크게 사용하실 주님을 믿게 하소서.

✍ 매일 성장해가는 믿음처럼 주님이 더 크고 놀라운 일을 나의 삶에 이루게 합시다.

나의 영적 일기

재앙이 된 하얀 코끼리

읽을 말씀 : 디모데전서 6:3-10

● 딤전 6:10 돈을 사랑함이 일만 악의 뿌리가 되나니 이것을 사모하는 자들이 미혹을 받아 믿음에서 떠나 많은 근심으로써 자기를 찔렀도다

고대 태국의 한 신하가 왕으로부터 하얀 코끼리를 선물받았습니다.

신하는 왕이 자신을 총애하기 때문에 귀한 선물을 내린 것으로 생각했습니다. 하얀 코끼리는 태국에서 행운을 가져다주는 귀한 존재로 여겨졌기 때문입니다. 그런데 하얀 코끼리를 받은 신하는 하루가 다르게 늙어갔습니다.

코끼리 먹이를 대느라 막대한 돈이 들었습니다. 왕이 내린 하사품이 죽거나 아프기라도 하면 큰일이기에 수시로 의사를 불러 돌보고 편안한 환경을 만들어 줘야 했습니다. 여간 신경 쓰이는 일이 아니었습니다. 나날이 건강이 나빠지던 신하는 그제야 왕이 자신을 사랑해서가 아니라 미워해서 하얀 코끼리를 하사한 것임을 깨달았습니다.

실제로 대대로 태국 국왕들은 마음에 들지 않는 신하에게 하얀 코끼리를 하사했다고 합니다. 지금도 태국에서는 '쓸데없이 돈만 들고 실속이 없는 일'을 '하얀 코끼리 같다'고 표현합니다.

세상 사람들이 그토록 바라는 성공의 상징들이 크리스천에게는 '하얀 코끼리'가 될 수 있습니다. 하나님이 주신 복을 자신의 만족을 위해 살아가는 사람, 세상의 즐거움을 위해 살아가는 사람이 되어서는 안 됩니다.

크리스천은 땅의 가치가 아니라 하늘의 가치를 위해 살아가는 사람입니다. 많은 돈, 높은 권력이 나쁜 것은 아니지만, 그로 인해 믿음이 흔들리고 주님을 멀리하게 된다면 우리 영혼을 좀먹는 하얀 코끼리가 되고 맙니다.

우리가 끝까지 지켜야 할 가장 중요한 복은 세상의 복이 아닌 예수 그리스도입니다. 복의 기준을 주님의 가치에 맞추십시오. 복되고 형통합니다. 아멘!!!

♡ 주님, 땅의 가치가 아니라 하늘의 가치를 위해 살아가는 성도가 되게 하소서.
📖 많은 돈, 높은 권력으로 인해 믿음이 흔들리거나 주님을 멀리하지 맙시다.

나의 영적 일기

12월 13일

자주 문안하라

읽을 말씀 : 마태복음 5:43-48

●마 5:47 또 너희가 너희 형제에게만 문안하면 남보다 더 하는 것이 무엇이냐 이방인들도 이같이 아니하느냐

    심리학에는 「단순 노출 효과(mere-exposure effect)」라는 이론이 있습니다. 단순히 자주 보는 것만으로도 호감도가 높아진다는 이론입니다.
    예를 들면, 전혀 모르는 사람의 사진을 누군가에게 보여줄 때, 한 번 본 사람보다는 다섯 번 본 사람이, 다섯 번 본 사람보다는 열 번 본 사람이 더 높은 호감도를 갖는다는 것입니다. 실제로 그 사람을 만나 본 적이 없는데도 말입니다.
    꾸준한 노출 역시 중요했습니다. 하루에 한 번씩 한 달 동안 같은 사람의 사진을 보여준 그룹은 사진 속 인물에 대해 매우 높은 호감도를 보였습니다. 사진 속 인물의 외모나 성별과 호감도는 큰 관계가 없었습니다. 단순히 자주 보는 것만으로도 호감도가 큰 폭으로 상승했습니다.
    단순히 자주 볼수록 상대방과 친밀감이 생기고 긴장이 완화됩니다. 그리고 내가 친밀감을 느끼듯이 상대방도 나를 친밀하게 느낄 것이라고 생각합니다. 기업들이 큰 금액을 투자해 광고를 하는 이유도 이와 같습니다. 사람들에게 제품을 자주 노출하기만 해도 기업과 제품에 대한 호감도가 높아지기 때문입니다.
    복음은 바쁜 발과 환한 미소로 전하는 것입니다. 교회 내에 불편한 관계가 있다면, 더 자주 보지 못해서 그렇습니다. 아직 복음을 거부하는 전도 대상자가 있다면, 더 자주 보지 못해서 그렇습니다. 우리 관계를 통해 충만한 기쁨과 사랑이 흘러넘칠 수 있도록 주님이 주시는 사랑을 가지고 더 자주 문안하십시오. 복되고 형통합니다. 아멘!!!

♥ 주님, 주님이 주시는 사랑으로 관계를 통해 충만한 기쁨과 사랑이 넘치게 하소서.
📖 아직 복음을 거부하는 전도 대상자를 더 자주 보면서 사랑으로 복음을 전합시다.

나의 영적 일기

훈련으로 양성하라

읽을 말씀 : 디모데전서 4:6-16

● 딤전 4:6 네가 이것으로 형제를 깨우치면 그리스도 예수의 선한 일꾼이 되어 믿음의 말씀과 네가 좇은 선한 교훈으로 양육을 받으리라

모병제인 미국은 군인 선발 자격이 까다롭습니다.
모집 정원이 채워지지 않아도 학력, 체력, 심리 검사에서 하나라도 미달이면 바로 탈락입니다. 그런 이유로 매년 목표 인원의 70,80%밖에 채우지 못하면서 군 병력 부족 현상이 매우 심각해졌습니다. 지원자는 충분했지만, 검사 결과가 미달이어서 군인이 되지 못하는 사람이 너무 많았습니다.
고심 끝에 미국 국방부는 특단의 조치를 내렸습니다.
바로 군인이 될 수 있는 자격을 만들어 주는 또 다른 훈련소를 세우는 것이었습니다.
학력이 모자란 사람은 공부를 가르쳐 검정고시를 볼 수 있게 해줍니다. 체력이 부족한 사람은 운동을 시켜 체력을 보강하게 해줍니다. 심리가 불안정한 사람은 상담과 훈련으로 안정을 찾아줍니다. 의지가 있는 사람이라면 어떻게든 교육해서 군인이 될 수 있는 시스템을 마련해 부족한 군인도 보충하고 사회 복지 차원에서도 큰 효과를 거두고 있다고 합니다.
교회는 아픈 사람들이 모이는 병원이자 제자를 키우는 훈련소입니다. 그 어떤 모습의 사람이 교회에 와도 우리는 세상에서 가장 환한 미소로 환대해야 합니다. 사람을 출신, 외모, 학력 등으로 차별해서는 안 됩니다. 죄를 짓고 넘어진다 해도, 우리에게 피해를 끼친다 해도 사랑으로 보살피며 중보해야 합니다.
주님이 우리에게 하셨던 것처럼 아직 연약한 형제자매가 참된 주님의 제자가 될 때까지 인내하며 사랑으로 돌보아주십시오. 복되고 형통합니다. 아멘!!!

♡ 주님, 사람을 출신, 외모, 학력 등으로 차별하지 않고 주님의 사랑을 베풀게 하소서.
🖼 연약한 형제자매가 참된 주님의 제자가 될 때까지 인내하며 사랑으로 돌봅시다.

나의 영적 일기

12월 15일 — 최고의 방법

읽을 말씀 : 골로새서 2:1-7

● 골 2:6,7 그러므로 너희가 그리스도 예수를 주로 받았으니 그 안에서 행하되 그 안에 뿌리를 박으며 세움을 입어 교훈을 받은대로 믿음에 굳게 서서 감사함을 넘치게 하라

작가 조지 샤프너(George Shaffner)는 미국에서 성공하기 위한 가장 보편적이고 빠른 방법이 무엇인지를 연구했습니다.

샤프너는 먼저 학력에 따른 평균 임금을 조사했습니다. 그리고 물가 상승률과 이들의 임금 상승률을 비교했습니다.

마지막으로는 회사 복지의 평균값을 내어 정년 시기, 그 이후 받게 될 퇴직금과 연금을 계산했습니다.

이런 계산을 통해 샤프너가 찾은 평범한 사람들의 최고의 성공 비결은 다음과 같았습니다.

"학업에 열중하며, 최대한 높은 학력을 쌓을 것."

당장 학교에 다니면서 돈을 쓰고 시간을 투자하지만, 미래 가치로 환산해 보면 학사 학위의 가치는 10억이 넘었습니다. 돈을 많이 벌고 싶다면, 빨리 일을 시작하는 것이 아니라 오히려 최대한 오래, 열심히 공부해야 했습니다. 평범한 제도 교육이 평범한 사람들에게는 효과적인 부자가 되는 최고의 방법이었습니다.

주어진 상황에서 최선을 다하는 것이 때로는 최고의 방법입니다. 주님은 상황에 따라 특별한 은혜, 특별한 체험을 내려주시기도 합니다. 그러나 그런 경험이 없다고 해서 믿음의 성장이 제한되지는 않습니다.

평범한 일상이 가장 큰 행복이듯, 계속해서 평범한 신앙생활을 열심히 해나가는 것이 믿음을 견고하게 만드는 최고의 방법입니다. 매일, 매주 변함없는 마음으로 주님을 예배하십시오. 복되고 형통합니다. 아멘!!!

♥ 주님, 평범한 신앙생활을 성실하게 함으로써 날이 갈수록 믿음을 견고하게 하소서.

📖 매일, 매주 변함없는 마음으로 주님을 사랑하며 예배하고 주님을 배웁시다.

나의 영적 일기

복음 전파의 기쁨

읽을 말씀 : 이사야 52:1-10

● 사 52:7 좋은 소식을 가져오며 평화를 공포하며 복된 좋은 소식을 가져오며 구원을 공포하며 시온을 향하여 이르기를 네 하나님이 통치하신다 하는 자의 산을 넘는 발이 어찌 그리 아름다운고

『'전쟁의 흔적이 채 가시지 않은 한국의 겨울은 유난히 춥다.
얼어붙은 갯벌을 헤치면서 안테나 공사를 하다 보니
피부는 늘 갈라 터지고 기침이 멈추질 않는다.
드디어 내일 첫 방송이 송출된다.'
70년 전인 1956년 12월 22일 팀(TEAM) 선교회의 일원으로 극동방송 설립을 위해 헌신했던 윈첼(Winchell) 선교사의 일기에서 발췌한 글입니다.
「드디어」라는 한 단어에서 윈첼 선교사를 비롯해 극동방송 개국을 위해 힘썼던 선교사들의 감격과 설레는 마음이 느껴집니다.
지금도 마찬가지지만, 당시 극동방송은 2차 세계대전 직후, 냉전으로 복음전파에 물리적인 어려움이 있던 소련(러시아), 중국, 북한 등 공산권 선교의 효과적인 도구였습니다.
1956년 12월 23일, 첫 방송을 마친 윈첼 선교사는 "너무 흥분해서 실수하지 않고 제대로 조정하게 되기를 간절히 바랐다"라는 소감을 남겼습니다.
세월은 강물처럼 끊임없이 흐르며 때로는 우리 마음의 환희를 무뎌지게 합니다. 연인간의 사랑의 열정도, 주님과의 첫사랑도, 구원의 감격도 시간의 터널을 지나기에 첫사랑을 계속해서 돌아봐야 합니다. 극동방송 개국 70주년을 맞으며 윈첼 선교사의 일기를 들추는 건 그 때문입니다.』 - 「김장환 목사의 인생메모」 중에서
구원의 기쁨과 감격으로 복음 전파의 사명을 주님이 주신 은혜와 은사로 잘 감당합시다. 복되고 형통합니다. 아멘!!!

♥ 주님, 구원의 감격과 복음 전파의 기쁨을 회복하고 충성스럽게 섬기게 하소서.
📖 삶의 현장에서 때를 얻든지 못 얻든지 주님이 주신 방법으로 복음 전파에 힘씁시다.

나의 영적 일기

12월 17일

해야 할 일, 하지 말아야 할 일

읽을 말씀 : 역대하 7:11-22

● 대하 7:14 내 이름으로 일컫는 내 백성이 그 악한 길에서 떠나 스스로 겸비하고 기도하여 내 얼굴을 구하면 내가 하늘에서 듣고 그 죄를 사하고 그 땅을 고칠지라

   미국의 전설적인 투자자이자 워런 버핏(Warren Buffett)의 동업자인 찰리 멍거(Charles Thomas Munger)가 하버드 대학교 졸업식에서 연설한 「비참해지는 기술(How to guarantee Misery)」입니다.

❶ 약속을 절대로 지키지 마라. 못 믿을 사람이 돼라.
❷ 다른 사람의 경험을 무시하라. 자기 경험만 믿으라.
❸ 실패할 때마다 주저앉으라. 더욱 망가져라.
❹ 중독에 빠져라. 특히 힘들 때면.

   이 4가지만 피하면 적어도 인생이 비참해지지 않는다는 역설적인 연설이었습니다.
   독일의 사상가 롤프 도벨리(Rolf Dobelli)는 멍거의 이 연설에 깊은 감명을 받아 아주 오랜 시간 '사람이 해서는 안 될 일'을 연구했는데, 그의 연구에 따르면 사람이 하지 말아야 할 일은 총 52가지였습니다.
   사람이라면 누구나 행복한 삶을 살기 위해 이런저런 방법과 규칙들을 찾으려고 노력합니다.
   행복해지기 위해서 무엇을 해야 할까요?
   성공하기 위해서 무엇을 하지 말아야 할까요?
   사실 우리 모두는 이미 답을 알고 있습니다. 바로 성경에 모든 것이 나와 있기 때문입니다.
   우리가 해야 할 일, 하지 말아야 할 일, 이 모든 것이 나와 있는 성경을 인생의 지도로 삼으십시오. 복되고 형통합니다. 아멘!!!

♡ 주님, 교훈과 책망과 바르게 함과 의로 교육하는 성경의 가르침을 따르게 하소서.
📖 행복하기 위해서 그리고 성공하기 위해서 무엇을 해야 할지 성경에서 찾읍시다.

나의 영적 일기

대신할 사람이 없다

읽을 말씀 : 사도행전 4:1-12

● 행 4:12 다른 이로서는 구원을 얻을 수 없나니 천하 인간에 구원을 얻을만한 다른 이름을 우리에게 주신 일이 없음이니라 하였더라

르네상스 시대의 3대 거장으로 불리는 화가 라파엘로(Raffaello Sanzio)가 한 왕의 부탁을 받아 높은 천장에 그림을 그리고 있었습니다.

왕은 라파엘로의 그림을 확인하러 현장에 들렀는데 그 순간에도 라파엘로는 높은 사다리 위에 올라서 그림 그리기에 여념이 없었습니다. 라파엘로가 올라가 있는 사다리가 불안해 보였던 왕은 곧 신하를 시켜서 튼튼한 사다리를 가져오게 했습니다. 그리고 동행한 귀족에게는 라파엘로의 사다리를 붙잡고 있으라고 명했습니다. 이 말을 들은 귀족이 화가 나서 말했습니다.

"저 같은 귀족이 저 천한 화가의 사다리를 잡아야 합니까?"

왕은 귀족을 물끄러미 쳐다보며 대답했습니다.

『자네가 오늘 당장 죽어도 자네의 자리를 대신할 사람은 얼마든지 있네. 나 역시 마찬가지네. 하지만 라파엘로가 지금 죽으면 누구도 저 그림을 대신 그릴 사람이 없단 말이네.』

창조주이신 하나님이 피조물인 우리를 위해 예수 그리스도를 보내주신 것, 세상을 멸하지 않으시고 구원의 십자가를 보내주신 것은 무슨 뜻일까요? 바로 하나님의 사랑의 대상인 우리를 구원하기 위해서는 예수님 말고 다른 존재는 없었기 때문입니다.

세상을 멸망시키지 않으신 이유, 예수님을 이 땅에 보내주신 이유는 우리가 가늠할 수 없는 우리를 향한 하나님의 놀라우신 사랑 때문입니다. 전능하신 하나님은 세상의 그 누구가 아닌 바로 나를 세상 무엇보다 사랑하심을 믿으십시오. 복되고 형통합니다. 아멘!!!

♡ 주님, 저를 귀하게 여기사 이 땅에 오시어 죄를 사해주신 주님을 찬송하게 하소서.
📖 주님께서 하늘의 보좌를 버리시고 이 땅에 오신 이유와 사랑을 깊이 묵상합시다.

나의 영적 일기

12월 19일 복이 된 질병

읽을 말씀 : 고린도전서 1:18-25

● 고전 1:18 십자가의 도가 멸망하는 자들에게는 미련한 것이요 구원을 얻는 우리에게는 하나님의 능력이라

국내의 한 유명한 암 전문의가 있었습니다.

수십 년 동안 수많은 사람을 치료한 실력 있는 명의였습니다. 그런데 이분이 어느 날 자신이 암에 걸렸다는 사실을 알게 되었습니다. 충분히 치료할 수 있는 상태였지만, 환자의 입장이 되어보니 마음이 너무 힘들었습니다. 머리로는 충분히 나을 수 있는 병인 걸 알면서도 마음이 너무 힘들었고 종일 부정적인 생각이 떠올랐습니다. 그러던 중 주님의 말씀을 통해 '평안과 희망'을 얻었습니다. 마음이 평안해지니 보이는 것이 많아졌습니다. 암에는 적어도 다음과 같은 유익이 있었습니다.

❶ 적어도 인생의 마지막을 준비할 시간이 있다.
❷ 일상의 소중함, 가족의 소중함을 확인하게 된다.
❸ 좋은 생활 습관을 기르게 되고, 암을 이겨낸 뒤에는 체력이 더욱 강해진다.

건강히 암을 극복한 이 의사는 자신의 행동 하나하나가 환자에게는 희망이라는 사명감을 가지고 더욱 열심히 진찰하고 치료하는 명의가 되었습니다.

어려운 고난도 극복해낸 사람에게는 양약이 됩니다. 하물며 지나갈 것이 분명한 고난이라면 어떻겠습니까?

천국과 영생이라는 분명하고도 영원한 희망이 있기에 세상의 어떤 고난과 어려움도 우리를 꺾을 수 없습니다. 주님이 몸소 보여주신 부활과 영생의 희망을 품고 인생이란 기나긴 여정을 힘차게 걸어나가십시오. 복되고 형통합니다. 아멘!!!

🩶 주님, 천국과 영생이라는 영원한 희망을 가지고 어떤 어려움도 이기게 하소서.
📖 주님이 몸소 보여주신 부활과 영생의 희망을 품고 인생을 즐겁게 살아갑시다.

나의 영적 일기

사람들이 화를 내는 이유

읽을 말씀 : 잠언 16:23–33

- 잠 16:32 노하기를 더디하는 자는 용사보다 낫고 자기의 마음을 다스리는 자는 성을 빼앗는 자보다 나으니라

같은 회사에서 100만 원씩 월급을 받는 열 사람이 있다고 합시다. 그리고 이 회사에 두 가지 상황이 있다고 가정해 보십시오.
첫 번째 상황은 열 사람 모두의 월급을 10만 원씩 깎은 상황입니다.
두 번째 상황은 다섯 사람의 월급을 110만 원으로 올려주고 다섯 사람은 105만 원을 준 상황입니다.
두 상황 중 어떤 상황에서 직원들의 분노가 더 클까요?
바로 두 번째 상황입니다.
심리학자 쉐러(K. R. Scherer)와 월보트(H. G. Wallbott)는 5대륙 37개 나라의 사람들을 대상으로 감정을 연구했습니다.
이들이 가장 중점적으로 연구한 것은 '보편적인 분노의 감정'이었습니다. 두 사람의 연구에 따르면 사람을 가장 크고 쉽게 분노하게 만드는 것은 다음의 조건이었습니다.
"나만 공정하지 못한 차별 대우를 받을 때."
분노의 감정을 제대로 이해하지 못하면 분노를 다스리지 못하고 휩쓸리게 됩니다. 이득을 보는 상황에서도 화를 내고 일을 그르치는 어리석은 사람이 됩니다. '나' 중심의 사고방식에서 벗어나야 '우리'를 위한 더 큰 지혜가 눈에 들어옵니다. 분을 다스리며 모든 상황을 더 좋게 변화시킬 수 있는 유순한 마음을 주님께 간구하십시오. 복되고 형통합니다. 아멘!!!

💗 주님, 분을 다스리며 모든 상황을 더 좋게 변화시킬 수 있는 겸손한 마음을 주소서.
📖 분노라는 감정을 바르게 이해하고 다스리고자 노력합시다.

나의 영적 일기

12월 21일 생명을 살린 미소

읽을 말씀 : 시편 126:1-6

● 시 126:2 그 때에 우리 입에는 웃음이 가득하고 우리 혀에는 찬양이 찼었도다 열방 중에서 말하기를 여호와께서 저희를 위하여 대사를 행하셨다 하였도다

전쟁 중에 포로로 잡힌 남자가 있었습니다.

남자는 이미 처형을 당할 예정이었기에 간수들은 남자에게 정을 주지 않으려고 일부러 거칠게 대했습니다. 남자도 어렴풋이 자신의 운명을 알고 있었습니다. 그러다 우연히 주머니에 남아 있던 담배 한 개비를 찾았는데, 불을 붙일 라이터가 없었습니다.

남자는 떨리는 심정으로 간수를 불러 라이터를 빌려줄 수 있냐고 물었습니다. 그러면서 자기도 모르게 무의식적으로 환한 미소를 지었습니다. 남자의 미소를 보고 마음이 흔들린 간수는 라이터를 빌려주었습니다. 그리고 남자와 간수는 담배를 피우는 짧은 시간이지만, 이런저런 이야기를 주고받았습니다.

두 사람은 모두 유부남이었고, 두 자녀를 두고 있었습니다. 전쟁만 아니었으면 고향에서 행복하게 살았을 사람들이었습니다. 그날 밤 간수는 몰래 남자를 찾아와 문을 열어주었고, 남자는 간수의 도움으로 무사히 탈출해 집으로 돌아갈 수 있었습니다.

「어린 왕자」를 쓴 생텍쥐페리(Antoine de Saint-Exupéry)가 전쟁포로로 잡혀 있을 때 실제로 목격했던 일이라고 합니다.

환한 미소 한 번이 때로는 생명을 구하기도 합니다. 주님이 주신 영원한 기쁨을 마음에 품고 사는 우리의 미소는 세상에서 가장 아름다운 미소여야 합니다. 하나님의 사랑이 가득한 미소로 만나는 모든 사람을 환대하십시오. 복되고 형통합니다. 아멘!!!

♡ 주님, 소망 중에 즐거워하며 환난 중에 참으며 주신 은혜를 기뻐하게 하소서.
🖼 즐거워하는 사람들과 함께 즐거워하고, 우는 사람들과 함께 우는 사람이 됩시다.

나의 영적 일기

비교할 수 없는 영광

읽을 말씀 : 시편 119:65-72

● 시 119:71 고난 당한 것이 내게 유익이라 이로 인하여 내가 주의 율례를 배우게 되었나이다

고대 그리스 신화에는 망각의 호수라고 불리는 '레테 호수(Lethe)'에 대한 이야기가 나옵니다.

괴로운 기억을 잊지 못해 힘들어하던 한 여인이 레테 호수의 물을 마시면 잊을 수 있다는 소문을 듣고 천신만고 끝에 호수를 찾았습니다. 호숫가의 뱃사공은 여인을 호수의 한가운데로 데리고 나가 다음과 같이 호수의 비밀을 말해주었습니다.

"이 호수의 물을 마시면 슬픈 기억을 모두 잊게 될 것입니다. 그러나 좋은 기억도 모두 잊게 됩니다. 모든 기억을 잊게 되기 때문에 이 호수가 망각의 호수라고 불리는 것입니다."

여인은 배 안에서 한참을 고민했습니다. 당장이라도 괴로운 기억을 잊고 싶었지만, 행복했던 추억을 하나하나 떠올려 보니 너무 소중했습니다. 결국 여인은 자신의 행복했던 추억이 괴로운 추억보다 더 가치가 크다고 생각해 레테 호수의 물을 마시지 않고 다시 고향으로 돌아갔습니다.

주님을 따라 살던 제자들은 극심한 고난을 겪었습니다. 때로는 심한 고문을 당했고, 때로는 순교해야만 했습니다. 그러나 단 한 명의 제자도 그와 같은 삶을 후회하지 않았습니다. 오히려 영광으로 여겼습니다. 세상에서 당한 고난보다 주님이 주신 은혜와 자비의 기쁨이 더욱 컸기 때문입니다.

힘들고 어려운 순간을 덮고도 남을 정도의 놀라운 은혜를 주시는 주님이심을, 장차 비교할 수 없을 영광의 날로 인도하실 주님이심을 믿으며 끝까지 따르십시오. 복되고 형통합니다. 아멘!!!

♥ 주님, 어려운 순간을 덮고도 남을 놀라운 은혜를 주시는 주님을 따르게 하소서.
🖼 주님께서 영광의 날로 인도하시리라는 믿음을 굳게 갖고 끝까지 주님을 따릅시다.

나의 영적 일기

12월 23일

주님의 마음을 전하는 마음

읽을 말씀 : 요한복음 10:1-10

● 요 10:9,10 내가 문이니 누구든지 나로 말미암아 들어가면 구원을 얻고 또는 들어가며 나오며 꼴을 얻으리라 도적이 오는 것은 도적질하고 죽이고 멸망시키려는 것뿐이요 내가 온 것은 양으로 생명을 얻게 하고 더 풍성히 얻게 하려는 것이라

 도시의 북적이는 쇼핑몰과 사람들로 가득 찬 거리는 성탄절 분위기로 들떠 있었습니다. 한 청년이 길을 걷고 있었는데 길모퉁이에서 한 할머니를 보았습니다. 허리가 굽은 채 얇은 외투를 입은 할머니는 폐지 몇 장과 낡은 박스가 든 작은 손수레를 끌고 힘겹게 지나갔지만, 누구도 관심을 두지 않았습니다.
 연말을 맞아 한창 쇼핑을 하던 이 청년은 할머니의 초라한 모습을 보고는 쇼핑목록과 할머니를 번갈아 쳐다봤습니다. 그는 잠시 망설이다가, 주머니 속의 현금을 꺼내 할머니에게 드리며 말했습니다.
 "할머니, 성탄절인데 이거라도 가지고 따뜻하게 보내세요."
 할머니는 놀란 눈으로 청년을 올려다보고는 주름진 손으로 청년의 손을 잡으며 눈물을 글썽였습니다. 그리고 떨리는 목소리로 말했습니다.
 『고마워요, 고마워. 이렇게 따뜻한 마음을 가진 젊은이를 만나다니….』
 청년은 할머니의 눈빛에서 자신도 알지 못했던 따뜻한 감정을 느꼈습니다. 그는 그날 처음으로 예수님의 탄생을 기념하는 성탄절의 진정한 선물이 물질적인 것이 아니라, 작은 관심과 따뜻한 사랑의 마음으로 타인에게 주님의 마음을 전하는 것이라는 것을 깨달았습니다. 그날 이후 그는 매년 성탄절마다 어려운 이웃을 돕는 일에 참여하게 되었습니다.
 이번 「나의 성탄절」에는 어렵게 생업에 종사하는 분들을 찾아가 준비한 선물을 드리면서, 주 예수님께서 우리의 죄를 용서하시고, 우리를 심판에서 구원하시고, 주님의 큰 복을 주시기 위해 이 땅에 오심을 기념하는 날이 성탄절임을 알리고 함께 성탄의 기쁨을 나누십시오. 복되고 형통합니다. 아멘!!!

♡ 주님, 주님께서 우리를 구원하기 위해 이 땅에 오신 것을 이웃에게 알리게 하소서.
✦ 성탄절에 길에서 어려운 이웃에게 나눌 선물과 전도지를 준비하고 복음을 전합시다.

나의 영적 일기

복음이 필요한 곳

읽을 말씀 : 로마서 1:8-17

● 롬 1:16 내가 복음을 부끄러워하지 아니하노니 이 복음은 모든 믿는 자에게 구원을 주시는 하나님의 능력이 됨이라 첫째는 유대인에게요 또한 헬라인에게로다

인종차별을 극복하고 세계적인 성악가가 된 흑인 여성이 있었습니다.

무대에서 노래하는 그녀의 목소리를 듣는 사람은 하나 같이 매료되었습니다. 심한 인종차별주의자 중에서도 그녀의 노래를 싫어하는 사람은 없었고, 그녀의 모든 공연은 기립박수로 끝을 맺었습니다.

공연장은 나날이 크고 화려해졌습니다. 아무리 넓은 공연장을 빌려도 객석은 항상 매진이었습니다. 꿈만 같은 하루하루를 보내던 그녀였지만, 어쩐 일인지 성공할수록 마음의 공허함은 커져만 갔습니다.

연말을 맞아 그 어느 때보다 큰 무대에서 공연을 마친 날, 그녀는 결국 자살을 결심했습니다. 죽기를 결심하고 집으로 돌아오자 한 팬이 보낸 크리스마스 카드가 도착해 있었습니다.

"자매님, 당신의 노래는 참으로 대단합니다. 그러나 그보다 더 귀중한 것은 주님의 은혜라는 사실을 잊지 마세요. 메리 크리스마스."

이 순간, 그녀는 그동안의 공허함이 주님이 아닌 사람과 자신을 위해 살았기 때문이라는 사실을 깨달았습니다. 그러자 거짓말처럼 공허함과 우울감이 사라졌습니다. 20세기 최고의 여성 알토로 꼽히는 마리안 앤더슨(Marian Anderson)의 이야기입니다.

주님의 사랑이 없이는 누구도 참된 만족을 누릴 수 없습니다.

되도록 만나는 모든 사람에게, 모든 이가 받아야 할 복음을 전하십시오. 복되고 형통합니다. 아멘!!!

♡ 주님, 모든 이를 위해 주신 진리의 복음을 주님의 뜻대로 전하게 하소서.
📖 생각의 장벽으로 복음을 전하지 못한 사람에게도, 이제 다가가 복음을 전합시다.

나의 영적 일기

12월 25일 참된 성탄의 정신

읽을 말씀 : 누가복음 2:8-21

● 눅 2:14 지극히 높은 곳에서는 하나님께 영광이요 땅에서는 기뻐하심을 입은 사람들 중에 평화로다 하니라

한 교회가 성탄절을 맞아 어려운 사람들을 돕기 위해 십시일반으로 돈을 모았습니다.

성탄 예배 당일, 성도들은 마을의 어려운 사람들을 예배당으로 초대해 준비한 선물을 나누어주며 성탄의 복음을 전했습니다. 가난으로 고통받던 사람들은 성도들의 환대와 선물에 감동하여 눈물을 흘리기도 했습니다.

예배당을 가득 채운 사람들은 한마음으로 찬송을 부르고 말씀을 들은 뒤 한참을 교제하다 집으로 돌아갔습니다.

이 내용은 1897년 평양의 유서 깊은 정동제일교회의 성탄절 모습을 묘사한 것입니다. 또한 1925년 동아일보에서는 한 교회의 성탄절 행사에 감명을 받아 다음과 같은 기사를 실었습니다.

「오전 10시부터 모인 성도들은 점심이 될 때까지 큰 소리로 찬송하고 하나님의 말씀을 귀 기울여 들었다. 교회에 처음 오는 사람들도 귀를 기울였다.

오후에는 성도들이 모은 돈을 차등을 두어 가난한 사람들에게 나누어 주었고, 저녁에는 수백 개의 등불로 십자가를 밝혀 구세주의 탄생을 알리고 아이들을 찾아가 선물을 나누어 주었다.」

어려운 사람을 돕고, 구주 예수님의 탄생을 기쁘게 찬양으로 알리며, 온 세상에 힘써 복음을 전파하는 것이 참된 성탄의 정신입니다. 100여 년 전부터 우리나라에도 이어져 내려오던 이 소중한 정신을 지키며 더 풍성하고 따스한 성탄의 기쁜 소식을 온 세상에 전하십시오. 복되고 형통합니다. 아멘!!!

♥ 주님, 저를 위해 이 땅에 오신 주님이 곧 모든 사람을 위해 오셨음을 깨닫게 하소서.
🖼 주님이 보여주신 사랑을 본받아 모든 사람을 차별 없이 사랑하며 복음을 전합시다.

나의 영적 일기

제가 더 잘할게요

읽을 말씀 : 누가복음 17:1-10

● 눅 17:2 저가 이 작은 자 중에 하나를 실족케 할진대 차라리 연자맷돌을 그 목에 매이우고 바다에 던지우는 것이 나으리라

12월 26일

국내의 한 대형교회에서 새 가족팀을 20년 동안 전담했던 목사님의 말에 따르면, 지금도 교회를 새로 찾는 새신자들이 매우 많다고 합니다.

그런데 어렵게 교회를 찾은 새신자들이 얼마 지나지 않아 교회를 떠나는데, 그 이유가 한결같다고 합니다.

"하나님을 믿고 싶은데 교회는 나가기 싫어요. 예수 믿는 사람들이 싫어요."

목사님의 경험에 따르면 90%의 새신자들이 비슷한 이유로 고민했다고 합니다.

"교회를 다니며 성도들에게 상처를 받았어요."

"예전 교회에서 성도에게 상처를 받아 이 교회로 왔어요."

예수님이 싫어서가 아니라, 성경이 안 믿어져서가 아니라, 교회 다니는 사람 때문에 교회가 싫어진다는 고민이 너무나 많았습니다. 직장인들만 가입할 수 있는 소통 앱에도 '교회 다니는 상사'에 대한 이야기가 매일 수도 없이 쏟아집니다. 물론 제대로 믿는 훌륭한 성도들이 더욱 많습니다. 그럼에도 '믿는 사람' 때문에 '믿고 싶은 사람'들이 실족하고 있다는 것 역시 사실입니다.

주변에서 이런 상황을 목격했다면 다음과 같이 대답하면 어떨까요?

"먼저 믿는 저희들이 더 잘하지 못해 죄송합니다.

그리고 그만큼 제가 형제자매님께 더 잘할게요."

나의 말과 행동이 항상 주님을 드러내고 있다는 사실을 잊지 말고 더 열심히 섬기고, 입으로만이 아니라 행동으로 더 열심히 사랑하십시오. 복되고 형통합니다. 아멘!!!

♡ 주님, 저 때문에 주님을 믿고 싶어 하는 사람이 늘어나도록 생활하게 해주소서.

※ 혹시 나에게 믿지 않는 사람에게 보이는 위선적인 모습이 있지는 않은지 살펴봅시다.

나의 영적 일기

12월 27일

선포의 위력

읽을 말씀 : 시편 145:1-10

● 시 145:4 대대로 주의 행사를 크게 칭송하며 주의 능한 일을 선포하리로다

1970년대 미국에서는 버스 사역이라는 전도가 유행이었습니다.

교회에서 큰 버스를 빌려 성도들을 태우고 복음이 전파되지 않은 지역으로 떠납니다. 그리고 그곳에서 며칠씩 머무르면서 봉사와 공연을 하며 전도하는 방식의 사역이었습니다.

미국의 유명한 부흥사이며 리버티 대학교(Liberty University) 설립자이며 총장이었던 제리 폴웰(Jerry Falwell) 목사님이 버지니아주 목사님들을 대상으로 버스 사역 세미나 중이었습니다.

목사님은 세미나 마지막 날 참석한 목사님들에게 이제 돌아가서 버스 사역으로 몇 명을 전도할 것인지 숫자를 적어 발표하라고 했습니다. 참석자 중 존(John)이라는 목사님은 연단에 나와 떨리는 목소리로 입을 열었습니다.

"세미나 마지막 날 주님이 저에게 한마음을 주셨습니다. 지금 우리 교회 교인 수만큼 버스 사역으로 전도를 할 수 있다는 마음입니다. 우리 교회 성도는 418명이고, 버스가 한 대도 없습니다. 두렵고 떨리는 마음이지만 주님이 주시는 마음이기에 조심스럽게 이 자리에서 선포합니다."

1년이 지나고 존 목사님은 제리 목사님에게 다음과 같은 편지를 보냈습니다.

"목사님, 이제 우리 교회에는 버스가 2대가 있습니다. 그리고 지난 1년 동안 정확히 418명을 전도했습니다."

놀라운 일을 이루시는 분은 우리가 아닌 오직 주님이십니다. 주님의 선한 도구가 되어 쓰임 받을 수 있도록 경건한 삶으로 준비하십시오. 주시는 감동에는 온전히 순종하십시오. 놀랍게 선포하십시오. 복되고 형통합니다. 아멘!!!

♡ 주님, 주님이 주신 감동과 비전을 담대히 선포하며 순종하게 하소서.

📖 주님께서 나를 통해 놀라운 일을 이루길 원하시는 것이 무엇인지 결정하여 행동합시다.

나의 영적 일기

아주 사소한 차이

읽을 말씀 : 사도행전 9:36–43

- 행 9:36 욥바에 다비다라 하는 여제자가 있으니 그 이름을 번역하면 도르가라 선행과 구제하는 일이 심히 많더니

미국의 한 기상학자가 바람에 따른 기상변화를 연구하고 있었습니다.

컴퓨터를 통해 정밀한 결과를 도출한 기상학자는 혹시나 하는 마음에 결과를 다시 검토했습니다.

컴퓨터에 계산을 맡기고 돌아온 기상학자는 깜짝 놀랐습니다.

분명 같은 숫자를 넣어서 계산했는데 결과 값이 달라졌습니다. 프로그램에 이상이 있나 싶어서 다시 한번 돌려봐도 달라진 결과 값이 나왔습니다.

몇 날 며칠을 고심한 기상학자는 마침내 원인을 찾아냈습니다.

당시에는 바람의 측정값을 소수점 3자리까지만 입력했습니다. 그 이하의 값은 느낄 수 없을 정도로 너무나 미미한 측정치였기 때문입니다. 그러나 다시 검사할 때는 소수점 6자리까지 계산을 했습니다.

사람이 느낄 수 없을 정도의 미미한 강도였지만, 이 차이가 하루 이틀 뒤 기상변화에 아주 큰 영향을 끼친 것입니다.

1960년대 초 매사추세츠 공대(MIT)의 기상학자 에드워드(Edward Lorenz)가 발견한 이 현상은 「나비효과(Butterfly effect)」라는 이름으로 세상에 알려졌습니다.

매일 우리가 행하는 작은 선행이 인생의 큰 나비효과를 일으킬 수 있습니다. 작은 죄 역시 마찬가지입니다.

무심코 넘어가기 쉬운 작은 죄를 각별히 조심하고, 작은 선행의 기회를 놓치지 말아야 합니다.

사소한 습관이라도 죄를 멀리하고 선행으로 좋은 나비효과를 일으키십시오. 복되고 형통합니다. 아멘!!!

♡ 주님, 매일 행하는 작은 일들도 지켜 주시고 돌보아 주시어 승리하게 하소서.
▨ 사소한 습관이라도 죄를 멀리하고 선행으로 좋은 나비효과를 일으키며 살아갑시다.

나의 영적 일기

12월 29일 최고의 명약

읽을 말씀 : 빌립보서 4:4-7

● 빌 4:4 주 안에서 항상 기뻐하라 내가 다시 말하노니 기뻐하라

당나라 명의 송청(宋淸)이 9가지 증상을 치료하는 「구불약(九不藥)」을 지어준다는 소문을 듣고 먼 곳에서 한 사람이 찾아와 약의 효능에 대해 물었습니다.
그러자 송청은 다음과 같이 대답했습니다.
❶ 불신: 상대방이 나를 의심하지 않게 해준다.
❷ 불안: 불안한 마음이 사라진다.
❸ 불앙: 나에게 원한을 품는 사람이 없어진다.
❹ 불구: 내 마음이 곧음을 알려준다.
❺ 불치: 내가 가격을 속이지 않는 정직한 사람임을 믿게 한다.
❻ 불의: 상대방과의 거리감을 없애 준다.
❼ 불충: 내가 정성을 다한다고 믿게 한다.
❽ 불경: 내가 공손하지 않다고 생각하지 않게 한다.
❾ 불규: 내 언행이 원칙에 어긋난다고 느끼지 않도록 해준다.
위의 9가지 효능에 대해 들은 사람이 물었습니다.
"말만 들어도 너무 신기하군요. 도대체 그 약은 어떤 재료로 만듭니까?"
송청은 이 말에 웃으며 대답했습니다.
『약재로는 구불약을 지을 수가 없습니다. 구불약은 바로 웃음입니다.』
행복한 사람은 웃게 되고 웃는 사람은 행복해집니다. 주님을 믿고 주님을 위해 살아가는 최고의 행복으로, 웃음이라는 최고의 명약으로 하루를 채우십시오. 복되고 형통합니다. 아멘!!!

♥ 주님, 주님께서 주신 기쁨은 세상 그 어느 기쁨과도 비교할 수 없음을 알게 하소서.
📖 주님께서 나에게 약속하신 큰 복을 묵상하며 환한 미소로 더 큰 기쁨을 누립시다.

나의 영적 일기

패배의 목적

읽을 말씀 : 잠언 24:15-22

- 잠 24:16 대저 의인은 일곱 번 넘어질지라도 다시 일어나려니와 악인은 재앙으로 인하여 엎드러지느니라

중국 청나라에서 '태평천국의 난'이라는 반란이 일어났을 때였습니다.

황제는 반군을 진압하라고 장군을 보냈습니다. 한참을 지나 전투의 결과를 묻는 황제의 전갈에 장군은 다음과 같은 답장을 보냈습니다.

'송구하오나, 싸우기만 하면 지는(연전연패) 중입니다. 폐하.'

상황이 어려우니 원군을 보내 달라는 뜻이었습니다.

황제는 크게 화를 내며 전쟁터의 장군을 퇴각시켜 오히려 감옥에 가두었습니다. 또다시 며칠이 지나고 파견된 다른 장군에게도 황제는 같은 전갈을 보냈습니다.

이번엔 다음과 같은 답변이 왔습니다.

'송구하오나, 지면서도 계속해서 싸우는(연패연전) 중입니다. 폐하.'

같은 글자에 순서만 바꿨을 뿐이지만, 황제는 기분 나빠하지 않고 오히려 원군을 보내 장군을 도왔습니다.

싸울 때마다 지는 군대는 결과가 패배로 정해져 있지만, 지면서도 싸우는 군대는 승리를 쟁취할 수 있다고 생각했기 때문입니다.

사역을 위해 그 누구보다 헌신했던 사도 바울은 특히나 성도들에게 낙심하지 말고 선한 싸움을 다 하라고 권면했습니다. 계속해서 같은 죄를 짓고 계속해서 같은 실수를 해도 우리는 포기하지 말고 주님을 바라보며 선을 행해야 합니다. 이미 승리하신 주 예수 그리스도를 따르는 믿음의 군사답게 계속해서 선을 행하십시오. 복되고 형통합니다. 아멘!!!

♡ 주님, 같은 실수, 같은 죄에도 낙망하지 않고 주님을 바라보며 나아가게 하소서.

📖 이미 승리하신 주 예수 그리스도를 따르는 믿음의 군사답게 계속해서 선을 행합시다.

나의 영적 일기

12월 31일

또 다른 한 해의 문턱에 서서

읽을 말씀 : 시편 23:1-6

● 시 23:4 내가 사망의 음침한 골짜기로 다닐지라도 해를 두려워하지 않을 것은 주께서 나와 함께 하심이라 주의 지팡이와 막대기가 나를 안위하시나이다

우리는 지금 또 다른 한 해의 문턱에 서 있습니다.

앞으로 펼쳐질 날들이 어떤 모습일지 알지 못합니다. 어쩌면 지난 한 해의 어려움과 아픔 때문에, 다가오는 새해에 대한 막연한 불안과 두려움이 마음 한구석에 자리 잡고 있을지도 모릅니다. 하지만 오늘, 우리는 주 하나님께서 주신 가장 확실한 약속을 다시 한번 붙잡고 새해를 맞이할 준비를 해야 합니다.

시편 23편의 목자이신 주님을 연상시키는 로버트 브라우닝(Robert Browning)의 시를 소개합니다.

「새해를 맞이하면서 두려워하거나 낙심하지 말라.
주님이 가깝고도 가까운 곳에서 너와 함께하신다.
주님은 너의 손을 붙잡고, 너의 길을 아시며,
밤낮으로 너와 함께하실 것이다.
그러니 지금 주님을 신뢰하고 두려워하지 말라.
주님은 너의 모든 발걸음을 인도하실 것이며,
주님의 끝없는 사랑과 은혜 안에서,
너를 더 좋은 곳으로 데려가실 것이다.」

이 시는 새해라는 미지의 길을 걷더라도, "선한 목자이신 주님께서 함께하시기에 안전하다"는 믿음을 표현하고 있습니다.

새해에 어떤 일이 일어날지 걱정하기보다 매 순간 주님의 뜻을 구하며 "주님의 음성에 순종하겠다"는 겸손하고 용기 있는 기도로 새해를 준비합시다. 복되고 형통합니다. 아멘!!!

♡ 주님, 금년 지켜주심을 감사하며, 내년에도 주님의 은혜로 복되고 형통하게 하소서.
📖 금년에 「주님의 은혜와 인도하심 베스트 5」를 적은 후에 주님께 감사 찬양합시다.

나의 영적 일기

미군 하우스보이에서 세계적인 영적 지도자가 되기까지
굳은 믿음과 신념으로 신앙의 길을 걸어온

김장환 목사의 이야기

" 사람이 사람을 만나면 **역사가** 일어나고,
사람이 하나님을 만나면 **기적이** 일어난다. "

반기문
전 UN사무총장
추천

프랭클린 그래함
BGEA 대표
추천

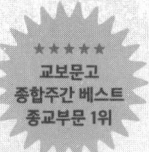

교보문고
종합주간 베스트
종교부문 1위

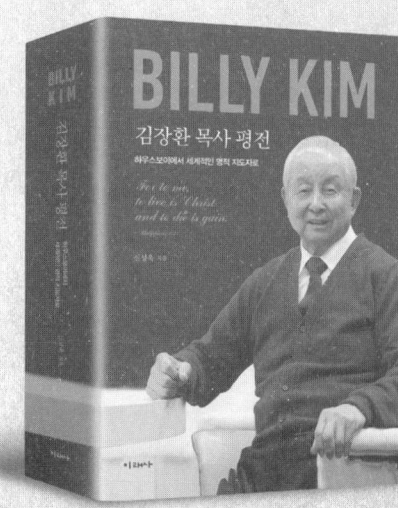

BILLY KIM
김장환 목사 평전
신성욱 지음
값 39,000원

'한 사람의 힘'의 주인공

김장환 목사님의 파워풀하고 다양한 활동들을 좀 더 많은 사람이 알게 되길 바라는 마음이 간절했는데,
이번에 목사님의 평전이 나온다는 소식을 듣고 참으로 기뻤습니다. 아마도 많은 분이 이 책을 읽고 공감하리라 생각합니다.
이 책을 통해 제2, 제3의 김장환 목사님과 같은 리더들이 나오기를 간절히 소원합니다.

― 반기문 제8대 UN사무총장 ―

  *책은 전국 온·오프라인 서점에서 구매하실 수 있습니다. 미래사

망망한 바다 한가운데서 배 한 척이 침몰하게 되었습니다.
모두들 구명보트에 옮겨 탔지만 한 사람이 보이지 않았습니다.
절박한 표정으로 안절부절 못하던 성난 무리 앞에 급히 달려 나온 그 선원이
꼭 쥐고 있던 손바닥을 펴 보이며 말했습니다.
"모두들 나침반을 잊고 나왔기에…"
분명, 나침반이 없었다면 그들은 끝없이 바다 위를 표류할 수 밖에 없을 것입니다.

우리는 삶의 바다를 항해하는 모든 이들을 위하여
그 나침반의 역할을 하고 싶습니다.
우리를 구원하신 위대한 주 예수 그리스도를 널리 전하고 싶습니다.

"하나님은 모든 사람이 구원을 받으며
진리를 아는 데에 이르기를 원하시느니라"
(디모데전서 2장 4절)

새 일을 행하리라
I WILL DO A NEW THING
김장환 목사와 함께 / 경건생활 365일

발   행 | 극동방송
　　　　　04067 서울 마포구 와우산로 56
제   작 | 나침반출판사
　　　　　등록 ● 1980년 3월 18일 / 제 2-32호
　　　　　주소 ● 07547 서울 강서구 양천로 583
　　　　　　　　 블루나인 비즈니스센터 B동 1607호
　　　　　전화 ● (02)2279-6321
　　　　　팩스 ● (02)2275-6003
편   집 | 편집팀

발행일 | 2026년

홈페이지 | www.nabook.net
이 메 일 | nabook365@hanmail.net
일러스트 제공 | 게티이미지뱅크/iStock/아이클릭아트
흑백사진 일부 | 유수영 사진작가

ISBN　978-89-318-1677-8
책번호　마-1081

※이 책은 김장환 목사님의 설교 자료와
　여러 자료를 정리해 만들었습니다.